뉴레프트리뷰 · 6

뉴레프트리뷰 · 6
New Left Review

크리스토퍼 존슨 · 에밀리 모리스 외 지음 | 김영아 · 변광배 · 장진범 · 정병선 외 옮김

도서출판

뉴레프트리뷰 · 6

2015년 9월 10일 제1판 제1쇄 인쇄
2015년 9월 15일 제1판 제1쇄 발행

지은이 | 크리스토퍼 존슨 · 에밀리 모리스 외
옮긴이 | 김영아 · 변광배 · 장진범 · 정병선 외

편집위원장 | 진태원
편집위원 | 홍기빈 · 서영표

펴낸이 | 박우정

기획 | 이승우
편집 | 권나명

펴낸곳 | 도서출판 길
주소 | 135-891 서울 강남구 신사동 564-12 우리빌딩 201호
전화 | 02)595-3153   팩스 | 02)595-3165
등록 | 1997년 6월 17일 제113호

ISBN 978-89-6445-118-2 93100

위기의 담론이 소비되는 시대,
하지만 우리는 위기를 함께 체험해야 한다

위기의 시대다. 모든 시대를 살았던 사람들에게 위기가 아닌 시대는 없었겠지만, 우리가 살고 있는 '지금'이 위기의 시대라는 것은 분명해 보인다. 안토니오 그람시(Antonio Gramsci)의 표현을 빌리자면 더 이상 오래된 방식으로는 유지되기 어려운 유기적 위기인 것이다. 그런데 우리 시대의 위기는 체험되기보다는 담론으로 소비된다. 세계 곳곳에서 드러나고 있는 위기의 징후들은 TV와 인터넷을 통해 생생하게 전달되지만 그 생생함은 현실이 아니라 가상으로 체험된다. 우리는 그리스의 외채 위기를 실시간으로 전달받는다. 유럽 채권단과의 협상 장소에 앉아 있는 유럽중앙은행 총재 마리오 드라기와 독일 총리 앙겔라 메르켈의 표정까지 전달받는다. 하지만 그 위기는 한국 주식시장 전광판의 녹색과 붉은색 숫자로만 표현될 뿐이다. 주식시장은 한 나라의 경제 상황을 보여주는 지표이지만 그 자체로 실제의 경제와는 동떨어진 가상의 세계에 가깝다. 그래서 우리는 그리스 사람들이 왜 도덕적 비난과 경제 붕괴의 위험까지 감수하면서 채권단의 긴축안에 반대하는지 공감하지 못한 채 언론이 생산한 비난의 담론들을 소비할 뿐이다. 이미지는 너무나 사실적이다. 그러나 그 이미지와 함께 전달되는 이야기들은 사실과 한참이나 동떨어져 있다. 어쩌면 처음부터 실재를 설명하고 인식하는 것은 안중에도 없을지도 모르겠다.

그리스 사태는 남의 이야기가 아니다. 긴축은 선진국 후진국 할 것이 없이 금과옥조로 받아들이는 최우선적인 원칙이다. 이른바 양적 완화 조치로 돈은 넘쳐나지만 평범한 사람들이 은행에서 돈 빌리는 것은 하늘에서 별 따기다. 그래도 개인 부채는 늘어난다. 소비하라, 소비하라, 소비하라! 새로운 가치 생산이 없는 경제 팽창의 비밀이다. 새로운 가치를 생산하는 실물에 기초하기보다는 자산을 부풀려 양적으로 팽창하는 지대 추구 행위를 조장하고 있기 때문이다. 이렇게 위험천만한 금융 팽창이 초래한 위기가 폭발하면 파산에 직면한 은행을 구제하기 위한 막대한 양의 공적 자금이 투여된다. 하지만 보통 사람들의 기본적 필요(basic needs) 충족을 위한 공적 개입은 투자가 아닌 비용이라는 이유로 거부된다. 정부 지출은 최소화되어야 하기 때문이다.

민주주의는 공동화된다. 여기서 멈추지 않는다. 민주화의 이름으로 중도좌파 정권들이 받아들인 신자유주의의 효과는 불평등을 양산했다. 그 효과는 민주주의에 대한 피로감이다. 이럴 거면 민주주의가 무슨 소용이란 말인가? 국가는 전체의 이름으로 자본의 편에 서지만 국민들은 정치를 혐오한다. 민주주의는 껍데기만 남고 돈으로 거래되는 상품이 되어버린다. 선거는 이미지에 좌우되고 이미지는 막대한 액수의 선거자금이 좌우한다. 민주주의에 대한 피로감과 정치적 무관심이 일상의 상품화·금융화와 겹쳐질 때, 빼앗기고 착취받는 다수는 불평등을 정치적인 문제가 아닌 개인이 가진 능력의 문제로 생각하게 된다. 민주주의의 형식은 손상받지 않는다. 하지만 내용은 비어간다. 인권은 또 어떤가? 실업과 불안정한 미래, 그에 따른 좌절과 절망, 자살은 어쩔 수 없다. 그것은 인권의 문제가 아니라 경제의 문제이니까. 이스라엘과 사우디아라비아의 인권유린은 관심 없다. 그것에 대해 언급해서 얻어질 이익이 없으니까. 하지만 사담 후세인은 인권의 이름으로 응징되어야 했다. 중국과 북한은 공격당해야 했다. 미국 땅에서 치료비가 없어 죽어가는 사람의 인권은 관심사가 아니지만 쿠바의 정치 탄압은 부각되어야 했다. 이제 평등과 정의보다는 경쟁과 효율이 앞세워진다. 이건 그리스와 한국이 함께 경험하고 있는 현실이다. 남의 일이 아닌 것이다.

장 보드리야르(Jean Baudrillard)를 떠올려본다. 그는 실재는 존재하지 않는다고 했다. 복제의 복제, 즉 시뮬라크르(simulacre)만이 있을 뿐이다. 보드리야르는 이러한 상태를 하이퍼리얼리티(hyper-reality)라고 명명했다. 복제되어 사이버공간을 떠다니는 위기의 담론은 실재 그 자체가 아니라 실재의 복제로서의 위기에 대한 담론일 뿐이다. 끊임없이 변형되면서 생산, 유통, 소비된다. 보드리야르는 여기에서 멈추지만 우리는 한 발 더 나아가야 한다. 시뮬라크르만이 존재하는 하이퍼리얼리티의 세계는 우리들 스스로의 수행(performance)을 통해 재생산되는, 지배를 정당화하는 권력의 체계라고 말해야 한다. 이러한 권력관계의 효과는 체계의 위기, 사회의 위기를 가상 또는 복제품으로 경험하게 하고 위기를 '나'의 절망, '나'의 파괴로 체험하게 한다.

언뜻 보기에 '나'는 자유롭고 자율적이다. 모든 것을 능동적으로 선택한다. 특히 소비가 그렇다. 넘쳐나는 상품광고에서 '나'는 소비 품목을 선택함으로써 스스로를 만들어간다. '나'는 사회와는 상관없는 고립된 원자로서 자유를 누린다(마가렛 대처가 외쳤듯이 사회 같은 건 없다!). 그렇게 고립된 개인에게 위기는 체계 통합의 문제도, 사회 통합의 문제도 아니다. 그저 사이버공간을 떠다니는 복제된 담론들일 뿐이다. 그리고 개별적인 고통으로 체험될 뿐이다. 그래서 위기는 연대의 근거가 되지 못한다. 위기는 가상이고 고통은 개인적이기 때문이다. 체계와 사회가 붕괴하면서 겪게 되는 고통은 오로지 개인의 몫이기에 그 고통에서 파생되는 불만과 적대감은 체계와 사회로 향하지 못하고 또 다른 개인에게로 향한다. '나'보다 좋은 조건에 있는 사람들을 욕하고 원망하고 질시하지만 부러움의 눈으로 바라본다. 하지만 위기의 희생자인 사람들 중 '나'보다 약한 사람들에게는 공격적이다. 이미 내면화된 권력의 효과로 나타난 '나'는 타자와의 소통과 나눔의 기술을 잃어버렸다. 나눔과 소통에서 흘러나오는 민주주의, 인권, 정의 따위도 그냥 소비되는 담론 중 하나일 뿐이다. '일베'라는 극우 사이트에서 '민주화'는 '억압'의 의미로 소비되고 있지 않은가?

이제 우리는 민주주의의 의미를 다시 논의해야 한다. 정의의 가치를 다시 공론의 장으로 끌어들여야 한다. 인권을 우리 시대 보편적 가치로 복원해야 한다. 그러기 위해서는 위기와 고통을 가상의 현실이 아닌 우리 모두가 공감할 수 있는 실재로 복귀시켜야 한다. 그래야만 타자의 고통을 나의 고통으로 공감할 수 있고 체계의 위기를 자기 파괴의 에너지와 타자에 대한 혐오가 아니라 비판과 연대의 힘으로 발전시킬 수 있다. 현실로 돌아가야 하는 것이다.

이제 우리는 현실로 되돌아가야 한다고 했다. 우리들이 겪고 있는 위기와 그에 따른 고통이 스마트폰 속의 가상이 아니라 우리 모두가 공유하고 있는 체계의 위기, 사회의 위기라는 것을 알아야 한다는 것이다. 『뉴레프트리뷰』 한국어판 제6호에 담겨 있는 메시지는 파편화되고 고립된 개인으로 체험하는 절망을 연대의 근거로 전환할 수 있는 '소통'이라고 할 수 있다. 위기에 처한 세계경제에 대한 설명과 그것의 효과로 나타난 불평등의 양상을 들여다보는 것은 그러한 전환의 첫걸음이다. 세계경제에서 차지하는 위치와 다루어진 이유에서 편차가 있지만 이러한 세계적인 혼란과 불평등을 나누어 가지고 있는 러시아, 스코틀랜드, 쿠바에 대한 천착은 '우리'로 되돌아오기 위한 우회로일 수 있다. 서평을 형식을 빌려 일본이 겪고 있는 위기에 대해 생각해보는 것도 크게 다르지 않다.

우리가 겪고 있는 것만큼 급격한 자본주의 세계의 변화를 경험했던 '뉴레프트리뷰' 1세대가 변화에 뒤처지지 않으면서도 비판의 정신을 잃지 않으려 했던, 그리고 이론을 위한 이론에 안주하려 하지 않았던 시기 이 운동에 동참했던 서구 지성계의 거두 세 명의 흔적을 살피는 것은 다시 현실로 되돌아가야 하는 우리들 자신의 이론적 위치를 생각해보는 기회일 것이다.

제1부 '국제 정치경제'에는 두 편의 논문과 한 편의 인터뷰가 실려 있다. 먼저 볼프강 슈트렉은 1970년대 중반 이후 지속된, 그리고 2008년의 대폭락을 통해 정점에 이른 자본주의 세계경제의 종말에 대해서 이야기한다. 그러나 그 종말은 자본주의의 종말을 의미하지 않는다. 현재 존재하고 있는 형태의 자본주의가 더 이상 지탱되기 어려운 파국의 상황에 이르고 있다는 징표들을 이야기할 뿐이다. 체계의 위기를 말하지만 슈트렉의 논조는 더 나은 상태로의 전환보다는 고통스러운 붕괴를 예상하는 비판의 느낌을 주고 있다. 1970년대의 인플레이션, 1980년대의 공공 부채 증가 그리고 1990년대의 민간 부채 증가는 경제성장률의 지속적 하락, 주요 자본주의 국가들의 총부채 증가, 수입과 부의 불평등 증가로 나타났다. 부채 증가를 통해 경제성장 저하를 반전시키려 했지만 금융의 팽창은 공공 서비스 축소와 임금 정체를 초래했고 결국 소득 불평등을 가속화하고 있다. 민주주의는 점점 더 공동화되어간다. 이러한 흐름에 저항할 수 있는 정치 세력도 부재한 것처럼 보인다. "자본주의의 붕괴 상황에서 자본주의뿐만 아니라 그 대항 세력도 자본주의를 타도하거나 구원할 수 있는 능력을 상실한 채 와해"되었기 때문이다. 슈트렉은 신자유주의에 의한 완벽한 승리가 이러한 파국을 초래했을지도 모른다고 주장한다. 자본주의 체계 안의 비판의 목소리가 자본주의가 존립하기 위한 비자본주의적 요소들을 유지시켰지만 자본의 완벽한 승리는 그러한 균형을 무너뜨렸다는 것이다. 슈트렉은 폴라니를 따라 노동, 토지, 화폐가 사회로부터 풀려 나와 완전히 상품화되어버린 것의 문제점을 지적하고 있는 것이다. 이러한 파국적 상황에 대한 묘사에

서 멈춘 슈트렉의 글의 논조는 비관적일 수밖에 없다. 하지만 우리는? 상황에 대한 비관적인 분석이 미래에 대한 의지조차 비관적으로 만들 수는 없지 않을까? 우리는 그래도 살아 나가야 하기 때문이다.

션 스타즈의 「지구적 수렴이라는 불가능한 상상」은 슈트렉의 전 세계적 시야를 미국의 경제적 헤게모니와 브릭스(브라질, 러시아, 인도, 중국), 그 중 특히 중국의 경제적 부상으로 좁힌다. 양적 완화와 부채를 토대로 한 경기 부양책이 먹혀들고 있지 않은 것처럼 신흥 시장들의 성장에 대한 언론의 호들갑도 내면을 들여다보면 세계경제를 견인할 수 있을 정도는 아니라고 말한다. 실제로는 가격 상승에 따른 원자재 수출에 의존하고 있는 경우가 대부분이라는 것이다. 스타즈의 분석에 따르면 실제로 경제적 진전을 성취한 브라질, 러시아, 인도, 중국의 성장도 생각보다 훌륭하지 않다. 국제수지가 아니라 초국적기업들의 성취로 보면 미국 기업들은 여전히 세계경제의 강자로 남아 있다. 브릭스 4개국 중에서 중국의 성장은 인상적이다. 하지만 외국자본의 중국 잠식은 매우 심각한 정도다. 그리고 중국의 수출을 주도하고 있는 것은 기술력이 높지 않은 부문들이다. 스타즈의 결론은 여전히 미국의 경제적 우위는 깨지지 않고 있다는 것이다. 이러한 분석을 슈트렉의 비관적 전망과 결부시킨다면? 미국은 여전히 세계경제를 지배하고 있지만 선도하지는 못하고 있다. 금융화로 붕괴를 지연시키고 있을 뿐이다. 사회 통합과 체계 통합을 아우르는 경제모델을 제공하고 있지 못한 것이다. 이미 파국이 예상되어 있지만 미국과 중국 그리고 신흥 자본주의 국가들은 이미 시효 만료된 게임의 규칙을 따라 경쟁하고 있다. 어쩌면 우리에게 필요한 것은 이 게임의 규칙을 벗어날 수 있는 자유가 아닐까?

『21세기 자본』으로 일약 세계적인 석학의 반열에 오른 토마 피케티는 인터뷰를 통해 자본주의 세계 체제에서 국가들 사이에 수렴이 불가능한 것처럼 "자본주의가 발전하면서 불평등이 자동적으로 감소하리라 주장하는 수렴 이론은 매우 빈약한 이론적·실증적 근거에 기초해" 있다고 주장한다. 그에 따르면 소득 격차가 줄어들 것이라는 경제학자들의 낙관이 잠깐 동안 실현된 것처럼 보였던 것은 자본주의 경제 바깥에서 주어진 세계 대전의 효과 때문이었다. 피케티가 가지고 있는 강점은 실증을 통해 주류 경제학의 근거 없는 믿음과 낙관을 부수어버렸다는 데 있다. 어쩌면 이러한 피케티의 성취는 몇 가지 기본적인 공리와 수학에 의지하면서 가장 완벽한 과학을 표방하는 주류 경제학이 강제하고 있는 게임의 규칙을 넘어설 수 있는 도약대일 수 있다. 피케티는 경쟁을 만병통치약으로 생각하는 경제학자들에게 경쟁은 경제성장률보다 자본 수익률을 높여 불평등을 강화할 것이라고 주장한다. "시장이란 제도의 목표는 사회적 정의를 창출하거나 민주적 가치를 강화하는 것이 아닙니다. 가격 시스템은 한계를 모르고, 도덕성도 없습니다. 시장이 필수 불가결하기는 하지만, 시장이 못하는 여러 가지 일들이 있습니다. 우리는 거기에 알맞은 제도를 따로 가져야 합니다." 어쩌면 피케티의 주장은 팻 드바인(Pat Devine)이나 다이앤 엘슨(Daine Elson) 같은 좌파 경제학자들이 주장하는 시장의 기제(market mechanism)는 이용하지만 시장의 힘(market forces)은 제어하는 시장의 사회화(socialization of market)로 해석될 수 있을 것이다. 그것은 종교적 믿음에 가까운 시장의 규칙을 벗어날 수 있는 자유를 전제로 한 실험일 것이다.

제2부는 '현대 프랑스 사상: 어제와 오늘'이라는 특집으로 기획되었다. 세 사람의 사상가가 소개된다. 클로드 레비스트로스(Claude Levi-Strauss), 장-폴 사르트르(Jean Paul Sartre), 루이 알튀세르(Louis Althusser)가 그들이다. 이 세 사상가들이 '오늘'에 속한다고 말하기는 어렵다. 레비스트로스가 100세를 일기로 사망한 해가 2009년이지만 세 사람 모두 20세기 중반을 장식한 사상가들로 '오늘'을 사는 우리에게는 지나간 과거의 인물들이다. 그래서 '현대'보다는 '20세기'라는 수식어가 더 어울릴

지도 모르겠다. 하지만 굳이 여전히 그들을 현대사상가로 대접하고 '어제'에 그치지 않고 '오늘'에도 여전히 살아 있다고 생각하는 것은 그 영향력이 줄어들지 않고 있기 때문이다. 구조주의가 1968년 학생 시위대에 의해 조롱당한지가 언제인데 여전히 영향력 운운하느냐고 의문을 제기하는 사람들도 있을 것이다. 사르트르의 실존주의와 인간주의적 마르크스주의는 이미 레비스트로스에서 시작된 구조주의에 의해 산산조각 나지 않았느냐고 반문할 수도 있다. 제자인 에티엔 발리바르(Etienne Balibar)의 표현처럼 아주 짧은 기간 동안 강렬한 영향력을 행사하고 곧 제자들에게서조차 버림받았던 '스승' 알튀세르는 또 어떤가? 이렇게 대답할 수 있을 것 같다. 레비스트로스가 고민했던, 독단이 아니면서 실재를 과학적으로 설명하려는 시도는 아직 성공을 거두지 못했으며 레비스트로스의 학문을 하는 태도는 오늘에도 유효한 이론적 도전이라고. 구조주의와 포스트구조주의에 의해 짓밟혔던 인간 주체의 문제는 언어를 통해서든 무의식을 통해서든 다시 되돌아올 수밖에 없는 질문이라고. 그리고 알튀세르가 지키고자 했지만 스스로 부분적으로 허물 수밖에 없었던 유물론을 둘러싼 논쟁은 '알튀세르'라는 이름으로 재생되고 있다고.

　레비스트로스는 '저무는 해'라는 제목이 붙은 2004년의 마지막 인터뷰에서 "우리가 관찰자나 작가로서 보유하고 있는 수단은 우리가 관찰하고 묘사하는 것에 결코 미치지 못한다"는 감정에서 오는 죄의식에 대해서 언급한다. 이러한 생각은 구조주의를 향한 결정론이라는 비판에 의연하게 대답할 수 있게 해준다. 구조주의적 접근은 분석적 방법일 뿐 독단론적인 진리가 아니라는 것이다. 그는 이렇게 말한다. "만약 당신이 다양한 배율을 지닌 현미경을 갖고 있고 그중 저배율을 사용하여 물방울을 들여다보면, 작은 생명체들이 먹이를 먹고 교접하고 서로 좋아하거나 서로 미워하는 것을 볼 수 있습니다. 이 생명체들 각각에는 자유가 존재하는 것이죠. 하지만 고배율을 사용하여 들여다보면, 더 이상 생명체들 자체는 보이지 않고 대신 그것들의 신체를 구성하는 분자구조가 나타나게 됩니다. 이 경우 자유는 아무 의미를 가지 못하게 됩니다. 자유는 실재의 다른 수준에서만 적용되는 것입니다."

크리스토퍼 존슨은 「모두 다 상연되었다?」에서 레비스트로스가 실재에 접근하기 위해 결코 도달할 수 없는 실재와의 일치를 주장하는 이론들을 괄호 치는 것에 대해서 이야기한다. 이러한 태도는 어쩌면 과학주의적 세계관으로 오염된 지식으로부터 궁극적인 앎의 토대로 내려가기 위한 에드문트 후설(Edmund Husserl)의 판단중지를 닮아 있는지도 모르겠다. 좀 더 강하게 말하면 미셸 푸코(Michel Foucault)가 주체를 부정한 것은 지배적 이데올로기(푸코가 꺼렸던 용어지만)를 통해 구성된 주체를 괄호 침으로써 주체로 되돌아가려고 했던 것은 아닐까? 레비스트로스와 푸코가 후설과 공유할 수 없었던 것은 궁극적인 앎의 근거라는 믿음 또는 환상이었을 것이다. 하나의 이론적 시도는 논쟁을 동반할 뿐 실재에 영원히 도달할 수 없기 때문이다.

알튀세르의 이데올로기론은 주체를 지배 이데올로기의 호명에 대답하는 종속적 지위에 위치시킨다. 자본주의가 만들어낸 순응하는 주체가 되는 것이다. 사르트르에게 주체는 언제나 자신의 삶을 정의하고 개척한다. 사르트르와 공명할 수 있는 역사가 에드워드 톰슨(Edward Thompson)이라면 문화와 전통 속에서 스스로의 삶을 개척해가는 집합적 주체들에 대해서 이야기할 것이다. 레비스트로스의 이야기로부터 끌어낼 수 있는 화두는 이 두 가지 입장은 언제나 공존할 수 있는 상호 배타적인 해석일 수밖에 없는가에 대한 질문이다. 지배 이데올로기에 종속되어 있지만 삶의 체험 속에서 그것과 어긋나는 계기들을 가지는 사람들에 대해서 이야기할 수 있지 않을까? 사르트르가 1961년 로마에서 행한 강연 「마르크스주의와 주체성」에서 언급한 주체는 반복의 존재인 동시에 고안의 존재였다. 그는 "만일 우리가 투명한 의식 위에 기초하는 하나의 순수한 '실천'을 가정한다면, 우리는 인간의 고안이 뭔지를 이해할 수 없습니다. 고안이 가능하기 위해서는 무지의 요소가 필요합니다"라고 말한다. 사르트르에게 주체가 존재하기 위한 조건은 주체의 의식 속에 인지될 수 없다. 지식이 아닌 어떤 것인 것이다. 이 알 수 없음의 영역은 물질적 관계와 사회적 관계 그리고 그것과 뒤엉켜 있는 이데올로기가 아닐까?

제자인 에티엔 발리바르가 회고한 알튀세르의 개인사인 「알튀세르와 윌므가(街)」에서는 자본주의의 변모와 위기 그리고 마르크스주의의 위기와 변모 한가운데서 레비스트로가 던진 질문을 사르트르와 대결하면서 마르크스주의를 새롭게 전화시키려 했던 한 지식인의 삶의 궤적을 보여준다. 학술적인 성격의 글은 아니다. 하지만 대학으로 넘어 들어온 경쟁의 논리를 내면화하고 학생보다는 자신의 얄팍한 업적에 목을 매는 교수들이 넘쳐나는 한국에서 뛰어난 학자이기 전에 훌륭한 교사였던 알튀세르의 모습은 큰 울림이 있다.

제3부는 '각 지역의 쟁점들'로 러시아, 스코틀랜드, 쿠바를 살펴본다. 편차는 있다. 스코틀랜드와 쿠바를 다루는 논문은 비판적 관점에서 전반적인 상황을 잘 보여주고 있는 반면, 러시아에 관한 글은 글렙 파블롭스키와의 인터뷰로 블리디미르 푸틴 개인에게 초점이 맞추어져 있다. 그래서 「푸틴의 세계관」은 뭔가 부족하다. 러시아의 상황에 대한 지식 없이 푸틴이라는 독재자의 측근이 전하는 개인적 성향에 대한 사적인 견해는 매우 제한적인 정보만을 주기 때문이다. 그러나 한 가지 유추는 가능하다. 파블롭스키가 묘사하는 푸틴은 소련형 인간이며, 자본주의를 신봉하지만 자본은 경멸한다. "진짜 자본가들보다 더 거대하고 훌륭한 자본가가 되어야 하고 하나의 국가처럼 더욱 단단해져야 한다"는 것이 푸틴의 생각이라는 것이다. 이러한 태도는 정치적 자유 없는 자본주의와 과거 공산당 관료들이 전화한 마피아식 자본가들의 과두제가 푸틴이라는 개인에게 권력이 집중된 이상

한 형태의 국가를 만들어내고 있다. 러시아에 대해서는 조금 더 분석적인 글이 필요해 보인다.

닐 데이비슨은 「스코틀랜드 분수령」에서 스코틀랜드 독립에 대한 국민투표의 전후 사정을 설명한다. 데이비슨의 핵심 주장은 독립에 대한 열망은 스코틀랜드 민족주의와는 직접적인 관계가 없으며 독립운동의 주역이 국민투표를 주도했던 스코틀랜드국민당인 것도 아니라는 것이다. 이 글이 써진 후 실시된 총선에서 스코틀랜드의 62석 중 61석을 휩쓸어서 노동당에게 결정타를 날렸던 스코틀랜드국민당은 국민투표가 예상과는 달리 근소한 차이로 부결됨으로써 상당한 정치적 영향력을 얻었다고 생각되었다. 하지만 데이비슨은 스코틀랜드국민당의 온건한 사회민주주의는 실상 우경화된 신노동당과 차별성이 거의 없다는 점을 지적한다. 그리고 독립에 대한 요구는 전 세계인이 공유하고 있는 시장 중심적인 긴축이 불러온 사회적 토대 잠식에서 발아한 사회운동이라는 점을 부각시킨다. 독립에 대한 요구는 신자유주의에 대한 불만이 모아져 표출된 통로였던 것이다. 어쩌면 지금 그리스 국민들이 보여주고 있는 유로존에 대한 저항, 스페인의 좌파 연합 정당인 포데모스로 모아지고 있는 정치적 에너지는 모두 비슷한 맥락에서 읽힐 수 있다. 하지만 데이비슨이 묘사하고 있는 여러 단체와 녹색당, 스코틀랜드국민당 내 좌파는 이러한 사회운동적 힘을 정치적으로 표현할 수 있는 단계에 와 있지 못하다. 국민당의 다수파가 힘을 얻게 될 가능성이 높다는 것이다. 노동당에 좌절한 것처럼 국민당에 좌절할 것을 지켜보고 있어야 할 것인가? 하지만 스코틀랜드가 아니라 유럽, 유럽이 아니라 전 세계에서 다양한 얼굴을 하고 나타나는 신자유주의적 자본주의 세계 체제에 대한 저항을 지켜보아야 한다. 아니 지켜보는 데 그치지 않고 행동해야 한다.

쿠바는 조금 다른 각도에서 바라보아야 한다. 그리스의 시리자 정권이 예상과는 달리 유럽 채권단에 고개를 숙이기 전 좌파가 상상했던 것은 '다른 길'이었다. 시장 말고는 '대안은 없다'는 지배적 이데올로기에서 벗어나 '다른 세상이 가능하다'는 것을 보여줄 수 있는 사회적 실험을 갈망했다. 쿠바가 이런 의미의 대안일 수는 없다. 카스트로 형제의 집권은 민주주의라는 가치에 비추어보았을 때 논란이 많다. 쿠바 민중의 삶의 질이 높다고 할 수도 없다. 하지만 하나만은 확실하다. 미국의 코앞에 위치한 작은 섬나라 쿠바가 사회주의권 몰락 이후 경제적 지원이 끊긴 상태에서 더욱 강화된 미국의 봉쇄에 맞서 생존했다는 것이다. 변수는 많았다. 하지만 어쨌든 견뎌냈다. 더 중요한 것은 복지, 의료, 교육에 부여된 최우선 가치를 포기하지 않으면서 견뎌냈다는 것이다. 그리고 그 이면에 민중 토론이라는 참여민주주의가 있다는 점도 잊어서는 안 된다. 하지만 쿠바 경제는 불안정하다. 지금의 사회적 가치를 계속 밀고 나갈 수 있을지도 확실하지 않다. 그리고 이 글이 써진 후 미국과 쿠바의 관계가 급진전되었다. 공화당의 반대에도 불구하고 오바마 정권은 대사급 관계를 복원했다. 긍정적으로 생각하면 쿠바는 숨 쉴 수 있는 공간을 얻게 된 것이다. 하지만 마냥 좋은 일일까? 쿠바의 미래도 관심 있게 지켜보아야 한다.

제4부는 문화와 예술에 관한 글들로 구성되었다. 먼저 호세 에밀리오 부루쿠아와 니콜라스 키아트콥스키는 「이중(二重)의 부재」에서 실종자를 표현하는 방식에 대해서 논의하고 있다. 먼저 실종자에 앞서 학살을 표현하는 방식의 변화에 대해서 이야기하는데, 그것은 사냥, 순교, 지옥이다. 저자들은 "세 가지 공식이 최근 역사에서 사라진 것은 아니지만, 대규모 폭력적인 범죄의 잔악무도함을 표현하기에 점점 더 부적절해졌다"고 언급한다. 그리고 각각의 표상 방식의 교체는 "각 시대가 표현의 한계에 도달하면서 촉발되었다"고 덧붙인다. 20세기의 집단 학살과 두 번에 걸친 세계대전에서 드러난 대학살은 사냥, 순교, 지옥으로는 제대로 전달될 수 없게 된 것이다. 저자들은 새로운 미학적 가능성을 탐색한다. 그것은 실루엣을 통한 표

상이다. 이것에는 학살뿐만 아니라 실종의 의미도 담겨 있다. 하지만 모든 방식의 표상은 일반화를 동반하고 희생자들을 획일적으로 재현할 수도 있다. 저자들은 "가능한 한 포괄적인 범주의 이용과 구체적이고 개별적인 사람들, 즉 그들의 구체적인 고통과 운명에 대한 천착 사이에 균형을 이루는 것"이 중요하다고 주장한다. 이것은 프랑스 철학자들이 직면했던 문제와 크게 다르지 않다. 학살이라는 역사적 사실을 표현해야 하지만 그것은 결코 현실과 일치될 수 없다. 그래서 학살의 미학적 표현은 획일화를 피하고 그것을 바라보는 사람에게 스스로 능동적으로 생각하고 판단할 수 있는 여지를 남겨야 하는 것이다. 레비스트로스, 사르트르, 알튀세르에게 이론은 현실을 자로 잰 듯이 정확하게 보여주는 것(이는 불가능한 환상이다)이 아니라 해석과 이에 동반된 실천을 촉구하는 것이어야 했던 것처럼.

스벤 뤼티겐은 「문화혁명」에서 마오주의에 의해 강하게 규정된 문화혁명의 개념을 새롭게 해석한다. 펑크에서 학생, 지식인, 예술가, 보헤미안, 실업자 등을 일컫는 프로보타리아트까지 문화혁명은 경직된 유물론적 해석에서 부차적인 것으로 간주되었던 문화적 투쟁의 중요성을 강조한다. 예술가와 지식인들은 노동자혁명의 지지자에 머물지 않는다는 것이다. 사르트르와 알튀세르가 서로 다른 이론적 지평으로부터 마르크스주의의 혁신을 모색했을 때 염두에 두었던 문화의 상대적으로 자율적인 영역에 대해서 이야기하고 있는 것이다. 이미 현대 프랑스 사상을 소개하는 부분에서 언급했듯이 우리는 지배적 코드가 강하게 작동하는 이데올로기 구성체에 살고 있지만 그것은 획일적이고 완벽하게 작동하지 않는다. 뒤틀림과 엇나감 그리고 수많은 탈구의 순간들이 존재한다. 문화혁명은 그 모든 계기를 파고드는 새로운 문화적 실천일 것이다.

베네딕트 앤더슨은 「노벨상이 외면한 지역과 작가들」에서 노벨 문학상이 가진 본질을 파헤친다. 앤더슨이 보기에 노벨 문학상은 정치적 논리에 좌우되었고 함량 미달의 작가들에게 수여된 적도 많았다. 구색 맞추기로 비서구권 작가들에게 수여된 적도 있지만 영어권에 소개되지 못했다는 이유로, 정치적으로 좌파라는 이유로 배제된 역량 있는 작가들이 많았다고 주장한다. 스웨덴 한림원이 사르트르에게 노벨 문학상을 수여한 것은 프랑스라는 안전지대에 있는 좌파가 구색 맞추기에 딱이기 때문이었을까? 사르트르는 수상을 거부함으로써 자기 나름의 실천을 했다고 생각할 수도 있겠다.

전 세계 사람들이 노벨상을 최고의 영예로 생각하고 노벨상 수상자의 숫자로 학문과 예술의 수준을 가늠하는 얼빠진 짓을 하고 있는 것만큼 유네스코의 세계문화유산 지정도 전 세계인들의 열망의 대상이 되어버렸다. 마르코 데라모는 「유네스코가 도시를 죽이고 있다」에서 유네스코의 세계문화유산으로 지정된 도시들이 어떻게 도시로서의 활력을 잃어가고 있는지 보여준다. 도시는 과거에도, 현재에도 그리고 미래에도 사람들이 살아가는 공간이다. 그런데 맹목적인 개발주의는 도시가 안고 있는 역사와 문화의 깊이를 파괴한다. 유네스코의 문화유산에 지정되면 나아질까? 데라모는 그렇지 않다고 얘기한다. 상업적으로 관광산업을 위해 박제화된 도시는 삶의 공간으로서의 의미를 상실한다. 자연 생태계 보호를 명목으로 원주민을 주거지에서 몰아내는 것과 비슷하다. 그들은 열대우림을 상업적 목적으로 파괴하지 않았고 자연과 공존했다. 하지만 자연을 보호한다는 이유로 삶의 터전에서 축출되고 있다. 도시에 거주하는 대다수의 사람들은 개발을 통해 이익을 얻을 수 있다고 착각하지만 이익을 얻는 것은 거대 자본이고 그들은 삶의 공간을 빼앗기고 있다. 문화유산으로 지정되면 관광산업을 통해 경제가 활성화될 것이라고 믿지만 정작 삶의 공간에서 쫓겨나기는 마찬가지다. 월드컵과 올림픽을 유치하면 지역 경제가 살아날 것이라고 생각하지만 이익을 거두어가는 것은 거대 자본이고 지역 주민들에게 남는 것은 천문학적인 부채뿐인 것과 매한가지다.

마지막 제5부에는 서평 한 편이 실렸다. 크리스틴 수락은 데이비드 필링의 『역경을 이겨낸다: 일본과 생존과 기술』에 대해 자세하게 논평한다. 한마디로 요약하자면 저널리스트의 입장에서 일본 사람들의 행동과 태도를 풍부하게 전달해주고 있지만, 즉 "여러 개개인들의 콜라주로 일본의 이미지를 그려내"고 있지만 제도들에 대한 체계적 분석은 없다고 지적한다. 관료제, 대학, 매체, 노동조합, 정당, 사용자단체, 야쿠자는 등장하지 않는다는 것이다. 역경을 이겨내는 일본 '인'들에 집중하면서 일본 사회가 안고 있는 구조적인 문제는 관대하게 넘어가고 있다는 것이다. 제1부에 실린 국제 정치경제를 다룬 글들과 제3부의 각 지역 문제를 분석한 글들과 함께 이 서평을 다시 읽어볼 필요가 있을 것 같다.

위기로 글을 시작했었다. 세상을 둘러보면 절망과 좌절로 가득 차 있는 것처럼 보인다. 좌절은 비관을 향해 치닫는다. 화장실이 없어 들판에서 용변을 보아야 하는 것이 수치스러워 자살한 17살 인도 소녀의 비극을 떠올려본다. 인도에서 화장실이 없는 가구는 도시 지역에서 18.6퍼센트, 농촌 지역에서는 69.2퍼센트에 달한다고 한다. 비참한 현실이다. 더 비극적인 것은 그 또래 인도 소녀들에게 더 중요한 것은 최소한의 삶의 질보다 스마트폰이라는 사실이다. 스마트폰이 구조적인 불평등이 개별화되고 파편화되어 개인의 고통으로만 체험되게 하는 매개라고 말하는 것은 너무 심한 비약일까? 스마트폰 '때문'이라고 얘기하는 것이 아니다. 주식시장의 지수와 환율, 스마트폰과 자동차의 판매고가 지배하는 세상의 이면에 인도인 17살 소녀의 기본권은 하찮은 것으로 간주되는 현실이 절망스러운 것이다. 그리고 그 소녀의 죽음을 연대의 감정으로 느끼지 못하고 그저 검색해서 걸리는 정보로 받아들이는 우리들 자신이 비관적인 것이다. 이런 조건 아래서 스마트폰은 소통의 매개보다는 고립과 파편화의 도구가 되어버린다.

고립된 개인으로 머물러 있을 수는 없다. 사람들은 여전히 인간의 가치를 소중하게 간직하고 있다. 인권과 민주주의는 아직은 보편적 이념으로 작동하고 있다. 인권과 민주주의라는 보편적 이념은 상품과 화폐의 논리가 개별화하고 있는 구조적 위기의 체험을 '우리'의 것으로 느낄 수 있게 하는 출발점이다. 출발선에서 어떻게 앞으로 나아갈 것인지는 우리에게 남겨진 과제일 수밖에 없다.

2015년 8월

편집위원을 대표하여

서영표

●차례

제1부
국제 정치경제

자본주의는 어떻게 종언에 이를까

볼프강 슈트렉(Wolfgang Streeck)

자본주의가 위기라는 인식이 오늘날 제2차 세계대전 종전 이후 그 어느 때보다도 광범위하게 퍼져 있다.[1] 돌이켜보면 1970년대 중반에 전후 번영기가 종료되면서 장기간에 걸쳐 일련의 정치적·경제적 무질서가 찾아왔고, 2008년의 대폭락은 그중 가장 최근 사례에 불과하다. 연이은 위기들은 시간이 경과하며 점점 더 격화되었고, 세계경제의 상호 연관성이 증가함에 따라 점점 더 빠르고 넓게 확산되었다. 1970년대 세계적 인플레이션의 뒤를 이어 1980년대에 공공 부채가 증가했고, 1990년대의 재정 건전화는 민

---

1) 이 글은 2014년 1월 23일 영국학사원(British Academy) 영-독 재단(Anglo-German Foundation) 강연에서 발표되었다.

간 부문 부채의 가파른 상승을 수반했다.[2] 지난 40년간 산업화된 '선진적' 세계에서는 불균형이 국가적·세계적 양 측면에서 거의 정상 조건이었다고 할 수 있다. 실제로 시간이 흐르면서 전후 OECD 자본주의의 위기가 매우 광범위하게 확산된 결과 이는 점점 더 경제적 차원을 넘어선 문제로 지각되고 있으며, 자본주의 사회라는 종래의 개념—사적 자본축적의 중단 없는 진전에 토대를 둔 사회질서이자 삶의 방식으로서의 자본주의—이 재발견되고 있다.

위기의 징후는 다수이나, 그중 가장 두드러지는 것은 부유하고 고도로 산업화된—혹은 점점 더 탈산업화되고 있다고 표현하는 편이 적절한—자본주의 국가들의 궤도가 보여주는 세 가지 장기 추세이다. 첫째는 경제성

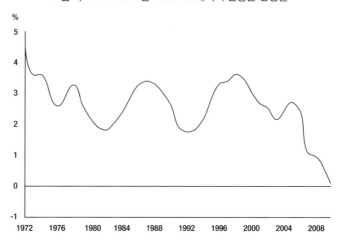

그림 1. 1972~2010년 OECD 20개국의 연평균 성장률

* 5년간의 이동평균. OECD Economic Outlook: Statistics and Projections.

---

2) 나는 이 주장을 다음 책에서 한층 더 전면적으로 탐구한 바 있다. *Buying Time: The Delayed Crisis of Democratic Capitalism*, London and New York 2014.

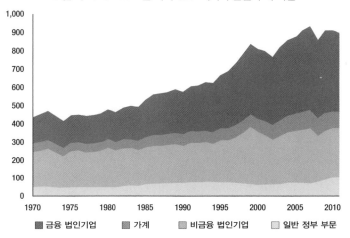

그림 2. 1970~2011년 미국 GDP 대비 부문별 부채 비율

■ 금융 법인기업　■ 가계　■ 비금융 법인기업　□ 일반 정부 부문

* OECD National accounts.

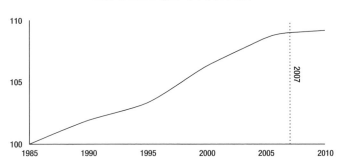

그림 3. OECD 평균 지니계수의 증가

* OECD Income Distribution Database.

장률의 지속적 하락이며, 최근 2008년의 사건들로 이 경향은 심화되었다
(그림 1). 둘째는 첫째 요인과 연관되는데, 주요 자본주의 국가들의 총부채
역시 전반적으로 꾸준히 상승했다는 점이다. 이들 국가에서 정부, 가계, 금

융회사뿐만 아니라 비금융회사들도 지난 40년간 계속해서 재정적 부채를 축적해왔다(미국의 사례는 그림 2 참조). 셋째, 부채 증가, 성장 둔화와 함께 수입과 재산 양 측면에서 경제적 불평등이 지난 수십 년간 지속적으로 증가했다(그림 3).

지속적 성장, 건전 화폐 그리고 약간의 사회적 형평성 덕분에 자본주의 혜택의 일부가 자본이 없는 자들에게도 확산될 수 있었고, 이는 오랫동안 자본주의 정치경제가 그 정당성을 확보하기 위한 전제 조건으로 간주되었다. 이러한 관점에서 가장 우려스러운 점은 앞서 언급한 세 가지 주요 경향이 서로를 강화할 수도 있다는 것이다. 불평등의 증가가 생산성 향상을 저해하고 수요를 약화시켜서 성장 둔화를 초래할 수 있음을 보여주는 증거가 늘고 있다. 역으로 저성장은 분배적 갈등을 강화하며 그 결과 불평등이 심화된다. 부자들이 가난한 사람들에게 양보하는 데 드는 비용이 점점 더 커지고 있으며, 그 결과 부자들은 자유 시장을 지배하는 '마태의 원리'(Matthew principle)를 준수할 것을 전례 없이 강하게 요구하고 있다. "가진 자들에게 줄 것이며 그는 부자가 될 것이다. 하지만 가지지 못한 자는 가진 것조차 뺏길 것이다."[3] 또한 부채 증가를 통해 경제성장의 저하를 막을 수 없고, 오히려 금융화는 공공 서비스 축소와 임금 정체가 소득 불평등을 증가시키는 상황에서 임금소득자들과 소비자들에게 보완책을 마련해주고자 했던 본래의 목표와 달리 구조적으로 불평등을 악화시킨다.

이러한 유해한 추세의 악순환처럼 보이는 것이 영원히 계속될 수 있을까? 순환을 끝낼 대항 세력이 있는가? 만약 지난 40년간 그랬듯이 대항 세력이 나타나지 않는다면 무슨 일이 벌어질까? 역사학자들은 자본주의에서

---

3) 마태복음 25장 29절. 로버트 머튼(Robert Merton)이 다음 글에서 이를 처음으로 일종의 사회적 기제로 묘사했다. "The Matthew Effect in Science", *Science*, vol. 159, no. 3810, pp. 56~63. 누적 이익이 정확한 용어이다.

위기는 전혀 새롭지 않을뿐더러 실은 자본주의가 장기적으로 건전한 상태를 유지하기 위해 필요한 것일 수도 있다고 이야기한다. 그렇지만 그들이 이야기하는 것은 주기적 운동이나 우발적 쇼크(random shocks)이며, 그 후 자본주의 경제가 적어도 일시적으로 새로운 평형상태에 들어설 수 있다는 것이다. 하지만 오늘날 우리가 목격하는 것은 돌이켜 생각해보면 점진적 쇠퇴의 연속적 과정인 듯하며, 그 과정이 장기간 지속된 만큼 거침없고 멈출 수 없음이 분명해 보인다. 간헐적인 청산적 위기(Reinigungkrise)로부터 회복하는 것과 서로 뒤얽힌 장기적 추세들의 연쇄를 중단하는 것은 전혀 다른 일이다. 성장 저하, 불평등 심화, 부채 증가가 무한히 계속될 수 없으며 함께 체계적 위기를 초래할 수 있다고 한다면—그 성격을 상상하기는 힘들다—전환이 임박했음을 보여주는 징조들은 있는가?

또 하나의 임시방편

그와 관련해 들리는 소식은 그리 희망적이지 않다. 전후 일련의 위기들이 최고조에 달했던 2008년 이후 6년이 흘렀다. 심연의 기억이 생생했으며, 그 일을 다시 겪지 않기 위해서 필요한 '개혁'에 대한 요구와 청사진이 넘쳐났다. 온갖 종류의 국제회의와 정상회담이 연달아 개최되었지만 5년이 지난 지금 우리가 얻은 성과는 거의 없다. 그동안 재난의 진원지였던 금융 산업은 완전히 회복되었다. 이윤과 배당금, 급여, 보너스가 예전 수준으로 회복된 반면, 재규제는 국가 간 협상과 국가 내 로비 활동이라는 수렁에 빠져 제 역할을 하지 못했다. 정부, 무엇보다 미국 정부를 꽉 틀어쥐고 있는 것은 금융 산업이다. 그 결과 중앙은행에 있는 그 친구들이—그중 가장 중요한 인물은 골드먼삭스의 전 직원이자 현재 유럽중앙은행(ECB)을 책임지고 있는 마리오 드라기(Mario Draghi)다—공짜로 찍어낸 저리 자금을 금융 산업에 아낌없이 퍼주고, 이 돈은 다시 비축되거나 정부 채무에 투자된다. 성장은 활기를 잃었고 노동시장도 마찬가지이다. 유동성이 전례 없이 커졌지만 이것도 경제를 활성화하지 못했다. 성장이 이루어진다고 해도 소득 상위 1퍼센트가 이를 전유하기 때문에—소수가 가장 큰 몫을 차지한다—불평등은 믿기 힘든 수준으로 점점 더 심화되고 있다.[4]

낙관할 만한 이유가 거의 없어 보인다. 한동안 OECD 자본주의는 통화팽창 정책을 통해 명목화폐를 아낌없이 투입해서 유지되었는데, 그 정책의 입안자들은 누구보다도 이 과정이 영원히 계속될 수 없다는 것을 잘 알고 있다. 사실 나쁜 습관을 버리려는 시도가 2013년에 미국뿐만 아니라 일본에서도 있었다. 하지만 그 여파로 주가가 폭락했고 이른바 '테이퍼링'(tapering)은 당분간 연기되었다. 그해 6월 중순에 바젤에 위치한—모든 중앙은행의 모체라 할 수 있는—국제결제은행(Bank for International Settlements, BIS)은 '양적 완화'(quantitative easing)가 중단되어야 한다고 선언했다. 국제결제은행은 연간 보고서에서 중앙은행들이 위기와 더딘 회복에 대한 대응으로 대차대조표의 규모를 키워왔으며, "그 규모가 현재 전체적으로 보아 위기 이전 수준의 약 세 배에 달하며, 여전히 증가"하고 있다고 지적했다.[5] "금융 붕괴를 막기 위해" 대차대조표 규모를 확대할 필요가 있었다면, 이제 목표는 여전히 침체된 경제를 회복시켜서 강인하고 지속 가능한 성장을 할 수 있게끔 유도해야 하는 것이다. 하지만 이것은 중

---

4) Emmanuel Saez, "Striking It Richer: The Evolution of Top Incomes in the United States", 2 March 2012, 캘리포니아 대학 버클리 캠퍼스의 사에즈(Saez) 개인 홈페이지; Facudo Alvaredo, Anthony Atkinson, Thomas Piketty and Emmanuel Saez, "The Top 1 Percent in International and Historical Perspective", *Journal of Economic Perspectives*, vol. 27, no. 3, 2013, pp. 3~20 참조.

5) Bank for International Settlements, *83rd Annual Report*, 1 April 2012~31 March 2013, Basel 2013, p. 5.

앙은행의 능력을 벗어나는 일이다.

중앙은행에게는 정부 당국과 대중 양측이 바라고 기대하듯이 경제가 진정한 성장의 길로 복귀하기 위해 필요한 경제적·재정적 구조 개혁을 실시할 능력이 없다. 회복기 내내 중앙은행이 한 것이라고는 시간을 번 것뿐이다. …… 하지만 그들은 시간을 잘 활용하지 못했다. 왜냐하면 저금리와 변칙적 정책들이 지속된 탓에 민간 영역은 손쉽게 차입 축소를 연기하고, 정부는 손쉽게 적자를 메우며, 당국은 손쉽게 실물경제와 금융 체제에서 필요한 개혁을 연기할 수 있게 되었다. 결국 저리 자금 덕택에 저축보다 대출이, 세금을 내는 것보다 소비가, 변화보다 현상 유지가 한층 더 용이해졌다.

벤 버냉키(Ben Bernanke) 하의 연방준비제도이사회조차도 이 견해에 동조했음이 분명하다. 2013년 늦여름에 다시 한 번 금융 완화(easy money) 시대의 종결을 시사하는 움직임이 있었다. 하지만 그해 9월 예견되었던 고금리 정책의 복귀가 다시금 연기되었다. '경제'가 기대했던 만큼 '튼튼해' 보이지 않는다는 것이 그들이 내세운 이유였다. 전 세계 주가는 즉시 상승했다. 물론 좀 더 전통적인 통화정책으로 복귀하기가 그토록 힘든 진짜 이유는 정치적으로 제약을 받는 국가별 중앙은행보다 BIS 같은 국제기구가—당분간은—하고 싶은 대로 할 수 있기 때문이다. 즉, 현 상태로는 통화량의 무한 공급 외에 자본주의를 유지하는 유일한 대안은 신자유주의적 경제개혁뿐이며, BIS의 2012/13년 연간 보고서의 두 번째 부제인 '유동성 강화: 성장의 비결'은 이를 잘 요약하고 있다. 이 비결은 소수에게는 높은 인센티브를 의미하겠지만 다수에게는 쓴 약이 될 공산이 크다.[6]

---

6) 미국과 영국 같은 국가들에서는 이조차도 별로 가망이 없어 보이며, 그곳에서 과연 신자유주의적 '개혁'이 무엇을 더 해낼 수 있을지 의심스럽다.

민주주의의 문제

여기서 위기와 현대 자본주의의 미래에 대한 논의는 민주주의적 정치의 문제로 나아가야 한다. 자본주의와 민주주의는 전후 합의에 의해서 양자 간에 화해가 이루어지기 전까지, 오랫동안 서로에게 적대적인 것으로 간주되었다. 20세기에 이르기까지 줄곧 자본 소유자들이 민주주의를 열망하는 다수가 사유재산을 폐지하지 않을까 두려워했다면, 노동자와 노동자 조직은 자본가들이 자신들의 특권을 지키기 위해서 권위주의적 통치의 복귀에 자금을 댈 것이라고 생각했다. 오직 냉전기에 이르러서야 자본주의와 민주주의가 서로 보조를 맞추게 된 듯 보인다. 경제성장 덕분에 노동계급 다수가 자유 시장과 사유재산 체제를 받아들이게 되었고, 그 결과 민주주의적 자유와 시장 및 이윤 활동의 자유는 서로 뗄 수 없는 관계일 뿐만 아니라, 실제로 전자가 후자에 의존하고 있는 듯 보였다. 하지만 오늘날 자본주의 경제와 민주주의 정체의 공존 가능성에 다시금 강력한 의문이 제기되고 있다. 일반 대중 사이에 정치를 통해 더 이상 자신들의 삶을 변화시킬 수 없으리라는 생각이 광범위하게 퍼져 있다. 이를 잘 보여주는 것은 대중이 점점 더 정치가들을 자족적이고 자기 잇속만 챙기는 집단으로 본다는 점이다. 한목소리로 자신들과 자신의 정책들 외에는 '어떤 대안도 없다'라고 되뇌고 있는 이들은 대중이 보기에 무능하고 부패했으며 교착상태에 빠져 있다. 그 결과 투표율이 감소하는 동시에 유권자의 유동성이 커지고 있으며, '인민주의'(populism) 저항 정당의 발흥과 만연한 정부의 불안정성 때문에 선거는 점점 더 파편화되고 있다.[7]

전후 민주주의의 정통성은 국가가 시장 개입을 통해 그 결과물을 시민

---

7) Armin Schafer and Wolfgang Streeck, eds., *Politics in the Age of Austerity*, Cambridge 2013 참조.

의 이익을 위해 조정할 수 있음을 전제로 한다. 하지만 지난 수십 년에 걸쳐 불평등이 증가하고 또한 2008년 위기를 전후해서 정부가 무능력을 보여준 탓에 이 전제에 의혹이 제기되었다. 글로벌 시장경제 내에서 OECD 민주주의 국가의 정부와 정당의 역할이 점점 축소되면서, 그에 대응해 이들은 '민주주의적 계급투쟁'이 포스트-민주주의적인 폴리테인먼트(politainment)로 변해가는 모습을 얼마간 반겼다고 할 수 있다.[8] 그동안 자본주의 정치경제는 전후 케인스주의에서 신자유주의적인 하이에크주의로 순조롭게 전환되었다. 케인스주의가 위로부터 아래로의 재분배를 통해 경제성장을 추구하는 정치 공식이었다면, 하이에크주의는 아래로부터 위로의 재분배를 통해 성장이 가능하리라고 기대했다. 케인스주의 아래에서는 평등주의적 민주주의가 경제적으로 생산에 도움이 된다고 간주되었지만, 현재 하이에크주의는 이것이 경제적 효율성을 방해한다고 생각한다. 이 세계는 재분배라는 정치적 왜곡으로부터 시장—그리고 그것이 낳는 누적적 이익—을 격리해야만 성장이 가능하리라고 믿는다.

현재 반민주주의적 수사학의 핵심 주제는 1970년대 이래 공공 부채의 놀랄 만한 증가가 보여주는 현대 국가의 재정 위기다(그림 4). 공공 부채가 증가한 이유는 선거 대중이 분수에 넘치게 살면서 사회의 '공유재'를 남용한 탓이며, 또한 기회주의적 정치가들이 허황된 약속을 남발해서 근시안적 유권자를 매수해왔기 때문이라고 이야기된다.[9] 그렇지만 과도한 재분배적 민주주의가 재정 위기를 초래했다고 보기는 어려운데, 그 이유는 정

8) Walter Korpi, *The Democratic Class Struggle*, London, 1983; Colin Crouch, *Post-Democracy*, Cambridge 2004.

9) 이는 재정 위기에 대한 공공선택(Public Choice) 이론의 주장인데, 제임스 부캐넌(James Buchanan)과 그 학파에 의해 강력하게 개진되었다. 대표적으로 Buchanan and Gordon Tullock, *The Calculus of Consent: Logical Foundations of Constitutional Democracy*, Ann Arbor 1962 참조.

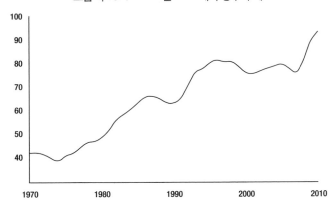

그림 4. 1970~2011년 GDP 대비 정부 부채

*다음 국가들의 비가중 평균값이다. 오스트리아, 벨기에, 캐나다, 프랑스, 독일, 이탈리아, 일본, 네덜란드, 노르웨이, 스웨덴, 영국, 미국. OECD Economic Outlook: Statistics and Projections.

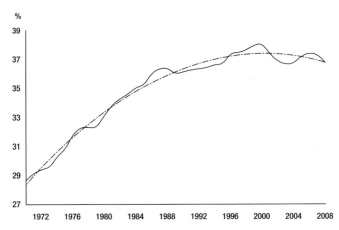

그림 5. 1970~2011년 GDP 대비 총세수

*다음 국가들의 비가중 평균값이다. 호주, 오스트리아, 벨기에, 캐나다, 덴마크, 핀란드, 프랑스, 독일, 그리스, 아일랜드, 이탈리아, 일본, 네덜란드, 노르웨이, 포르투갈, 스페인, 스웨덴, 스위스, 영국, 미국. Comparative tables, OECD Tax Statistics Database.

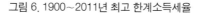

그림 6. 1900~2011년 최고 한계소득세율

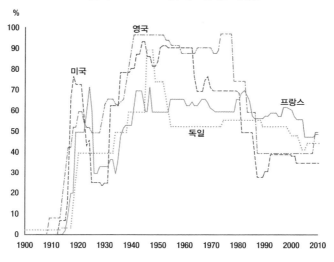

* Facundo Alvaredo et al., "The Top 1 Percent in International and Historical Perspective".

부 부채의 증가가 특히 저소득층에서 두드러진 선거 참여율 감소와 동시에
진행되었기 때문이다. 그리고 이에 발맞추어 노동조합은 위축되고, 파업은
사라졌으며, 사회복지는 축소되고, 소득 불평등이 폭발적으로 증가했다.
공공 재정의 악화는 전반적 과세 수준이 감소하고(그림 5) 최상위 소득자
의 소득세율과 법인세율이 '개혁'된 결과 조세제도가 한층 더 퇴행적 성격
을 띠게 된 상황(그림 6)과 관련된다. 게다가 정부는 조세수입을 부채로 대
체함으로써, 돈이 있는 사람들에게 안전한 투자 기회를 제공했다는 점에서
불평등을 심화하는 데 일조했다. 정부로서는 더 이상 그들의 돈을 빼앗을
능력도, 또 그럴 의향도 없었기 때문에, 그 대신 돈을 빌려야 했다. 납세자
와 달리 국채 구매자는 국가에 지불한 돈을 계속 소유하고 있고, 실제로 그
돈에 대한 이자를 징수하기도 하는데, 그 돈은 누진세적 특징이 점차 줄고
있는 과세 제도로부터 갹출한 것이다. 그리고 그 돈은 자손에게 양도될 수

도 있다. 이에 더해 공공 부채의 증가는 국가지출 삭감과 공공 서비스 민영화를 주장하기 위한 근거로 정치적으로 이용될 수 있고, 또 현재 그렇게 활용되고 있는데, 그 결과 재분배적인 민주주의 정책이 자본주의 경제에 개입하려는 시도가 크게 제약받고 있다.

최근 수십 년간 시장경제를 민주주의적 간섭으로부터 제도적으로 보호하려는 시도가 크게 증가했다. 도처에서 노동조합이 쇠퇴하고 있으며 여러 국가들, 특히 미국에서는 거의 그 존재가 근절되었다. 경제정책은 전반적으로 금융시장의 안녕과 선의를 무엇보다 가장 중시하는 독립적인—즉, 민주주의에 대해 책임질 필요가 없는—중앙은행 몫이 되었다.[10] 유럽에서는 유럽집행위원회, 유럽중앙은행 같은 대중민주주의 영역 밖에 자리한 초국가적 기구들이 임금 결정이나 예산편성 같은 국가 경제정책에 점점 더 큰 영향력을 행사하고 있다. 그 결과 유럽 자본주의는 사실상 탈민주주의화되고 있는데, 물론 그 과정이 탈정치화를 의미하는 것은 아니다.

이윤을 먹고사는 계급은 여전히 민주주의가, 그것이 비록 매우 무력해지기는 했지만, 자신들의 지배권을 회복하기 위해 필요한 신자유주의적 '구조 개혁'을 방해하지 않을지 의심하고 있다. 비록 상반된 이유에서이기는 하지만, 엘리트들도 일반 시민들과 마찬가지로 민주주의적 정부를 신뢰하지 않게 되었고, 시장의 요구에 따라 사회를 개조하는 데 그것이 적합한지 의심하고 있다. 공공선택(Public Choice) 이론에서는 민주주의적 정치를 폄하하며, 그것이 기회주의적 정치가와 그 고객에게 봉사하기 위해서 시장의 정의를 타락시킨다고 주장하는데, 이 주장은 엘리트들 사이에서 일종의 상식이 되었다. 또한 이들은 시장자본주의에서 민주주의적 정치를 제거하

---

10) 우리는 BIS를 포함한 대부분의 중앙은행이 오랫동안 그리고 지금도 개인 소유라는 사실을 종종 잊곤 한다. 예를 들어 영국은행과 프랑스은행은 1945년 이후에야 국유화되었다. 1990년대 여러 국가들에서 진행된 중앙은행의 '독립'은 일종의 재사유화라고 볼 수 있다.

면, 그것이 한층 더 효율적으로 작동할 뿐만 아니라 도덕적이고 책임감 있는 모습이 되리라고 믿기도 한다.[11] 중국 같은 국가들의 권위주의적 정치 체제가 평등주의적 성향을 지닌 다수제 민주주의와 비교해 '세계화'의 도전들을 한층 더 효과적으로 처리할 수 있다는 점에서 이 국가들이 칭송받고 있기도 하다. 이는 두 차례 세계대전 사이에 자본가 엘리트들이 독일과 이탈리아의 파시즘(그리고 심지어 스탈린의 공산주의조차)을 명백하게 우월한 경제적 통치라는 점에서 찬양하면서 구사했던 수사법과 매우 유사하다.[12]

현재 신자유주의의 주류가 꿈꾸는 정치적 유토피아는 '시장 순응형 민주주의'인데, 그곳은 시장 교정 세력이 사라진 곳이며, 또 '인센티브와 양립할 수 있는' 아래로부터 위로의 재분배 정책이 힘을 얻는 곳이다.[13] 서유럽과 미국 두 지역에서 이 프로젝트가 이미 상당히 진척되었지만, 그 기획자들은 여전히 인민 대중이 신자유주의적으로 위기를 해결하려는 이 시도를 최후의 순간에 저지하고 전후 합의의 산물인 정치적 제도들을 다시금 차지하지나 않을까 염려하고 있다. 그래서 엘리트들은 평등주의적 민주주

---

11) 물론 콜린 크라우치(Colin Crouch)가 지적했듯이, 현존하는 신자유주의는 거대 다국적기업들이 정치적으로 견고한 참호를 구축한 과두 체제이다. Crouch, *The Strange Non-Death of Neoliberalism*, Cambridge 2011.

12) Daniel A. Bell, *Beyond Liberal Democracy: Political Thinking for an East Asian Context*, Princeton 2006; Nicolas Berggruen and Nathan Gardels, eds., *Intelligent Governance for the 21st Century: A Middle Way between West and East*, London 2012 참조.

13) '시장 순응적'은 앙겔라 메르켈(Angela Merkel)의 표현이다. 총리가 구사하는 공적 레토릭은 의도적으로 혼돈과 신비화를 목표로 하는 것처럼 보인다. 그녀는 2011년 9월 메르켈 담화에서 이 주제에 대해 다음과 같이 이야기했다. "우리는 분명 하나의 민주주의 속에 살고, 또한 그에 대해 기쁘게 생각한다. 이것은 대의제적 민주주의이다. 따라서 예산은 의회의 핵심 권한이다. 그 점에 있어서 가능한 한 우리는 의회가 합의에 도달할 방도를 찾아야 한다. 또한 그것이 그럼에도 불구하고 시장 순응적이도록 해야 하며, 그 결과 시장에 영향을 미치도록 해야 한다."

의를 경제적으로 무력화하려고 계속 압력을 행사하고 있으며, 유럽에서 이 과정은 정치적·경제적 의사 결정이 유럽중앙은행과 정부 지도자의 정상 회담 같은 초국가적 기구의 책임으로 계속해서 이관되는 모습으로 구현된다.

벼랑 끝에 선 자본주의?

자본주의는 운이 다한 것일까? '현대 자본주의'가 기술적으로 관리되는 동시에 민주적으로 통제되는 '혼합경제'로 운영될 수 있으리라는 생각은 1980년대에 폐기되었다. 그 후 신자유주의 혁명에서 사람들은 다시금 '자유롭게 작동하는 시장의 힘'을 통해 자애롭게도 사회적·경제적 질서가 확립되리라고 상상했다. 하지만 2008년의 대폭락과 함께 시장이 자기 조절적 기능을 통해 균형 상태를 회복하리라는 기대 또한 신빙성을 잃었고, 그것을 대체할 만한 새로운 정치적·경제적 통치 공식은 현재 눈에 띄지 않는다. 이것만으로도 위기가 구조적임을 확인할 수 있는데, 위기가 지속될수록 우리의 판단에 대한 확신도 커진다.

1970년대 이래 연이은 인플레이션과 공공 부채, 금융 붕괴에 더해 지난 수십 년 동안 성장 둔화, 불평등 증가, 부채 증가가 지속되었음을 고려할 때, 나는 지금이 역사적 현상으로서의 자본주의에 대해 다시금 생각해야 할 적기라고 생각한다. 자본주의가 역사적 현상이니만큼, 시작이 있었다면 끝도 있을 것이다. 이를 위해서는 사회적·제도적 변화에 대한 그릇된 모델들과 결별해야 한다. 레닌주의적 방식처럼 정부나 중앙위원회의 결정에 따라 자본주의가 끝나리라고 생각하는 한, 자본주의는 영원할 수밖에 없다. (실제로 법령을 통해 종결지어질 수 있고 종식되었던 것은 모스크바에 집중되어 있던 공산주의였다.) 만약 전체의 결정을 통해 마치 섭리를 좇듯 자본주의를 미리 고안된 새로운 질서로 대체하는 것이 아니라 자본주의가 저절로 몰락할 수 있음을 인정한다면 상황은 달라진다.

자본주의의 종언에 대해 이야기하면 반드시 그것을 무엇으로 대체할 것인가라는 질문에 답할 수 있어야 한다는 부담감은 버릴 필요가 있다고 생각한다. 역사적 시대로서의 자본주의가 오로지 더 나은 새 세계가 목전에 임박했고 혁명적 주체가 인류의 진보를 위해 이를 시행할 준비가 되었을 때에만 종언에 다다를 수 있다고 믿는 것은 마르크스주의적 편견, 아니 더 적절하게 표현하자면 모더니즘적 편견이다. 이것은 우리에게 어느 정도 우리의 공동 운명을 좌우할 정치적 통제권이 있음을 전제하는데, 사실상 집단적 주체의 몰락 이후 그것은 꿈도 꿀 수 없게 되었고 신자유주의적 세계혁명 시기에 와서는 그것에 대한 희망조차 사라졌다. 자본주의가 '신들의 황혼'을 맞이했다는 주장을 입증하기 위해서 대안적 미래에 대한 유토피아적 전망이나 초인적인 선견지명이 필요한 것은 아니다. 과거에 수도 없이 자본주의에 사망 선고가 내려졌다는 것을 알고 있지만, 나는 기꺼이 똑같은 주장을 하고자 한다. 사실 자본주의의 주요 이론가들은 하나같이 1800년대 중반 그 개념이 보급된 후 자본주의의 만기일이 임박했음을 예견해왔다. 그 명단에는 마르크스와 칼 폴라니 같은 급진적 비판자들뿐만 아니라, 막스 베버, 조지프 슘페터, 베르너 좀바르트, 케인스 같은 부르주아 이론가들도 포함되어 있다.[14]

합리적 예측에도 불구하고 어떤 일이 발생하지 않았다고 해서, 그 일이 앞으로도 절대 일어나지 않으리라고 볼 수는 없다. 그리고 그것을 귀납적으로 증명할 길도 없다. 이번은 예전과는 다른데, 오늘날 자본주의의 숙달된 기술자들조차도 도통 체제를 회복시킬 방안을 찾지 못하고 있다는 점은

---

14) 따라서 역사를 통해 내가 오류임이 밝혀진다 해도 뛰어난 인물들도 동일한 오판을 한 셈이니 그리 걱정할 일은 아니다.

그 차이를 보여주는 한 징후다. 최근 출판된 2008년 연방준비제도이사회의 심의 과정을 보여주는 회의록이나[15] 앞서 언급한 대로 중앙은행가들이 '양적 완화'를 중단할 만한 적절한 때를 찾기 위해 필사적으로 애쓰는 모습이 그 예가 될 것이다. 하지만 이것은 겉으로 드러나는 문제에 불과하다. 그 표면 아래 자리한 엄중한 사실은 자본주의의 발전 때문에 이제 그 과정을 제한하는 동시에 안정시킬 수 있었던 모든 행위자들이 말살되었다는 점이다. 다시 말해 사회 · 경제적 체제로서 자본주의의 안정성은 대항적 힘들, 즉 자본축적을 사회적 견제와 균형의 통제 아래 둘 수 있는 집단적 이해와 기구들이 자본주의 '고유의 동력'을 억제할 수 있는가에 달려 있다. 자본주의의 지나친 성공이 그것의 약화를 초래할 수도 있다는 뜻이다. 앞으로 이 주장에 대해 좀 더 상술해보겠다.

자본주의의 종언이라고 할 때 내게 떠오르는 상은—나는 이 과정이 현재 진행 중이라고 생각한다—하나의 사회적 체계가 가능한 대안의 유무와 무관하게, 자체적 원인 때문에 만성적으로 황폐한 상황에 처한 모습이다. 자본주의가 언제 그리고 정확하게 어떻게 사라질 것이며, 그다음에 무엇이 올 것인가에 대해 알 수는 없지만, 중요한 것은 경제성장, 사회적 평등, 금융 안정 세 분야에서 현재 진행 중인 하강 추세를 역전시키고 그들이 서로를 강화하는 것을 막을 수 있는 세력이 없다는 점이다. 1930년대와 대조해 오늘날에는 그것이 좌파적이건 우파적이건 간에, 자본주의 사회에 일관된 새로운 조절(régulation) 체제를 마련해줄 정치적 · 경제적 공식이 생겨날 가능성이 보이지 않는다. 사회 통합뿐만 아니라 체제 통합 역시도 돌이킬 수 없을 정도로 크게 손상을 입었고, 앞으로 상황은 한층 더 악화될 것

---

15) Gretchen Morgenson, "A New Light on Regulations in the Dark", *New York Times*, 23 April 2014. 이 기사는 '2008년 내내 재앙의 등장을 전혀 눈치채지 못하고 있던 중앙은행의 충격적 실상'을 보여준다.

이다.[16] 시간이 지남에 따라 크고 작은 역기능들이 연이어 누적될 가능성이 크다. 엄밀히 말해 그것들 중 어떤 것도 꼭 치명적이라고 할 수는 없지만, 대부분 회복될 가능성은 없을 것이다. 개인이 처리하기에는 역기능의 가짓수가 너무 많다는 점에서 더욱 그러하다. 그 과정에서 전체를 구성하는 조각들은 점점 더 어긋날 것이며, 온갖 종류의 마찰이 크게 증가할 것이다. 예견치 못했던 결과들이 분명치 않은 인과관계에 따라 확산될 것이며, 불확실성이 급격히 빠르게 확산될 것이다. 각종 위기―정통성의 위기와 생산성의 위기 혹은 두 위기 모두―가 연이어 발생할 것이며, 예측 가능성과 통치 가능성은 지난 수십 년에 걸쳐 그래왔듯이 점점 더 저하될 것이다. 결국 단기적 위기를 관리하기 위해 무수히 많은 임시방편이 나오겠지만, 그것들로는 하나의 사회질서가 심각한 아노미적 혼돈 상황에 처하면서 빚어지는 일상적 재해들의 무게를 감당할 수 없을 것이다.

자본주의의 종언을 사건이 아니라 과정으로 이해하고자 할 때 자본주의를 어떻게 정의할 것인가의 문제가 대두된다. 사회는 복합체이기 때문에, 그것이 종언에 이르는 과정은 유기체와는 다르다. 완전한 절멸이라는 드문 예외적 상황을 제외한다면 단절은 언제나 어느 정도의 연속성을 전제로 한다. 하나의 사회가 종언에 이르렀다는 것은 그 사회구조의 핵심이라고 간주되는 어떤 특징이 소멸했다는 것을 뜻한다. 다른 특징은 존속될 수 있다. 나는 현재 자본주의의 생사 여부를 판명하기에 앞서, 그것의 핵심을 현대사회[17]가 사적으로 소유된 자본과 상품화된 노동력이 결합된 '노동과정'을 통해, 자본축적을 위해서 개인적 차원에서 합리적이고 경쟁적 방식으로 이

---

16) 이와 관련해 David Lockwood, "Social Integration and System Integration", in George Zollschan and Walter Hirsch, eds., *Explorations in Social Change*, London 1964, pp. 244~57 참조.

17) 또는 애덤 스미스의 표현대로, 자본주의는 화폐경제의 규모를 기준으로 했을 때 원칙적으로 무한한 생산성의 증가와 번영을 목표로 하는 '진보적' 사회라고 할 수 있다.

윤을 극대화하던 중에 의도치 않게 집단적 재생산을 확보하는 것으로 정의하고자 한다. 버너드 맨더빌(Bernard Mandeville)은 이 과정을 통해 개인적 악행이 공적 이익으로 전환될 수 있다고 보았는데,[18] 현대 자본주의에서 이 약속의 실현은 더 이상 불가능하며, 그 결과 스스로를 재생산할 수 있고 지속 가능하며 예측 가능하고 정당한 사회질서로서의 자본주의라는 역사적 존재는 소멸하게 된다.

그렇다면 자본주의의 종언이 누군가가 그려놓은 청사진대로 실현될 개연성은 낮다. 붕괴가 계속됨에 따라 정치적 저항이 발생하고 집단적 개입을 위한 수많은 시도가 있을 것이다. 하지만 이들은 오랫동안 러다이트 운동과 같은 유형에 머무를 것이다. 국지적이고 산발적이고 비조직적이고 '원시적'이어서 오히려 무질서를 가중시킬 뿐이지 새로운 질서를 세울 능력은 없고, 기껏해야 새로운 질서가 도래하는 것을 의도치 않게 돕게 될 것이다. 이 같은 장기 위기가 개혁적 혹은 혁명적 주체에게 절호의 기회를 제공해주리라고 생각할 수도 있다. 하지만 자본주의의 붕괴 상황에서 자본주의뿐만 아니라 그 대항 세력도 자본주의를 타도하거나 구원할 수 있는 능력을 상실한 채 와해된다. 그렇다면 자본주의가 종언을 고하기 위해서는 바로 자본주의가 자기 자신을 파괴해야 하는데, 이것이 바로 오늘날 우리가 목격하고 있는 상황이다.

---

18) 이를테면 자본주의에 대한 또 다른 정의에서는 자본주의의 상업적 시장 교환(commercial market exchange)의 평화적 성격을 강조한다. Albert Hirschman, "Rival Interpretations of Market Society: Civilizing, Destructive or Feeble?", *Journal of Economic Literature*, vol. 20, no. 4, 1982, pp. 1463~84 참조. 이 주장에서는 일반적으로 비폭력적 '자유 교역'은 자본주의 체제의 중심부에만 국한되며, 자본주의의 역사적·공간적 주변부에서는 폭력이 횡행한다는 사실을 간과한다. 예를 들어 사적 폭력이 지배하는 불법적 시장(마약, 매춘, 무기 등)은 합법적 투자에 막대한 자금을 조달하는 본원적 축적의 한 형태라고 할 수 있다. 게다가 합법적인 공적 폭력과 불법적인 사적 폭력은 흔히 착종된 형태로 등장하는데, 자본주의의 변경 지대에서뿐만 아니라 중심부가 주변부의 협력자를 지원하는 데서 그 모습을 찾아볼 수 있다. 중심부에서 반대파와—만약 명맥을 유지하고 있다면—노동조합에 대한 공적 폭력도 이에 해당된다.

상처뿐인 승리

만약 대항 세력이라고 할 만한 것이 더 이상 존재하지 않는다면, 도대체 왜 자본주의는, 그 결함이 무엇이든, 위기에 처하게 된 것일까? 1989년 공산주의가 붕괴했을 때, 이 사건은 일반적으로 자본주의의 최종적 승리 혹은 '역사의 종말'로 받아들여졌다. 2008년 이후, 심지어 오늘날까지도 구(舊)좌파는 도처에서 멸종의 위기에 처한 반면, 새로운 신좌파는 아직 그 모습을 보이지 않고 있다. 상대적으로 부유한 이들 못지않게 대중과 가난하고 힘없는 자들도 전적으로 소비주의의 지배를 받고 있는 듯 보이며, 공유재, 집합행동, 집단 조직은 이제 완전히 한물간 개념이 되었다. 자본주의가 현재 링 위에 남은 유일한 선수라면 다른 이유가 아니더라도 부전승으로 살아남을 수는 없는가? 임박한 종말에 대한 불길한 예감에도 불구하고, 자본주의에 사망 선고를 내리는 것을 주저하게 만드는 수많은 이유들이 있는 듯 보인다. 불평등에 관해서는, 사람들은 특히 대중오락과 정치적 억압의 도움을 받아 그것에 적응할 수 있을 것이다. 더욱이 돈 있는 이들에게 건전 화폐를 공급하기 위해서 사회복지비를 감축하고 공공 서비스를 민영화한 정부가 재선에 성공한 사례는 무수히 많다. 환경 악화는 인간의 수명과 비교해 그 진행 속도가 매우 느리기 때문에, 그것을 부인하면서 감수하는 법을 배우게 될 것이다. 셰일가스 시추 기술 같은 기술적 진보를 통해 시간을 벌게 될 가능성도 결코 배제할 수 없으며, 소비주의가 불만을 잠재우는 데 한계가 있다 해도 그것이 현 상황과 거리가 멀다는 점도 분명하다. 이에 더해 시간과 인생의 소모를 요구하는 작업 체제에 적응하는 것이 경쟁적 도전 혹은 개인적 성취의 기회로 받아들여질 수 있다. 좋은 삶을 어떻게 정의할 것인가는 언제나 문화에 따라 매우 가변적이었기 때문에, 상품화의 진행 과정에 맞추어서 그것을 최대한 변형하는 것도 얼마든지 가능하다. 만약 친자본주의적 재교육에 맞서는 급진적 혹은 종교적 도전이 억제되거나 조롱거리가 되고, 다른 방식으로 주변화되기만 한다면 말이다. 마지막으로 오늘날 불황에 대한 이론들 대부분이 서구 세계나 단지 미국에만 해당되는 이야기이지 중국이나 러시아, 인도, 브라질 같은 국가들과는 관련이 없는 듯 보인다. 이 국가들은 자본주의 발전을 위해 이용할 수 있는 막대한 미개척지를 보유한 채 경제성장의 새로운 전선으로 부상하는 중이다.[19]

위 질문에 대해 나는 실제로 대항 세력의 부재가 자본주의의 자산이 아니라 골칫거리가 될 확률이 크다고 생각한다. 사회체제가 번성하기 위해서는 내적 이질성이 필요한데, 이것은 사회체제가 단일한 목표만 추구한 나머지 체제의 지속을 위해서 당연히 주의를 기울여야 하는 다른 목표들이 설 자리를 없애지 않도록 다원적 조직 원리를 갖추어야 함을 의미한다. 잘 알려져 있듯이 자본주의는 이윤과 시장의 지배에 저항하는 대항 운동의 등장에 큰 혜택을 받았다. 사회주의와 노동조합주의 덕택에 상품화에 제동을 걸고 자본주의가 비자본주의적 토대―신뢰와 선의, 이타주의, 가정과 공동체 내의 결속 등―를 파괴하는 것을 막을 수 있었다. 케인스주의와 포드주의 아래서 반대파들은 자본주의의 충실한 일원으로, 특히 불황기에 총수요를 확보하고 안정화하는 것을 도왔다. 경제 상황이 우호적이었던 시기에 노동계급 조직은 자본에 압력을 가해서 생산 개념을 한층 더 확장함으로써 '생산성을 높이는 채찍' 역할을 했다. 제프리 호지슨(Geoffrey Hodgson)은 이러한 의미에서 자본주의는 전적으로 자본주의적이지 않을 때에만, 즉

---

19) 최근 20~30년 전과 비교해 이들 국가의 경제 실적과 전망에 대한 평가가 시들해지고 있는 모양새이다. 환희에 차서 'BRIC'을 논하던 이들이 요새는 그 대신 '5대 취약국'(Fragile Five, 터키, 브라질, 인도, 남아프리카공화국, 인도네시아, *New York Times*, 28 January 2014)의 경제 전망을 염려하고 있다. 중국 자본주의의 축적된 문제점들에 대한 보도도 잦아지고 있는데, 무엇보다도 지방정부의 막대한 부채 규모가 문제점으로 지적되고 있다. 크림 반도 위기 이후, 러시아 경제의 구조적 취약성에 대해서도 이야기가 흘러나오고 있다.

자본주의와 그 사회에 '필요한 불순물'이 제거되지 않고 남아 있어야만 존속할 수 있다고 주장한다.[20] 그렇다면 자본주의가 대항 세력을 타도하는 데 성공한 것은 실제로 상처뿐인 승리라고 할 수 있다. 왜냐하면 그들은 때로 자본주의에 불편을 주었지만, 실상 그것을 지탱해왔기 때문이다. 승리한 자본주의는 이제 자기 자신의 최악의 적이 되었다고 할 수 있지 않을까?

상품화의 최전선

이 가능성을 분석하기 위해 노동, 토지(혹은 자연), 화폐를 세 가지 '허구적 상품'으로 규정하며 시장의 팽창을 사회적으로 제한해야 한다고 주장했던 칼 폴라니의 견해에 도움을 구하고자 한다.[21] 허구적 상품은 자원 중 수요와 공급의 법칙에 단지 부분적으로만, 그것도 뒤틀린 방식으로 지배를 받는 것이라고 정의된다. 따라서 그것들은 신중하게 제한된 방식으로만 상품으로 취급될 수 있다. 왜냐하면 그것들은 완전히 상품화되는 순간 파괴되어 사용될 수 없게 되기 때문이다. 하지만 시장은 물질적 재화의 교환을 그것의 본래 영역을 넘어 삶의 다른 모든 권역으로 확장하고자 하는 내재

---

20) "모든 사회·경제적 체제가 기능하기 위해서는 적어도 하나의 구조적으로 상이한 하위 체제가 필요하다. 언제나 복수의 생산양식이 공존해야 하며, 그 결과 사회 구성체 전체는 변화에 대처하는 데 필요한 구조적 다양성을 확보할 수 있다." Hodgson et al., eds., *Capitalism in Evolution: Global Contentions, East and West*, Cheltenham 2001, pp. 71ff. 나는 동일한 견해를 기능주의적 색채를 덜어낸 채 '유익한 제약'이라는 개념으로 공식화했다. "Beneficial Constraints: On the Economic Limits of Rational Voluntarism", in Rogers Hollingsworth and Robert Boyer, eds., *Contemporary Capitalism: The Embeddedness of Institutions*, Cambridge 1997, pp. 197~219.

21) Karl Polanyi, *The Great Transformation: The Political and Economic Origins of Our Time* (1944), Boston 1957, pp. 68~76.

적 경향을 지니고 있으며, 그 과정에서 권역들이 상품화에, 혹은 마르크스주의적 용어로 표현하자면 자본축적의 논리 아래 포섭하기에 적합한가의 문제는 전혀 고려 대상이 아니다. 기관의 개입을 통해 그 팽창이 제어되지 않는다면, 시장의 기반은 영구적으로 약화되고 이와 동시에 자본주의의 경제적·사회적 체제의 생존 가능성도 위기에 처할 위험이 있다.

실제로 폴라니가 언급했던 세 가지 허구적 상품과 관련해서, 이들의 전면적 시장화를 막았던 제도적 안전판이 오늘날 여러 영역에서 약화되면서 시장의 팽창이 임계점에 도달했음을 보여주는 징후가 농후하다. 이를 배경으로 현재 선진 자본주의 사회에서는 노동과 관련해 새로운 시간 관리 체제, 특히 사회적·경제적 관계와 활동 간에 시간을 배분하는 새로운 규칙에 대한 탐색이 진행 중이며, 그 밖에 자연과 관련해서는 지속 가능한 에너지 관리 체제 및 화폐의 생산과 배분을 위한 안정적인 금융 관리 체제에 대한 탐색도 동시에 진행 중이다. 세 영역 모두에서 현재 사회는 자본주의 사회질서의 본질이자 사적 축재로 일상화된 팽창의 논리를[22] 한층 더 효과적으로 제어할 방법을 모색하고 있다. 이 시도는 고용 체제가 인간의 노동에, 자본주의적 생산과 소비 체제가 제한된 자연 자원에 가하는 압력이 나날이 감당하기 힘들 정도로 커지고 있으며, 또 금융과 은행 시스템이 비대화된 탓에 화폐, 신용, 부채를 연결하는 피라미드식 구조를 신뢰하기가 점점 더 어려워지고 있다는 점에 주목하고 있다.

위기에 처한 폴라니의 세 영역을 차례로 살펴보면, 화폐의 과도한 상품화 탓에 2008년 세계경제의 위기가 발생했음을 알 수 있다. 나날이 복잡해져가는 금융 '상품'에 저리 금융을 무제한적으로 공급한 결과 엄청난 규모의 부동산 거품이 발생했다. 대공황 이후 사적 생산과 화폐의 시장화를 규제하기 위해 고안되었던 법령들이, 1980년대에 미국 금융시장의 규제 완화

---

22) 심지어 '위반 범죄'(transgression), 독일어로는 Steigerungslogik이라고 표현할 수도 있다.

를 통해 폐지되었다. '금융화'로 알려진 이 과정은 세계 자본주의에서 과도하게 주도권을 행사하고 있던 미국 경제가 성장과 수익성을 회복할 수 있는 유일한 길처럼 보였다. 그렇지만 일단 고삐가 풀리고 나자, 금융 관련 산업(money-making industry)은 남아 있는 규칙을 회피하는 것은 물론 금융적 규제를 추가로 폐지하기 위해 막대한 재원 대부분을 로비에 쏟아부었다. 돌이켜 생각하면, M-C-M′이라는 구체제에서 M-M′으로 전환하면서 막대한 위험이 발생했다는 것을 쉽게 알 수 있으며, 나날이 불평등이 심화되고 있는 추세 역시 금융 분야의 불균형적 성장과 분명히 관련이 있다.[23]

자연과 관련해서, 무한한 팽창이라는 자본주의적 원칙이 자연 자원의 유한함과 갈등적이라는 인식이 현재 널리 퍼져 있으며, 이에 대한 불안감이 점점 더 커져가고 있다. 1970년대에 다양한 분파의 신(新)맬서스주의적 담론들이 유행했다. 그것들을 어떻게 평가하든 그리고 그중 몇몇은 지금에 와서 보면 다소 성급하게 불안을 조장한 면이 있지만, 어느 누구도 부유한 자본주의 사회들의 에너지 소비 양식이 세계 다른 국가로 퍼진다면 인간의 삶의 필수적 전제 조건들이 파괴되리라는 점을 진지하게 부인할 수는 없다. 현재 한편에서 자연의 고갈이 진행되고 있고, 다른 한편에서는 이와 경쟁이라도 하듯 기술 혁신을 통해 자연 자원을 가공 물질로 대체하고, 환경 파괴를 예방 혹은 복원하며, 불가피한 생물권의 파괴에 대비해 피난처를 마련하려는 노력이 진행 중이다. 하지만 맥퍼슨(C. B. MacPherson)이 '소유적 개인주의'[24]라고 명명한 원리가 지배하는 사회에서, 이 과정에서 장차 필요해질 막대한 양의 집단적 자원을 어떻게 동원할 것인가? 그 질문에

---

23) Donald Tomaskovic-Devey and Ken-Hou Lin, "Income Dynamics, Economic Rents and the Financialization of the US Economy", *American Sociological Review*, vol. 76, no. 4, 2011, pp. 538~59.

24) C. B. MacPherson, *The Political Theory of Possessive Individualism: Hobbes to Locke*, Oxford 1962.

대한 답은 현재 없는 듯 보인다. 경쟁적 생산과 소비의 세계에서 어떤 행위자와 기관이 살기 좋은 환경이라는 집합재(collective goods)를 확보할 수 있을까?

셋째로, 인간 노동의 상품화도 임계점에 달했다고 할 수 있다. 국제 경쟁 속에서 노동시장 규제가 완화되었고, 그 결과 노동시간을 보편적으로 제한할 가능성이 사라졌다.[25] 또한 그 때문에 고용 불안을 겪는 인구가 점점 늘고 있다.[26] '가족임금제'가 사라지고 그로 인해 여성의 노동시장 참여가 늘면서, 임금 인상은 생산성 증가를 따라가지 못하는 반면 가구당 월 총노동시간이 급격히 상승했는데, 가장 극적인 변화가 발생한 곳은 자본주의의 심장부인 미국이다(그림 7). 이와 동시에 노동시장은 각종 규제 완화와 노동조합 파괴를 통해서도 다시 원활해지지 못했으며, 스웨덴 같은 국가에서조차 잔여실업률의 정상 수준이 대략 7퍼센트 내지 8퍼센트에 달하게 되었다. 서비스 분야를 포함한 다양한 산업들에서 스웨트샵(sweatshop)의 수가 늘고 있는데, 주로 세계의 주변 지대 그리고 자본주의 중심부에서는 정부 당국과 살아남은 노동조합의 손이 닿지 않는 곳, 또 소비자의 눈에 보이지 않는 곳에서 빠르게 확산되고 있다. 스웨트샵 노동자가 강력한 노동 보호의 역사를 지닌 국가의 노동자와 경쟁하게 됨에 따라, 전자의 노동조건은 악화되는 한편 후자에서는 실업이 고질적 문제로 자리잡았다. '인적 자본'을 업그레이드하기 위한 무한 경쟁에 뛰어들 것을 요구하는 노동시장의 압력이 커짐과 동시에 일이 가정생활의 영역으로 침투하면서, 이에 대한

---

25) 프랑스에서 사회당 출신 대통령과 사회당의 지지 아래 이루어진 주 35시간 근로제의 마지막 잔여물에 대한 공격을 상기해보라.

26) 자본주의의 최전선 지역에서 주요 투자은행이 최말단 고용인에게 '근로 환경을 개선하는 노력의 일환으로 매달 주말 중 4일은 근무하지 않고 쉬는 것이 좋다'고 제안하기 시작했다고 보도되었다. "Wall St Shock: Take a Day Off, Even a Sunday", *New York Times,* 10 January 2014.

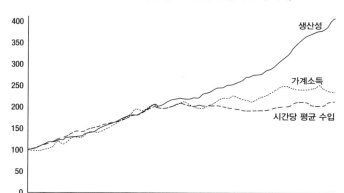

그림 7. 파기된 사회계약(1947년부터 현재까지, 미국)

* Thomas Kochan, "The American Jobs Crisis and the Implications for the Future of Employment Policy", *International Labor Relations Review*, vol. 66, no. 2, 2013.

불평이 크게 늘고 있다. 게다가 글로벌 이동성 덕분에, 고용주는 꺼리는 게 많은 그 지역 노동자 대신에 몸을 사리지 않는 이주 노동자를 쓸 수 있게 되었다. 이는 또한 인구 대체 수준에 미치지 못하는 출산율을 보완하는 효과가 있는데, 출산율 저하는 부분적으로는 유급 노동과 무보수 노동 그리고 시장적 소비와 비시장적 소비 사이의 균형이 변화한 탓이기도 하다. 그 결과 계급적·사회적 연대감이 실종되고 사회적 저항운동이 대중적으로 약화되었으며, 네덜란드, 스웨덴 혹은 노르웨이처럼 전통적 자유주의 국가에서조차 인종적 다양성의 문제를 둘러싼 정치적 갈등이 심각한 수준에 달했다.

　세 가지 허구적 상품의 전면적 상품화를 막기 위해서, 자본축적을 어떻게 그리고 어떤 지점에서 제어할 것인가라는 질문은 자본주의 역사 동안 줄곧 제기되어왔다. 하지만 세계적으로 세 지대 모두가 동시에 무질서에 빠진 오늘날의 모습은 뭔가 예전과는 다르다. 그것은 시장의 대공세가 성공한 결과인데, 시장이 점점 더 빠르게 팽창하면서 한동안 자본주의의 진전이 어느 정도 사회적으로 뿌리를 내릴 수 있게끔 해주었던 다양한 제도와 행위자들—과거의 유산이건 아니면 오랜 정치적 투쟁을 통해 만들어진 것이건 간에—까지 시장의 지배 아래 놓이게 되었다. '세계화' 덕분에 시장 관계와 생산 사슬이 국가의 정치적·법적 관할권을 전례 없이 자유롭게 넘나들 수 있게 되면서, 노동, 토지, 화폐가 동시에 위기가 전개되는 지대가 되었다. 그 결과 근대에 들어 사회 전체뿐만 아니라 자본주의 자체를 위해서 자본주의의 '야성적 충동'을 어느 정도 성공적으로 길들일 수 있었던 주체들이 근본적 분열을 겪고 있다.

자본축적이 허구적 상품과 관련해서만 그 한계에 다다른 것이 아닐 수도 있다. 표면적으로 보자면 상품과 서비스 소비가 계속 증가하고 있으며, 대형 쇼핑몰을 방문하고 나면 인간의 욕망과 소비 능력이 무한하다는 현대 경제학의 전제는 쉽게 입증되는 것처럼 보인다. 하지만 이윤 의존적 생산자는 소비재 시장이—아마도 인간의 갈망이 상품의 구매로부터 탈물질주의적 방식으로 분리되면서—언젠가 포화 상태에 이르지 않을까를 여전히 두려워하고 있다. 이는 오래전부터 성숙한 자본주의 사회에서는 소비가 물질적 필요와 관련이 없었다는 사실을 보여준다.[27] 오늘날 소비지출에서 가장 큰 몫이 상품의 사용가치가 아니라 그것의 상징적 가치, 즉 오라와 후광을 사기 위해 지불되고 있으며, 현재 그 비용이 빠르게 증가하고 있다. 이런 이유 때문에 산업 종사자들은 단지 광고만이 아닌 상품 디자인과 혁신

27) 소비재와 소매 기업들이 매해 크리스마스 전에 주최하는 대형 포틀래치(potlatch, 인디언들에서 유래된 선물 분배 행사)와, 미국에서 불길하게도 '블랙 프라이데이'(Black Friday)라고 불리는 추수감사절 다음 날을 생각해보라. 블랙 프라이데이라는 이름은 동시다발적 가격 인하 및 그것이 초래한 집단적 쇼핑 중독 사태와 관련된다. 만약 손님이 한 명도 찾아오지 않는다면 얼마나 절망이 클지 상상해보라.

까지 아우른 마케팅에 점점 더 많은 돈을 지불하고 있다. 하지만 판매 촉진책이 정교해지고 있음에도 불구하고, 문화의 비정형성 때문에 상업적 성공을 예측하기는 어렵다. 모든 가정에 세탁기를 점차 공급함으로써 성장을 달성할 수 있었던 시대와 비교해보면, 그 차이가 한층 더 분명해질 것이다.[28]

다섯 가지 무질서

대항 세력이 사라진 자본주의는 자구책에 맡겨져 있는데, 자기통제력은 이에 포함되지 않는다. 자본주의적 이윤 추구는 무제한적일 수밖에 없다. 적을수록 좋다는 생각이 자본주의 사회에서 존중받는 원칙이 될 수는 없다. 그 원칙은 강제되어야만 하며, 그렇지 않다면 자본은 결국 자멸에 이를지언정 진전을 멈출 수 없다. 나는 오늘날 자본주의가 그 대항 세력이 파괴된 결과, 즉 과도한 자기동일성 때문에 이미 사망 단계에 들어섰다고 생각한다. 이해를 돕기 위해 오늘날 선진 자본주의가 겪고 있는 다섯 가지 체제적 무질서를 예로 들고자 한다. 이들은 불황, 과두제적 재분배, 공공 영역의 약탈, 부패, 세계적 무정부상태이며, 전통적으로 자본주의적 진전을 통제하던 제도적·정치적 규제책이 약화됨에 따라 다양한 측면에서 생겨난 결과들이다.

리먼 사태가 발생한 지 6년이 흐른 지금 장기 불황에 대한 예측이 유행

---

28) 현대 자본주의 재생산에서 소비주의 문화의 핵심적 중요성은 과소평가될 수 없다. 생산자와 소비자는 동일인이지만, 소비자는 자본과 생산자 간의 분배적 갈등에서 자본에 최고의 협력자이다. 값싼 물건을 찾는 소비자로서의 행위는 결국 생산자이기도 한 자신의 이익에 반하는 것이며, 그 결과 일자리가 해외로 이전된다. 감소된 구매력을 메우기 위해 소비자금융을 이용하게 되면서, 채무자로서 진입하고 대부자에 의해 강요된 노동의 의무가 소비주의의 유인을 보완한다. Lendol Calder, *Financing the American Dream: A Cultural History of Consumer Credit*, Princeton 1999 참조.

하고 있다. 열띤 논쟁을 낳은 로버트 고든(Robert Gordon)의 글이 가장 두드러진 예인데, 고든은 1800년대 이래 운송 속도 증가와 도시 수도관 설치 같은 주요 혁신들이 생산성과 경제성장을 추동했으나, 이는 오직 한 번만 가능한 일이었다고 주장한다.[29] 이것들에 비하면 최근 정보 기술의 확산은 생산성에 단지 미미한 영향만 끼쳤다는 것이다. 고든의 주장은 다소 기술결정론적이기는 하지만, 기술 발전을 통해 생산성 향상의 새로운 기회가 확보되어야만 자본주의가 비자본가이면서 자본축적을 돕는 노동계급의 수고를 보상할 만한 성장 수준에 도달할 수 있다는 것인데, 이는 타당한 지적이라고 할 수 있다. 어쨌든 고든은 일종의 후기처럼 보이는 대목에서, 저성장 혹은 무(無)성장을 예견하며 여섯 가지 비기술적 요인을 그 근거로 든다. 그는 이것을 '역풍'이라고 부르는데, 이것들 때문에 '설사 혁신이 2007년 이전 20년간 유지되었던 수준으로 지속된다 해도' 장기 불황이 이어지리라고 예측한다.[30] 그가 언급한 요인 중 둘은 저성장과 오래전부터 밀접하게 연관되어 있던 것으로, 불평등과 '소비자 부채 및 정부 부채의 과잉'이다.[31]

놀라운 것은 오늘날의 불황 이론이 1970년대와 1980년대 유행했던 마

---

29) Robert Gordon, "Is Us Economic Growth Over? Faltering Innovation Confronts the Six Headwinds", *NBER Working Paper*, no. 18315, August 2012.

30) 고든에 따르면 연성장률은 1.8퍼센트에 이르렀다. 여섯 가지 역풍의 영향 아래, 장차 미국 인구 중 하위 99퍼센트의 경우 연성장률이 0.2퍼센트까지 떨어질 것이라고 한다. Gordon, 앞의 글, pp. 18ff. (최상위 1퍼센트의 경우는 물론 또 다른 문제이다.) 기초성장률이 1.8퍼센트 이하가 될 것이라는 고든의 주장에 주목하라.

31) 고든의 예측을 두고 광범위한 논란이 있었다. 특히 인공지능과 로봇공학 분야에서 미래 기술의 발전과 관련해 의문이 제기되었다. 그런데 이 최첨단 분야에서 기술적 진보를 이룰 공산이 있지만, 그 결실이 공평하게 분배될 것 같지는 않다. 사회적 보호 없이는 이 분야의 기술적 발전이 고용을 파괴하고 사회적 양극화를 심화하게 될 것이다. 기술적 발전이 성장에 어떤 기여를 하든 간에 불평등 역시 심화될 것이며, 그 결과 후자가 전자를 상쇄할 것이다.

르크스주의적 과소소비 이론과 매우 유사하다는 점이다.[32] 최근 다른 사람
도 아닌 바로 로런스 '래리' 서머스(Lawrence 'Larry' Summers)—그는 월
스트리트의 친구로, 클린턴 정부에서 금융 규제 완화책의 설계 책임자였
고, 오바마 정부에서 미국 연방준비제도이사회 의장 후보로 가장 먼저 거
론되었지만, 의회의 반대에 부딪혀 물러나야 했다[33]—가 불황 이론의 이론
가 대열에 합류했다. 2013년 11월 8일에 개최된 IMF 경제 포럼에서 서머
스는 현재 세계가 자본의 과잉으로 고통받고 이윤율이 0에 가까운 상황에
서, 가까운 미래에 상당한 경제성장이 가능하리라는 희망을 버렸다고 고백
했다.[34] '장기 침체'가 '새로운 표준'이 되리라는 서머스의 예측은 폴 크루
그먼(Paul Krugman)을 비롯한 동료 경제학자들 사이에서 광범위한 동의
를 얻고 있다.[35] 서머스는 그저 지나가는 말로 마이너스 실질금리로도 투
자를 부활시키는 데 실패했다는 명백한 사실과 미국 및 그 밖의 지역에서
불평등이 장기적으로 심화되는 경향이 동시적 현상임을 언급했다. 케인스
라면 소득이 상위 계층에 집중되면 필히 유효수요가 감소하고 자본 소유자

---

32) 특히 Harry Magdoff and Paul Sweezy, *Stagnation and the Financial Explosion*, New
    York 1987 참조. 2008년 이후 자본주의에 과소소비 이론이 적용 가능한가에 대한 흥미로운 분
    석으로는 John Bellamy Foster and Fred Magdoff, *The Great Financial Crisis: Causes
    and Consequences*, New York 2009 참조.

33) 아마 2010년 말 오바마 행정부에서 물러난 후, 그가 월스트리트에서 받은 상당한 양의 소득을
    조세 당국에 신고했어야 했다는 점이 또 다른 이유일 것이다. "The Fed, Lawrence Summers,
    and Money", *New York Times*, II August 2013.

34) 연방준비제도이사회(연준)의 앨런 그린스펀(Alan Greenspan)의 뒤를 이어, 2005년 벤 버냉
    키는 연준이 투자를 활성화하기 위해 '시장에 유동성을 확대'하는 데 실패한 것은 '저축 과잉' 때
    문이라고 설명했다. 요즘 서머스는 1990년대와 2000년대 초 '호황'이 키메라처럼 가공된 희망
    이었다는 좌파 불황 이론가들의 견해에 가볍게 동의한다. "시중에 돈이 지나치게 많았고, 대출이
    과도했으며, 부가 어마어마했다. 대호황이 있었던 것인가? 설비 가동률에 대한 압박이 심하지 않
    았고, 실업률도 그다지 낮지 않았으며, 인플레도 거의 잠잠했다. 엄청난 거품이 있었지만 총수요
    과잉을 낳지는 못했다." 서머스의 연설을 녹화한 영상은 IMF 웹페이지에서 볼 수 있다.

35) Paul Krugman, "A Permanent Slump?", *New York Times*, 18 November 2013.

들은 '실물경제' 밖에서 투기적인 이윤 산출 기회를 찾게 되리라는 점을 알았을 것이다. 이것이 실제로 1980년대부터 시작된 자본주의 '금융화'의 원인 중 하나이다.

글로벌 자본주의의 파워 엘리트들은 가까운 미래에 총성장이 매우 저조하거나 없으리라는 점을 운명처럼 체념하고 받아들이는 것처럼 보인다. 물론 이것이 금융 분야에서 고이윤 창출이 가능하다는 점을 배제하는 것은 아닌데, 그 이윤은 기본적으로 중앙은행의 저리 자금을 이용한 투기적 거래에서 발생한다. 불황이 디플레이션으로 전환되는 것을 막기 위해 창출된 자금이 인플레이션을 낳을 수 있다는 점을 두려워하는 사람은 많지 않은데, 그 이유는 이윤의 배당을 요구해온 노동조합이 더 이상 존재하지 않기 때문이다.[36] 실제로 현재 근심거리는 인플레이션 폭이 지나치게 작다는 점이며, 건강한 경제를 위해서는 연간 물가상승률이, 더 크지는 않더라도 적어도 2퍼센트를 유지할 필요가 있다는 것이 새로운 통념으로 자리하고 있다. 그렇지만 현재 눈에 띄는 것이라곤 자산 가격의 거품이 낳은 인플레이션뿐이며, 서머스는 그의 청중들에게 이에 대비할 것을 간곡하게 설득했다.

자본가와 그 심복들에게 미래는 단연코 순탄치 않아 보인다. 저성장 때문에 분배적 갈등을 해결하고 불만을 잠재우기 위해 필요한 추가적 자원을 확보할 수 없을 것이다. 거품은 언제건 갑자기 터질 것이며, 국가가 때맞춰 그 희생자들을 처리할 능력을 회복할 수 있을지는 분명치 않다. 현재 우리 눈앞에 등장하고 있는 침체된 경제는 결코 정상(定狀) 상태의 경제도 아니고 균제 상태의 경제도 아닐 것이다. 성장이 줄고 위험이 커짐에 따라 생존경쟁은 한층 더 격렬해질 것이다. 세계화의 결과 이제 한물간 것으로 간주되는 상품화의 보호적 규제책을 부활시키는 대신, 새로운 방법을 동원해 자연을 착취하고, 노동시간을 늘리는 동시에 강화하며, 그들의 표현에 따

---

36) 물론 노동조합의 부재는 과도한 이윤 발생과 수요 감퇴의 한 원인이라고 할 수 있다.

르면 창의적 금융을 장려해서 필사적으로 이윤과 자본축적을 유지하려고 할 것이다. '거품의 가능성이 상존하는 경기 불황'이 보여줄 시나리오는 만인의 만인에 대한 전쟁이 될 가능성이 큰데, 가끔씩 공황이 찾아올 것이며 대중들은 엔드 게임(온라인 게임 등에서 콘텐츠가 거의 다 소비되어 얼마 남지 않은 게임의 최후반 단계—옮긴이)을 하며 시간을 보낼 것이다.

금권주의자와 약탈

두 번째 무질서로 관심을 돌려보면, 장기간에 걸쳐 경제적 불평등이 지속적으로 심화되는 추세가 조만간은 물론이고 앞으로도 꺾일 조짐이 보이지 않는다. 불평등은 케인스적 근거를 포함한 여러 원인들로 인해 성장의 침체를 야기하게 마련이다. 현재 중앙은행이 성장을 회복한다는 명목 아래 공급하고 있는 저리 자금—자본이 구하기는 쉽지만 노동이 구하기는 결코 쉽지 않은 돈이다—때문에 금융 부문이 확대되고 생산적 투자가 아닌 투기적 투자가 늘게 될 것이며, 그 결과 불평등이 한층 더 심화될 것이다. 이처럼 상향식 재분배는 과두 체제를 낳게 될 것이다. 신고전주의 경제학에서 약속했던 것처럼 경제 발전에서 재분배가 집단 이익에 기여하기보다 가난하고 쇠퇴한 사회의 자원을 뽑아내는 일로 바뀌고 있다. 러시아와 우크라이나 그리고 그리스와 스페인의 상황이 그러하며, 미국의 상황도 갈수록 유사해지고 있다. 과두제적 재분배 구조에서 부유층의 이윤과 빈민의 임금을 연결하는 케인스적 연대가 단절되면서 경제 엘리트의 운명은 대중의 생사 여부와는 무관해진다.[37] 2005년과 2006년에 시티 은행은 엄선한 일부

---

37) 미국과 그 밖의 지역에서 저임금이 총수요를 약화시킴에도 불구하고, 부유층은 노동조합과 최저임금 법규에 반대하고 있다. 이는 누가 보아도 신규 자금의 대량 공급이 대중의 구매력을 대

부유층 고객만을 대상으로 '금권 지배' 각서를 배포했는데, 부자들의 번영이 더 이상 임금노동자들의 상황에 영향을 받지 않을 것임을 보증하는 이 악명 높은 각서는 현 상황을 예견하고 있다.[38]

현 사회체제가 사라져도 자신들은 살아남을 것이라고 확신했던 엘리트들에게 민주주의적이라고 간주되는 국가들에서조차 과두제적 재분배 구조와 금권 지배적 추세가 지속되는 현 상황은 악몽과 같을 것이다. 금권 지배 자본가들은 더 이상 국가의 경제성장을 염려할 필요가 없는데, 그 이유는 초국가적인 그들 자산의 증대가 국가와 무관하기 때문이다. 따라서 러시아나 그리스 같은 국가의 갑부들은 자신들—아니면 동료 시민들—의 돈을 갖고 고국을 탈출해서, 가능하면 스위스나 영국, 미국으로 이동하고 있다. 글로벌 자본시장 덕택에 재산과 함께 자신과 가족의 안전을 확보할 수 있는 가능성이 생겼기 때문에, 부자들은 엔드 게임 모드로 전환하고픈 유혹을 전례 없이 강하게 느끼고 있다. 돈은 챙기고, 다리는 불태우고, 초토화된 대지만 남겨둔 채 새로운 세계로 탈출하고픈 유혹 말이다.

세 번째 무질서는 이와 밀접하게 관련된 재원 부족과 사유화를 통한 공공 영역의 약탈이다. 나는 다른 글에서 1970년대 이후 조세 국가에서 부채 국가로, 마침내 합병 혹은 긴축 국가로 변모했던 두 번의 전환에서 이 무질서가 기원했음을 지적했다. 이 전환은 무엇보다도 1980년대 이후 글로벌 자본시장 덕분에 조세 탈루 혹은 조세 회피와 세금제도 쇼핑이 가능해졌

체하기 때문에 가능한 일이다. 대량 공급된 자금을 융통할 수 있는 이들은 금융 분야에서 수익을 올릴 수 있다. 아래로부터의 수요가 있다면 서비스와 제조업 분야에 대한 부유층의 '저축' 투자가 이윤을 남기는 일이 될 것이다. 이러한 맥락에서, 지난해 제조 기업들을 대변하는 영국산업연맹 의장이 연맹 회원들에게 너무 많은 이들이 저임금 고용의 늪에 빠져 있으니 급여를 올려줄 것을 요청했던 사실을 주목할 필요가 있다. "Companies urged to spread benefits widely", *Financial Times*, 30 December 2013.

38) Citigroup Research, "Plutonomy: Buying Luxury, Explaining Global Imbalance", 16 October 2005; "Revisiting Plutonomy: The Rich Getting Richer", 5 March 2006.

고, 또 고소득자와 기업이 정부로부터 세금 감면을 받아낼 수 있게 되었기 때문에 가능했다. 공공 적자를 줄이려는 시도는 거의 전적으로 정부 지출 삭감—사회보장에 대한 투자와 실물적 기반 시설 및 인적자원에 대한 투자 양자 모두에서—에 의존해 이루어졌다. 상위 1퍼센트의 소득 이익(income gains)이 점차 증가함에 따라, 자본주의 경제의 공공 영역은 대개 급격히 위축되었으며, 전 세계를 옮아 다니는 소수 부자들에게 유리하게도 거의 고사 상태에 처했다. 민영화는 이 과정의 일부였는데, 그것은 생산성과 사회적 통합을 위한 공적 투자가 경제성장과 사회적 형평성에 기여할 수 있다는 점을 전혀 고려하지 않은 채 추진되었다.

2008년 이전에도 전후 국가의 재정 위기를 해결하기 위해서는 증세, 특히 부자에 대한 세금을 인상하기보다는 지출을 줄여야 한다는 것이 당연시되었다. 비록 성장을 위축시킬 가능성이 있지만 (사회는) 긴축을 통해 국가 재정의 규모를 축소할 것을 강요받았고, 또 여전히 그것을 요구받고 있다. 이는 소수 금권 지배층과 일반 서민의 경제를 잇는 끈이 끊어졌음을 보여주는 또 다른 지표이며, 이제 부자들은 더 이상 다른 이들의 희생을 대가로 자신들의 수입을 극대화한 것에 대해, 또 경제 전반의 희생을 대가로 자신들의 이익을 추구한 것에 대해 비용을 치러야 한다고 생각지 않는다. 여기서 모습을 드러내는 것은 바로 마르크스가 언급했던 선진 경제와 사회에서 생산의 사회적 성격과 생산수단의 사적 소유 간에 벌어지는 근본적 갈등이다. 생산성이 증가함에 따라 공적 비용에 대한 필요가 커지게 되며, 이것은 사적 이윤의 축적과 경향적으로 양립할 수 없기 때문에 자본가 엘리트들은 양자 간에 선택을 해야만 한다. 오늘날 우리가 목격하고 있는 과두제적 재분배와 결합된 경제 불황은 그 선택의 결과다.[39]

---

39) 자본주의는 생산성이 아니라 이윤의 문제임을 주목할 필요가 있다. 생산성과 이윤은 때로 합치하기도 하지만, 일찍이 '바그너의 법칙'(Wagner's law)에서 예견되었듯이, 경제성장의 결

무쇠 감옥의 부식

경제성장 둔화, 불평등 증가, 공공 영역의 사적 소유로의 이전과 함께 부패는 우리 시대의 자본주의가 겪고 있는 네 번째 무질서이다. 윤리적 토대의 복구를 통해 자본주의를 복원하고자 했던 막스 베버는 자본주의가 프로테스탄티즘이라는 종교적 전통에 뿌리를 두고 있음을 지적하며, 자본주의와 탐욕을 명확하게 구분했다. 베버에 따르자면 탐욕은 동서고금을 막론한 보편적 현상이지 자본주의의 고유한 특징이 아니며, 심지어 자본주의는 탐욕을 거스르는 것이기도 했다. 자본주의의 토대를 이루는 것은 부자가 되려는 욕망이 아니라 자기 규율, 체계적 노력, 책임감 있는 관리, 소명(직업)과 삶의 합리적 조직에 대한 헌신이다. 베버는 자본주의가 발달해서 '무쇠 감옥'이 된다면, 그 문화적 가치가 퇴색할 것이라고 예견했다. 그곳에서는 당초 자본축적을 쾌락주의적·물질주의적 소비나 원시적 축적 본능과 분리했던 문화적 정신 대신에 관료제적 규제와 경쟁의 압력이 지배하게 된다. 그런데 베버도 20세기 후반 신자유주의 혁명과 이를 통해 부자가 될 수 있는 이례적 기회가 생기리라고는 예상하지 못했다.

베버에게는 미안한 말이지만, 협잡과 부패는 언제나 자본주의의 친구였다. 하지만 금융 부문이 경제적 우위를 차지하면서 협잡과 부패가 만연해졌고, 이제 자본주의에 대한 베버 식의 윤리적 옹호는 전혀 딴 세상 이야기가 되었다고 보는 것이 마땅하다. 금융은 혁신과 규칙의 왜곡 혹은 규칙의 파괴가 잘 구별되지 않는 '산업'이다. 반합법적 혹은 불법적 행위에서 나오는 수익이 특히 크고, 숙련도에 따른 봉급의 증감률에서 기업과 규제 당국

과 공공 영역이 과도하게 팽창하게 되면 양자는 서로 다른 길을 걷게 된다. Adolph Wagner, *Grundlegung der politischen Oekonomie*, 3rd edn., Leipzig 1892. 그렇다면 생산성보다 이윤을 중시하는 자본주의적 특징과 자본주의적 사유재산권 제도는 경제적·사회적 진보를 가로막게 된다.

간의 차이가 극심한 영역이기도 하다. 그 결과 기업과 규제 당국 사이에 이동이 잦기 때문에 교묘하거나 심지어 노골적인 부패가 끊임없이 발생할 수 있다.[40] 거대 기업들은 국가 경제정책과 조세수입에서 차지하는 비중이 크기 때문에 파산하지 않으며 감옥에 가지도 않는다. 그리고 2008년 구제금융에서 혹은 미국 정부 내에 전직 혹은 미래의 금융 기업 직원 수가 엄청난 규모에 달한다는 사실에서 볼 수 있듯이, 사기업과 국가 간의 경계가 그 어느 영역보다 모호한 곳이기도 하다. 엔론과 월드콤 사태 이후 미국 경제에서 협잡과 부패가 역대 최고조에 달한 것처럼 보였다. 하지만 2008년 이후 밝혀진 것은 모든 선례를 넘어서는 것이었다. 돈을 받고 악성 증권 발행사들에 최우수 등급을 부여한 신용 평가 기관들, 역외 그림자 금융, 돈세탁, 대규모 조세 포탈 지원을 최고의 수익을 올리는 일상적 업무로 수행해온 거대 은행들, 고객들의 이해관계가 서로 대립되게끔 설계된 증권을 순진한 고객들에게 판매하는 행위, 세계 선도 은행들의 기만적인 금리와 금값 책정 등이 대표적이다. 최근 몇몇 대형 은행들은 이러한 행위들로 수십억 달러의 벌금을 내야 했고, 머지않아 이런 종류의 사건이 더 많이 벌어지게 될 것이다. 첫눈에 상당한 제재인 것처럼 보이지만, 은행의 대차대조표와 견주어본다면 극히 미미할 뿐이다. 이 사건들 모두가 정부가 기소할 뜻도 용기도 없기 때문에 당사자 간 합의에 맡겨진다는 점은 말할 것도 없다.[41]

자본주의의 도덕적 퇴락은 경기 하락과 관련이 있다고 할 수 있다. 마지막 남은 수익 창출 기회를 잡기 위한 싸움이 점점 더 추악해지면서, 거대한

---

40) 최고위층도 예외가 아니다. 블레어와 사르코지는 현재 헤지펀드사에서 일하고 있는데, 그들과 새 고용주들은 선출직 국가 지도자 경력을 금융 분야의 고연봉 일자리를 맡기에 앞선 일종의 수습 기간 정도로 여기는 것 같다.

41) 정론지들에서는 거의 매일 다양한 범법 행위로 벌금을 내야 하는 은행들에 대해 보도하고 있다. 2014년 3월 23일자 『프랑크푸르터 알게마이네 차이퉁』은 금융 위기가 시작된 이래 미국 은행들이 낸 벌금액만 약 1천억 달러에 달한다고 보도했다.

규모의 자산 수탈로 변화하고 있다. 어쨌든 자본주의에 대한 대중의 인식은 매우 냉소적이며, 모든 체계는 부자들의 배를 불리기 위한 비열한 속임수들의 세계로 간주된다. 어느 누구도 더 이상 자본주의의 도덕적 갱생을 믿지 않는다. 자본주의가 점점 더 부패의 대명사가 되면서, 자본주의와 탐욕의 혼돈을 막으려 했던 베버의 시도는 마침내 실패했다.

어긋난 세상

마지막으로 다섯 번째는 혼돈이다. 세계 자본주의는 주변부의 안전을 보장하고 신뢰할 만한 통화 체제를 제공할 수 있는 중심부를 필요로 한다. 1920년대까지 영국이 중심부 역할을 수행했고, 1945년부터 1970년대까지는 미국이 그 역할을 담당했다. 중심부가 사라졌던 두 시기 사이는, 서로 다른 세력들이 중심부 역할을 차지하려 쟁투했던 경제적·정치적 혼돈기였다. 자본주의 세계경제에 참여하는 국가의 통화 간에 안정적 관계를 유지하는 것이 교역과 국경을 가로지르는 자본의 흐름에 필수적이며, 자본축적에도 결국 긴요하다. 그리고 최후 단계에서 국제 금융업자가 그 관계를 보증할 필요가 있다. 효율적 중심부는 또한 원자재의 염가 채굴을 용인하는 주변부 정권들을 지원할 필요가 있다. 그에 더해 선진 세계 외부에서 자본주의적 점거(Landnahme)에 대한 전통주의자의 저항을 제압하기 위해서도 지역의 협조가 필요하다.

미국이 전후 수행했던 역할을 더 이상 감당할 수 없게 되면서, 현재 자본주의는 전 세계적으로 무정부상태에 시달리고 있으며 다극적 세계질서가 도래할 가능성도 없어 보인다. 강대국들 간에 물리적 충돌은 없지만(아직도 그러한가?), 세계 준비통화로서 달러의 역할이 도전받고 있다. 미국의 경제 실적이 부진하고, 공적·사적 부채의 수준이 증가하고 있으며, 최근 매우 파괴적이었던 여러 차례의 금융 위기를 겪은 마당에, 이는 당연한 일이다. 일종의 통화 바스켓 형식의 국제적 대안을 찾으려는 시도가 있지만, 미국이 자국 통화로 빚을 지는 특권을 포기하지 못하기 때문에 아무런 진전을 보지 못하고 있다. 게다가 워싱턴의 요청에 따라 국제기구들이 취한 안정화 방안들은 점점 더 주변부를 와해시키는 효과를 낳고 있는데, 중심부의 '양적 완화'가 브라질과 터키 같은 나라들에 초래한 인플레이션 거품이 그 예이다.

군사적으로 미국은 현재 1970년대 이후 발생한 세 번의 주요 지상전에서 패배했거나 교착상태에 빠져 있으며, 앞으로는 '지상군을 배치'해서 지역 갈등에 개입하기를 점점 더 꺼리게 될 것이다. 협력 관계에 있는 정권을 안심시키고, 과두제적 재산권의 국제적 집행자이자 소수 지배층과 그들 보물의 안전한 피난처인 미국에 대한 신뢰를 확보하기 위해 새롭고 교묘한 형태의 폭력이 동원되고 있다. 개별화된 파괴를 위해 매우 비밀스러운 '특수부대'를 활용해 잠재적 적을 찾아내는 것, 지구 거의 모든 곳에서 어느 누구든 죽일 수 있는 무인비행기를 이용하는 것, 전 세계 비밀 포로수용소에 몇 명인지 정확히 알려지지도 않은 이들이 투옥된 채 고문당하고 있는 것, '빅 데이터' 기술의 도움으로 도처에서 잠재적 반대파를 광범위하게 감시하는 것 등이 이에 포함된다. 하지만 이를 통해 세계 질서가 회복될 수 있을지는, 특히 중국이 경제적 측면에서 미국의 실질적 경쟁자로, 군사적 측면에서도 아직 부족하기는 하지만 그 경쟁자로 부상하고 있는 마당에, 의심스럽다.

요컨대 무한한 집단적 발전의 약속을 통해 유지되었던 사회질서인 자본주의는 위기에 처해 있다. 성장 대신 장기적 침체가 지속되고 있으며, 남아 있는 경제적 진보도 점점 더 소수에게만 돌아간다. 자본주의 화폐경제에 대한 믿음은 산더미처럼 커져만 가는 약속들에 기대고 있는데, 그 약속을 지킬 가능성은 점점 더 희박해 보인다. 1970년대 이래 자본주의의 중심부는 인플레이션, 공공 금융, 개인 부채라는 세 가지 연속적 위기를 겪었다. 불안정한 이행 국면인 오늘날 자본주의 중심부의 생존은 중앙은행이 무한한 인조(人造) 유동성을 조달할 수 있는가에 달려 있다. 1945년 이후 마지 못해 이루어졌던 자본주의와 민주주의 간의 결합이 점차 와해되고 있다. 상품화의 세 전선—노동, 자연, 돈—에서 자본주의 자체를 위한 발전을 억제하던 규제들이 무너졌고, 자본주의가 그 적을 이기고 최종적 승리를 거둔 후 저항을 재구성할 능력이 있는 정치적 주체는 보이지 않는다. 자본주의 체제는 현재 적어도 다섯 가지 무질서—성장 둔화, 과두제, 공공 영역 고갈, 부패와 국제적 무정부상태—로 고통받고 있는데, 그 해결책은 찾을 수 없다. 자본주의의 최근 역사적 기록을 근거로 해서 추정해볼 때, 부패의 축적, 갈등의 격화, 취약성과 불확실성 그리고 이른바 '정상적 사건들'이 연속될 길고도 고통스러운 시기가 오리라 예견된다. 반드시는 아니지만 1930년대의 세계적 붕괴와 유사한 규모로 고통의 시기가 될 가능성이 매우 크다.

〔김영아 옮김〕

지구적 수렴이라는 불가능한 상상

션 스타즈(Sean Starrs)

지구적 경제 권력이 동양과 발전도상국 쪽으로 거침없이 이동하고 있다는 이야기가 주요한 사회적 통념이 되었다. 우리가 세계사적 재균등화(rebalancing) 직전에 도달해 있으며, 이 과정은 서양 지배의 종식과 새로운 헤게모니의 발흥으로 귀결될 것이라고 많은 이들이 주장한다. 특히, 중국의 세계 무대 등장은—장기적인 역사적 관점에서 보면, 재등장은—'아시아의 세기'의 여명이 도래했음을 확인해주는 것이라고 이야기되고 있다. 하지만 나는 이러한 서구 쇠퇴 담론에 오해의 소지가 다분하다고 생각한다. 무엇보다도, 세계를 주도하는 자본주의 권력으로서 미국의 쇠퇴가 너무 과장되고 있기 때문이다. 사실, 이른바 '신흥 시장들'의 최근 발흥은 제2차 세계대전 이후 서유럽과 일본의 부흥에 비해 미국의 주도권에 덜 위협적이다. 이들 신흥 시장의 성장률이 이미 2011년을 전후로 정점을 찍었다는 증거들이 나오고 있다. 그런 가운데, (중국은 조금 예외지만) 서구 경제 국들에 대한 기본적인 원자재 수출 의존성에는 변화가 없었다. 서구와 여타 세계 사이의 수렴 경로는 대부분의 논자들이 생각하는 것보다 훨씬 더 험난하다. 그리고 그 과정이 어디로 귀결될지 확실하지 않다.

이 문제에 관한 논의들을 보면, 대체로 튼튼한 실증적 기초를 가지고 있지 못하다. 이 영역에서 나름 진지한 연구를 수행한 학자들 중 대다수는 지구적 자본주의 시대에 더 이상 적합하지 않은 방법론으로 인해 한계에 봉착하곤 한다. 예를 들어, 국력—GDP를 비롯해 무역과 국제수지, 세계 제조업 점유율 등—을 국민 계정과 등치시키곤 하는데, 이는 우리가 아직 국가적으로 분리된 정치경제 체제 속에 사는 것처럼 전제하고 있는 것이다. GDP=권력이라는 등식이 1950년대에는 의미가 있었을지도 모르지만, 최근 수십 년 동안 이루어진 자본의 지구화로 인해 이런 등식의 사용은 확실히 문제가 있다. 국경 내 경제활동의 상당 부분이 외국자본에 의해 통제되고 있고 그 비중이 점점 늘어나고 있는 현실 속에서 우리는 국력을 측정하는 방법에 대해 재고할 필요가 있다. 그렇다고 일부가 주장하듯 국력이라는 개념 자체가 이제 아예 의미가 없다는 말은 아니다. 권력은 아직 국가적으로 조직되고 집중되어 있기 때문이다.

이 점과 관련해, 과거 일본의 발흥과 현재 중국의 발흥을 비교하는 작업이 유용할 듯싶다. 1960년대에 일본의 전자제품과 자동차들이 서구 시장에 넘쳐나기 시작하면서, 일본의 무역흑자와 GDP가 상승하고 일본의 주요 기업들은 누구나 다 아는 이름이 될 정도로 성장했다. 중국도 지구화 시대를 맞아 무역수지와 GDP가 폭발적으로 증가했으며, 2004년 이래로 가장 큰 전자제품 수출국이 되었다. 이런 성장에도 불구하고, 중국의 기업들은 이 분야에서 세계적 주도 기업으로 크지는 못했다. 중국 세관이 하이테크 품목이라고 분류한 수출 제품 중 90퍼센트가 실제로는 외국인 소유 기업들에 의해 생산된 것이었다.[1] 세계 제조업 점유율 증가라는 현상이 분명 중화인민공화국 내에서 일어난 것은 맞지만, 이 생산품 중 대부분은 외부 이해 집단들이 직간접적으로 장악하고 있다. 앞서 일어난 일본의 등극과는 엄청나게 대조적이다. 그런 까닭에 글로벌 경제 권력에 관한 연구를 하려면, 이런 변화를 꼭 설명해야만 한다. 다시 말해, 우리 관심의 초점을 세계를 주도하는 초국적 기업들에 맞춰야 한다.

브릭스의 부상

통계를 조심스럽게 들여다보면, '여타 세계의 부상'과 관련해 다음 세 가지 핵심적 요소가 부각된다. 첫째, 여타 세계의 성장 대부분이 2000년대 초반에 시작된 이른바 '원자재의 슈퍼 사이클'(commodity super-cycle)과 연계되어 있다(그림 1 참조). 영미권 경영계의 분석가들 대부분은 전례 없는 기하급수적 가격 폭등—2002년에서 2011년까지 379퍼센트—이 2010년대로 이어지리라 예상하지 못했다. 이를 여타 세계의 국가들에 그리 좋지 않은 현상으로 해석할 수도 있다. 이들 나라가 원자재 수출 의존성에서 탈피할 수 없었다는 사실을 드러내기 때문이다.[2]

둘째, 여타 세계가 이룬 진전 중 대부분은 네 나라가 차지하고 있다. 브라질, 러시아, 인도, 중국이 2002년에는 여타 세계의 GDP 중 47퍼센트를 생산했는데, 이 수치가 2012년에는 63퍼센트로 증가했다. 그렇기 때문에 경제 신문들은 많은 신흥 시장들—칠레에서 시작해 인도네시아, 터키, 베

---

1) Michael Beckley, "China's Century? Why America's Edge Will Endure", *International Security*, vol. 36, no. 3, 2011, p. 43.

2) 원자재 가격지수에 대한 이런 여타 세계의 민감성은 2000년대 초반 이전으로 거슬러 올라가기는 어렵다. 이전에는 대부분의 저발전 국가들이 원자재 가격 변동에 대한 민감성을 따질 만큼 수출 주도 성장을 통한 세계경제와의 연계가 충분하지 못했다.

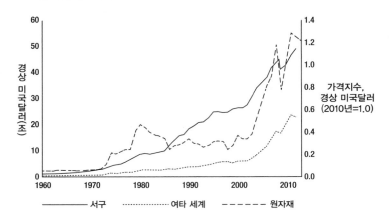

그림 1. 원자재 가격지수 변화 대비 서구와 여타 세계의 GDP(1960~2012년)

* 서구(국민소득 상위 국가들)와 여타 세계(국민소득 하위, 중위 국가들)의 GDP 데이터는 data. worldbank.org에서, 가격지수는 Global Insight, IHS, 시리즈 코드: JPRM$NS@WK.M에서 가져왔다. 원자재에는 농산물, 에너지, 금속이 포함되어 있지만, 원유에 75퍼센트 가중치가 부여되어 있으며, 가격지수는 2013년 전반기까지 포함되어 있다.

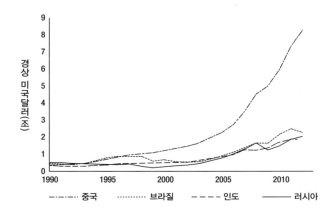

그림 2. 브릭스의 GDP(1990~2012년)

* data.worldbank.org.

트남에 이르기까지—이 서구 투자자들의 투자 기회를 찾고 있다는 듯이 그 신흥 시장들에 과도한(때로는 변덕이 심한) 관심을 쏟고 있지만, 실제로 진정한 투자 유치 경쟁국은 브릭스(브라질, 러시아, 인도, 중국)뿐이라고 해도 과언이 아니다. 마지막으로, 그림 2에서 볼 수 있듯이 이들 네 나라 가운데서 중국이 가장 핵심적인 플레이어다. 이들 네 나라는 1990년대 초에 비슷한 GDP 수준을 기록했지만, 2012년에 이르러 중국의 GDP는 다른 브릭스 국가의 4배가 되었다.

하지만 앞에서 언급했듯이, 국민 계정은 지구화라는 맥락 속에서 각각의 정치경제가 가지고 있는 구조에 대해 그리 많은 것을 설명해주지 못한다. 우리는 그보다 훨씬 깊게 파고들어가야 한다. 표 1은『포브스 글로벌 2000』(Forbes Global 2000)이란 이름으로 매년 발표되는 세계 상위 2000개 상장회사 명단을 바탕으로 작성된 것이다. 그 순위는 자산, 시장가치, 이윤, 매출 등 네 가지 측정 지표를 기준으로 매겨진다. 표에서는 이들 기업을 25개 부문으로 분류하고 각 부문별로 소속 국가 수와 기업 수를 표기했으며, 비교를 돕기 위해 전체 이윤을 표시했다(확실히 특정 부문이 다른 부문에 비해 더 중요할 수 있다). 또한 각 부문별로 상위 두 나라의 총 이윤 비중과 더불어 중국과 여타 브릭스에 본사를 둔 기업들의 이윤 비중을 계산했다. 대부분의 부문에서는 2007년과 2013년 두 해의 데이터를 제시했지만, 변동이 심한 부문의 경우에는 2010년 데이터도 포함했다. 그렇게 함으로써, 각 부문별로 금융 위기가 시작되기 직전의 만 1년 데이터에서 이 글을 쓸 당시의 최근 가용 데이터까지의 변화를 살펴볼 수 있도록 했다. 이 기간이 바로 서구의 희생을 바탕으로 여타 세계가 부상했다고 이야기되는 주된 7년의 시간이다.

이 데이터를 면밀히 살펴보기 전에, 우리는 먼저 '지배'란 개념의 기준이 무엇인지 질문을 던져야 한다. 예를 들어, 대부분의 논객들은 1950년대에 미국이 세계경제에서 지배적인 위치를 점했다는 사실에 이견이 없는데, 당시 미국의 세계 GDP 점유율은 약 40퍼센트에 달했다. 그렇다고 하면, 그 비중이 40퍼센트 이하인 경우에는 '지배적'이라고 간주할 수 없을까? 최상위와 차상위 국가의 GDP 비중을 비교하면서 그 차이가 어느 정도인지를 고려하는 것도 중요한 지표일 수 있다. 만약 미국의 이윤 점유율이 40퍼센트에서 30퍼센트로 줄어들고, 차상위 국가의 이윤 점유율이 20퍼센트에서 10퍼센트로 하락했다면, 이런 변화를 '미국의 쇠퇴'를 대변한다고 할 수 있을까? 첫 번째 시점에서 미국의 점유율은 바로 밑의 경쟁국에 비해 두 배였고, 두 번째 시점에서는 세 배였다. 이를 보면, '쇠퇴'와 '지배'의 기준이 다소 임의적일 수 있음을 알 수 있다.

표 1. 상위 2000개 기업의 국가별 이윤 점유율(2007, 2010, 2013년)

부문	연도	기업 수/ 국가 수	전체 이윤 (10억 달러)	최상위 점유율 (%)		차상위 점유율 (%)		브릭스 (%)	중국 (%/ 세계 순위)
항공우주· 방위 산업	2007	19/8	21	미국 55		영국 25		1.4(B)	0
	2013	19/7	26	미국 54		영국 21		1.2(B)	0
자동차·트럭· 부품 산업	2007	41/11	54	일본 50		독일 21		1.1(IC)	0.6/9
	2010	19/8	10	미국 42		일본 17		13.9(IC)	9/4
	2013	54/14	125	독일 45		일본 16		8(IC)	5/5
은행업	2007	295/46	383	미국 28		영국 15		8(BRIC)	4.3/6
	2013	267/53	502	중국 32		미국 15		42(BRIC)	32/1
사업 서비스와 개인 서비스 산업	2007	56/12	26	미국 46		일본 21		0	0
	2010	42/14	18	미국 41		일본 14		12.6(BIC)	1/13
	2013	41/9	20	미국 54		영국 9		10(BI)	0
카지노·호텔· 요식 산업	2007	31/12	23	미국 52		영국 16		0	0
	2013	25/10	23	미국 56		홍콩 12		3(C)	3/7

부문	연도	기업 수/ 국가 수	전체 이윤 (10억 달러)	최상위 점유율 (%)	차상위 점유율 (%)	브릭스 (%)	중국 (%/ 세계 순위)
화학 산업	2007	53/17	43	미국 31	독일 15	0	0
	2010	52/19	35	미국 27	독일 18	8.1(BRC)	1.8/15
	2013	65/23	74	미국 25	독일 18	3(RC)	0.5/21
컴퓨터 하드웨어 · 소프트웨어 산업	2007	80/14	97	미국 70	한국 10	2(IC)	0.02/14
	2013	72/14	194	미국 74	한국 11	5(IC)	2/4
복합기업	2007	41/17	73	미국 50	네덜란드 10	0	0
	2010	39/17	53	미국 45	홍콩 13	4.6(B)	0
	2013	38/18	64	미국 48	홍콩 12	3(B)	0
건설 산업	2007	78/23	43	프랑스 18	미국 17	1(C)	0.6/19
	2013	69/23	37	중국 28	프랑스 15	32(IC)	28/1
전자 산업	2007	50/11	42	미국 39	일본 22	0	0
	2013	49/12	52	미국 33	대만 25	3(C)	3/6
금융 서비스 산업	2007	119/25	157	미국 47	스위스 12	0.03(C)	0.02/25
	2010	91/30	87	미국 52	스웨덴 11	4.6(BIC)	3/5
	2013	87/26	106	미국 66	한국 6	4(BCI)	2/6
식품 · 음료 · 담배 산업	2007	66/23	83	미국 43	영국 18	1(IC)	0.3/20
	2013	88/27	123	미국 39	영국 13	7(BIC)	5.3/6
산림 · 금속 · 광산업	2007	107/27	117	영국 14	미국 14	22(BRIC)	5.5/8
	2013	92/26	97	중국 20	호주 19	41(BRIC)	20/1
의료 장비 · 서비스 산업	2007	45/6	32	미국 89	일본 3	0	0
	2010	43/9	34	미국 86	스위스 3	0.3(C)	0.3/8
	2013	40/8	51	미국 89	아일랜드 4	0	0
중장비 산업	2007	53/12	36	미국 39	스웨덴 20	5(IC)	1.6/8
	2010	61/15	28	미국 21	스위스 16	16(BIC)	12/4
	2013	64/15	56	미국 39	일본 15	14(BIC)	11/4

부문	연도	기업 수/국가 수	전체 이윤 (10억 달러)	최상위 점유율 (%)	차상위 점유율 (%)	브릭스 (%)	중국 (%/세계 순위)
보험 산업	2007	112/21	146	미국 41	네덜란드 9	1(C)	1.2/10
	2013	99/25	109	미국 25	스위스 11	7(BC)	7/5
미디어 산업	2007	49/14	48	미국 60	영국 12	0	0
	2010	41/14	39	미국 69	프랑스 8	1.1(B)	0
	2013	39/10	49	미국 69	영국 11	0	0
석유·가스 산업	2007	116/32	340	미국 36	러시아 9	21(BRIC)	6.3/5
	2010	95/32	254	러시아 21	미국 19	40(BRIC)	8.5/4
	2013	115/32	410	미국 30	러시아 21	34(BRIC)	7/3
제약·돌봄 산업	2007	56/15	124	미국 54	프랑스 7	0	0
	2013	70/18	146	미국 53	스위스 14	1(BIC)	0.6/
부동산업	2007	49/9	39	홍콩 29	미국 22	0	0
	2010	35/7	15	홍콩 42	중국 20	20(C)	20/2
	2013	80/15	72	홍콩 34	중국 19	20(BIC)	19/2
소매업	2007	115/22	88	미국 61	영국 11	0.12(B)	0
	2013	119/26	122	미국 54	영국 9	3(BRC)	1.6/10
통신 산업	2007	62/35	105	미국 18	홍콩 9	5.3(BRIC)	3.3/9
	2013	62/36	131	홍콩 16	영국 11	6(BRIC)	3/8
무역업	2007	20/6	11	일본 84	영국 9	0.4(C)	0.4/5
	2013	17/6	23	일본 89	한국 4	4(IC)	2.1/4
수송업	2007	75/26	48	미국 31	일본 14	5.8(BC)	5.1/7
	2010	62/26	33	일본 22	미국 21	12.7(BC)	12/3
	2013	62/22	50	미국 27	일본 16	10(BRC)	8/3
공공 서비스 산업	2007	112/23	117	미국 28	영국 12	5.2(BRIC)	1.1/15
	2013	93/26	87	미국 26	프랑스 8	20(BRIC)	4.5/9

* Scott De Carlo, ed., *Forbes Global 2000*을 바탕으로 직접 계산(forbes.com의 2007년, 2010년, 2013년 자료). 2007~13년 기간 변동성이 심각한 부문은 2010년 데이터를 포함했고, 총 이윤 수치는 10억 단위에 맞게 반올림했다. B는 브라질, C는 중국, I는 인도, R은 러시아를 가리킨다.

표 1의 특징 중 가장 눈에 띄는 것은 2013년에 이르러서도 미국 기업들이 아직도 주도하고 있는 산업 부문 수가 전체 25개 중 18개라는 사실이다. 실제로 미국의 주도권이 절대적인 의미〔점유율—옮긴이〕로 다섯 개 부문(사업 서비스와 개인 서비스 산업, 카지노·호텔·요식 산업, 컴퓨터 하드웨어·소프트웨어 산업, 금융 서비스 산업, 미디어 산업)에서 증가했다. 상대적인 관점—차상위 경쟁국 점유율의 몇 배인가—까지 추가하면, 다섯 개 부문의 증가가 더 확인된다(항공우주·방위 산업, 식품·음료·담배 산업, 중장비 산업, 소매업, 공공 서비스 산업). 또 다른 다섯 개 부문에서는 금융 위기의 발발로 미국의 주도권이 잠깐 후퇴했다가, 2010년 이후 다시 회복되었다. 여기에는 복합기업 부문, 의료 장비·서비스 산업, 중장비 산업, 석유·가스 산업, 수송업 등의 분야가 해당된다. 그림 3은 미국의 이윤 점유율과 차상위 경쟁자의 점유율 차이를 그래프 형태로 예시한 것이다. 총 18개 부문에서 미국이 주도권을 잡고 있었다. 만약 앞에서 언급한 것에 근거해 40퍼센트를 지배의 기준으로 설정할 경우, 미국이 10개 부문을 지배하고 있다고 할 수 있다. 특히 항공우주·방위 산업, 사업 서비스와 개인 서비스 산업, 카지노·호텔·요식 산업, 컴퓨터 하드웨어·소프트웨어 산업, 복합기업 부문, 금융 서비스 산업, 의료 장비·서비스 산업, 미디어 산업, 제약·돌봄 산업, 소매업 같은 부문에서 기술적으로 최첨단을 달리고 있다.[3] 미국을 제외하고, 한 분야라도 지배하고 있는 나라로는 자동차·트럭·부품 산업 쪽—이 부문이 매우 불안정함을 유념해야 한다—의 독일과 무역업 쪽의 일본밖에 없다. 한편 나머지 10개 부문에서는 미국의 입지가 약해졌음을 확인할 수 있다. 무역업 쪽은 특히 미국 기업이 하나도 끼지 못했다. 이 부문은 진취적 유형의 기업들에 적합한데, 일본의 종합상사가 여기에 딱 안성맞춤이다.

---

3) 덧붙이면 식품·음료·담배 산업과 중장비 산업에서 미국의 이윤 점유율이 39퍼센트나 됐다.

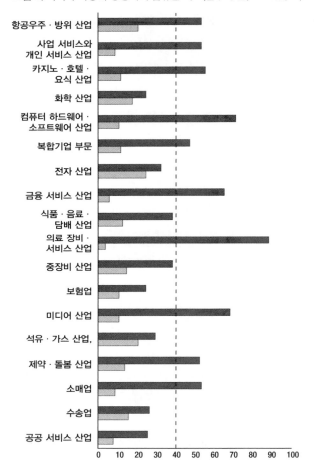

그림 3. 미국과 차상위 경쟁국의 점유율 비교(일부 부문, 2013년, %)

* 출처는 표1과 동일.

위의 조사 기간에 이윤 점유율을 높인 브릭스 소속 기업들의 산업 부문 수도 놀라웠다. 25개 부문 중 22개 부문이나 되었다.[4] 은행업(2007년에 8퍼센트에서 2013년 42퍼센트로), 건설 산업(1퍼센트에서 32퍼센트로),

산림 · 금속 · 광산업(22퍼센트에서 41퍼센트로), 부동산업(0에서 20퍼센트로), 공공 서비스 산업(5.2퍼센트에서 20퍼센트로), 석유 · 가스 산업(21퍼센트에서 2010년에 40퍼센트로, 2013년에는 34퍼센트로 감소) 등 6개 부문에서는 브릭스의 부상이 믿기 어려울 정도로 놀라운 수준이었다. 약진을 보인 22개 부문 중 대부분은 중국의 몫이었는데, 그리 놀라운 사실은 아니었다. 은행업은 거의 대부분(32퍼센트)이 중국 차지였고, 건설 산업 28퍼센트, 부동산업 19퍼센트로 나타났다. 반면 브라질, 러시아, 인도의 성취는 원자재 슈퍼 사이클과 연관된 부문에 집중되어 있었다. 즉 산림 · 금속 · 광산업, 석유 · 가스 산업 그리고 은행업(원자재 수출과 관련된 외환 거래와 이윤이 국내 은행에 예치되기 때문)에 국한되었다.

이들 국가가 분야의 다양성을 높이지 못하면, 가격 변동성에 위험이 노출될 수밖에 없다. 러시아가 이 점에서 가장 취약하다. 러시아의 경제 부흥 거의 대부분이 화석연료 가격의 상승에 의해 추동되었기 때문이다. 인도와 브라질은 여러 산업의 틈새를 공략했다. 인도는 자동차 · 트럭 · 부품 산업, 컴퓨터 하드웨어 · 소프트웨어 산업(양 분야 모두 3퍼센트)에서 두드러졌고, 브라질은 항공우주 · 방위 산업(1.2퍼센트), 복합기업 부문(3퍼센트)에서 두각을 나타냈다. 이 정도의 소규모 발판으로는 서구 경제 일반은 말할 것도 없고, 미국에 전혀 위협이 되지 못한다. 한편, 중국은 현재 12개 부

---

4) 여기에 해당하지 않는 3개 부문 중 항공우주·방위 산업 부문에서는 2007년부터 미국의 점유율이 감소되어왔으며, 의료 장비·서비스 산업 부문에서는 브릭스의 점유율이 2007년 0에서 2010년 0.3퍼센트로 증가했다가, 2013년 다시 0으로 떨어졌고, 미디어 산업에서도 0에서 1.1퍼센트로 그리고 다시 0 수준으로 떨어지며, 의료 장비·서비스 산업 부문과 비슷한 변동성을 보였다. '성장'을 보인 22개 부문 중 8개 부문—자동차·트럭·부품 산업 / 사업 서비스와 개인 서비스 산업 / 화학 산업 / 복합기업 부문 / 금융 서비스 산업 / 중장비 산업 / 석유·가스 산업 / 수송업—에서 2010년 이래로 브릭스의 점유율이 감소했다는 사실도 눈여겨봐야 한다. 2013년의 이윤 점유율이 2007년보다 높게 유지되고 있다고 해도, 선형적인 미래 전망을 내놓는 경향이 강한 경제학자들은 좀 더 주의를 기울일 필요가 있다.

문에서 글로벌 5위 안에 들어 있다. 자동차 · 트럭 · 부품 산업, 은행업, 컴퓨터 하드웨어 · 소프트웨어 산업, 건설 산업, 산림 · 금속 · 광산업, 중장비 산업, 보험업, 석유 · 가스 산업, 부동산업, 통신 산업(차이나 모바일은 홍콩에 상장되어 있으나, 본사는 중국에 위치해 있음), 무역업, 수송업이 이에 해당한다. 이러한 중국의 경이로운 약진이야말로 '여타 세계의 부상'이란 현상의 진짜 배경이 되는 이야기다.

중국의 도전

하지만 중국의 전진을 주의 깊게 살펴보면, 새로 형성된 산업적 위세가 겉모습에서 느껴지는 것만큼 그리 대단한 것이 아닐 수 있음을 알게 된다. 중국의 정치경제는 여러 가지 특이한 성격을 지니고 있다. 공적 투자가 유난히 큰 역할을 차지하고 있다. 중국 정부가 국가의 핵심 은행들을 통해 건설, 중장비, 원자재 관련 기업들에 자금을 쏟아부어, 이들 기업의 이윤을 세계 최고 수준으로 키우고 있다. 이들 기업 대부분은 공공 소유이다. 2008~09년에 지구적 위기가 터졌을 때, 베이징은 미국 다음으로 많은 경기 부양 자금을 투입하며 대응했다. 이를 통해 국영기업들의 입지를 더 강화했다(표 1의 부문 수에서 확인할 수 있음). 중국 공산당 엘리트 자신들을 포함해 많은 관찰자들이 이 모델의 미래가 지속 가능하지 못하다고 생각한다. 특히 중국의 부채가 계속해서 치솟고 있고, 생산과잉 문제가 많은 부문을 덮치고 있다는 사실을 고려하면, 더욱 염려스럽다.[5] 중국이 심각한 사

---

5) '재균형화'와 관련해서는 Nicholas R. Lardy, *Sustaining China's Economic Growth After the Global Financial Crisis*, Washington, DC 2012 참조. 중국의 GDP 대비 전체 부채('그림자' 금융 포함) 비율은 2008년 120퍼센트에서 2013년 6월 200퍼센트 이상으로 증가했다. 이와 관련해서는 Simon Rabinovitch, "China Pulls Back From Brink of Severe Cash Crunch",

회적 격변 없이—현재의 성장 모델 뒤에 버티고 있는, 깊숙이 뿌리내린 엘리트 이익집단에 대한 도전 없이—국가 투자에서 국내 소비 쪽으로 경제 균형을 이동시킬 수 있을까라는 문제가 오늘날 지구적 차원의 자본주의가 안고 있는 거대한 불확실성 중 하나이다.[6] 세심하게 관리되는 이행에서부터 경제 붕괴까지 여러 가능한 시나리오가 존재하지만, 여하튼 투자-주도 성장 모델과 연동되어 있는 국영기업의 이윤이 앞으로 5년에 걸쳐 감소할 가능성이 매우 크다. 그 결과 글로벌 서열도 내려갈 것이다.

또 다른 중국의 특이성은 다음의 역설에 기인한다. 주요 경제국들 중에 중국은 외국자본에 가장 폐쇄적인 동시에 가장 개방적인 국가이다. 좀 더 정확하게 말하자면, 일부 부문은 폐쇄적이고 내향적이며 대부분 국가 소유 형태인 반면, 다른 부문은 그 반대를 지향하고 있다. 국영기업과 민간 기업이 혼재되어 있고, 외국 기업과 국내 기업이 섞여 있다. 이러한 이중 구조가 왜 중국 기업들이 어떤 분야에서는 확실히 선도하고 있으면서, 다른 분야에서는 많이 뒤처져 있는가를 설명해준다. 중국은 2011년에 미국을 제치고 세계에서 가장 큰 PC 시장을 보유하게 되었다. 하지만 컴퓨터 하드웨어·소프트웨어 부문에서 중국의 이윤 점유율은 2퍼센트에 불과하다. 미국의 점유율이 72퍼센트인 사실과 대비하면, 참 보잘것없는 수준이다. 게다가 2009년 중국은 세계에서 가장 큰 자동차 시장이 되었지만, 자동차·트럭·부품 산업 분야에서 중국의 이윤 점유율은 5퍼센트에 그쳤다. 한편 '빅3' 국가들—독일, 일본, 미국—은 이 부문의 이윤 절반 이상을 먹어 치웠다. 중국 내부 시장에서조차도 외국 기업들의 시장 점유율을 합하면 70퍼센트가 넘었다. 그중 폭스바겐과 제너럴 모터스가 지배적인 플레이어였

FT, 21 June 2013 참조. 생산과잉에 관해서는 European Chamber of Commerce in China, *Overcapacity in China: Causes, Impacts and Recommendations*, Beijing 2009; Jamil Anderlini, "Chinese Industry: Ambitions in Excess", *FT*, 16 June 2013 참조.

6) Hung Ho-Fung, "China's Rise Stalled?", *NLR 81*, May-June 2013 참조.

다.[7] 그래서 중국 정부가 자동차 산업 부문에 지난 20년 동안 대규모로 쏟아부은 투자는 실패로 귀결되었다고 할 수 있다.

중국의 영토 내에서 서구—특히 미국—의 기업들이 지배하고 있는 부문은 이뿐만이 아니다. 펩시콜라와 코카콜라가 중국 청량음료 매출의 87퍼센트를 차지하고 있다. 구글 안드로이드는 시장점유율을 2009년 0.6퍼센트에서 2012년 86.4퍼센트로 높이면서, 스마트폰 운영체제 경쟁사들을 초토화했다. 월마트는 중국 소매 거래의 8퍼센트를 장악하고 있는데, 50만 개 이상의 업체들이 난립해 입지 경쟁을 펼치고 있는 매우 파편화된 시장에서 단연 가장 큰 몫을 차지하게 되었다. 보잉사 홀로 중국의 상업적 비행기 시장의 절반 이상을 공급하고 있다.[8] 결과적으로 만약 중국이 성장 모델을 내수 소비 쪽으로 재설정하는 작업에 성공한다면, 많은 미국 기업들이 그 수혜를 입는 위치에 확고히 자리잡고 있을 것이다.

앞에서 언급한 것처럼, 중국은 2004년 이래로 세계에서 가장 큰 전자 산업 수출국이 되었다. 여기에는 컴퓨터 하드웨어도 포함된다. 그러나 전자 산업 부문에서 중국의 이윤 점유율은 고작 3퍼센트이다. 미국 기업들이 가져가는 33퍼센트는 말할 것도 없고, 대만이 차지하는 25퍼센트에 비견할 바가 못 된다. 혼하이(Hon Hai) 정밀산업이란 기업의 경우를 보면, 지구화 시대에 국민 계정이 권력을 측정하는 지표로서 얼마나 한계가 많은지 잘 알 수 있다. 혼하이는 100퍼센트 지분을 소유한 자회사 팍스콘을 통해 중국에서 영업을 하고 있다. 100만 명 이상의 노동자를 고용하고 있는 혼하

---

7) Patti Waldmeir, "China Reintroduces Historic Car Brands", *FT*, 22 April 2012.

8) Alan Rappeport, "Pepsi to Sell Chinese Bottling Operations", *FT*, 4 November 2011; Katherin Hille, "China Report Warns on Google Dominance", *FT*, 5 March 2013; Woke Li, "Robust Domestic Market is Teeming with Competitors", *China Daily*, 25 August 2011; Simon Rabinovitch, "China's COMAC Confronts Aircraft Duopoly", *FT*, 23 September 2011. 또한 Edward Steinfeld, *Playing Our Game: Why China's Rise Doesn't Threaten the West*, Oxford 2010 참조.

이는 중국에서 가장 큰 고용주이며, 가장 큰 수출 기업이다. 또한 전자 산업 부문에서 세계를 선도하고 있는 계약생산자이기도 하다. 이 기업은 시스코, 델, 휴렛패커드, 마이크로소프트, 소니, 닌텐도 등 광범위한 하이테크 기업들을 위해 최종 조립 임무를 수행하고 있다. 애플의 아이패드와 아이폰 대부분이 팍스콘 공장에서 조립되고 있다는 사실도 놓쳐서는 안 된다. 그러나 팍스콘 자체의 이윤은 2013년 기준 '고작' 107억 달러에 불과했다. 이는 애플의 4분의 1 수준이고, 팍스콘이 조립해주는 제품을 팔고 있는 다른 서구와 일본 기업들이 거두어들이는 총이윤의 아주 적은 일부에 해당한다. 그 이유를 파악하는 일은 어렵지 않다. 2010년 기준 애플이 지불한 아이폰 3의 부품 가격은 172.46달러였다(이 중 3분의 2는 일본의 도시바, 독일의 인피네온, 한국의 삼성이 차지). 그런데 최종 조립으로 들어가는 돈은 6.5달러밖에 안 되었다(전부 다 팍스콘에 주어짐).[9] 소매가격 변동에 따라 달라지지만, 전화기 한 대에 붙는 애플의 이윤은 수백 달러에 이른다. 이런 지배적 위치는 미국 기업이 글로벌 공급 사슬을 장악하고 있기 때문에 가능하다. 미국 기업들이 (브랜드, 마케팅, 혁신, 연구·개발 등) 고부가가치 '모듈'을 차지하고 있는 것이다. 혼하이 같은 계약생산자들은 가치 사슬을 기어오르려고 사투를 벌이고 있다. 이들 기업의 경쟁 우위는 가격 절감에서 나온다. 그런데 이것이 자신들 고유의 브랜드를 찍을 수 있는 디자인을 개발하고 글로벌 시장에서의 활동을 직접 펼치는 데 요구되는 리스크를 짊어질 역량을 축소하는 쪽으로 귀결된다.[10] 게다가 혼하이 자체를 지배하고 있는 나라가 중국이 아니다. 혼하이는 대만의 억만장자 테리 고우(Terry

---

9) Yuqing Xing and Neal Detert, "How the iPhone Widens the United States Trade Deficit with the People's Republic of China", *ADBI Working Paper 257*, Tokyo: Asian Development Bank Institute, 2010, p. 2를 바탕으로 필자가 계산.

10) Peter Nolan and Jin Zhang, "Global Competition after the Financial Crisis", *NLR 64*, July~August 2010 참조.

Gou)가 설립했으며, 아직도 그가 최대 주주이다. 그래서 중국이, 미국 시장의 주도 기업들은 차치하고, 대만이나 한국의 하이테크 기업들이 올리는 실적에 상대가 될지 매우 의문스럽다. 중국 세관이 2010년에 발표한 수치들을 보면, 중화인민공화국의 상위 200대 수출 기업 중 4분의 3이 외국인 소유 기업이었다.[11]

소유권과 혁신

지금까지 살펴본 것에 따르면, 아직도 미국 기업들이 글로벌 자본주의의 가장 높은 고지를 차지하고 있다는 사실이 명백해진다. 이런 사실은 또 다른 질문을 낳는다. 그렇다면 이런 미국 기업들은 누가 소유하고 있는가? 자본의 지구화에서 비롯된 또 다른 논쟁 하나는 이른바 '초국적 자본가계급'(Trans-national capitalist class)의 등장 가능성에 관한 것이다. 만약 미국 기업들의 소유권이 지구적으로 분산되어 있다고 가정하면, 어떤 의미든 이들 기업의 왕성함이 '미국의 힘'을 대표한다고 할 수 있을까? 여기서 나는 이 논쟁과 관련해 한 가지 양상만을 다루고자 한다. 바로 앞서 가정한 소유권의 분산이다. 현실에 초국적 자본가계급이 등장했다고 주장하는 논자들 대부분은 소유권 분산을 그 궁극적 근거로 들고 있다.[12] 블룸버그 프

11) "Foreign Firms Main Force Backing China's Export Recovery", *Xinhua News*, 20 April 2010.

12) Leslie Sklair, *The Transnational Capitalist Class*, Oxford 2001, p. 142; William Robinson, *A Theory of Global Capitalism: Production, Class, and State in a Transnational World*, Baltimore 2004, p. 131; Jerry Harris, "Outward Bound: Transnational Capitalism in China", *Race & Class*, vol. 54, no. 1, July~September 2012. 이에 대한 주요 반박으로는, Leo Panitch and Sam Gindin, *The Making of Global Capitalism: the Political Economy of American Empire*, London and NY 2012 참조.

표 2. 세계 백만장자 가구의 국가별 점유율

	2007		2010		2012	
1	미국	45.6	미국	41.8	미국	42.5
2	일본	8.4	일본	12.2	일본	10.6
3	영국	6.2	중국	8.9	중국	9.4
4	독일	4.3	영국	4.6	영국	3.7
5	중국	3.7	독일	3.2	스위스	2.9
6	프랑스	3.3	스위스	2.6	캐나다	2.7
7	이탈리아	3.1	대만	2.2	독일	2.7
8	스위스	2.3	이탈리아	2.2	대만	2.3
9	대만	2.2	프랑스	1.7	이탈리아	2.0
10	호주	1.8	홍콩	1.6	프랑스	1.9

* Boston Consulting Group, *World Wealth Report*, Boston 2008, p. 23; 2010, p. 9; 2013, p. 12를 바탕으로 필자가 계산. '백만장자 가구'는 거주 주택을 제외하고 1백만 달러 이상의 관리 자산이 있는 가계를 가리킨다.

로페셔널(Bloomberg Professional) 데이터베이스를 바탕으로 내가 계산한 결과에 따르면, 2013년 7월 기준 미국 상위 100대 기업들—『포브스』 선정—의 소유권 85퍼센트가 미국인들 수중에 있었다. 최대 주주의 성격은 개인, 가족 트러스트, 투자 기금, 기타 자산 관리자 등 기업마다 상당히 다양했다. 기타 자산 관리자 분류에 해당되는 영역에서, 미국의 금융 서비스 기업들에 의해 관리되고 있는 자산의 2퍼센트만이 미국에 합법적 거주권이나 조세 거주지가 없는 투자자들로부터 나온 것이었다.[13] 매우 다양한 산업 부문에서 주도권을 장악하고 있는 미국 기업들 대부분이 미국 거주자들의 수중에 있기 때문에, 세계 백만장자 명단의 대부분을 미국이 차지하

---

13) Boston Consulting Group, *Global Wealth 2013*, Boston 2013, p. 21.

표 3. 세계 상위 기업 연구 · 개발 투자의 국가별 점유율

	2007년(퍼센트)			2011년(퍼센트)	
미국		38.4	미국		34.9
EU	합계	32.2	EU	합계	28.3
	독일	10.9		독일	10.0
	프랑스	6.7		프랑스	5.0
	영국	5.2		영국	4.4
	네덜란드	2.3		네덜란드	2.1
	스웨덴	1.9		스웨덴	1.6
일본		18.4	일본		21.9
여타 세계	합계	10.9	여타 세계	합계	14.9
				스위스	4.2
				한국	2.9
				중국	2.7
				대만	1.4
				호주	0.6
총액	3,729억 달러		총액	5,110억 달러	

* John Research Centre of the European Commission, EU R&D Scoreboard, 2008, p. 29. 2007년은
상위 1,402개 기업, 2011년은 상위 1,500개 기업을 표본으로 했다.

고 있다는 사실은 별로 놀랍지 않다(표 2). 중국은 여타 세계에서 유일하게
상당한 국가별 점유율을 기록하고(성장하고) 있는 나라이다. 2012년 기준
으로, 2위 자리를 차지하고 있는 일본에 도전장을 내밀 정도로 지위가 상승
했다.[14]

만약 우리가 글로벌 경제 권력의 분배가 미래에 어떤 경향을 보일지 파
악하고 싶다면, 혁신의 균형이 서구에서 여타 세계로 이동하고 있는가 여

---

14) 그러나 이러한 변동은 자연스러운 성장이나 쇠퇴보다 대개 환율 변동에 기인했다.

그림 4. 상위 3국과 중국의 삼국 특허권 점유율(1985~2010년, 퍼센트)

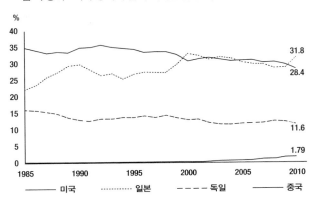

| | 미국 | 일본 | 독일 | 중국 |

* OECD, "Patents", *OECD Factbook 2013*, oecd-ilibrary.org.

부를 중요한 요소 중 하나로 들 수 있다. 표 3은 2007년 기준 세계 상위 1,402개 기업 연구·개발 투자의 국가별 점유율과 2011년 기준 세계 상위 1,500개 기업 연구·개발 투자의 국가별 점유율을 보여주고 있다.[15] 미국의 점유율이 감소하는 가운데, 일본의 점유율은 증가했다. 두 나라 합계는 2007년과 2011년에—56.8퍼센트로—동일한 수준을 차지했다. 같은 기간 '여타 세계'(이 범주에는 한국, 호주, 스위스가 포함되어 있다)의 점유율이 10.9퍼센트에서 14.9퍼센트로 확대되었지만—그리고 중국이 이제 이들 그룹에서 세 번째 위치를 차지하게 되었지만—미국과 일본의 기술적 주도권이 가까운 미래에 도전받을 가능성은 별로 없을 것 같다. 그림 4는 25년이라는 시간 척도로 좀 더 장기적인 관점에서, 삼국 특허권(triadic patent)을 혁신의 대리 지표로 삼아 살펴본 것이다.[16] 2010년 기준 일본과 미국이 전

---

15) EU가 왜 2007년에는 1,402개 기업만 파악했는지 그 이유가 분명하지 않다. 그리고 이 글을 쓸 당시 최근 기록이 2011년 데이터였다.

체 특허의 60퍼센트를 차지했다. 중국은―2004년 0.46퍼센트에서 2010년
1.79퍼센트로―이 영역에서 실질적인 진전을 이루었지만, 우리가 중국 경
제와 다른 선진 경쟁국들 간 격차가 수렴되고 있다고 의미 있게 말할 수 있
으려면, 아직 갈 길이 멀다.

지구적 전망

지금까지 앞에서 예시한 분석들은 현재 글로벌 자본주의 체제의 세 가
지 양상을 분명히 보여주고 있다. 바로 미국의 지속적 지배, 여타 세계(특
히 중국)의 놀라운 부상, 여타 세계의 부상과 원자재 가격지수 간의 아주 긴
밀한 연관 관계이다. 대부분의 논객들은 두 번째 양상에 초점을 맞추고 있
는데, 그것이 미국의 지위가 쇠퇴하면서 이루어졌다고 잘못된 전제를 깔고
있다. 하지만 미국 기업들은 2,000개의 세계 상위 기업들 내에서 주도적인
이윤 점유율을 차지하고 있다. 25개 부문 중 18개 부문에 걸쳐 있었으며,
이 중 10개 부문에서는 최상위를 점하고 있었다. 특히 최첨단 기술 부문에
서 미국의 주도가 두드러졌다. 이러한 글로벌 헤게모니를 반영하는 결과의
하나로, 세계 백만장자 가구의 5분의 2가 미국에 속해 있었다. 미국의 글로
벌 GDP 점유율이―1950년대 40퍼센트에서 2012년 22퍼센트로―하락했
다는 사실에서는 이런 수치가 나올 것이라 기대할 수 없었다. 그렇기 때문
에 경제 권력이 진정 어디에 집중되어 있는가를 이해하려면, 국민 계정을

---

16) 삼국 특허권(triadic patent)은 EU 특허청, 일본 특허청, 미국 특허와 상표 관리청에 동시에 등
    록된 특허권을 가리킨다. 이 방식이 혁신과 관련해 매우 투박한 기준일 수밖에 없지만, 대수롭지
    않은 특허권은 제외함으로써 우리 표본의 특허권 수를 줄여주는 이점이 있다. 말하자면, 기술적
    진보 그 자체를 측정하기보다는 기술의 상업적 응용과 특허법 활용 능력을 측정하는 데 초점을
    맞췄다.

넘어서 세계 상위 기업에 대한 연구로 초점을 이동하는 것이 매우 중요하다.

우리는 여타 세계—특히 브릭스—가 25개 분야 중 22개 분야에서 놀라운 약진을 보였다는 사실을 부인하지 않으면서, 동시에 미국의 경제 헤게모니가 지속되고 있다는 사실을 파악할 수 있었다. 하지만 여타 세계 중 진정 선진 자본주의 세계에 합류할 수 있을 만큼의 수준에 이른 강력한 도전자는 중국밖에 없었다. 중국은 모든 산업 부문에서 부상했으며, 12개 부문에서는 글로벌 상위 5위 안에 그 입지를 굳혔다. 현재 몇몇 신흥 시장들이 원자재에 직접 연계되지 않은 경제 부문에서 두각을 나타내고는 있지만, 아무도 중국만큼 부문별 다양성을 보이지는 못하고 있다. 그러나 중화인민공화국조차도 많은 중요 분야에서 실질적인 존재감을 보이고 있지 못하다. 일부 분야의 경우 중국 내에 자리잡고 있는 외국인 기업들이 지배하고 있다. 앞서 우리는 투자-주도, 수출-주도 성장 모델에 기인한, 중국의 앞길에 놓인 구조적 장애물들을 논의했다. 물론 그 밖에도 사회적·환경적 제약들, 인구학적 문제들, 호구 제도의 한계 등 여러 장애물들이 있다.[17]

원자재 슈퍼 사이클이 이미 정점에 달한 것으로 보이기 때문에, 신흥국들의 성장 둔화 역시 예상된다. 그렇다고 원자재 가격지수가 붕괴한다거나 현재 수준에 고착되어 유지된다는 말을 하려는 것은 아니다. 다만 글로벌 금융 위기 직후에 많은 전망들이 전제한 것과는 반대로, 신흥국들의 성

---

17) 중국의 노동 가능 연령 인구가 2012년을 기점으로 줄어들기 시작했다(Jamil Anderlini and Ed Cooks, "Chinese Labour Pool Begins to Drain", *FT*, 18 January 2013). 농촌 호구(출생 기록)를 가진 도시 거주 인구가 2억 2천만 명 정도 되는 것으로 추정된다. 이들은 사회복지 등 필수적인 도시 서비스를 받지 못한다. 중국의 경제적 성공은 일정 부분 이들 소외된 도시 농민공의 착취에 기인한다. 그래서 호구 제도를 철폐한다는 것은 많은 엘리트들이 의존하고 있는 수출-주도 성장 모델의 주요 요소를 제거하는 것과 다름없다(Kam Chan, "Crossing the 50 Percent Population Rubicon: Can China Urbanize to Prosperity?", *Eurasian Geography and Economics*, no. 53, vol. 1, Jan~Feb 2012, pp. 63~86).

장이 예전과 같은 수준으로 높게 유지될 것 같지는 않다는 점은 분명하다. 분석가들은 이제 '중진국 함정'을 경고하고 있다. 즉, 중위 소득 국가들이 선진 자본주의 세계에 합류하려고 시도할 때 맞닥뜨리는 뚜렷한 유리 천장 말이다.[18] 다각화된 정치경제 체제를 가진 나라들이 아무래도 이러한 성장 둔화의 함정을 탈출할 가능성이 클 것이다. 중국이 그럴 가능성을 지닌 가장 강력한 도전자임에는 분명하지만, 그 나름의 중요 시험대를 돌파해야 한다. 그래서 글로벌 경제에서 미국 자본이 차지하고 있는 주도적 역할은 당분간 지속될 것으로 보인다.

〔박형준 옮김〕

---

18) Barry Eichengreen, Donghyun Park and Kwanho Shin, "When Fast Growing Economies Slow Down: International Evidence and Implications for China", *NBER Working Paper* 16919, March 2011; Stefan Wagstyl, "IMF: How to Avoid the Middle-Income Trap", *FT*, 29 April 2013.

〔인터뷰〕

불평등의 동학

토마 피케티(Thomas Piketty)와의 인터뷰

당신의 새 책 『21세기 자본』은 장기적 비교 접근 방식을 바탕으로 진행된 매우 인상적인 연구 프로그램의 결과를 집대성해냈다고 봅니다.[1] 부의 분배란 측면에서 상이한 나라들을 살펴본 결과들이 놀라울 정도로 획일적으로 나타났습니다. 이런 결과들은 '수렴' 이론들과 불평등 수준이 장기적으로 감소하는 경향을 보인다는 관념들 모두에 강력한 도전을 제기했습니다. 당신은 국가별 차이가 상대적으로 부재하다는 사실을 어떻게 설명하시겠습니까? 그리고 어느 정도까지 이러한 장기적 결과들이 미래를 예측하는 데 도움이 된다고 생각하십니까?

---

1) Thomas Piketty, *Capital in the Twenty-First Century*, Cambridge, MA 2014. 이 인터뷰는 Alice Béja and Marc-Olivier Padis, "Le retour du capital et la dynamique des inégalités", *Esprit*, November 2013에 바탕을 두고 있다. 마지막 6개 질문들은 『뉴레프트리뷰』가 물은 것이다.

『21세기 자본』에서는, 전체 팀이 수집한 데이터를 해석하기 위한 일반적 체계의 개요를 서술하고 있습니다. 『21세기 자본』에서는 한 나라가 아니라 약 24개 국가들을 검토하고 있고, 몇 세기에 걸쳐 소득뿐만 아니라 자산의 측면에서 부를 살펴보고 있다는 점에서 프랑스의 상위 소득자를 조사했던 나의 2001년 책[2]과는 매우 다릅니다. 가용한 자산 관련 데이터가 부의 불평등에 대해 좀 더 장기적인 관점을 가질 수 있게 만들어준다는 사실은 자산 항목이 가진 장점이라 할 수 있습니다. 대부분의 서구 국가들은 20세기 초까지 소득세 제도를 도입하지 않았습니다. 그래서 소득세를 기초로 하는 경우, 두 번의 세계대전을 균형감 있게 살펴볼 수 있을 만큼 충분한 수준으로 거슬러 올라갈 수 없습니다. 관심의 초점을 소득에서 상속된 재산을 포함하고 있는 자산으로 옮김으로써 우리는 조사 모델을 전환할 수 있었으며, 시간적 틀도 산업혁명까지 멀리 거슬러 올라갈 수 있었습니다. 19세기에 작동했던 동학을 연구할 수 있게 된 것이지요. 동료들의 도움이 없었다면, 이렇게 연구 범위를 확장하는 것은 불가능했을 것입니다.

　여러 나라 사이에 나타난 유사성에 관해서 말하자면, 데이터에서 유사성이 도출되고 분석 속에서 그 의미가 규명되어야 합니다. 나는 국가별 부의 역사를 간과하지 않으면서 그 작업을 수행하려고 시도했습니다. 미국의 노예무역에서 자본이 수행한 역할, 독일의 라인 지방 모델, 토지 지대를 먹고 사는 기존 지주계급에 더하여 금융 불로소득 수급자를 창출했던 19세기 영국의 국가 부채 규모 등을 예로 들 수 있습니다. 프랑스의 상황은 달랐습니다. 국가 부채가 몇 차례에 걸쳐 정리되었고, 국유화가 중요한 역할을 했기 때문입니다. 그래서 각각의 국가가 그들 나름의 고유한 특성과 문화적 역사를 가지고 있다고 봐야 합니다. 불평등에 대한 나라별 대응도 각 나라가

---

2)　Piketty, *Les Hauts Revenus français au XXe siècle: Inégalités et redistributions, 1901–1988*, Paris 2001.

자국의 상황을 다른 나라와의 관계 속에서 어떻게 보느냐에 달려 있습니다. 예를 들어 미국은 종종 유럽의 불평등 상황에 자국 상황을 대비하면서, 국내 불평등 문제를 정당화하곤 했습니다. 20세기 초 미국은 유럽을 특권의 영토라고 비판적으로 간주하며, 극히 불평등했던 옛 유럽처럼 되는 것을 피하기 위해 최상위 소득에 몰수적 고율 과세를 부과했습니다. 이와는 반대로, 최근 몇십 년간에는 오히려 유럽의 집단주의와 평등주의를 비난해 왔습니다. 각각의 국가는 자신들의 모델이 본질적으로 더 공정하다고 보는 경향이 있습니다.

성장률과 자본 수익률 사이의 관계 같은 특정한 보편적 법칙들에 대한 나의 강조가 절대적인 경제적 결정론에 대한 신념을 의미하는 것은 아닙니다. 사실 그 반대입니다. 하지만 도출된 유사성은 무시할 수 없는 것입니다. 20세기에 유럽 국가들은 두 차례 세계대전이라는 공통의 경험을 공유했습니다. 그래서 불평등의 동학이 모든 유럽 국가들에서 비슷한 경로를 따라 전개되었습니다. '아름다운 시절'(Belle Epoque) 동안 격차가 급속히 심화되면서 전례 없는 부의 집중이 진행되었고, 1914년 이후 물리적 충돌, 탈식민지화, 복지국가의 발전에 의해 이루어진 사회적 변화로 인해 점진적으로 불평등이 줄어들었습니다. 하지만 1980년대 이래로 불평등은 다시 증가해왔습니다. 1914~18년과 1939~45년의 전쟁 기간이 초래한 물리적 파괴의 수준은 나라별로 상이했지만, 정치적 충격과 전시 비용의 부담은 궁극적으로 그들의 경제에 유사한 영향을 끼쳤습니다. 예를 들어 영국이 프랑스나 독일보다 덜 파괴되었지만, 제2차 세계대전이 끝난 후 영국의 민간 부는 엄청나게 감소되었습니다. '영광의 30년'(trente glorieuses) 기간에 일어난 민간 부의 이러한 감소는 우리가 새로운 자본주의 국면에 진입했다는 착각을 불러일으켰습니다. 즉, 자본 없는 자본주의 혹은 최소한 자본가 없는 자본주의라는 새로운 종류의 자본주의 말입니다. 그러나 자본주의가 구조적인 차원에서 대체된 것은 아니었습니다. 그보다는 기본적으로 재건의 이행기적 국면이었습니다. 점진적이기는 했지만, 부는 회복되었습니다. 최근에, 즉 21세기 초에 이르면서 제1차 세계대전 직전 기간 부의 수준에 다시 도달했습니다. 민간 부가 1년 국민소득의 6배 정도가 된 것입니다. 1950년대에는 국민소득의 두 배 조금 넘는 수준이었다는 사실에 크게 대비됩니다.

물론 국가별 차이는 여전히 남아 있습니다. 예를 들어 독일의 자본 증식률은 프랑스보다 낮았는데, 그 이유는 여러 가지이겠지만, 라인 지방 모델에서 사업 지배구조가 주주들과 피고용자들 사이에서 공유되고 있다는 사실에 기인한 바가 큽니다. 이런 차이가 있지만, 일반적 경향들이 나타납니다. 성장률이 자본 수익률보다 낮고, 그 결과 불평등의 경향이 줄기보다는 늘어왔다는 점이 특히 눈에 띕니다. 사실, 이런 경향은 20세기에 잠깐 예외를 보였을 뿐 장기적인 인간 역사 전반에 걸쳐 확인됩니다(그림 1).

자본주의가 발전하면서 불평등이 자동적으로 감소되리라 주장하는 수

그림 1. 세계적 차원에서 본 세후 자본 수익률 대 성장률(기원후 1~2200년)

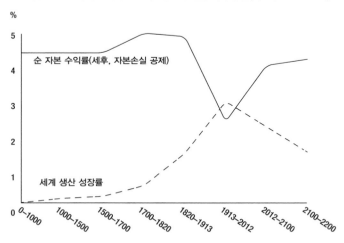

* piketty.pse.ens.fr/en/capital21c.

렴 이론은 매우 빈약한 이론적 · 실증적 근거에 기초해 있습니다. 수렴 이론은 주로 1950년대 사이먼 쿠즈네츠(Simon Kuznets)가 확립한 가설에 근거하고 있습니다. 쿠즈네츠는 1910년에서 1940년 사이에 미국의 소득격차가 좁혀졌다는 사실을 주목했습니다. 경제학자들은 이러한 낙관적 결과들을 확신하고 싶었고, 그것을 법칙으로 전환했습니다. 사실, 당시 불평등의 축소는 대부분 세계대전에 기인했습니다. 그러나 사람들은 사회적 조화를 향해 나아가는 경향성을 창출하는 보편적인 이론 메커니즘이 존재한다고 머릿속에서 골몰한 거죠. 또 다른 요소로, 불평등에 대한 역사적 연구가 거의 없었다는 사실도 들 수 있습니다. 역사학과 경제학이 학제적으로 분리되었기 때문입니다.

나는 여기에 작동하고 있는 동학에 대해 균형 잡힌 관점을 제공하려고 시도했습니다. 물론, 수렴하려는 힘들도 일부 존재합니다. 그중 가장 놀라운 점은 지식의 확산입니다. 현재, 일인당 생산은 선진 자본주의 국가들—

그림 2. 민간 자본의 세계적 분포(국민소득 대비, 퍼센트)

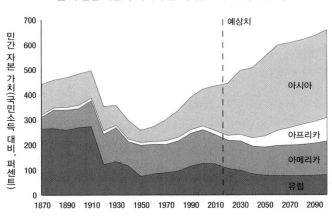

* piketty.pse.ens.fr/en/capital21c.

유럽, 미국, 일본—사이에서 매우 유사한 수준을 보이고 있습니다. 여기에 속한 나라들 대부분은 일인당 연 평균소득이 3만 유로 정도입니다. 국가별로 사회적 모델과 의무적 조세 비율이 굉장히 다양하지만, 일인당 소득의 차이는 별로 없습니다. 이러한 수렴 과정이 지속되고, 일부 신흥 국가들도 이 대열에 합류할 가능성이 큽니다. 반면, 우리가 부의 동학 쪽으로 시선을 옮기면, 일국적 차원과 글로벌 차원 모두에서 강력한 발산 압력을 확인할 수 있습니다(그림 2). 성장률이 부진한 세계에서는, 자본 수익률이 성장률보다 높다는 사실이 자동적으로 세습적 부의 불평등을 증가시키는 경향을 낳습니다.

그렇다면 전쟁 같은 외적 충격만이 이러한 축적을 제약할 수 있다는 것입니까?

성장이 이러한 집중화 과정을 상쇄할 수 있습니다. 하지만 약한 성장으로는 그리 많이 상쇄할 수 없겠죠. 성장에 관해서, 마르크스와 신자유주의자들 모두 틀렸다고 생각합니다. 마르크스는 성장을 무시했고, 반면 신자유주의자들은 성장이 모든 문제의 해결책인 양 믿었습니다. 마르크스에게 성장은 오로지 자본축적에 기인합니다. 생산성에 자동적인 증가는 없다는 거죠. 마르크스가 정식화한 자본주의의 논리적 모순은, 소득 대비 자본 비율이 무한히 증가하게 되면 자본 수익률은 결국 제로로 떨어지고 만다는 것입니다. 그래서 자본주의 체제는 내재적으로 불안정하고, 자연스럽게 혁명으로 귀결된다는 것이죠. 20세기의 경험 속에서, 이러한 개괄적 전망이 경제적인 관점에서 너무 비관적이었다는 사실이 판명되었습니다(그리고 정치적 결론은 너무 기계적이었고요). 증가된 생산성과 인구의 성장은(그림 3, 4) 마르크스의 공식을 상쇄했고, 이윤율의 경향적 저하를 막아냈습니다. 하지만 단지 민주적 가치와 양립할 수 없을 만큼 극도로 높은 수준의 축적과 부의 집중을 통해서만 그 균형점에 도달할 수 있었습니다. 경제 이론에

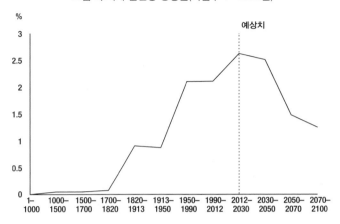

그림 3. 세계 일인당 성장률(기원후 1~2100년)

* piketty.pse.ens.fr/en/capital21c.

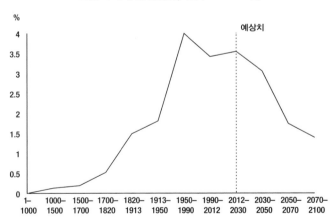

그림 4. 세계 총 성장률(기원후 1~2100년)

* piketty.pse.ens.fr/en/capital21c.

는 균형점에서의 불평등 수준을 용인할 수 있느냐를 판가름할 수 있는 내용이 들어 있지 않습니다. 또한 일반균형을 만들어내는 자동 안정화 메커니즘의 존재를 보장하는 그 어떤 것도 없습니다.

어떤 이들은 자본 수익률이 '자연스럽게' 성장률 수준으로 떨어지리라고 주장해왔습니다. 그러나 역사적으로 이 주장을 뒷받침할 증거는 없었습니다. 대부분의 인류 역사 속에서, 성장률은 제로였지만 자산 수익률은 계속 존재했습니다. 일반적으로 토지 지대는 평균 4~5퍼센트였습니다. 실제로 이것이 사회적 질서의 근간이었습니다. 일단의 사람들, 즉 토지를 소유한 귀족들이 그 수익으로 먹고살 수 있었던 거죠. 자산 수익률이 오랜 기간 성장률보다 지속적으로 높았다는 사실이 어떤 논리적 문제를 제기하는 것은 아닙니다. 핵심은, 이런 비율의 격차가 야기하는 불평등의 재생산과 강화를 민주주의라는 맥락에서 용인할 수 있는가라는 문제입니다.

합리주의의 힘이 경제적 지대를 철폐하리라는 믿음이 20세기에 광범위하게 퍼졌었습니다. 지위상의 이점만으로 과도한 수익을 획득해서는 안 된다는 것이죠. 우리는 이런 믿음을 진화된 언어 형태로 확인할 수 있습니다. 오늘날, '지대'는 '독점'과 체계적으로 연계되어 있습니다. 유럽중앙은행 총재 마리오 드라기가 유럽을 구하기 위해 무엇을 해야 하느냐는 질문을 받자, 우리는 '지대-추구'와 싸워야만 한다고 대답했습니다. 그는 경쟁만이 경제적 지대를 없앨 수 있는 것인 양, 택시 영업, 약국같이 보호받고 있는 부문을 개방해야 한다고 말한 것입니다. 그러나 자본 수익률이 성장률보다 높은 것은 독점과 무관하며, 경쟁 심화를 통해 해결되지도 않습니다. 그와는 반대로, 자본시장이 자유화되면 자유화될수록, 경쟁이 심화되면 심화될수록 자본 수익률과 성장률 사이의 격차는 벌어질 것입니다. 그 최종 귀결은 소유주와 경영자의 분리입니다. 이러한 점에서 시장 합리성의 핵심 목표가 능력주의의 목표와 상충한다고 볼 수 있습니다. 시장이란 제도의 목표는 사회적 정의를 창출하거나 민주적 가치를 강화하는 것이 아닙니다. 가격 시스템은 한계를 모르고, 도덕성도 없습니다. 시장이 필수 불가결하기는 하지만, 시장이 못하는 여러 가지 일들이 있습니다. 우리는 거기에 알맞은 제도를 따로 가져야 합니다. 경쟁과 성장의 자연적 힘이 그 자체로 개인의 사회적 지위를 부단하게 재편한다는 믿음도 널리 퍼져 있습니다. 그러나 20세기에 과거의 위계를 무너뜨리고, 새로운 〔사회적 지위의—옮긴이〕 카드 패를 돌릴 수 있게 만들었던 것은 그 무엇보다도 전쟁이었습니다. 경쟁 자체는 사회적·민주적 화합을 보장하지 못합니다.

『21세기 자본』은 경제사의 중요성을 재확립해주었습니다. 경제사가 다른 사회과학과 결합되어야겠지요. 어떻게 해야 우리의 연구가 수학화된 경제 이론의 지배에서 벗어나 이런 전환을 이룰 수 있겠습니까?

나는 나 자신을 경제학자일 뿐만 아니라 사회과학자라고 간주합니다. 부의 분배 같은 문제들을 연구한다면 두 학제의 경계선은 매우 유동적일 수밖에 없으며, 접근 방식은 필연적으로 결합될 수밖에 없습니다. 고등사범학교에서 박사 학위를 마치고 나서, 나는 1990년대 초를 미국에서 보냈습니다. MIT와 여기저기 다른 대학에서 강의를 하는 동안, 미국 대학의 경제학자들이 가지고 있는 자기만족을 발견하고 매우 놀랐습니다. 그들은 자신들의 방법론이 사회학, 역사학, 인류학 등 이른바 '소프트' 과학 분야의 동료들이 가지고 있는 방법론보다 훨씬 과학적이라고 확신하고 있었습니다. 그러나 그들의 '과학'은 종종 매우 이념적입니다.

베를린 장벽이 무너진 이래로, 미국과 세계 곳곳의 경제학자들은 시장을 이상화하는 데 주도적 역할을 해왔습니다. 내가 가지고 있는 과학적 배경에도 불구하고, 나는 항상 역사에 주목했습니다. 처음부터 나는 부의 분배의 역사적 진화에 관한 데이터를 수집하려고 노력했습니다. 사실 주변에 그리 많지 않았기 때문이었죠. 우리가 종종 듣는 이야기와는 달리, 역사적 데이터는 존재했습니다. 다만 시간을 들여서 데이터를 모으는 작업이 요구될 뿐이었습니다. 가령 재무부 기록보관소에 가서 뒤지고, 유언장 공증 기록들을 뒤져야 했죠. 난 이론에 어떤 반감을 가지고 있지 않습니다. 다만 조심스럽게 사용되어야 한다고 생각합니다. 그런데 경제학자들은 거의 항상 그 반대로 해왔습니다. 그들은 이론으로 머릿속을 꽉 채우고는 자신들 스스로에게 과학적이란 환상을 심습니다. 그 이론의 사실적 근거들이 매우 취약함에도 말입니다.

당신은 책 몇 군데에서 문학작품에 바탕을 두고 불평등의 본성이 변화해왔다는 사실을 전달하려고 했습니다. 발자크와 오스틴의 작품에서, 인물들의 자산과 소득을 체계적으로 주목한 것이죠. 당시 독자들은 그것이 무엇을 의미하는지 알았을 것입니다. 현대 문학작품에서는 이런 인식의 깊이가 사라졌습니다. 인물들의 경제적 조건에 관한 생각이 거의 없습니다. 불평등이 일종의 인지적 비가시성(cognitive invisibility)의 지위를 얻어, 사회적으로 보다 더 용인되는 수준에 이른 것일까요?

내 책은, 우리가 심각하게 고민하지 않으면 사회구조가 점점 더 회복 불능 상태로 변해갈지도 모른다는 두려움의 산물이라고 할 수 있습니다. 이 과정과 관련된 동학은 저절로 인식되는 것이 아닙니다. 어느 날 갑자기 19세기만도 못한 평등 상태와 맞닥뜨릴 수도 있는 실질적 위험이 존재합니다. 세습된 불평등에 더하여, '패자들'이 자신들의 처지를 스스로 책임지게 만들어야 한다는 능력주의 담론이 결합될 수도 있기 때문입니다. 그들의 생산성이 너무 낮아서 그렇게 된 것이라는 담론 말입니다. 문학작품 속에서 이러한 불평등을 상징적으로 표현해내는 잠재력이 많이 약해졌습니다. 여러 원인이 있겠지만, 무엇보다도 화폐적 기준이 사라진 탓이 크다고 생각합니다. 19세기에는 인플레이션이 없었기 때문에 그 기준이 확고했습니다. 거의 모든 독자들이 발자크와 오스틴이 언급한 돈의 합계가 의미하는 게 무엇인지 금방 이해했을 것입니다. 그러나 20세기에 일어난 성장과 고(高)인플레이션은 이러한 기준을 싹 없애버렸습니다. 숫자들이 매우 빠르게 바뀌기 때문에, 오늘날 우리는 1990년대의 월급을 보고 특정한 생활수준이나 구매력에 연계해 생각하기가 어렵다는 것을 느끼곤 합니다.

더 일반적으로, 진보와 생활수준 향상에 대한 집단적 믿음이 의미하는 바는 현대 세계가 1800년대처럼 불평등해질 수 있다는 상상을 거부하는 것입니다. 물론, 우리는 아직 그 수준만큼 최악의 상황에 도달하지는 않았습니다. 난 그런 격변에 빠지기를 원치 않습니다. 그러나 어떤 조건이 펼쳐지면 그런 상황이 일어날 수도 있습니다. 현재를 지배하는 동학의 논리를 애써 외면하려는 경향이 존재합니다. 예를 들어, 국가 통계청 담당자들은 상위 소득을 공개하기를 거부합니다. 보통 그들은 하위 90퍼센트 이상〔상위 10퍼센트를 의미하는―옮긴이〕으로 올라가지 않으려고 합니다. 공식적인 이유는 부러움과 시기를 부채질하는 '포퓰리즘 선동'을 피하기 위해서라고 합니다. 이런 논리라면 1788년〔프랑스혁명 직전―옮긴이〕에 모든 상황이 괜찮다고 설명하는 보고서도 가능했을 것입니다. 당시 귀족은 기껏해야 인구의 1~2퍼센트에 불과했기 때문이죠. 그렇지만 프랑스나 영국 같은 나라의 1퍼센트는 50~60만 명이나 된다는 점을 간과해서는 안 됩니다. 미국의 경우에는 3백만 명이나 되죠. 이 정도 사람들이 꽤나 많은 자리를 차지하고 있고, 사회적 질서를 조직합니다. 시기심을 선동하려는 목적이 아닙니다. 1789년에 공포된 인간과 시민의 권리 선언 제1조(사회적 차별은 오로지 공공 이익에 근거할 때만 허용된다)에서 말하고 있듯이, 사회적 차이가 모든 사람에게 이로울 경우라면 문제가 되지 않습니다. 그렇지만 사회적 차이가 공공 이익에 반하기 시작한다면, 그것은 규제되어야 합니다.

연구자들과 공공 기관이 존재하는 불평등을 정확하게 설명하지 못한다면, 정말로 책임을 저버리는 행위가 되고 맙니다. 그렇게 되면 이 영역은 『포브스』(Forbes)나 거대 은행이 내놓은 『글로벌 재산 리포트』(Global

Wealth Report) 같은 잡지들의 부자 순위에 자리를 모두 내주게 될 것입니다. 이들이 이른바 '지식 생산자' 역할을 차지하게 됩니다. 이들의 데이터에 깔린 방법론적 기초는 명확하지 않은 채로 남아 있고, 결과는 대개 이념적입니다. 기업가 정신을 찬양하고, 재산 축적은 충분한 자격이 있다고 옹호합니다. 더 나아가, '부자 상위 500명'에 초점을 맞추고 있다는 사실 자체가 불평등 문제를 탈정치화하는 하나의 방법입니다. 숫자가 너무 적어, [사회적으로—옮긴이] 별 의미가 없어지는 것이죠. 극도의 불평등을 보여주는 것 같지만 실제로는 우리의 문제의식을 잠재우려는 그림을 제공한 것입니다. 불평등은 보다 더 확장된 방식으로 파악되어야 합니다. 예를 들어 10억 유로 대신 1천만 유로를 부를 따지는 기준으로 삼는다면, 훨씬 더 많은 재산이 포함될 것입니다. 우리는 불평등 문제를 제기하는 데 적합한 수단을 갖출 필요가 있습니다. 미국에서 있었던 99퍼센트 운동은 그중 하나라고 생각합니다. 상위 1퍼센트 부자에 초점을 맞추면 다양한 사회를 비교하는 것도 가능해집니다. 그러지 않으면 각기 다른 사회를 비교할 공통 기준을 만드는 게 쉽지 않습니다. '최고 경영자들'(top executives) 혹은 '지대 불로소득자'(rentiers) 등의 표현이 좀 더 정확한 것 같지만, 이런 용어들은 역사적으로 한정됩니다.

현재의 불평등이 종종 '세대 간 전쟁'으로 그려지곤 합니다. 젊은 세대들이 사회적 유산을 박탈당하고 있고, 그게 다 전후 베이비붐 세대들에게 허비되고 있다는 거죠. 이것에 대해 어떻게 생각하십니까?

두 가지 불평등에 관한 중대한 오해가 '영광의 30년'에서 나오고 있습니다. 첫 번째는 '세대 간 전쟁' 접근 방식입니다. 기대 수명이 늘어나기 때문에, 자산이 소득을 노동에서 은퇴 생활로 이전하는 통로가 되었다는 주장이죠. 젊어서는 가난하기 마련이고, 그래서 일해서 소득을 축적하고 은퇴하면 그것으로 생활해야 한다고 말입니다. 이것은 부의 불평등을 당연시하는 관점을 제공합니다. 모든 사람은 처음에 가난하지만, 나중에 다 부자가 된다고 제시하고 있기 때문입니다. 그러니 가난한 게 별문제 없다는 것이죠. 하지만 세대 간 존재하는 차이는 부의 축적과 집중 문제의 아주 일부분일 뿐입니다. 실제 부의 불평등 문제를 살펴보면, 세대 내 문제가 세대 간 문제만큼 심각합니다. 다시 말해, 세대 간 전쟁이 계급 간 전쟁을 대체한 것은 아닙니다. 구체적인 예를 하나 들면, 당신이 아파트 한 채를 물려받아 집세를 낼 필요가 없는 경우라면, 〔그렇지 못한 경우보다—옮긴이〕 저축해서 부를 축적하기가 더 쉽지 않겠습니까. 부과 방식(pay-as-you-go)의 연금도 여기에 한몫하지요. 은퇴 뒤에 자신들의 자본을 소비할 필요가 없으니까 축적된 부를 유지하는 게 더 수월해진다는 의미에서 그렇습니다.

두 번째 착각은 '인적 자본' 이론입니다. 이 이론은 테크놀로지 발전과 더불어 인간의 기술이 산업 시설, 빌딩, 기계 등에 우선한다는 생각에 기초하고 있습니다. 그러니까 점점 더 개인 전문가들이 많이 필요해지고, 부동산, 물적 자산, 금융자산 같은 비(非)인간 자본은 점점 더 적게 필요해진다는 거죠. 이 가설에 따르면, 주주들은 경영자들에 의해 대체됩니다. 글쎄요, 이런 일은 아직 일어나지 않고 있습니다. 기술이 진전되면 그에 따라 비인간 자본도 발전하게 돼서, 둘 사이의 관계는 그리 많이 변하지 않습니다. 어떤 이는 21세기가 로봇 경제가 되리라 상상합니다. 그렇게 되면, 국민소득에서 인적 자본이 차지하는 몫은 줄어들겠죠. 최악의 상황이 펼쳐지리라 말하는 것은 아닙니다. 다만, 시장이 자동적인 조정 메커니즘을 가지고 있지 않다는 것을 짚고자 합니다. 우리는 이런 교정하고 수정하는 역할을 할 수 있는 제도를 창출해야 합니다. 나는 민간 자본에 대한 누진세가 그런 메커니즘 중 하나라고 주장합니다.

당신은 『21세기 자본』 마지막 부분에서 조세의 역할을 강조했습니다. 거기서 부채

상환, 인플레이션, 채무불이행 등 부채의 함정에서 탈출하는 여러 시나리오를 논의했습니다. 물론, 부채가 금융 불로소득자들을 양산하기 때문에, 부채는 대규모 재산을 영속화하는 요소들 중 하나입니다. 왜 당신은 조세를 해결책의 하나로 옹호했습니까?

내가 옹호하는 것은 그냥 과거에 있던 조세 형태가 아니라, 누진적 자본세입니다. 21세기 '세습자본주의'에는 소득세보다 누진적 자본세가 더 적합하다고 생각합니다. 그렇다고 소득세가 없어져야 한다고 말하는 것은 아닙니다. 민간 자본에 대한 과세가 심화되는 불평등과의 싸움에서 매우 중요합니다. 게다가 자신들이 소유한 재산에 맞게 기여할 수 있게 함으로써 공공 부채 위기를 해결하는 데 유용한 방법이 될 수 있습니다. 어렵기는 하겠지만, 이것이 우리가 꼭 이루어야 할 이상입니다. 과거에 있었던 모든 위대한 민주적 혁명의 중심에는 재정 혁명이 있었습니다. 미래에도 마찬가지일 것입니다.

인플레이션은 가난한 사람들의 자본에 부과되는 세금입니다. 소규모 자산, 즉 개인의 은행 계정의 가치를 줄여버립니다. 반면 주식과 부동산은 보호됩니다. 인플레이션은 올바른 해결책이 되지 못합니다. 그냥 가장 손쉬운 방법일 뿐이죠. 또 다른 방법으로, 영국이 19세기에 부채를 청산했던 것처럼 긴 속죄 기간을 부과하는 것〔채무자 감옥―옮긴이〕도 생각할 수 있습니다. 그러나 이 방법은 수십 년이 걸릴 수 있습니다. 결국 교육에 대한 투자보다 부채 이자에 더 많은 돈이 쓰이고 말 것입니다. 여러모로 정부 부채는 허구적 문제입니다. 정부 부채는 우리 스스로에게 꾼 돈을 의미하기 때문입니다. 민간의 재산 측면을 보면, 유럽이 이렇게 부유한 적이 없었습니다. 가난한 건 국가들입니다. 이런 단순한 현실을 까먹고 있습니다. 유럽은 엄청난 장점, 이를테면 사회적 모델과 물려받은 생활수준 등을 지니고 있습니다. 유럽은 글로벌 GDP의 25퍼센트를 차지하고 있습니다. 유럽은 자본주의를 효율적으로 관리해 나가는 데 충분한 지리적 공간도 가지고 있습니다. 다만, 자기 자신의 미래를 앞서 들여다보지 못하고 있을 뿐입니다.

당신은 2012년 프랑스 선거에서 사회당을 지지했습니다. 그리고 사회당이 재분배적 재정 정책을 추구해야 한다고 조언했습니다. 그런데 올랑드 정부는 그 대신 경영자 연합의 주도적 요구를 끌어안았습니다. 이런 행동에 당황하셨나요?

사실, 별로 놀랍지 않았습니다. 올랑드가 당선된 것은 유권자들이 그의 전임자(사르코지―옮긴이)를 바꾸고 싶었기 때문이었습니다. 올랑드의 당선은 좋은 일이었습니다. 하지만 올랑드는 추구할 정책 공약을 가지고 있지 않았습니다.

당신은 성장률보다 항상 높은 자본 수익률이란 전제로부터 도출된 장기적 불평등 전망을 설득력 있게 전개했습니다. 하지만 당신의 미래 성장률 전망, 즉 2030년에 이르는 동안 선진국은 1.2퍼센트, 신흥 경제는 4~5퍼센트 그리고 2050년까지 세계 성장률이 1.5퍼센트로 떨어진다는 전망이 캐치업(catch-up, 추격)과 수렴이라는 다소 기계적인 개념에 따라 이루어졌다고 봅니다. 수렴 그 자체보다는 자본주의 동학을 강조하는 대안적 관점에 당신은 어떻게 대응하시겠습니까? 제조업에서 구조적인 생산과잉으로 이윤율 저하가 일어나고, 임금을 끌어내리며, 투자를 금융상품 쪽으로 돌리게 만들었다는 거죠. 그리고 수요도 약화시켜 대규모 신용 창출이 아니면 유지되지 못하는 문제도 야기했고요.

나는 이전의 발전을 분석하고 그것에 근거해 미래 성장률에 관한 결론을 도출하려고 시도했습니다. 과거의 발전은 자본주의적 역동성과 경쟁이 만들어낸 결과입니다. 성장률 하락은 수렴의 산물일 뿐만 아니라, 더 중요하게는 인구 성장이 멈춘 결과물입니다. 바로 그런 사실 때문에, 미래의 자본 수익률과 경제성장률 사이에 큰 격차가 영구적으로 생길 가능성이 더 커짐니다. 아시다시피, 나의 결론과 마르크스의 결론 사이에 존재하는 중요한 차이점 하나가 있는데, 바로 마르크스가 이윤율의 저하를 믿었다는 점이죠. 어떤 측면에서 보면, 이윤율 저하는 자본주의 체제의 장기적 진화가 가진 문제점에 대한 하나의 경제적 해결책을 제공해줍니다. 나는 그런 해결책이 있다고 믿지 않습니다. 나는 역사적 증거와 이론적 추론을 바탕으로, 자본 수익률─이윤율은 자본 수익률의 한 구성 요소임─이 성장률보다 영구적으로 높게 유지되리라 결론 내렸습니다. 19세기 말과 20세기 초까지 그래왔듯이 말이죠.

역사적 자본 수익률, 여기에는 이윤뿐만 아니라 지대 등 다른 것도 들어가 있다고 이해하고 있는데, 이 역사적 자본 수익률이 5퍼센트 정도를 유지해왔다는 주장을 뒷받침하기 위해 사용한 실증적 데이터에 대해 좀 더 이야기해줄 수 있겠습니까?

자본/소득 비율의 동학을 다루고 있는 책 맨 앞의 두 절은 주로 역사적인 국민 계정에 의존하고 있습니다. 국민 계정 자체도 매우 다양한 자료의 출처를 바탕으로 하고 있죠. 여기에는 기업회계, 지대 시계열뿐만 아니라 토지 가치, 부동산 가치, 주식시장 시가 등 각종 재산에 관한 통계조사가 포함됩니다. 책에 소개된 온라인 부록에는 내가 의존하고 있는 1차 자료들 및 주로 엑셀(Excel)과 스타타(Stata) 형식으로 만들어진 모든 관련 데이터 파일들을 자세하게 설명해놓았습니다.

당신은 재정 데이터에 관련해서도 선구적인 연구를 수행했습니다. 이 방법이 소득과 부의 불평등을 연구하는 데서 가계조사에 의존하는 방법보다 더 우월하다고 생각하지만, 만연한 거대 기업의 조세 회피를 고려하면 여전히 한계가 있지 않습니까? 마찬가지로, 당신의 데이터가 블랙락(BlackRock)에 의해 운영되는 수십 조 달러짜리 펀드 같은 동업자 기관에 축적되는 부를 온전히 파악하고 있다고 확신할 수 있습니까? 소유권이 이렇게 복잡하게 다층적인 방식으로 갈라져 있을 때, 그것이 부의 분배에 끼치는 영향을 과소평가하거나 과대평가하는 일을 피할 수 있을까요?

우리에게는 누가 무엇을 소유했는지에 관해 더 많은 민주적인 지식이 필요합니다. 이게 바로 우리가 지구적 차원의 금융자산 등록과 누진적 글로벌 자본세 부과 등 금융 투명성을 요구하는 이유이기도 합니다. 오늘날 부의 집중 수준이 정확히 얼마인지는 상당히 불확실합니다. 이런 불확실성이 적절한 세율과 조세 형태에 관해 제대로 된 정보를 바탕으로 민주적인 논의를 펼칠 수 있는 가능성을 저해하고 있습니다. 나는 내가 모은 불완전한 데이터를 바탕으로 가파른 누진율이 적용되는 자본세를 도입하여 글로벌 부의 집중을 야기하는 동학을 통제해내야 한다고 생각하게 되었습니다. 하지만 우선 무엇보다도 모두가 공통적으로 수용할 수 있는 사실을 만들어내기 위해 금융 투명성을 높여야 한다고 생각합니다.

당신은 1914년에서 1975년 사이에 나타난 전례 없는 소득 불평등 완화 현상이 두 차례 세계대전의 충격과 그 후에 펼쳐진 정책적 대응에 기인하고 있다고 주장했습니다. 당신의 주장은 이 기간에 마찬가지로 전례가 없었던 조직된 노동의 힘을 비중 있게 다루지 않았습니다. 서구에서 자본이 양보와 타협을 할 수밖에 없게 만든 압력으로서의 대중적인 노동자 정당과 노조, 동구권에 등장한 공산주의의 위협 등에 관해 전혀 언급하지 않았습니다. 1980년대 이래로 약화된 노동의 입지가 불평등이 심화되는 데 어떤 역할을 했다고 생각하십니까?

1914년에서 1975년 사이에 나타난 소득 불평등 완화 현상은 두 차례 세계대전의 충격과 그 후에 펼쳐진 정책적 대응에 기인했습니다. 급진적인 정치적 변화—누진세 상승, 사회보장제도, 조직된 노동 등—이 엄청난 역할을 했습니다. 내가 주장하고자 한 것은 이런 변화들이 주로 두 차례 세계대전과 대공황에서 기인한 충격의 산물이라는 점입니다. 물론, 여기에는 동구에 등장한 볼셰비키 혁명과 그 결과로 나타난 위협도 포함됩니다. 불평등을 감소시키는 방향으로 움직이는 자연적 경향이란 것은 존재하지 않습니다. 정치체제는 형식적으로 민주주의적이지만, 부가 고도로 집중하는 현상이 심화되는 문제에는 정말로 별 대응을 하지 않았습니다. 20세기에 나타났던 불평등의 약화는 평화적인 선거민주주의가 아닌, 주로 폭력적인 정치 격변의 산물이었습니다. 나는 이 점이 〔앞에서 당신이 언급했던 노동자 정당, 노조 등―옮긴이〕 이전의 제도와 기관들이 세워진 기초가 얼마나 취약했는가를 단적으로 보여주고 있으며, 왜 그것들이 1970~80년대 이래로 심한 공격을 받았는지 이해할 수 있게 도와준다고 생각합니다. 그리고 1990년경에 일어난 공산주의의 몰락 역시 1990년대와 2000년대에 자유방임적 민간자본주의에 대한 무한 신념이 발흥하게 된 데 공헌했다고 생각합니다.

당신이 앞으로 남은 21세기에 대해 예측하면서, 불평등 수준의 유지와 민주적 가치가 양립할 수 있을까라는 질문을 던졌습니다. 이 질문이 지난 40년 동안 꾸준히 불평등을 심화시켜온 민주주의 형식들을 이상화하는 것은 아닐까요? 투표율이 하락하고, 중도우파와 중도좌파 정당들 사이에 강령적 수렴이 이루어지면서, 그리스에서 목도한 것처럼, 투표자의 27퍼센트밖에 획득하지 못하고도 친시장적 정부가 가뿐히 정권에 복귀했습니다. 이런 행태가 21세기를 넘어서지 못할 것이라고 생각하는 이유는 무엇입니까?

나는 미래에 대해 특별히 낙관적이지 않습니다. 과거의 교훈은, 형식적 민주주의 제도가 항상 심화되는 불평등에 대응한 것은 아니었으며 오히려 폭력적인 소란이 종종 더 중요한 역할을 한다는 사실을 알려줍니다. 무엇보다도 민주주의 제도와 기관이 금융 엘리트들에 의해 포획되어 있기 때문입니다. 그렇지만 나는 우리가 과거의 재앙으로부터 교훈을 얻을 수 있으며, 좀 더 평화적이고 지속 가능한 방법으로 자본주의 동학을 규제할 수 있는 길을 찾을 수 있다고 믿습니다.(트리스타 셀루스Trista Selous가 영어로 옮겼다)

〔박형준 옮김〕

제2부
〔특집〕 현대 프랑스 사상: 어제와 오늘

〔인터뷰〕

저무는 해

클로드 레비스트로스(Claude Lévi-Strauss)와의 인터뷰

『슬픈 열대』(*Tristes Tropiques*)를 쓸 당시 심정이 어떠셨나요?

분노와 초조감 속에서 그 책을 썼습니다.[1] 또한 약간의 죄책감도 느꼈습니다. 차라리 다른 걸 썼으면 좋았겠다는 생각이 들었지요. 친족의 기본 구조에 관해 논의했기 때문에,[2] 나는 좀 더 복잡한 구조로 옮아가야 했습니다.

---

1) 이 인터뷰는 보리스 와이스먼(Boris Wiseman)과 한 것으로, 『현대』(*Les Temps modernes*) 628호(Août~Octobre 2004)에 처음으로 실렸으며, 레비스트로스의 마지막 인터뷰다.

2) 〔옮긴이〕 레비스트로스의 국가 박사 학위논문이자 그의 대표작 중 하나인 『친족의 기본 구조』를 뜻한다. Claude Lévi-Strauss, *Les Structures élémentaires de la parenté*, Presses universitaires de France, 1949.

하지만 『슬픈 열대』를 쓴 걸 정말 후회하시는 건 아니죠?

그럼요, 특히 당시에는 복잡한 구조를 다루는 것이 불가능했기 때문에 더 그렇죠. 복잡한 구조를 다루려면 컴퓨터가 필요했을 겁니다. 몇 년 뒤에 프랑수아즈 에리티에(Françoise Héritier)가 이 일을 해냈죠.

선생님이 『슬픈 열대』를 쓰실 당시 이 책에 착수한 이유가 무엇이었는지요? 1954년 당시는 이 책이 보고하고 있는 현지 조사를 수행한 지 15년이나 지난 시점이었는데요.

'인간의 대지'(Terre humaine)라는 총서를 시작한 장 말로리(Jean Malaurie)가 제가 개인적이고 직업적인 위기의 순간에서 막 벗어나던 시점에 이 책을 써보지 않겠느냐고 제안했습니다. 저에게 이 일은 분위기를 바꿀 수 있는 기회를 제공했습니다.

그러니까 선생님 답변은 이 책을 쓰게 된 것이 외재적인, 거의 우발적인 동기 때문이었다는 건데요, 하지만 좀 더 심층적인 개인적인 욕구나 욕망을 느끼지는 않으셨는지요?

물론 더 심층적인 동기들이 있었지만, 당시 저는 그것들을 의식하지 못했습니다. 욕구라는 점에서 본다면, 전혀 그러고 싶은 욕구를 느끼지 못했습니다. 왜냐하면 저는 학문적인 작업을 해야 했던 시점에 이 책을 쓰게 된 것에 죄의식을 느꼈기 때문입니다. 나는 이 책을 아주 빨리, 4~5개월 만에 썼기 때문에, 포르투갈어 단어들 철자도 제대로 확인하지 못했습니다. 이런 관점에서 보자면 초판은 끔찍할 지경이었습니다.

그 '비의식적인' 동기들이 어떤 것이었는지 좀 더 말씀해주실 수 있겠습니까? 선생

님은『슬픈 열대』를 부분적으로는 분노의 상태에서 썼다고 말씀하셨습니다. 그것은 무엇에 대한 분노였는지요?

방금 전에 언급했던 이유로 인한 나 자신에 대한 분노였지요. 하지만 동시에 완전히 자각하지는 못했지만, 저는 또한 문학작품을 쓰고 싶다는 당시로서는 아직 충족되지 못했던 욕망에 굴복했던 셈입니다.

브라질 작가인 마리우 지 안드라지(Mário de Andrade)에게 보내는 한 편지에서 선생님은 카두베우(Caduveo)족을 아주 높이 찬양하고 있다고 쓰신 바 있습니다.[3] 특히 그 부족을 찬양한 이유가 무엇인지요?

그 부족의 도자기와 문신 때문이었습니다. 그들은 위대한 예술가들이지요.

그 부족의 삶의 방식도 찬양하신 것인지요?

전혀 그렇지 않습니다. 그들은 궁핍한 브라질 농민들처럼 살고 있었습니다.

선생님과 카두베우족의 관계는 보로루(Bororo)족이나 남비콰라(Nambikwara)족과의 관계와 같은 것이었는지요?

아닙니다. 카두베우족은 아주 불신감이 깊은 사람들이었고, 다른 사람들이 자신들 영토를 침해하는 것을 두려워했습니다. 보로루족은 약간 거만

---

3) 1936년 1월 15일자 편지. 이 편지 역시『현대』같은 호에 실렸다.

했고, 자신들의 제도에 대한 자부심이 대단했습니다. 이들은 또 아주 과묵했습니다. 이와 대조적으로, 남비콰라족은 폭력적이라는 평판을 받고 있었음에도 사정이 전혀 달랐습니다. 우리들 사이에는 상호 공감대가 존재했습니다. 그들은 아주 사랑스러운 부족이었습니다.

그들에게 프랑스에 대해 이야기하셨나요?

거의 하지 않았습니다. 저와 그들 간의 의사소통 수단은 아주 제한적이었죠.

선생님은 연구하신 부족들과 자신을 동일시하셨는지요?

천만에요!

방법론적 관점에서 볼 때 민족학자가 일체의 동일시(identification)에서 자신을 격리하는 것이 중요한 일인가요?

경우에 따라 다릅니다. 각각의 경우에 맞게 답변해야겠죠. 어떤 민족학자들은 자신을 동일시함으로써 아주 훌륭한 작품을 쓰기도 합니다.

「마르셀 모스 저작에 대한 서론」에서 선생님은 민족지 서술자가 실제로 자기와 타자 사이의 대립을 극복할 수 있는 유일한 영역은 무의식이라고 쓰신 바 있습니다.[4] 무의식에 대한 이러한 방법론적 준거는 정신분석가들이 동일시라고 부르는 것과 어떻게 다른

---

4) 〔옮긴이〕 Claude Lévi-Strauss, "Introduction à l'œuvre de Marcel Mauss", in Marcel Mauss, *Sociologie et anthropologie*, PUF, 1950.

것인지요? 선생님의 관점은, 동일시라는 통념에 함축된 타자와의 관계에 대한 정신분석적 관점과 전혀 양립할 수 없는 것입니까?

제가 볼 때, 정신분석가들은 구체적이고 특수한 경험에 주목하고 있습니다. 제가 인간 인식의 공통분모로 간주된 무의식 구조를 고려할 때 저는 전혀 다른 수준에서 작업을 하고 있는 셈입니다.

선생님은 왜 현장으로 돌아가지 않으셨나요?

우선 전쟁 때문에 현장으로 돌아갈 수 없었습니다. 따라서 저는 제 연구를 지속할 수밖에 없었지요. 저는 이런 연구 생활을 좋아하지만, 단조로운 현지 조사 생활은 별로 좋아하지 않습니다. 저는 별로 참을성이 없습니다.

그렇지만 민족학자가 되기 위해서는 적어도 한 번은 현지 조사를 반드시 수행해야 하지 않습니까?

물론입니다.

왜 그렇죠?

그건 다른 사람들이 현지 조사에서 수행한 것들을 어떻게 가장 잘 활용할지 알기 위해서입니다.

선생님이 1938년 남비콰라족과 함께 보냈던 경험이 나중에 민족학자가 되는 데 결정적인 역할을 수행했습니까?

저는 제 현지 조사에 지나치게 큰 중요성을 부여하는 것처럼 보이고 싶지 않습니다. 분명히 몇몇 비판적인 사람들이 주장하는 것보다는 더 중요하게 생각하지만, 저는 현지 조사가 민족학자에게 전반적으로 아주 적은 중요성을 지니고 있다는 점을 인정한 최초의 사람일 것입니다. 저는 또 남비콰라족과 함께 지냈던 경험이 어떤 의미에서는 매우 실망스러웠지만, 다른 한편으로는 아주 유익했다고 말하고 싶습니다. 실망스러웠던 이유는, 대단히 풍부하고 복잡한 문화를 지닌 보로루족에서 나와야 했기 때문이고, 극히 궁핍하고 실로 접촉하기가 거의 불가능한 사람들과 함께 지내게 되었기 때문입니다. 그 이유는 이들이 반은 유랑적인 생활을 하고 있어서, 이들이 있겠다 싶은 곳에서 좀처럼 찾기 어려웠기 때문입니다. 고전 인류학의 관점에서 본다면 이 조사는 별로 소득이 없는 작업이었다고 말해야겠죠. 하지만 다른 각도에서 보면 이 작업은 엄청나게 가치가 있는 작업이었는데, 왜냐하면 이 작업은 부정적인 극단까지 수행되었던 작업이기 때문입니다. 당시에 수행한 조사 작업의 어려움을 고려하면서 극히 적은 자료에서 무언가를 이끌어내려고 노력해야만 했습니다. 그 후로는 조사 작업을 수행하는 것이 더 나아졌습니다.

이러한 극한의 경험으로 인해, 다른 경우라면 제대로 파악하지 못했을 것들을 볼 수 있게 되었던 건가요?

저는 그런 식으로 말하고 싶지는 않습니다. 이 경험은 저로 하여금 개략적으로나마, 가장 풍부한 형태에서부터 이처럼 생색나지 않는 형태에 이르기까지 현지 조사의 범위를 측정해볼 수 있게 해주었습니다.

선생님은 다른 곳에서 『슬픈 열대』를 쓸 당시 소설 한 편을 쓰기 시작했다가 나중에 포기했다고 언급하셨죠.

그 시기가 아닙니다. 저는 브라질에서 돌아왔을 당시, 곧 파리로 복귀한 시점과 1939년 전쟁이 발발한 시점 사이의 몇 달 동안 소설을 쓰기 시작했습니다. 바로 이 시기에 소설을 쓰기 시작했다가 나중에 포기했죠. 『슬픈 열대』는 15년 뒤에 출간되었습니다.

이 미완의 소설이 『슬픈 열대』의 저술과 선생님의 나머지 생애에 끼친 영향은 무엇이었습니까? 중요한 영향을 끼쳤나요?

영향을 끼쳤는데요, 부분적으로는 이 소설의 제목으로 염두에 두고 있던 것 중 하나가 '슬픈 열대'였기 때문이고, 또 다른 부분에서 본다면 소설의 도입부가 『슬픈 열대』로 나아가는 도정을 그리고 있기 때문입니다. 도입부는 해가 저무는 장면을 묘사하고 있는데, 제가 이 부분을 실제로 쓴 장소는 처음으로 브라질로 가던 배 안이었습니다. 이 도입부를 『슬픈 열대』에 포함함으로써 저는 묘사된 장면을 원래의 기원으로 되돌려놓은 셈입니다.

선생님은 『슬픈 열대』가 출간된 지 15년 뒤에 나온 『벌거벗은 인간』(L'Homme nu)의 「결말」에서 두 번째로, 일몰을 묘사한 이 장면을 언급하셨습니다. 왜 이 장면으로 되돌아가신 건가요?

저의 사유에 일종의 불변항 또는 상수가 존재한다는 것이 제게는 분명해졌습니다. 제 말의 뜻은, 제가 애초에 일몰을 나중에 풀어야 할 민족학적 문제의 모델로 간주했기 때문에, 저는 이 문제들 중 가장 복잡한 문제를 끝마치게 되었을 때(곧, 네 권 짜리 『신화학』Mythologiques) 일몰이라는 형태에서 이 문제들을 보게 되었다는 것입니다.

일몰이 어떻게 해서 선생님이 연구하시던 민족학적 문제들에 대한 '모델'을 제공하

게 된 건가요?

극도로 복잡한 실재에 직면하게 되면, 그것이 어떻게 전개될지는 예측 불가능하지만, 동시에 그것을 정확히 묘사하기 위해 노력해야만 합니다. 결국 조직화의 원리를 도출하고 나서, 또는 적어도 제가 그것을 도출할 수 있게 되었다고 상상하고 나서, 저는 그것이 마치 저무는 해처럼 불가피하게 사라지는 것을 바라보게 된 것입니다.

어떤 의미에서 신화들은 스스로를 전환함으로써 저무는 해와 같은 경로를 따릅니다. 이렇게 말할 수 있는 건가요?

우리가 더 많은 연관을 발견할수록 더 적은 정보를 얻게 된다는 의미에서 그렇죠.

무슨 뜻인지 설명해주실 수 있겠습니까?

음, 만약 당신이 한 지점에서 출발할 수 있고 어딘가에 도착한다면……이것은 그다지 많은 것을 추가하지 않습니다.

선생님은 이러한 의미의 부재로 인해 실망하지 않으셨나요? 선생님은 의미를 발견하고 싶어하지 않으셨습니까?

저는 항상 어떤 의미를 발견했습니다!

신화와 의미 사이의 관계에 대해 논의하실 때 선생님은 종종 역설적인 것으로 보이는 정식들을 사용하시곤 했습니다. 『벌거벗은 인간』의 「결말」에서 선생님은 비록 신화들이 의미로 충만해 있기는 하지만, 외부에서 보게 되면 신화들의 의미가 무화되어버린다고 설명하셨습니다. 겉보기에 역설적인 이 관계를 어떻게 설명할 수 있습니까?

신화적 사유는 모든 것을 이해하고 모든 것을 설명한다고 주장합니다. 신화적 사유는 거대한 실패일 수도 있지만 동시에 오귀스트 콩트(Auguste Comte)가 페티시즘을 가리켜 "우리 지성의 완전히 정상적인 상태"라고 부른 것을 보여준다는 점을 이해하는 것이 우리에게 문제가 되는 바입니다.

선생님이 쓰시려고 했던 소설의 줄거리는 사회면 기사에 기초를 두고 있습니다. 한 여행자가 오세아니아에 가서 축음기를 이용하여 원주민들을 속인 뒤 자신을 신처럼 받들게 하죠.

저는 이 기사를 신문에서 읽었습니다. 이게 사실인지는 모르겠습니다.

이 이야기에서 어떤 점이 흥미로우셨나요?

특별히 흥미로운 점은 없었습니다. 소설에서 저는 이 기사를 변형하여 독일 점령지에서 피신하던 난민들에 관한 이야기로 만들었는데, 이들은 태평양에서 스스로 또 다른 문명을 만들어내려고 했던 거죠. 하지만 저는 내용을 모두 잊어버렸습니다.

선생님이 소설의 출발점으로 고른 사회면 기사에서 제가 특별히 충격적이라고 느낀 것은 이것이 선생님께서 마투 그로수(Mato Grosso)의 캄푸스 노부스(Campos Novos) 평야에서 의기소침한 상태에 있을 때 쓰기 시작했던 또 다른 문학작품과 공통점을 지니고 있기 때문입니다. 이 작품은 『슬픈 열대』에서 언급하셨다시피 「아우구스투스 신으로 받들어지다」라는 제목의 희곡작품으로 6일간 작업을 한 것이죠.[5] 사회면 기사에서

처럼 희곡 역시 한 여행객을 등장시키고 있는데, 이 사람은 사기꾼이면서 또한 신비를 꾸며내는 사람입니다. 이 두 가지 경우에서 제가 궁금한 것은, 선생님이 선생님 자신의 가장 나쁜 측면 또는 인류학의 가장 나쁜 부분에 대한 일종의 푸닥거리로 문학작품을 쓰기 시작했다고 볼 수 있는가 하는 점입니다.

그건 너무 멀리 나간 생각입니다. 당신이 두 작품 사이에서 평행성을 이끌어내는 게 일리가 있다고 생각하지만, 저는 누군가가 현실을 탐구할 때 그는 실제로는 미망을 좇고 있는 것이라는 감정을 느꼈을 따름입니다.

유대인 대학살 같은 외상적인 경험을 이야기한 바 있는 어떤 작가들은 자신이 이러한 글쓰기를 통해 실제의 경험을 배반했다는 죄의식에 때로 사로잡히곤 합니다. 선생님도 이와 비슷한 감정을 느끼신 건지요?

그처럼 심원한 감정은 아닙니다. 그것은 오히려, 우리가 관찰자나 작가로서 보유하고 있는 수단은 우리가 관찰하고 묘사하려는 것에 결코 미치지 못한다는 감정에 가까운 것입니다. 불가피하게 존속하는 간극이 있는 것이죠.

선생님은 종종 개인적 정체성에 대해 그다지 강한 감각을 갖고 있지 않다고 말씀하시곤 했습니다. 선생님은 스스로 유대인이라고 느끼시나요? 유대인이라는 것이 선생님께는 중요한 점인가요?

저는 제 자신이 유대인이라고 느낍니다. 저는 제가 태어난 이래 이 사실을 알고 있었습니다. 모든 사람이 제게 이 점을 말해주었죠. 이것은 하나의

---

5) 〔옮긴이〕『슬픈 열대』, 박옥줄 옮김, 한길사, 1998, 679쪽 이하 참조.

사실입니다.

그것은 하나의 사실입니다. 하지만 이 사실이 선생님의 존재의 중요한 일부를 이루고 있는 건지요?

저는 제 개인적인 경우를 극화하고 싶은 생각은 없습니다. 그건 별로 중요하지 않습니다. 하지만 유대인이라는 점이 혜택보다는 불편한 점을 많이 가져다주었다고 말해둡시다.

역사적인 관점에서 볼 때 이는 명백합니다. 하지만 정체성의 관점에서 볼 때 유대인이라는 것이 선생님께는 무엇을 의미하는 것인지요?

제가 아주 오래된 과거와 연결되어 있다는 것은 알고 있지만, 그 과거와의 연속성을 저는 재구성할 수가 없습니다. 제가 발원했다고 추상적으로 알고 있는 팔레스타인과, 제 선조가 정착한 곳이라고 제가 확인할 수 있는 18세기 초의 알자스 사이에서 무슨 일이 일어났던 걸까요? 저는 전혀 알 수가 없습니다.

이러한 역사적 연속성의 감정이 사상가이자 작가로서 선생님께 얼마나 중요한 것인지요?

제가 이러한 연속성 자체—이것은 중요성을 지니고 있겠지요—를 키워볼 수 있다면, 저는 여기에 큰 가치를 부여하겠지요. 시초와 다시 연결을 맺을 수 있다는 것은 저에게 본질적인 가치를 지니고 있습니다. 하지만 이 특수한 경우에 대해서 저는 추상적으로만 연속성을 느끼고 있을 뿐, 그것을 키울 수는 없습니다.

선생님이 '키우다'(nourish)라는 말로 뜻하시는 바가 무엇인지요?

그것은 장구한 역사의 각 단계에 대해 구체적인 내용과 사실, 이미지, 구상적이거나 기록적인 증거를 부여할 수 있다는 것을 의미합니다. 하지만 2~3천 년의 시기에 대해서는 이 모든 것이 결여되어 있습니다.

선생님은 유대주의에 관해서는 별로 쓰신 바가 없습니다. 이것은 의도적인 선택이었습니까?

그렇게 하려면 완전히 다른 직업이 필요했을 겁니다. 제가 어린 시절 시나고그(유대인 사원)와 맺었던 관계—저희 외할아버지는 랍비셨습니다—는 제게 별로 깊은 인상을 남기지 못했습니다.

오늘날 선생님은 고전적인 사상가로 여겨지고, 때로는 우리 시대의 가장 위대한 사상가들의 반열에 오르기도 합니다. 어떤 기분이 드십니까?

감동을 느낍니다. 하지만 때로는 이 사실이 저를 불편하게 만들고, 또 노엽게 하기도 합니다.

왜 그렇지요?

왜냐하면 사실이 아니라고 생각하기 때문입니다. 저는 제 자신이 위대한 선배들과 별로 비교할 만한 존재가 되지 못한다고 느낍니다.

선생님은 실로 학파를 만들려 하지 않으셨고, 가령 사르트르가 그랬던 것처럼 지적인 지도자 역할을 떠맡으려고 하지도 않으셨습니다. 이것은 의도적인 선택이었습니까?

저는 그런 일을 별로 좋아하지 않았는데, 왜냐하면 고백하거니와, 저는 사교적인 위치에 놓여야 한다는 것이 탐탁지 않았습니다. 저의 가장 기본적인 본능적 성향은 사람들을 피하고 집으로 가는 것입니다.

선생님은 종종 선생님 자신이 속한 문화에 대해 아주 비판적인 견해를 갖고 있다고 간주되곤 합니다. 선생님은 이 문화를 거부하시는 건가요?

저는 문화 그 자체에 아주 깊은 애정을 갖고 있습니다. 저는 제 자신이 이 문화의 산물이라고 느끼고 있습니다. 저를 거부하는 것은 오히려 사회입니다.

선생님을 특별히 거부하는 것이 어떤 것인가요?

셀 수 없이 많습니다. 하지만 저는 이 모든 것이 다음과 같은 한 가지 사실로 귀착된다고 생각합니다. 제가 태어났을 때 지구상에는 10억의 인구가 존재했고, 제가 교수 자격시험에 합격하고 직장을 얻었을 때에는 15억의 인구가 있었습니다. 현재는 60억의 인구가 존재하며, 머지않아 80~90억의 인구가 존재하게 될 것입니다. 이 세계는 더 이상 제가 속해 있던 세계가 아닙니다.

21세기 파리에서의 일상생활에 대한 선생님의 견해는 어떻습니까?

이런 질문의 경우 노인네는 자기 젊은 시절보다 모든 것이 좋아졌다고 답변할 것이 뻔하기 때문에 이런 종류의 질문에는 답변하지 않는 편이 더 나을 겁니다. 하지만 그래도 제가 무언가 답변하기를 원한다면, 의학의 진보―이는 필수적인 것이며 우리 모두에게 큰 혜택이 되고 있죠―외에도 다른 모든 측면에서 볼 때, 저와 같은 사회적 · 지적 배경을 지닌 사람에게 삶은 더 많은 즐거움을 주고 있습니다.

선생님은 자신이 기본적으로 향수에 젖는 사람이라고 생각하시는지요?

제 청년기에 대해서만이 아니라 제가 결코 경험하지 못한 아주 많은 시대에 대해서도 향수에 빠져 있습니다.

가령 어떤 시대를 말씀하시는 건지요?

어떤 책을 읽고 있는지, 어떤 그림을 보고 있는지, 어떤 음악을 듣고 있는지, 지금 어떤 기분인지에 따라 다르죠. 저는 기본적으로 제가 19세기의 인간이라고 생각하는 것 같습니다. 시대를 바꾸는 것은 별 볼일 없는 게임입니다. 한 차례 땄다고 생각하지만 다음번에는 잃기 마련이죠.

인류학의 현 상황에 대해서는 어떻게 보고 계신지요?

여전히 해야 할 일이 많습니다. 왜냐하면 세상에는 거의 탐구되지 못했거나 아니면 제대로 탐구되지 못한 많은 것이 존재하기 때문입니다. 그래도 지난 두 세기와 비교해본다면, 이것은 그저 부스러기나 긁어모으는 일에 불과할 것입니다.

선생님은 인류학이 불가피하게 쇠퇴하리라고 생각하시는지요?

전환이 불가피할 것이라고 말하고 싶네요. 인류학의 과제는 전적으로 특수한 역사적 국면에 의해 규정되었습니다. 서양 문화가 자신이 세계 전체를 지배해 나가고 있다고 깨달았던 순간이 바로 그 국면이었죠. 그리하여 서양 문화에 전혀 빚진 게 없는 모든 인간 경험을 수합하는 것이 긴급하게 요구되었고, 이러한 경험들에 대한 지식은 개인적 성찰로 한정되지 않는, 또는 심지어 서양 문명 자체로도 한정되지 않는 인류의 이념에 대해 필수 불가결한 것이었습니다. 저는 지난 두 세기 동안 인류학이 자신의 임무를 아주 잘 수행했다고 생각하지만, 이제 우리는 우리가 배울 수 있는 인간 경험들 중 어떤 것도 서양의 오염에서 자유롭지 않은 시기에 이르게 되었습니다. 따라서 이러한 경험들은 더 이상, 우리가 과거에 찾고 있었던 것에 관해 가르침을 줄 수 없게 되었습니다.

하지만 어떤 의미에서는 인류학의 대상이 소멸 중에 있고 또 분산되는 중에 있다고 해도 새로운 대상들 역시 나타나고 있습니다. 선생님 역시 다른 곳에서는, 서양에 의한 '오염'으로 인해 문화들 사이의 차이점이 흐릿해지고 있다면, 거의 눈에 띄지 않은 다른 차이들이 각자가 속해 있는 문화 내부에서 생겨나고 있고, 이제 이것들이 인류학 연구의 대상이 될 수 있다고 말씀하신 적이 있죠.

당신 말은 유네스코 사람들을 행복하게 해줄 그럴듯한 말이지만, 미망에 사로잡혀서는 안 됩니다. 수세기에 걸쳐 생겨나고 전개되어온 보물, 말하자면 믿음과 습속, 관습과 제도로 이루어진 보물이 마치 희귀한 동식물 종처럼 존재해왔습니다. 이제 새로운 차이들이 존재하겠지만, 이것들은 전혀 다른 성격을 지닌 것들입니다.

인류학의 변화가 어떻게 전개될 것으로 보고 계십니까?

도처에서 생겨나고 있는 이러한 새로운 차이들을 연구하게 될 새 학문이 형성될 것이며, 잘 진행될 것입니다. 하지만 이건 더 이상 제가 관심을 기울일 문제가 아닙니다. 더욱이 인류학은 문헌학, 사상사로 변화될 것입니다. 이는 마치 고대 그리스와 로마, 베다 시대의 인도 세계는 사라져버렸지만, 여러 세기에 걸쳐 우리가 탐구해왔고 또 앞으로도 여러 세계 동안 탐구하게 될 유산들을 남겨준 것과 마찬가지입니다. 지금까지 전혀 연구되지 않았거나 출판된 적이 없는 엄청나게 많은 인류학적 자료가 남아 있습니다.

프랑스 인류학의 특이점 중 하나는 철학에 깊이 뿌리를 두고 있다는 점입니다. 선생님을 비롯한 여러 프랑스 민족학자들은 철학자로 교육을 받았습니다. 철학과 맺고 있는 이 긴밀한 관계가 인류학에 장점만이 아니라 단점도 될 수 있다고 생각하시는지요?

저는 이것이 장점이라고 확신합니다.

예, 장점이지요. 하지만 또한 단점이 되기도 하지 않나요?

단점이 될 수 있죠. 왜냐하면 이로 인해 너무 조급하게 이론화하려고 할 수 있거든요. 하지만 그런 경우라 해도 누구에게나 다 단점이 되는 것은 아닙니다……. 이렇게 말해두기로 합시다. 철학과의 이러한 밀접한 관계는 대부분의 우리 외국 동료들에 비해 훨씬 더 광범위한 철학적 교양을 우리 민족학자들에게 주었다고 말이죠.

이러한 철학적 교양이 없었다면 선생님께서 해결하지 못했을 법한 인류학적 문제들이 있었나요?

뭐라고 딱 부러지게 말하기가 어렵네요. 철학은 일반적인 교양 측면에서도 기여하지만, 특히 무엇보다 일종의 정신적 훈련, 사유에 몰입하는 방식으로서도 기여합니다.

이런 측면에서 본다면, 선생님은 자신을 어떤 철학 전통에 위치시키시겠습니까?

제가 칸트주의자라고 종종 이야기들 하는데, 아마도 맞는 말 같더군요.

구조인류학은 민족학자들이 관심을 갖고 있는 몇몇 현상들을 해명해줍니다. 그런데 구조인류학의 시야 바깥에 남아 있는 현상들에는 어떤 종류의 것들이 있습니까? 구조주의가 가장 파악하기 까다롭게 생각하는 것은 무엇인지요?

그것은 현상들의 종류에 관한 것이 아니라, 이런저런 현상을 관찰하기 위해 우리가 우리 자신을 위치시키는 수준에 관한 문제입니다.

선생님은 구조주의가 현상들을 관찰하기 위해 선호하는 수준들은 무의식과 가장 가까이 있는 수준들이라는 생각에 동의하십니까?

예, 동의합니다. 하지만 우리가 적절한 관찰의 수준을 발견했노라고 기대해보는 현상들이 존재하는 반면, 아직 우리에게서 벗어나 있는 다른 현상들도 존재합니다. 아마도 우리는 결코 그것들을 발견할 수 없을지도 모릅니다.

사례를 하나 들어주시겠어요?

저로서는 우리가 개인을 위한 여지를 마련해야 하는 수준들이라고 말하겠습니다.

정신이 적은 숫자의 반복 구조들과 함께 작업하는 한에서, 이 요소들은 폐쇄된 조합

체계를 형성하게 됩니다. 『슬픈 열대』에서 선생님은 현존하는 사회구조 및 가능한 사회구조들의 주기율표를 만들어볼 수 있는 가능성을 제기하신 바 있습니다. 정신에 대한 이러한 관점은 인류에게서 가장 기본적인 가치들 중 하나, 곧 자유를 박탈하게 된다고 비판하는 이들에게 어떻게 답변하시겠습니까?

〔그들이 사용하는—옮긴이〕이런 식의 언어는 제가 사용하지 않는 어떤 언어만큼이나 저에게는 이해되지 않는 언어입니다. 저는 그것이 무엇을 말하는지 잘 모르겠습니다. 저는 그저, 우리가 개인을 고려할 때에는 정당한 여러 가지 접근법들이 존재하지만 구조주의는 그렇지 않다고 말했을 뿐입니다. 구조주의는 우리가 개인 자체를 추상할 수 있다는 점을 함축합니다. 만약 당신이 다양한 배율을 지닌 현미경을 갖고 있고 그중 저배율을 사용하여 물방울을 들여다본다면, 작은 생명체들이 먹이를 먹고 교접하고 서로 좋아하거나 서로 미워하고 하는 것을 볼 수 있습니다. 이 생명체들 각각에게는 자유가 존재하는 것이죠. 하지만 고배율을 사용하여 들여다보면, 더 이상 생명체들 자체는 보이지 않고 대신 그것들의 신체를 구성하는 분자구조가 나타나게 됩니다. 이 경우 자유는 아무 의미를 갖지 못하게 됩니다. 자유는 실재의 다른 수준에만 적용되는 것입니다.

제 질문은 다음과 같은 것이었다고 생각합니다. 곧 구조적인 수준은 어느 정도나 우리의 경험, 우리가 보는 방식 등을 규정하는 것입니까? 우리는 우리가 세계 안에서 살아가고 행위하는 개인들로 존재하는 수준에서 이러한 경험과 방식을 수행하는 것이라면 말입니다.

분자생물학의 수준, 동물생리학의 수준 그리고 당신이 제시한 수준 같은 온갖 수준에 걸쳐 수많은 결정 작용이 존재하며, 이 모든 요인들이 서로 엮이는 방식은 지극히 복잡해서 이런 종류의 질문은 무의미해지고 맙니다.

선생님은 선생님이 방금 묘사하신 모든 결정 작용 바깥에 놓여 있는 완전히 자유로운 행위들의 가능성을 믿으십니까?

그게 무슨 뜻인지 잘 모르겠네요…….

자유로운 행위가 무슨 뜻인지 잘 모르시겠어요?

아니요, 저는 그게 무엇을 의미하는지 잘 모르겠습니다. 만약 내가 하려는 것에 맞서는 어떤 것도 내 안에서 생겨나지 않는다면 나는 자유롭다고 느낍니다.

그게 바로 제가 선생님께 제기하고 싶었던 질문입니다. 하지만 약간 미묘했던 것 같네요. 몽테뉴는 철학하는 것은 죽는 법을 배우는 것이라고 말한 바 있습니다. 선생님께도 철학하기가 의미하는 바가 이것이었나요?

그것은 노인의 성찰이죠. 몽테뉴는 늙은 나이에 죽지는 않았지만 자신이 노인이라고 생각했는데, 그것은 당시 사람들이 어린 나이에 죽곤 했기 때문입니다. 어쨌든 생애 막바지에 이르게 되면 죽음은 더 이상 그것이 우리 실존 대부분의 경우에 그랬던 것처럼 추상적인 것으로 존재하지 않고 아주 구체적인 것이 됩니다. 그러니 분명 그럴 겁니다. 우리는, 사람들이 세상에 존재해온 이래 스스로 던져온 질문을 우리 스스로 던지지 **않을** 수 없습니다. 그리고 철학함은 우리가 보기에 받아들일 만한 답변을 제시해보라고 우리에게 가르쳐줍니다.

선생님은 종종 죽음에 대해 생각하시나요?

종종 그러죠.

평정심을 가지고서요?

저는 죽음을 재촉하지는 않지만, 이제 이 세상에서 제 자리가 어디인지 잘 모르겠네요.

왜 그렇죠?

왜냐하면 제가 저의 작업을 완수했기 때문입니다. 모르기는 몰라도 제가 지금까지 썼던 것에 대하여 무언가를 덧붙이고 싶어할 것 같지는 않습니다. 또는 제가 무언가 덧붙이게 된다 해도, 그것은 질적으로 떨어지는 것일 테니 별로 중요하지 않겠죠.

작품을 쓰게 돼서 큰 만족을 얻으셨나요?

결코 싫증을 내지 않을 만한 만족감을 가져다주었죠.

이제 더 이상 글을 쓰지 않으시나요?

그게 그렇게 단순하지 않습니다. 저는 때때로 여전히 조금씩 쓰고 있습니다. 하지만 문제는 쓰느냐 쓰지 않느냐 하는 것이 아니라, 자신의 사유가 여전히 생산적이냐 그렇지 않으냐 하는 것입니다.

선생님은 여러 차례에 걸쳐, 사람들이 산 자들의 세계와 죽은 자들의 세계의 관계를 상징화하기 위해 발명한 제의에 관해 쓰신 바 있습니다. 인류학자로서 선생님은 우리

사회가 죽은 자들의 세계와 맺고 있는 관계를 표상하는 방식에 대해 어떻게 생각하십니까?

저는 제가 휴가를 보내는 작은 마을, 이제 전임 사제가 존재하지 않는 그 마을에서 어느 날 예닐곱 개의 교구를 담당하는 성직자 한 사람이 저에게 한 말이 기억납니다. 그는 프랑스 사람들은 이제 죽은 이들을 숭배하는 것 말고는 더 이상 종교를 갖고 있지 않다고 하더군요.

종교적 실천이라는 의미에서의 종교는 사라진 것입니까?

적어도 시민적인 삶에서는 그런데요, 그것은 종교가 자신의 실재성을 입증하는 한 방식입니다.

이제 인터뷰를 끝마쳐도 되겠네요.

그랬으면 좋겠어요. 이제 당신에게 답변하기 위해 사용할 말이 바닥나기 시작했어요.

〔진태원 옮김〕

모두 다 상연되었다?

레비스트로스의 역사철학

크리스토퍼 존슨(Christopher Johnson)

"왜냐하면 항상 낡은 사물은 새로움에 밀려 물러서고, 어떤 것은 다른 것들로부터 새로 만들어지는 게 필연이기 때문이다. …… 그래서 그대 못지않게 이런 세대들도 이전에 스러졌고, 또 앞으로도 스러질 것이다."

『슬픈 열대』(*Tristes Tropiques*) 서두에 인용된 제사(題詞)ー"그래서 그대 못지않게 이런 세대들도 이전에 스러졌고, 또 앞으로도 스러질 것이다"(Nec minus ergo ante haec quam tu cecidere, cadentque)ー가 포함되어 있는 루크레티우스(Lucretius)의 『사물의 본성에 관하여』의 이 대목[1]은 역사에 대한 레비스트로스의 태도를 요약해준다고 할 수 있다. 우주의

---

1) 루크레티우스, 『사물의 본성에 관하여』, 강대진 옮김, 아카넷, 2011, 258쪽. 〔옮긴이〕 이하 인용은 우리말 번역본이 있을 경우 우리말 번역본의 쪽수를 표기한다.

본성에 관한 철학적 시에서 루크레티우스는 영속적인 변화와 운동 중에 있는 세계에 준거한다. 루크레티우스의 자연학에 따르면 원자들은 떨어지고 진로를 벗어나고 충돌하고 한데 합쳐져서 현상 세계의 대상들을 구성하며, 역으로 이 대상들은 실존하고 존속한 뒤 마지막에는 분해되어서 다시 원자들의 무한한 폭포 속에 합류하게 된다. 루크레티우스의 우주 속에서 인간의 실존과 경험은 상대적이면서—물리적 세계의 부수 현상—동시에 일시적이다(물리적 세계와 마찬가지로). 더욱이 인간사의 본질적인 경향은 원자들과 마찬가지로 하향적이다. 세계는 쇠퇴하고 있으며, 인간 역사 자체는 일종의 우주적 퇴락 속에 참여하고 있다.[2]

『슬픈 열대』서두에 나오는 루크레티우스 인용문은 이 책에 담긴 철학적 태도에 관해 주의를 환기해준다. 한편으로 거시적·역사적 관점에서 볼 때 인간적 구성물의 덧없는 성격에 대한, 문명의 영속적인 응결과 해체에 대한 인정이 존재한다. 다른 한편으로 레비스트로스의 역사 해석은 루크레티우스와 마찬가지로 **카타스트로프적**(catastrophic)이다. 곧—그리스어 단어를 어원적으로 읽는다면—이러한 해석은 역사적 생성을 일종의 영속적인 추락으로 간주한다. 나중에 오는 것은 항상 앞선 것의 열등한 이미지다. 『슬픈 열대』에서 레비스트로스가 우리에게 말하는 바에 따르면, 진정으로 위대한 것은 시초의 것들이다.[3] 따라서 역사적 발전은 일종의 엔트로피에 종속된다. 『인종과 역사』(*Race et Histoire*)에서 인류 생존을 위한 본질적 구성 요소로 제시된 문화들의 다양성은 『슬픈 열대』에서는 전 지구적인 '단일 문화'로 환원된다.[4] 책의 제목에 나오는 '슬픈'이라는 단어의 의미가 바

---

2) Michel Serres, *La Naissance de la physique dans le texte de Lucrèce*, Paris 1977 참조.

3) 『슬픈 열대』, 박옥줄 옮김, 한길사, 1998, 733쪽. 〔옮긴이〕 "인간은 처음이 아니면 진실로 위대한 것을 창조할 수가 없는 법이다."

4) 『슬픈 열대』, 140쪽. 〔옮긴이〕 "단일 문화"로 번역된 monoculture는 또한 "단일 경작"이나 "단일 재배"라는 뜻을 지니고 있으며, 우리말 번역본에서는 "단일 재배"로 번역하고 있다.

로 이것이다. 곧 문화들의 유한성, 분산, 소멸에 대한, 문화적 다양성의 상실에 대한 우울감.

전환점들

만약 역사에 대한 레비스트로스의 생각이 단지 덧없음과 퇴락에 관한 루크레티우스적인 주제로만 이루어져 있다면, 그것은 아무런 흥미도 자아내지 못할 것이다. 하지만 레비스트로스가 역사적 과정을 단순히 퇴락과 퇴화로만 보지 않고 또한 일련의 **전환점들**로 보는 한에서 그의 역사철학에는 또 다른 측면이 존재한다(그리고 내 생각에 이것은 일종의 철학이다). 그에게 역사는 그릇된 방향(turn)을 택했다. 또는 오히려 여러 방식으로, 상이한 장소에서 몇 번의 잘못된 전환(turns)을 했다. 각각의 전환점, 각각의 분기점에서—비록 역사의 전개가 어떤 측면에서 볼 때는 진보를 나타낸다 할지라도—본질적인 어떤 것이 인류로부터 탈취되어, 레비스트로스가 글을 쓰던 시점, 곧 20세기 중엽에는 모든 것이 다 잘못되어버린 것처럼 보인다. 이 연구의 목표는 그 누적적인 효과로 인해 세계의 현재 상태—레비스트로스에게는 근대 문명의 본질적인 **병리성**—를 창조한 역사적 전환점들이 무엇인지 파악하는 것이며, 이 역사철학을 탐구하여 그것을 레비스트로스 인류학 내에 위치시키는 것이다. 분석을 위해 나는 레비스트로스 저작에서 표현되고 있는 세 가지 유형의 역사적 전환점을 확인해볼 것이다.

첫 번째 유형은 과학, 과학적 진보 및 좀 더 정확히 말하면 기술-과학과 관련된다. 여기에서 레비스트로스가 제시하는 첫 번째 의미 있는 단계는 씌어진 역사에 위치해 있지 않고 선사시대, 곧 고고학자들이 '신석기 혁명'이라 부른 것에 위치해 있다. 레비스트로스는 몇 차례에 걸쳐 이 점을 강조한 바 있다. 곧 신석기시대에 이룩된 진보는 과학적·기술적 자본을 나타내며, 현대의 세계 문명의 건물은 바로 이러한 자본 위에서 구성되었다는 것이다. 이런 측면에서 보면, 서양 또는 유럽의 과학·기술 혁명은 신석기 시대에 이룩된 거대한 도약과 비교해볼 때 상대적으로 덜 중요한 것이다. 하지만 역사에 대한 전환적(catastrophic) 해석이라는 관점에서 볼 때 결정적인 전환점은 신석기시대 이후에 이루어진다. 레비스트로스에 따르면 신석기시대의 진보와 성취─농업, 동물 사육, 도자기─는 충분한 것이었다. 곧 그것들은 인간의 기본적인 욕구를 충족시켜주었다. 작은 규모의 사회는 신석기 문명에 대한 동시대적인 유사물이다. 루소가 『인간 불평등 기원론』에서 자연 상태와 사회 상태의 중간에 위치시킨 중간 단계에 해당한다고 할 수도 있다.[5]

선사시대에 대한 이러한 표상에 포함되지 않은 한 가지 기술이 기록(writing)인데, 이는 신석기시대 인류의 생존을 위해서나 행복을 위해 필요하지 않았다. 레비스트로스가 다른 곳에서 지적하듯이 기록의 결여─또는 오히려, 전(前) 기록적 상태─는 결함도 궁핍도 아니었다.[6] 그가 『슬픈 열대』에 나오는 이 주제에 관한 논의에서 주목하듯이 기록은 오른손으로 준 것을 왼손으로 빼앗아간다. 순수하게 지적인 수준에서 본다면 기록이 기여했다는 점은 논의의 여지가 없는데, 기록은 그 전에는 유한한 상태에 머물러 있던 인간의 기억을 해방하고 확장했기 때문이다. 하지만 사회적·정치적 수준에서 이러한 진보는 대가를 치르게 되었다. 기록은 인류를 지식의 자본화 및 과학적 추상의 도정 위에 올려놓았다. 하지만 기록은 또한 광범위하고 고도로 중앙집권적이며 위계화된 국가들의 형성을 가능하게 했으며, 이 국가들이 오래 지속될 수 있게 보장해주었다. 기록은 또한 자기로부터 거리 두기, 개인의 외화(外化, alienation)를 가져왔다. 기록은 레비스

━━━ ━━━

5) 『슬픈 열대』, 703~04쪽.

6) Lévi-Strauss, *Anthropologie structurale*, Paris 1958, p. 400.

트로스가 인류 역사의 거대한 다음 단계로 제시하는 것, 곧 "19~20세기의 과학의 팽창"을 위해서는 분명 필수적이었지만, "그러나 기록은 필수적인 전제 조건이기는 해도 이러한 팽창을 설명하기에 충분치 않다." 전략적 기술로서 기록의 현존은 인간 지식이 신석기 혁명과 18세기 사이에서 "중대하는 것 이상으로 동요하는" 것을 막아주지 못했다.[7] 나중에 『벌거벗은 인간』(*L'Homme nu*)에서 그는 "인간 조건은 신석기시대와 근대 사이에서보다 18세기와 20세기 사이에서 더 커다란 변화를 겪었다"[8]고 쓴다.

레비스트로스가 여기에서 제안하는 과학과 기술의 역사에는 분명 아쉬운 대목이 적지 않다. 가령 우리는 서구 사회가 신석기시대와 근대 사이에서 상대적으로 정체되어 있었다는 진단에 의문을 제기할 수 있다. 또한 서양의 근대성을 지난 두 세기로 한정하는, 조급하고 꽤나 막연한 시기 구분도 문젯거리다. 마지막으로 이 역사에서 기록에 할당된 양가적인 역할, 곧 필수적이지만 또한 군더더기인 역할이라는 문제도 지적할 수 있다.[9] 그렇지만 논변에 나타나는 이러한 약점에도 불구하고 레비스트로스의 전략적인 목표는 분명하다. 그의 과학·기술사의 일차적 의도는 근대 세계의 성취를 상대화하는 것이다. 이 기획은 『인종과 역사』에서 뚜렷이 드러난다. 곧 인간 문화의 다양성 속에 내장된 뚜렷한 불평등과 결부되어 있는 "기계 문명"의 지배에 직면하여 레비스트로스는 서양 문명이 누리고 있는 현재

---

7) 『슬픈 열대』, 544~48쪽.

8) Lévi-Strauss, *The Naked Man*, trans., John Weightman and Doreen Weightman, Chicago 1990, p. 639.

9) 데리다의 고전적인 연구인 『그라마톨로지에 대하여』에 수록된 「문자의 폭력: 레비스트로스에서 루소로」 참조. Jacques Derrida, "The Violence of the Letter: From Lévi-Strauss to Rousseau", in *Of Grammatology*, Baltimore 1976, pp. 101~40. 〔옮긴이〕 참고로 우리말로 이 책은 세 차례나 번역되었지만(『그라마톨로지』, 김성도 옮김, 민음사, 1996(수정본은 2010); 『그라마톨로지에 대하여』, 김웅권 옮김, 동문선, 2004), 모두 오역이 심해서 참고하기가 어려우므로, 이 책을 읽어보기 원하는 사람은 꼭 프랑스어본이나 영어본을 참고하기 바란다.

의 헤게모니가 실제로는 문화들 사이의 '결합' 또는 '연합'의 결과라는 점을 설명하고, 무엇보다 이 문명이 그 자신이 신석기적인 전사(前史)에 빚지고 있는 것을 기억해야 할 필요성을 강조한다. 그렇다면 현재의 세계 상태가 어느 정도까지나 자의적이고 특수한 상태인지 보여주는 것이 필요하다. 첫째, 과학적·산업적 혁명을 산출한 원래의 결합은 실로 일어나지 않을 수도 있었다. 레비스트로스의 명시적인 유비—룰렛 게임—에 따르면 인류의 역사는 이 결정적인 전환점에서 '내기에 걸려' 있었다. 이 혁명의 질적인 도약 위에서 기계문명의 급격한 성장(도처에서 부정적인 효과만을 낳은)이 이루어졌다. 이 고립된 기술적 도약이 지닌 취약성이 강조된다. 레비스트로스는 이 점에 관한 한 단호하다. "대략 1만 년의 시간적 간격을 두고 인류는 자신의 역사에서 두 차례에 걸쳐, 동일한 방향을 향해 나아가는 거대한 수의 발명을 축적했다. 이 과정은 인류 역사에서 지금까지 두 차례, 단 두 차례 일어났다."[10]

레비스트로스의 거시적 역사에서 두 번째 유형의 전환점은 본성상 이데올로기적인 것이다. 곧 종교적 표상들의 역할이 바로 그것이다. 레비스트로스는 자신의 저작에서 기독교에 대하여 상대적으로 거의 이야기하지 않았으며, 유대교에 관해서는 더욱더 그랬다. 하지만 그는 분명히 서양 정신의 진화에서 기독교가 결정적인 역할을 수행했다고 보고 있으며, 더욱이 이것은 떳떳하지 못한 역할이었다고 보고 있다. 기독교적인 우주관은 일종의 자연에 대한 억압에 관해 책임이 있다는 것이다. 『오늘날의 토테미즘』(*Le Totémisme aujourd'hui*)에서 그는 토템이라는 범주에 대한 여러 가지 해석을 서양 사유의 구성물 내지 투사물이라고 비난하면서 이 범주를 엄격하게 비판한다. 레비스트로스가 책의 서두에서 강조하듯이 기독교 종교

---

10) Lévi-Strauss, "Race and History", in *Structural Anthropology II*, trans., Monique Layton, London 1977, p. 351.

는 이 범주의 온전한 일부를 이룬다. "토테미즘은 일차적으로, 인간과 자연 사이의 단절의 필요성—기독교적 사유는 이것을 본질적인 것으로 간주한 다—과 양립 불가능한 정신적 태도가, 마치 일종의 축귀에 의한 것인 양, 우 리 자신의 우주 바깥으로 투사된 것이다."[11] 자연과 문화 사이에 아무런 기 본적인 분리도 존재하지 않는 '야생의 사유'와 달리 기독교적 사유는 인류 가 자연적 세계와 맺고 있는 관계를 손상시키면서까지 인류가 초자연적인 것 또는 신과 맺는 관계에 특권을 부여한다. 자연과 인류 사이의 이러한 불 연속성은 더 이상 초자연적인 것을 자연적인 것 **안에서** 바라보지 않는 도구 주의적 사고에 반영되어 있다. 따라서 역사적으로 볼 때 기독교적 사유와 종교는 서양 문명을, 세계에 자신의 표시를 남겨두기 위해 자연을 부정하 는 기계문명의 단일 문화를 향해 직선적으로 나아가는 도상 위에 올려놓은 셈이다.

『슬픈 열대』에서 기독교는 다시 한 번 거대한 역사적 전환점으로 나타나 는데, 이는 이번에는 또 다른 유일신적인 종교, 곧 이슬람과의 결합에서 기 인하는 것이다.[12] 레비스트로스의 주장에 따르면, 만약 이 '남성 중심적' 종 교의 역사적 개입이 존재하지 않았다면, 기독교는 동양의 위대한 종교들, 특히 불교와의 대화를 만들어낼 수 있었을 것이며, 이는 역사의 경로를 바 꿔놓았을 것이다. 실로 이슬람이 이룩한 역사적 사건은 "더 문명화된 세계 를 둘로 갈라놓았다." 이 두 개의 유일신교 사이에서 전개된 종교전쟁의 모 방적 폭력은 기독교로 하여금 이슬람과 대립하면서도 그것을 모방하도록 이끌었다. 이러한 이데올로기적 갈등을 통해 서양은 "여성적인 것으로 남

---

11) 『오늘날의 토테미즘』, 류재화 옮김, 문학과지성사, 2012, 12쪽, 번역은 수정.
12) 나는 내가 보기에 매우 곤혹스러운 이슬람에 대한 이러한 비판에 관해 논평한 적이 있다. "Elective affinities, other cultures", *Paragraph*, vol. 16, no. 1, March 1993, pp. 67~77.

아 있을 수 있는 기회를 상실했다."[13]

레비스트로스 사상 안에 존재하는 세 번째 유형의 역사적 전환점, 곧 철학의 발전이라는 전환점을 검토해보면 지금까지 분화되었던 범주들—과학적, 이데올로기적, 철학적—이 어느 정도까지 서로 중첩되고 부합하는가 그리고 이것들을 떼어놓는 것이 얼마나 어려운 일인가가 분명해진다. 레비스트로스는 철학사에서 두 개의 주요한 전환점을 분리하는데, 첫 번째는 기원전 5세기와 4세기 사이에 일어난 유명한 '그리스의 기적'이며, 두 번째는 17세기의 데카르트 철학이다. 『꿀에서 재까지』(*Du miel aux cendres*)의 결론 부분에서 레비스트로스는 그리스 철학이 신화적 사유를 의문시한 것에 대해 토론하는데, 이러한 의문시는 인간 정신사의 **독특한**(singular)—유일하면서 특이하다는, 이 단어가 지닌 이중의 의미에서—사건으로서 과학혁명으로 나아가는 길을 예비했다.

> 만약 신세계의 가장 후진적인 문화에 속하는 신화가, 서유럽이 철학으로 그리고 다음에는 과학으로 진입했음을 표시하는 인간 의식의 결정적인 문턱으로 우리를 인도한 반면 야생적인 민족들에게서는 이와 유사한 어떤 것도 일어나지 않았다면, 우리는 이러한 차이로부터 두 경우 모두에서 이행은 필연적이지 않았으며, 모종의 사상적인 중간 단계가 자생적으로 그리고 어떤 불가피한 인과성의 작용에 따라 이 양자가 서로 계승되도록 한 것은 아니라는 결론을 내려야 한다.[14]

여기에서 흥미로운 점은 『인종과 역사』에서 논의된 과학적 · 산업적 혁명을 산출한 문화적 협력과 마찬가지로 그리스 사상의 문턱의 돌파 역시

---

13) 『슬픈 열대』, 735쪽.
14) 『신화학 2권: 꿀에서 재까지』, 임봉길 옮김, 한길사, 2008, 659쪽, 번역은 수정.

우연적이고 필연성이 없는 것으로 간주된다는 점이다. 좀 더 정확히 말하면, 이러한 필연은 단지 우연의 필연일 뿐이다. 이에 대한 증거로 우리는 이러한 '결정적 문턱'을 넘어서지 않은 야생의 사유의 사례를 제시해볼 수 있을 것이다. 레비스트로스는 이러한 전환점의 유일성을 강조하는데, 우리는 이미 앞에서 이러한 관념을 접한 바 있다. 신석기 혁명과 과학적·산업적 혁명은 각각 단 한 차례 일어난 것이다. 마찬가지로 신화적 사유에서 철학적 사유로의 이행이 대표하는 지적 혁명 역시, 다른 어떤 문화도 이러한 이행을 이룩하지 않았다는 의미에서 독특한 것이다. 레비스트로스를 읽다 보면 우리는 심지어 이러한 이행은 있을 법하지 않은, 비정상적인, 일종의 역사적 별종이었다고 말해볼 수도 있다.[15] 레비스트로스는 20여 년 뒤 인류학 학술지 『인간』(L'Homme)에 실린 마르크 오제(Marc Augé) 및 모리스 고들리에(Maurice Godelier)와의 대담에서 같은 주제로 되돌아간다. 다시 한 번 그는 그리스의 기적의 유일성과 우연성을 강조하면서 이러한 일회적인 사건으로부터 역사 발전의 어떤 법칙을 추론해내는 것은 불가능하다고 역설한다.

한 현상이 역사에서 단 한 번 그리고 지구상의 단 한 곳에서 일어났을 때, 저는 그 현상의 법칙을 발견하는 것이 가능하다고 믿지 않는다는 것이며, 이런 이유로 인해 저는 그리스 사유의 탄생을 사례로 들었던 것입니다. 왜냐하면 이것은 유일한 현상이며, 따라서 제가 보기에는 우리가 이러한 우연에 대해 제시할 수 있는 가장 좋은 사례이기 때문입니다. 비록 우리가 이러한 우연을 이해하려고 노력할 수 있다고 해도 그렇습니다. …… 우리는 사후에 그것을 이해할 수 있지만, 그 법칙을 발견할 수는 없습니다. 곧 우리는 동일한

---

15) 우리는 독특한 것과 유일한 것에 대한 이와 동일한 극화를 자크 모노(Jacques Monod)의 저작에서도 발견할 수 있는데, 이 책에서 저자는 생명과 언어의 기원에 관해 사색하고 있다. 자크 모노, 『우연과 필연』(Le Hasard et la néecessitée), 조현수 옮김, 궁리, 2010, 237~40쪽.

조건들이 주어질 경우 동일한 것이 다른 곳에서 다시 일어나리라고 확신할 수 없는 것입니다.[16)]

레비스트로스의 주의 깊은 침묵, 역사적 결정성에 대한 거부는 물론 당시 주변에서 성행하던 마르크스주의에 대한 저항이었다. 마르크스주의 사상은 모든 인류에게 적용될 수 있는 역사적 진화의 법칙들을 원용하는 데 주저함이 없었다. 이러한 관점에 입각하면 서양의 경제·정치사는 전 세계의 경제·정치사가 될 것이었다. 이런 측면에서 인류의 역사는 수렴적인 것이었다. 레비스트로스는 『야생의 사고』(La Pensée sauvage)에 수록된 사르트르와 역사가들에 대한 그의 유명한 비판에서 인류 의식의 이러한 목적론에 함축되어 있는 민족중심주의와 유럽중심주의에 도전한다. 만약 『인종과 역사』에서 레비스트로스가 과학적·산업적 문명의 기저에는 신석기시대의 토대가 존재한다는 점을 강조함으로써 과학적·산업적 문명이 이룩한 성취를 상대화하려 했다면, 『야생의 사고』에서는 사르트르 및 '좌파 인사들'의 물신(fetish)에 해당하는 것, 곧 프랑스혁명을 공격함으로써 역사적 담론 그 자체를 상대화하려고 시도한다.

레비스트로스가 역사적 사실로서 프랑스혁명의 중요성을 부정하는 것은 아니다. 우리는 약간 앞질러, 프랑스혁명의 우연성은 환원 불가능한 것이라고 말해볼 수 있을 것이다. 하지만 토대적인 사건이라고 가정되어 있는 이 사건에 대한 입장과 관점을 다수화함으로써 우리는 혁명의 역사적 '진리'는 순전히 상대적인 것이라고 결론 내릴 수 있을 것이다. 이런 관점에 입각하면, 혁명 그 자체는 존재하지 않았다고, 또는 단지 그것을 원용하는 사람들의 마음속에서 **신화**로서만 존재할 뿐이라고 할 수 있다. 비슷한

---

16) Lévi-Strauss, with Marc Augée and Maurice Godelier, "Anthropologie, histoire, idéeologie", *L'Homme*, vol. 15, nos 3~4, 1975, p. 184.

방식으로 레비스트로스는 역사가의 역사는 분류의 체계, 곧 역사적 날짜들의 집합이나 군집(class)에 대하여 의미를 배정하는 연대 배열의 코드에 의존하는데, 이러한 체계에서 각각의 날짜는 오직 그것이 하나의 군집 안에 있는 다른 날짜들과 맺고 있는 관계에 입각하여 자신의 의미를 얻게 된다. 그리고 이 체계에서 군집들 자체는 서로 불연속적이고 환원 불가능한 집합들을 형성한다.[17] 따라서 시대착오적인 주장이 될 위험성을 무릅쓰고, 레비스트로스가 과거에 대한 객관적 서사로서의 역사라는 범주를 '해체한다'고 할 수 있을 것이다. 역사적 담론을 신화나 코드의 지위로 환원하는 것은 그것을 전통 사회의 집합적 표상들과 같은 수준에 위치시키는 것으로 귀착된다. 이는 서양 역사 사상에 대한 탈중심화다.

　레비스트로스가 보기에 근대과학의 철학적 문턱을 표시하는 철학사의 두 번째 전환점인 데카르트적 혁명은 『구조인류학』(*Anthropologie structurale*) 제2권의 루소에 관한 장에서 논의된다. 이 장은 표면적으로는 인간과학 및 특히 인류학의 창시자로서 루소에게 바치는 찬가처럼 보인다.[18] 하지만 이것은 또한 그 원리가 데카르트로 소급되는 동시대의 철학에 대한 비판의 구실을 한다. 자기 자신을 개인적 체험에 대한 직관에 한정하는 데카르트적인 코기토는 주체의 인상에서 외부 세계의 연장에 이르기까지 빈틈없이 이동하며, 그 중간에 존재하는 인간적·사회적 관계는 제거해버린다. 이러한 1인칭의 철학이 근대 물리학의 토대라는 점에는 레비스트로스도 동의하지만, 이 철학의 귀결은 자연을 물질의 연장으로 환원하고 인간적·사회적·문화적 영역은 괄호를 쳐버리는 것이었다. 레비스트로스가 보기에 데카르트적인 각성 아래 수행된 철학적 인간주의는 불완전한 것

---

17) 『야생의 사고』, 안정남 옮김, 한길사, 1996, 369~74쪽.

18) Lévi-Strauss, "Jean-Jacques Rousseau, Founder of the Sciences of Man", in *Structural Anthropology II*, pp. 33~34.

인데, 이는 이것이 인간 주체를 일체의 다른 생명 및 존재 형식 위에 위치시키고 있는 한에서 그렇다. 20세기의 전례 없는 비인간성, 그 파국적인 역사와 참극은 이러한 자기도취적 인간주의의 불행한 귀결이었다.[19]

요컨대 레비스트로스의 역사철학은 분명히 일종의 인간 정신의 역사로 귀착된다. 그것은 인류의 지적 진화, 심성과 표상, 관행의 역사와 관련되어 있다. 이 역사의 장기 지속적인 관점에 입각하면, 페르낭 브로델(Fernand Braudel)이 사건사라고 부른 정치사를 위한 여지는 거의 남지 않게 된다. 레비스트로스는 구조적 분석에 대한 일종의 통시적 보충물에 해당하는 이 '심층적' 역사를 일찍이 「마르셀 모스 저작에 대한 서론」에서부터 서술하기 시작하는데, 이 글에서 그는 만약 그것이 없었다면 고유한 의미의 인류가 전혀 존재하지 못했을 정초적 사건에 준거한다. 그것은 언어의 출현으로, 이 사건은—다시 한 번 더—유일한 것이었으며, 이 사건의 기초 위에서 〔그 전까지〕 아무런 의미도 갖지 못했던 세계는 갑자기 전적으로 의미를 지닌 것이 되었다.[20] 언어의 '발명'에서 신석기시대의 혁신에 이르기까지 인류의 궤적은 말하자면 상승의 궤적이었다. 신석기시대는 환경에 대한 지배력의 증대를 가능하게 했지만, 이러한 지배력은 자신의 한계를 지니고 있었으며, 인간이 자연을 자기 의지대로 변화시킬 수 있게 하지는 못했다.[21] 따라서 레비스트로스의 관점에서 볼 때 신석기 시기에는 자연과 인류, 자연과 문화 사이에 일정한 균형이 존재했다. 신석기 인류는, 인류학자들이 연구하는 동시대의 진기한 사회들과 마찬가지로 기록을 갖고 있지 않았다. 오직 신석기 시기 이후에야 기록이라는 두 번째 언어 혁명이 일어나

19) Lévi-Strauss, "Rousseau, Founder of the Sciences of Man", pp. 36, 40~41.

20) Lévi-Strauss, *Introduction to the Work of Marcel Mauss*, trans., Felicity Baker, London 1978, p. 59.

21) 『슬픈 열대』, 703쪽.

게 되며, 이러한 시점부터 역사에 대한 레비스트로스의 독해는 전환적인 (catastrophic) 것이 된다. 인간 정신의 진보에 관한 실증주의적 서사와 달리 레비스트로스의 설명은 우리에게 일련의 부정적인 전환들로 점철된 역사, 심지어 변증법적 독해조차도 지양할 수 없는 부정성을 지닌 역사를 제시해준다. 그의 광각적(廣角的)이고 거시사적인 시각에 입각하면, 이러한 계열의 요소들은 서로 결합되고 축적되어 20세기 후반기에 존재하는 대로의 세계를 산출하게 된다. 그리하여 『슬픈 열대』 제4장에서 레비스트로스는 "2만 년의 역사는 모두 다 **상연되었다**"(강조는 존슨)고 그리고 "걷잡을 수 없는 과잉 흥분 상태에 빠져 있는 문명은 계속해서 바다의 고요함을 깨뜨리게 될 것"[22]이라고 말한다.

잠재적 역사

그럼에도 그리고 외양에도 불구하고, 이것은 본질적으로 비관주의적인 또는 심지어 정적주의(靜寂主義)적인 역사관이라고 결론 내리지 않도록 주의해야 한다. 레비스트로스의 작품에는 실로 상실된 것에 대한 강한 향수가 존재하고 역사에 대한 일정한 체념적 태도—루크레티우스 철학에 특징적인 그리고 『슬픈 열대』의 기본적인 어조를 고취하고 있는 분리와 초연함의 태도—가 존재한다.[23] 하지만 또한 역사에 대한 레비스트로스의 생각에는 낙관주의적이고 긍정적인, 심지어 능동적인 측면도 존재한다. 이는 '라

---

22) 『슬픈 열대』, 139~40쪽, 번역은 수정.

23) 이러한 상실과 돌이킬 수 없음의 패러다임은 탁월한 전환적 사건인, 이른바 신대륙의 '발견'이라는 사건이다. 이 사건은 근대 인류학을 위한 길을 열어놓았지만, 중남미 문명의 붕괴를 낳았으며, 장기적으로는 '미개사회'의 분산을 낳았다. 레비스트로스의 작업은 두 세계, 구세계와 신세계 사이의 이러한 마주침이 나타내는 외상(trauma)에 사로잡혀 있다고 할 수도 있다.

이프니츠적' 측면이라 부를 수 있는 것으로, 내가 **잠재적** 역사라고 부르고 자 하는 것의 레비스트로스적인 실천이다. 비록 레비스트로스는 그 자신이 "역사의 환원 불가능한 우연"[24]—이는 "역사의 회고적 필연성"이라고 번역 될 수 있다. 우리는 역사를 되돌릴 수 없는 것이다—이라고 부르는 것을 받 아들이고 거기에 순응하지만, 역사의 각각의 전환점은 또한 분기점이라는 의미에서 잠재적인 것으로 남아 있다. 인간 역사는 다른 경로로 나아갈 수 도 있었던 것이다. 앞서 인용한 『꿀에서 재까지』의 인용문에 함축되어 있 는 것이 바로 이 점이다. 근대의 과학적 사고가 현재 지배적인 위치에 있는 것은 결코 필연적인 것이 아니며, 적어도 본질에서는 그렇다. 그것은 역사 적 우연의 산물에 불과한 것이다. 레비스트로스는 『꿀에서 재까지』를 다음 과 같이 끝맺는다.

이 책에서 결연하게 주장된 구조적 분석은 역사를 거부하지 않는다. 반대 로 그것은 역사에 탁월한 위상을 부여한다. 역사가 이처럼 탁월한 위상을 얻 게 된 것은 그것이 지닌 환원 불가능한 우연 덕분인데, 만약 이것이 없다면 우리는 심지어 필연을 인식할 수도 없을 것이다. 왜냐하면 구조적 분석이 인 간 사회들에서 나타나는 외견상의 다양성을 넘어 그 기본적이고 공통적인 속성들로 소급해간다고 주장하는 한에서, 그것은 특수한 차이를 설명하는 일을 포기하는 것이 아니라(왜냐하면 구조적 분석은 각각의 민족지적인 맥락에 서 특수한 차이들의 생산을 주재하는 불변적인 법칙을 식별함으로써 이 차이들을 해명할 수 있기 때문이다) 오히려 다음과 같은 점을 주장하기 때문이다. 곧 공 가능태들(compossibles)로서 **잠재적으로** 주어진 이 차이들은 경험을 통해 모 두 입증되지 않으며, 오직 그것들 중 일부만이 **현재화**되는 것이다. 완전히 구 조들에만 초점을 맞춘 탐구가 지속되기 위해서는 우선 사건의 힘과 부질없

---

24) Lévi-Strauss, "Anthropologie, histoire, idéologie", p. 183.

음(inanity)에 머리를 숙이고 시작해야 하는 것이다.[25]

내가 『신화학 2권: 꿀에서 재까지』의 결론 부분에 나오는 이 대목을 길게 인용한 이유는 이 대목이 레비스트로스의 논점을 있는 그대로 잘 드러내줄 뿐만 아니라 더 깊은 논점을 제시해주고 있기 때문이다. 한편으로 레비스트로스의 결론은 신념의 선언과 더불어 구조주의적 방법론을 진술하고 있다. 특히 『야생의 사고』에서부터 '구조주의'는 점점 더 여기에서 역사에 대한 도전, 일종의 반역사주의를 발견한 이들─마르크스주의자들, 철학자들, 역사가들─의 고발에 직면하게 되었다. 따라서 1965년에 씌어진 『꿀에서 재까지』의 결론은 구조주의를 비방하는 이들에 대한 응답이며, 구조주의적 접근법에 대한 옹호의 시도로 간주될 수 있다. 구조주의적 분석은 역사를 거부하지 않는다. 반대로 그것은 역사라는 우연적 사실을 받아들이면서, 상이한 사회적·문화적 형성체들의 존재 '이유'를 발견하려고 하기보다는 그것들을 산출하는 구조적 법칙을 설명하는 것에 자신을 한정한다. 이는 『종의 기원』에서 동물이 지닌 이러저러한 해부학적 특징에 대한 설명이 아니라 자연선택의 메커니즘을 발견한 다윈과 유사한 것이다. 리처드 도킨스의 『눈먼 시계공』(1986)의 제목이 입증하듯, 진화 자체는 맹목적이고 자의적이다. 진화의 일반 법칙이란 존재하지 않는 것이다. 그러나 다른 한편으로, 사건의 힘만이 아니라 **부질없음**에 대해서도 이야기하는 것을 볼 때, 역사의 근본적인 맹목성에 대한 레비스트로스의 평가에는 모종의 가치판단이 담겨 있다. 레비스트로스가 사용하는 명시적인 라이프니츠적 용어법에서는, 인간 관습의 다양성에서 발견되는 유한한 현재화의 배후에는 또는 오히려 그 전에는 잠재적 차이들의 '공가능성'이 존재하며, 오직 이것들 중 어떤 것만이 현재화되어 있다.[26] 사건의 부질없음에 대한 레비스트로스

<hr>

25) 『꿀에서 재까지』, 660쪽, 강조는 존슨, 번역은 수정.

의 평가는 구조적 분석의 대상인 사회적 · 문화적 형성체라는 특수한 경우들에만 적용되는 것이 아니라 거시사의 수준에서도, 곧 역사 일반에 의해 만들어진 카타스트로프적 전환에도 적용된다고 할 수 있다. 세계의 현재 상태라는 거대한 사실은 이러저러한 역사적 법칙의 결과가 아니라, 아주 단순하게도 그냥 그렇게 **존재하는 것이다**(is). 여기에서 흥미로운 것은 이 역사가 물질적으로 불가역적임에도—돌이킬 수 없음에도—가능성이 존재한다는 점, 적어도 집합적 표상의 수준, 어떤 회복(recuperation)의 수준에서는 그렇다는 점이다.

신화의 존속

사실 레비스트로스의 전환적 역사의 한 가지 불변적 특징은, 각각의 전환점, 각각의 분기점에는 대안적인 역사의 그림자, 결코 실존하지 않았지만 실존할 수도 있었던 것의 유령이 존재한다는 점이다. 우리가 영위한 역사는 결코 불가피한 것이 아니다. 그것의 필연성은 단지 후험적인(a posteriori) 것이다. 사람들은 이는 아무것도 변화시키지 못한다고 말할 것이다. 곧 역사적 잠재성—가정법 과거로 표현된 "~일 수도 있었는데"—이라는 사실은 우리가 물려받은 역사의 환원 불가능성에 영향을 끼치지 못

---

26) 흥미롭게도 이 대목에 대한 영어 번역에서는 이러한 철학적 어휘가 완전히 사라져버렸다. 영어 번역은 다음과 같다. "동시에 잠재적으로 가능한 이 차이들은 실제로는 모두 발생하지 않고, 오직 이것들 중 일부만이 현재적으로 발생되었다는 사실"(the fact that these differences, which are all potentially possible at the same time, do not all occur in practice and that only some of them have actually occurred). *From Honey to Ashes*, trans., John Weightman and Doreen Weightman, London 1973, pp. 474~75. 〔옮긴이〕 이 대목의 우리말 번역은 다음과 같이 되어 있다. "가능한 잠재적 자격(특성)으로 나타날 수 있는 이러한 차이들이 모두 경험으로(실제로) 증명되지는 않으며, 단지 몇몇 차이만이 실제로 나타난다는 사실"(660쪽).

한다는 것이다. 하지만 레비스트로스가 무엇보다도 인간 경험―그 구조만이 아니라 인간 정신의 역사도 포함하는―에 대한 **사유**에 관심을 기울였다는 점을 상기한다면, 문제는 더 복잡해진다. 그에게 역사의 게임에서 문제가 되는 것, 결정적인 전환점에서 작용하고 있는 것에는 집합적 표상도 포함된다.[27] 사건은 발생하고 필연적인 것이 된다. 하지만 태도들, 심성들, 세계관들―요컨대 장기적인 집합적 기억에 기여하는 모든 것―은 그대로 남는다. 정신분석적인 언어를 사용한다면, 집합적 표상의 역사적 창조 속에서 '억압'되어온 모든 것은 잠복적이고, 잠재적인 상태 속에서 존속될 수 있다. 적어도 이런 의미에서 본다면, 레비스트로스가『벌거벗은 인간』에서 주장하듯이, 역사적 과정의 어떤 **가역성**이 존재할 수 있을 것이다.

열역학 제2법칙은 신화의 작용의 경우에는 타당하지 않다. 이 영역에서 과정들은 가역적이며, 이 과정들이 전달하는 정보는 상실되지 않는다. 정보는 단순히 잠복적인 상태로 전환된다. 그것은 회복 가능한 것으로 남아 있으며, 구조적 분석의 역할은 현상들의 외견상의 무질서 너머를 바라봄으로써 기저에 놓인 질서를 복원하는 것이다.[28]

열역학 제2법칙에 따르면 모든 폐쇄된 체계는 최대의 엔트로피 상태로 향하는 경향을 지닌다. 곧 에너지와 성장의 점차적인 감소는 시간이 경과함에 따라 체계의 무질서를 낳게 된다. 여기에서 시간은 본질적인 요인인데, 이는 엔트로피 과정이 불가역적이기 때문이다. 시간의 화살은 오직 한 방향으로만 날아가며 돌아오지 않는다. 20세기에 이러한 엔트로피 개념은

---

27) 레비스트로스의 작업에서 게임의 비유의 중요성에 대해서는 Edouard Delruelle, *Claude Lévi-Strauss et la philosophie*, Brussels 1989, p. 131 참조.

28) Lévi-Strauss, *The Naked Man*, pp. 216~17.

정보 영역으로 확장되었다. 채널을 통해 전달된 각각의 메시지는 차단적인 소음과 간섭을 낳을 수 있으며, 그리하여 항상 정보의 감소가 존재한다. 정보가 신화 안에 코드화될 때 엔트로피는 그 기호를 변화시킨다고 레비스트로스는 제안한다. 신화가 시간의 감소에 저항하는 한에서 그것은 **마이너스-엔트로피적**(negentropic)이라고 할 수 있다. 코드—또는 오히려 코드의 **과잉-코드화**(over-coding)—는 시간을 통한 정보의 보존을 보장한다. 구조적 분석의 역할이자 과제는 이 정보를 회복하는 것이다.[29]

그렇다면 이것이 바로 레비스트로스의 잠재적 역사의 희망이다. 인간 정신에 관한 그의 이야기의 모든 결정적인 단계에서 대안적 역사가 시야에 들어온다. 따라서 인류를 자연으로부터 점진적으로 분리한 도구주의적 세계관—기독교적 사유 속에 또는 나중에는 데카르트 철학 속에 내장되어 있는—이 인류 역사의 전개 과정에서 결정적인 역할을 수행했지만, 그렇다고 해서 이러한 역사에 선행했고 또 민족학자들이 연구하는 사회들에서 오늘날 우리가 목격하게 되는 '야생의 사유'가 여전히 우리 안에 하나의 가능성으로서 거주하는 것을 가로막지는 못한다. 서양철학사 자체 내에서 루소의 사례는, 데카르트의 인간 중심적 인간주의와 대치하고 있으며, 우리가 타자 및 세계와 맺는 관계가 우리 자신이 아닌 것과의 공감적 동일시나 연민 같은 원초적 정서에 의해 지배되는 대안적 인간주의를 제공한다.[30] 다시 한 번, 유일신 종교들(기독교, 이슬람)의 작용이 우리에게 분열된 세계—레비스트로스의 은유를 사용하자면, '남성화된' 세계—를 우리에게 물려주었지만, 그가 꿈꾼 바 있는 기독교와 불교의 잠재적인 연합은 인류의 미래에 영감을 불어넣어줄 수 있다. 마지막으로 '그리스의 기적'과 근대의 과학

29) 레비스트로스가 신화를 개념화하는 데 사이버네틱스와 정보 이론이 기여한 바에 관한 좀 더 광범위한 분석으로는 나의 책 *Claude Lévi-Strauss: The Formative Years*, Cambridge 2003, pp. 92~103 참조.

30) Lévi-Strauss, *Structural Anthropology II*, pp. 39~40.

적·산업적 혁명은 서양 인류의 '진보'에서 본질적인 단계들이지만, 이러한 역사는 보편적이지 않다. 우리가 지닌 역사성의 종류에 대한 기록 없는 사회의 '저항',[31] 곧 기록 없는 사회들은 서양의 과학적 정신으로 이르는 길을 열어놓았던 그 결정적인 문턱을 넘어서지 않았다는 사실로 인해, 이 사회들이 그저 역사적인 호기심의 대상이 되거나 영원히 사라진 과거의 단순한 자취로 환원되는 것은 아니다. 반대로 이들의 태도 및 관행은 우리의 집합적인 미래를 위한 교훈을 포함하고 있다.

구조주의적 인간주의

그렇다면 역사에 대한 레비스트로스의 사유에는 단순하고 잘 정의된 구조가 존재하는 셈이다. 특히 『인종과 역사』 및 『슬픈 열대』의 서술과 결론에서 그러하다. 그 첫 번째 계기는 역사 과정의 불가역성에 대한 인정이다. 『인종과 역사』에서는 문화들 간의 상호작용의 불가피한 지평으로서 세계의 동질화에 대해 지적하고 있고, 『슬픈 열대』에서는 전통문화들의 분산과 산포 및 서양 단일 문화의 확산에 대해 지적하고 있다. 이 첫 번째 계기는 역사적 과정의 무자비함, 그것의 본질적인 부질없음에 직면하여 느끼게 되는 비관주의 및 무력함의 감정을 지니고 있다. 레비스트로스가 『슬픈 열대』에서 기독교와 불교 사이에서 일어나지 않은 만남에 대해 쓰고 있듯이, "합리적 진화는 현재 역사적으로 일어난 것과 정반대였을 것이다."[32] 하지만 역사의 맹목, 그 비합리성도 인류가 역사가 제공하는 가능성들에 의지하는 것을 방해하지는 못한다. 내가 믿기로는, 이것이 바로 『인종과 역사』

---

31) Lévi-Strauss, *Structural Anthropology II*, p. 28.

32) 『슬픈 열대』, 734쪽.

및 『슬픈 열대』의 종결부에서 보이는 꽤 낙관적인 생각이 뜻하는 바다. 이로써 우리는 『인종과 역사』의 결론에서 나타나는 두 번째 계기로 나아가게 된다. "그리하여 우리는 역사가 보유하고 있는 은밀한 잠재성들을 고무해야 한다." "인간 문화의 다양성이 우리 뒤에, 우리 주위에 그리고 우리 앞에 있다."[33] 이러한 주장은 『꿀에서 재까지』의 말미에서 나타난 라이프니츠적인 어휘를 떠올리게 하는데, 실로 여기에서 문제가 되는 것은 **공가능성**, 잠재성, 우연성 같은 것들이다. 『슬픈 열대』의 마지막 부인 「귀로」에서 우리는 동일한 개념적 짜임을 발견하게 되는데, 이번에는 루소 인용문이 곁들여져 있다.

지금까지 우리들 인간이 살기 좋은 사회를 만든다는 단 한 가지의 일에만 몰두해온 것이 사실이라면, 아득한 옛 선조들의 사회 개혁을 위한 용기는 현재의 우리들에게도 의당 있을 것이다. 승부는 아직 끝나지 않았다. 우리는 언제든 다시 시작할 수 있다. 시도했다가 실패한 것은 다시 새로이 시작될 수 있다. "맹목적인 미신이 우리들 앞뒤에다가 자리잡게 했던 황금시대는 바로 **우리들 속에** 있다."[34]

『인종과 역사』와 마찬가지로 『슬픈 열대』에서도 라이프니츠적인 개념적 짜임은 또 다른, 아마도 덜 명시적인 다른 참조점과 결부되어 있다. 이 참조점은 바로 마르셀 모스인데, 그는 유명한 『증여론』에서 이른바 '고대'(archaic) 사회에서 이루어진 상징적 증여 현상에 대한 분석을 제공할 뿐만 아니라 근대의 산업적 자본주의 사회의 과거에 이루어진 이러한 관행의 유물에 대한 연구도 제공하고 있다. 이러한 연구로 인해 고무된 모스는

---

33) Lévi-Strauss, *Structural Anthropology II*, p. 362.

34) 『슬픈 열대』, 705~06쪽.

『증여론』의 결론에서 우리 안에 잠복적인 상태로 존속하고 있는 예전의 관행으로 복귀하는 것을 옹호하고 있다. 이는 진정으로 인간적인 모든 사회의 토대를 이루고 있는 관대함과 호혜성의 정신을 회복하자는 것이다. 그러므로 그의 스승인 모스와 마찬가지로, 하지만 그와는 다른 수준에서 레비스트로스가 제안하는 것은 역사의 전개 과정에 대한 **지능적인** 개입이다. 또는 다원주의와의 유비로 되돌아간다면, 이는 인간 종의 생존을 보장하는 데 가장 잘 적응한 문화적 형질을 인위적으로 선택하는 것이다. 여기에서 강조되어야 할 점은, 레비스트로스가 루소와 마찬가지로 시계를 거꾸로 되돌리려 하지는 않는다는 점이다. 이것은 불가능한 허구, 실현될 수 없는 우화일 것이다. 그 대신 그는 어떤 의미에서는 시간을 **지우려고** 한다. 그에게서 신화들은 사실은 "시간을 제거하기 위한 도구들"이다.[35] 만약 역사의 경로가 합리적 발전과 역행하는 것이었다면, 우리는 그것을 붙잡아 더 나은 방향으로 구부려야 한다. 레비스트로스가 문화의 다양성 상실 및 단명(短命)을 한탄하고 있기는 하지만, 이런 의미에서 본다면 그의 사유는 엄격하게 인류 역사의 미래를 향하고 있다.

이는 구조주의의 능동적인 측면인데, 이것이 뜻하는 바는, 인류학의 사명에 대한 레비스트로스의 관점은 단순히 사회인류학이라는 인간과학에 대한 이데올로기적 보충물이 아니며, 구조주의적 기획의 중심 자체에 놓여 있다는 점이다. 그는 『인종과 역사』의 마지막에서 그리고 다시 3~4년 뒤에는 『슬픈 열대』의 말미에서 구조인류학을, 멀리 떨어진 사회에서 발현되어 있는 세계사의 잠재성들을 위한 중개물로서 제시한다. 레비스트로스가 잘 보여주었듯이 야생의 사유는 인간 정신의 앞선 또는 열등한 단계가 아니다. 또한 그것은 단순히 인간 추론의 다른 양식이 아니다. 이러한 독해는 『야생의 사고』에 대한 순전히 상대주의적인 독해에 그치고 말 것이다. 역사

---

35) 『날 것과 익힌 것』(Le Cru et le cuit), 임봉길 옮김, 한길사, 2005, 116쪽.

에 대한 저항 및 자연과 문화의 밀접한 접합이라는 점에서 볼 때 야생의 사유는 레비스트로스가 정식화한 인류학의 가르침의 온전한 일부를 이루고 있다. 그것은 인간과학으로서 인류학이 우리에게 가르쳐주어야 하는 본질적인 구성 요소다. 역사의 퇴락에 대한 레비스트로스의 진단 및 그 이유에 대한 설명에 우리는 의문을 제기하고 반대할 수 있으며, 야생의 사유에 의해 쇄신된 인간주의를 낙관적으로 처방하는 것에도 역시 마찬가지다. 하지만 우리는 적어도 구조주의와 인간주의를 통합하려는 노력의 일관성은 인정해주어야 할 것이다.

〔진태원 옮김〕

마르크스주의와 주체성

1961년 로마 강연

장-폴 사르트르(Jean-Paul Sartre)

우리가[1] 여기에서 관심을 갖는 문제는 마르크스 철학의 범위 내에서의 주체성(subjectivité)[2] 문제입니다. 그러니까 마르크스주의를 구성하는 원칙들과 진리들이 주체성에 활로와 기능을 마련해주는지, 아니면 주체성을 인류의 발전에 대한 변증법적 연구를 수행하면서 무시할 수 있는 사실들의 총합으로 환원해버리는지 여부를 결정하는 것이 관건입니다. 루카치를 예로 들면서 나는 분명 마르크스의 모호한 몇몇 텍스트에 대한 잘못된 해석으로 인해 주체를 고려하지 못하는 변증법, 곧 내가 "관념론적 변증법"이

---

1) 이 강연문은 장-폴 사르트르가 로마 강연 중에 했던 메모와 『현대』지의 MK가 다시 쓴 메모를 바탕으로 이루어진 텍스트이다. MK는 미셸 카일(Michel Kail)의 이니셜이다.

2) 〔옮긴이〕'주관성'으로도 옮길 수 있겠으나 전체적인 통일을 기하기 위해 대부분 '주체성'으로 옮겼다.

라고 명명할 그런 변증법이 정립될 가능성이 있다는 사실로 여러분들을 설득하고자 합니다. 또한 이와 같은 입장이 마르크스주의 연구의 발전 과정에서조차 얼마나 큰 위험성을 내포하고 있는지에 대해서도 설득하고자 합니다. 먼저, 우리가 여기에서 주체와 객체에 대해서가 아니라 오히려 주체성이나 주체화 그리고 객체성이나 객체화에 대해 말하고자 한다는 점을 분명히 해두고자 합니다. 실제로 주체는 훨씬 더 복잡한 또 다른 문제를 제기합니다. 나는 지금 우리 모두가 다음과 같은 생각을 염두에 두었으면 합니다. 즉, 주체성의 문제가 제기되는 경우, 결국 주체와 그 자신의 무매개적이고 단순한 관계가 아니라 어떤 유형의 내적 행동, 내재성의 체계가 문제시된다는 것이 그것입니다.

마르크스주의 철학을 피상적으로 고려하게 되면, 이 철학에 '범(汎)객관주의'라는 명칭을 부여하고 싶은 유혹에 사로잡힐 수도 있습니다. 그도 그럴 것이 마르크스주의적 변증론자는 객관적인 실재에만 관심을 갖는 것으로 보이기 때문입니다. 실제로 마르크스의 몇몇 텍스트는 이런 의미로 해석될 수 있을 것입니다. 가령 『신성가족』에서 볼 수 있는 잘 알려진 다음 텍스트가 그 좋은 예입니다. "이런저런 프롤레타리아, 심지어는 프롤레타리아 전 계급이 한 시기에 목표로 '상상하고' 있는 것은 그다지 중요하지 않다. 단지 프롤레타리아의 '현재 존재', 또한 이 프롤레타리아가 그 '존재'에 일치하도록 역사적으로 행동해야만 하는 '미래 존재'만이 중요할 따름이다."[3] 이처럼 주체적인 것은 표상의 범주 쪽으로 내던져집니다. 그런데 이 표상은 그 자체로는 아무런 중요성을 가지고 있지 않습니다. 왜냐하면 그 심층적 실재가 프롤레타리아를 부르주아 타파의 주체로 만들고, 또 프롤레타리아를 실제로 그런 존재가 되도록 강제하는 과정과 혼동되기 때문입니다. 여기서 '실제로'라는 말은 객관적으로, 그러니까 사실들 속에서 그렇다

---

3) 『신성가족』, 카를 마르크스, 『작품』, III, 플레이아드 총서, 1982, 460쪽.

는 말과 동의어입니다. 다른 텍스트들은 논의를 더 멀리까지 밀고 가고 있습니다. 주체적인 것이 주체나 개인들로 이루어진 집단에 속할 수도 있는 표상의 중요성마저도 가지고 있지 않다고 믿게끔 하면서 말입니다. 그도 그럴 것이 그런 자격을 가진 주체는 사라져버릴 것이기 때문입니다.

『자본』의 다음 구절을 떠올리는 것으로 충분할 것입니다. "노동 생산물은, 그것이 가치인 한에서는, 그 생산에 지출된 인간 노동의 물적 표현에 지나지 않는다는 후일의 과학적 발견은 인류의 발전사에서 획기적인 것이기는 하다. 하지만 그 발견으로 노동의 사회적 성격이 지닌 대상성의 외관이 결코 없어지는 것은 아니다. 이 특수한 생산 형태, 즉 상품생산에만 타당한 것, 즉 서로 독립적으로 수행되는 여러 사적 노동들의 특수한 사회적 성격은 이 노동이 지니는 인간 노동으로서의 동등성에 있고, 이 사회적 성격이 노동 생산물에서 가치의 현존 형태를 취하는 데 있다는 이 사실은, 갖가지 상품생산 관계들에 파묻혀 있는 사람들에게는 이 과학적 발견 이전이나 이후나 마찬가지로 궁극적으로 타당한 것처럼 보인다. 마치 과학에 의해 공기의 구성 요소들이 발견된 후에도 공기 자체의 물리적 형태는 아무런 변화 없이 그대로 존속하고 있는 것처럼 말이다."[4]

루카치에게 반대하며

이 텍스트에는 아무런 어려움도 없는 것 같습니다. 왜냐하면 모든 사람이 거기에 동의하기 때문입니다. 하지만 모호한 표현 때문에 몇몇은 속아 넘어갈 수 있습니다. 특히 루카치가 그렇습니다. 그도 그럴 것이 이 텍스트에서 주체성이 완전히 사라진 것처럼 보이기 때문입니다. (여기서) 외관들

---

4) 『자본』, 4, in Karl Marx, Œuvres, I, p. 608.

과 그것들을 뒷받침하는 토대는 경제 과정 그 자체의 산물인 만큼 똑같이 객관적이고 실재적인 것처럼 나타납니다. 이는 사물화와 상품들의 물신화의 경우에도 마찬가지입니다. 사물화는 자본 과정이 낳은 한 요소이고 상품들의 물신화는 그것(자본 과정)의 직접적 결과일 따름입니다. 따라서 우리가 마르크스 이론으로부터 경고를 받았음에도 불구하고 어떤 특정 상품을 물신으로 이해할 때 우리는 실재가 우리에게 요구하는 것을 기꺼이 행하는 것입니다. 그것은 이 상품이 일정한 수준에서 객관적이고 실재적으로 물신화되어 있기 때문입니다. 바로 그러한 때에 주체적 실재가 사라지는 것처럼 보입니다. 왜냐하면 경제적 관계들의 '담지자'(수행자)는 그가 지금 있는 곳에서 그 관계들을 구현하지 않으면 안 되므로 그 관계들을 구현하는바, 이 관계들에 대한 그의 관념은 그가 수행하는 실천(praxis) 수준에서 이 관계들이 반영된 것에 지나지 않기 때문입니다. 바로 이것이 루카치 같은 사상가들이 전적으로 객관적인 계급의식 이론을 제출할 수 있는 이유입니다. 비록 그가 주체성에서 출발한다고 해도, 그것은 단지 이 주체성을 실수의 원천 혹은 단순히 불충분한 실현으로 여겨진 개인적 주체와 관련시키기 위한 것입니다. 이때 루카치는 분석된 계급이 생산의 본질적 과정에 직접적으로 속하는가 그렇지 않은가에 따라, 계급의식의 발전 정도, 분명함의 정도, 모순됨의 정도, 효율성의 정도가 결정된다고 생각할 수 있을 것입니다. 예컨대 한 명의 프티부르주아에게 계급의식은 객관적으로 모호한 것일 수도 있으며, 루카치가 제시하고 있는 이유로 인해 진정한 계급의식으로 구성할 수 없을 것입니다. 반면 생산과정에 깊이 연루된 한 명의 프롤레타리아는 그 자신의 노동과 다르지 않은 객관적 실재를 통해 완전한 계급의식의 고취에 이를 수 있을 것입니다.

따라서 이와 같은 생각은 객관주의를 모든 주체성을 무효화하는 데까지 밀고 나갈 수 있으며, 또한 그로 인해 우리를 관념론에 빠뜨리는 데까지 밀고 나갈 수 있을 것입니다. 물론 이 관념론은 변증법적 관념론이기는 합니다. 우리는 이 관념론을 위해 물질적 조건에서 출발할 테지만, 어쨌든 그것이 관념론임에는 분명합니다. 그런데 마르크스 자신 혹은 마르크스주의가 거기에 동의하는 것은 결코 사실이 아닙니다. 모호함이 심오함에서 기인하는 텍스트들이 있는 법입니다. 하지만 그 어떤 텍스트도 마르크스주의가 겨냥하는 목표가 범객관주의인 것처럼 해석될 수는 없습니다. 다음과 같은 부분을 읽을 수 있는 마르크스의 『정치경제학 입문』에서는 특히 그렇습니다. "일반적으로 모든 사회과학, 역사과학에서 경제적 범주들의 작용에 대해 다음과 같은 사실을 결코 잊어서는 안 된다. 즉 주체―여기서는 근대 부르주아 사회인데―가 머릿속과 마찬가지로 현실에서도 주어져 있다는 사실, 따라서 이 범주들은 이 주체의 삶(existence)의 형태, 삶의 한정된 조건들, 종종 한정된 이 사회의 특수한 양상을 표현한다는 사실, 그 결과 이 사회는 결코 새로이 존재할 수 없으며, '그러한 것'으로서 이 사회가 문제시되는 순간부터 '과학적 관점에서도 또한' 결코 존재할 수 없다는 사실이 그것이다."[5] 물론 여기서 "삶"이 실존주의에서의 "실존"을 의미하는 것은 아닙니다. 텍스트가 나아가고자 하지 않는 방향으로 끌고 가서는 안 됩니다. 여기서 "삶"은 단순히 총체적 인간을 가리킵니다. 그렇다면 이 총체적 인간은 어떤 인간일까요? 청년 마르크스의 텍스트에서―물론 그 후에 나오는 다른 텍스트에서 그는 이 주제를 다시 다루고 있는데―총체적 인간은 욕구, 노동, 충족이라는 세 항(項)의 변증법에 의해 정의됩니다. 따라서 우리가 마르크스를 따라 생산의 변증법 전체를 이해하고자 한다면, 우선 그 토대로 돌아가야 합니다. 그런데 이 토대란 바로 욕구를 가지고, 이것을 충족시키고자 하고, 다시 말해 노동에 의해 자신의 삶을 주조하고 재주조하고 그로부터 기인하는 경제적 과정에 따라 어느 정도 완전한 만족에 이르고자 하는 인간입니다.

5) 『정치경제입문』(1857), 파리, 에디시옹 소시알, 1972, 170쪽.

위의 세 항을 고려한다면, 우리는 이 세 요소가 실재적인 인간과 주위의 물질적 존재들, 그러니까 이 인간이 아닌 실재와 엄격한 관계를 정립한다고 단언할 수 있을 것입니다. 결국 문제가 되는 것은 인간과 물질적 세계의 종합적 관계이며, 이 관계 안에서, 또 이 관계에 의해 인간들 사이의 매개된 관계입니다. 달리 말하자면, 이 텍스트에서 인간 실재는 초월성, 저쪽(un au-delà), 그의 외부에 있는 것, 그의 앞에 있는 것과 연관된 것으로 여겨집니다. 인간은 그 자신이 아닌 무엇인가를 필요로 합니다. 유기체는 산소를 필요로 합니다. 이것은 벌써 환경, 초월과 관계를 맺는 것입니다. 인간은 자신의 허기를 달래줄 수 있는 도구를 얻기 위해 노동을 하고, 또 경제적 환경에 좌우되는 모종의 형태 아래에서 자신의 삶을 재생산합니다.

이렇게 해서 다시 욕구는 다른 곳에 존재하는 하나의 요소가 되고, 만족은 이 인간이 필요로 하는 몇몇 내적 과정, 다시 말해 정확히 외적 존재와 통합됩니다. 마르크스가 이 세 항을 통해 보여주는 첫 번째 관계는 '외적 존재', 우리가 '초월'이라고 부르는 것과의 관계입니다. 이 세 가지 특징들은 '외부 존재'를 향한 일종의 자기의 폭발임과 동시에 자기를 향한 운동이자 자기의 회수(回收)이기도 합니다. 이와 같은 것으로서 이 세 항은 객관적으로 기술될 수 있고, 한정된 차원에서 지(知, savoir)의 대상이 될 수 있습니다. 하지만 후행적 분석을 통해 이 세 항은 각각 스스로를 부정하고 또 스스로를 보존하면서 스스로를 초월하는 자기(Soi)를 가리키는 것처럼 그 무엇인가를 가리킵니다. 마르크스의 용어를 빌리자면, 우리는 다음과 같은 질문을 던질 수 있는 권리를 갖게 됩니다. 노동이 삶의 재생산을 통한 객체화라면, 이 노동에 의해 객체화되는 것은 누구이고 또 무엇일까요? 욕구에 의해 위협받는 것은 누구이고 또 무엇일까요? 만족을 통해 누가 욕구를 제거하고 또 무엇이 욕구를 제거할까요? 대답은 분명 실천적 생물적 유기체, 혹은 이렇게 말한다면, 정확히 주체성 때문에 정신, 신체적 통일체(unité psychosomatique)입니다. 이때 우리는 자신의 내재성에 의해 자기에 대한 직접적 지(知)를 넘어서는 통일체를 포착하게 됩니다. 이 점에 대해서는 다시 살펴볼 것입니다.

비지(非知)의 중요성

지금으로서는 다음과 같은 사실을 간단하게 지적하고자 합니다. 노동이 도구의 도움으로 이루어진다는 사실을 가정할 때, 이 노동은 하나의 목적을 향한 상황의 실천적 초월의 통일성을 요구한다는 사실이 그것입니다. 여기에는 여러 종류의 인식이 포함되어 있습니다. 목적과 수단에 대한 인식, 재료들의 성질에 대한 인식, 도구의 타성태적 요구에 대한 인식 그리고 자본주의 사회에서는 개인이 일하는 공장에 대한 인식, 이 공장의 규칙에 대한 인식 등이 그것입니다. 이렇게 해서 여러 인식들의 총체가 주어집니다. 유기적임과 동시에 실천적인 앎의 대상이 되는 것들입니다. 왜냐하면 몇몇 경우에는 이 인식들이 배움을 통해 획득될 수 있기 때문입니다. 이와는 반대로, 도구를 사용하고 재료를 이용하기 위해 우리가 취해야 하는 태도들은 인식에 속하는 것이 아닙니다. 그렇다고 그것들이 근육, 뼈, 하나의 태도나 다른 태도를 취하는 것을 가능케 해주는 신경망에 속하는 것도 아닙니다. 달리 말하자면, 앎에서 벗어나는 그 무엇인가에 의해 지탱되는 객체성이 있습니다. 그런데 이 앎은 알려지지 않았을 뿐만 아니라 경우에 따라서는 이 앎을 가진 것 자체가 행동에 해로울 때도 있습니다. 잘 알려진 예가 여기 있습니다. 만일 계단을 내려가면서 여러분들 자신이 하는 행동을 알고 있다고 한다면, 만일 여러분들이 하는 것을 결정하기 위한 의식, 이 행위에서 개입하기 위한 의식이 나타난다면, 그때 여러분들은 곧장 비틀거리게 됩니다. 왜냐하면 행위는 당연히 가져야만 하는 특징을 가지지 못하기 때문입니다.

이렇게 해서 우리는 다음과 같이 단언할 수 있게 됩니다. 사회적 노동 분업이 기계까지 확장된 경우에도, 또 그 결과 심지어 반자동화된 기계가 노동자에게 세분화된 임무들을 부과하는 경우에도, 이 노동자에게 요구되는 가장 간단한 움직임은 육체에 대한 인식을 낳는 움직임이 아니라는 사실이 그것입니다. 실행에 옮겨야 할 움직임은 드러날 수 있습니다. 하지만 이동, 자세의 변화, 부분과의 관련 아래에서의 전체의 변화라는 유기체적 실재는 직접적으로 인식에 속하지 않습니다. 왜 그럴까요? 곧 살펴보게 될 여러 이유로 비지(非知, non-savoir)가 구성하는 요소의 자격으로 개입하며, 여러 부분들이 초월적으로가 아니라 내재적으로 정의되는 하나의 체계를 앞에 두고 있기 때문입니다.

지금 다루고 있는 주제를 더 잘 이해하기 위해 나는 '내재적 체계'라는 말의 의미에 대해 명확한 정의를 내리고자 합니다. 하나의 물질적 체계는 하나의 '내부'를 가진 것으로, 또는 이렇게 말한다면, 실재 세계에서 하나의 장(場)을 구획짓는 것으로 정의될 수 있습니다. 이 경우 이 체계의 부분들 사이의 관계는 전체와 이 부분들 하나하나의 관계를 거치게 됩니다. 또한 역으로 전체는 부분들의 총합에 불과합니다. 이는 이 총합이 그런 자격으로 부분들 사이에 맺어지는 관계에 개입하기 때문입니다. 그런데 우리의 유기체적 지위를 내재적 체계로 인정한다고 해서 우리가 비유기체적 지위에 의해서도 규정된다는 사실을 잊어서는 안 됩니다. 비유기체의 자격으로 우리는 우리 자신을 세포들의 총합으로 이해할 수도 있습니다. 인간이라는 유기체의 80~90퍼센트가 물로 이루어졌다고 말하는 경우가 그것입니다. 우리가 기계적 힘들의 대상일 때도 사정은 마찬가지입니다. 따라서 다음과 같이 선언할 필요가 있습니다. 유기체는 자연 속에서 비유기체에 더해지기 위해 나타난 특수한 대상들의 총체가 아니고, 또 몇몇 비유기체적 총체들의 개별적 지위—외부의 내재화에 의해 규정되는 지위—에 일치하는 특수한 대상들의 총체도 아니라는 사실이 그것입니다. 이는 유기체가 내재성의 관계라는 형태 아래에서 살아간다는 것을 의미합니다. 이는 또한 유기체가 물리 · 화학적 총체처럼 생각될 수 있다는 것을 의미하기도 합니다. 모든 것은 마치 물리 · 화학적 총체가 충분히 한정되지 않은 것처럼 진행되며, 또 몇몇 장(場)이나 몇몇 분야에서 이 외재적 총체 역시 내재적 법칙에 의해 규정될 수 있는 것처럼 진행됩니다.

이렇게 해서 우리는 적어도 출발점에서 다음과 같은 두 가지 유형의 외재성을 구별할 수 있습니다. 첫째, '내부의 외재성', 혹은 이렇게 말하자면, '이쪽', '이전(以前)'의 외재성입니다. 그러니까 유기체적 지위에 미치지 못하는 그리고 우리가 죽어서 돌아가게 될 그런 지위에 의해 장식된 외재성입니다. 둘째, '저쪽의 외재성'입니다. 유기체가—자기 자신의 유기체적 지위를 유지하기 위해—자기 앞에서 노동의 대상, 욕구와 만족의 수단으로 발견하는 것에 대응하는 것으로서의 외재성입니다. 따라서 우리는 다음과 같은 세 항으로 이루어지는 변증법을 갖게 됩니다. 초월적 존재 속에서 재외재화하는 이 유기체의 능력을 이해하기 위해 내재화(이는 노동의 행위 혹은 욕구 결정의 기회입니다)를 외부 유기체를 통해 기술하도록 요구하는 것입니다. 결국 '내재성'이라 지칭되는 하나의 계기가 있을 뿐입니다. 이는 일종의 매개(médiation)인데, 이 매개는 초월적 존재의 두 계기 사이의 매개입니다.

하지만 이 두 계기가 그 내부에서 반드시 구분된다고 생각해서는 안 될 것입니다. 다시 말해 시간성의 이유 외의 다른 이유로 구분된다고 생각해서는 안 될 것입니다. 결국 '내재성'인 자기 자신과의 매개를 시행하는 것은 결국 동일한 존재, 외재적으로 동일한 존재입니다. 이 매개 자체에 의해 두 유형의 외재성의 통일이 이루어지는 장소가 결정되는 것처럼, 이 매개는 필연적으로 자기 자신에 대해서는 무매개적입니다. 이는 이 매개가 자기 자체에 대한 고유한 인식을 포함하고 있지 않다는 의미에서 그렇습니다. 그 결과 우리가 순수한 주체성을 만나게 되는 것은 바로 자기 자신은 매개되지 않은 이와 같은 매개의 차원에서입니다. 그리고 그로부터 출발해서 마르크스가 주창한 여러 주제들을 고려하면서 이와 같은 매개의 지위를 더 잘 이해하게 되는 것입니다. 그렇다면 이와 같은 매개는 인류의 전체 발전 과정에서 어떤 역할을 하는 걸까요? 그런 매개는 실제로 객관적 인식으로 치장된 변증법의 필수 불가결한 계기로 존재하는 걸까요? 혹은 이 매개는 부수 현상에 불과한 걸까요? 이와 같은 주제들은 이미 마르크스주의 안에 있기 때문에 우리에게는 마르크스에게서 찾아볼 수 없는 주체성과 같은 하나의 개념을 외부로부터 도입하는 것이 중요하지 않습니다. 이와 반대로 중요한 것은 마르크스주의 내부에 욕구, 노동, 만족의 개념과 더불어 이미 주어진 그리고 루카치 같은 관념론적 객관론자들이 제대로 평가하지 못한 하나의 개념을 설명하고 찾는 것입니다.

반(反)유대주의자

우리는 먼저 그 자체에 대해서는 무매개적인 이와 같은 매개가 왜 그 자체의 특별한 특징으로 비지(非知)를 내포하고 있는지를 이해하려고 노력할 것입니다. 인식임과 동시에 행위인 자기 자신의 '실천' 속에서 그리고 자기 자신의 고유한 빛을 발하는 행동인 '실천' 속에서 인간은 왜 우리가 주체성, 자기 자신에 대한 비지(非知)라고 부른 것의 차원에 동시에 있게 될까요? 또한 우리는 이와 같은 상황에서 어떻게 이 주체성을 포착할 수 있는지를 물을 것입니다. 왜냐하면 만일 주체성이 실제로 비(非)대상(non-objet)이라면, 만일 주체성이 그런 것으로서 인식에서 벗어난다면, 우리는 어떻게 그것에 대한 진리를 단언할 수 있을까요?

아주 간단한 예로부터 출발한다면 이 모든 것은 아주 쉽게 해결될 수 있을 것입니다. 어떤 반유대주의자의 경우를 예로 들어보겠습니다. 유대인을 미워하는 반유대주의자는 유대인들의 적입니다. 하지만 반유대주의자가 이런 식으로 자신을 내보이는 것은 흔한 일이 아닙니다. 이와는 달리 1933년 나치에 의해 야기된 것과 같은 대규모 사회운동이 발생했을 때, 반유대주의자는 "나는 유대인들을 미워한다"라고 단언하는 용기를 가질 수 있었습니다. 하지만 위의 시기를 제외하고 그는 이런 식으로 행동하지 않습니다. 그는 이렇게 말합니다. "내가! 반유대주의자라고? 아니야, 나는 반유대주의자가 아니야. 난 그저 유대인들이 이런저런 결점을 가지고 있다고 생각할 따름이야. 따라서 나는 그들이 정치 무대에서 자리를 차지하도록 용인하지 않는 것, 거래에서 그들과 비유대인들의 접촉을 제한하는 것이 더 낫다고 생각해. 그도 그럴 것이 그들은 뭔가 구린 것을 가지고 있기 때문이야, 등등." 요컨대 이 사람은 그 자신이 안다고 주장하는 유대인의 특징을 우리에게 보여주는 것입니다. 하지만 그는 스스로를 반유대주의자로서 인식하지 않는 자의 자격으로 그렇게 하는 것입니다. 이것이 첫 번째 계기입니다. 그리고 여러분들 모두는 여러분들에게 유대인들에 대해 가능한 한 유쾌하지 않은 비호감적인 사실들을 말하는 자들을 알고 있습니다. 그렇게 말하는 것이 주체성이 아니라 객관성의 이름으로라고 선언하면서 말입니다. 하지만 뭔가가 발생하는 하나의 계기가 도래합니다.

가령 나의 공산주의자 친구였던 파리에 거주하는 모랑주(Morange)가 얼마 전에, 하지만 전쟁 전 아주 오래전에 이런 이야기를 나에게 들려준 적이 있습니다. 그때 그는 공산당의 어느 조직에 가입했었는데, 거기에서 한 노동자가 모랑주 자신이 이야기하는 모든 것에 하나하나 시비를 걸더라는 것입니다. 토론에서 그건 대수로운 일이 아니었고, 또 그런 일은 있을 수도 있다는 것입니다. 문제의 관건은 한 명의 수공업 노동자와 한 명의 지식인 사이의 불협화음이 결코 아니었다는 것입니다. 이들 사이에는 종종 불협화음이 있곤 했지만, 실제로 그 조직 내부에는 노동자들과 잘 지내는 다른 지식인들도 있었다는 것입니다. 문제의 노동자가 이렇게 말하곤 했다고 합니다. "정말로 그건 중요한 문제였어. 그 작자가 나에게 아주 비호감이었거든. 그게 다야!" 그런데 어느 날 이 노동자가 그 작자를 찾아가 이렇게 선언했다고 합니다. "그래. 그때 왜 내가 너를 좋아하지 않았는지 그 이유를 알게 되었어. 그건 네가 유대인이기 때문이었어. 그리고 그때 내가 부르주아적 이데올로기에 고유한 몇몇 편견을 떨쳐버리지 못했다는 것을 난 이제 알게 되었어. 나는 이 이데올로기를 처음엔 잘 이해하지 못했어. 하지만 네 경우가 나를 도와주었어. 결국 내가 네게서 싫어한 것은 바로 유대인 신분이라는 걸 알게 되었어. 왜냐하면 나는 반유대주의자거든."

여러분들께서는 변화를 감지할 것입니다. 당시에는 일반적인 태도와 특수한 태도 사이에 일종의 모순―불행하게도 그 어떤 것도 자기 자신의 반유대주의에 대한 긍정에 제동을 걸 수 없는 한 명의 프티부르주아에게는 가치가 없는 모순―, 또 일반적인 공산주의적 휴머니즘과 특수한 태도 사이의 모순을 통해 문제의 노동자는 반성적 의식에 이르게 된 것입니다. 하지만 여러분들께서는 당시에 반유대주의가 점차 사라지고 있는 중이었다는 점을 지적할 수 있을 것입니다. 그러니까 대상으로의 이행이 있었던 것입니다. 하지만 이 노동자가 자신의 반유대주의를 인정하게 된 바로 그 순간, 그는 거의 유대주의를 떨쳐버리고 있었던 것입니다. 아마도 그는 많은 어려움을 겪었을 수도 있고, 또 완전히 그것을 떨쳐버렸다가 결국 그것에 다시 빠지고 말았다고 생각할 수도 있을 것입니다. 하지만 사건의 요체는 이 노동자가 어쨌든 반유대주의를 거의 떨쳐버렸다는 것입니다. 왜냐하면 반유대주의는 하나의 대상에 대한 주관적 구성, 즉 '내부'가 '외부'와 자기 자신을 모르는 '내부'와 함께 맺는 관계가 더 이상 아니라는 사실입니다. 그러니까 이 노동자는 갑자기 그의 눈앞에 있는, 반성을 실천하고 있는 자의 반성 앞을 대상의 자격으로 지나간 것입니다. 물론 그는 그때 이 모든 것과의 관계에서 스스로 결정을 내리는 데 자유로운 상태였습니다. 유대인인 하나의 대상을 포착하는 주체성으로서의 반유대주의와 그 자신을 반유대주의적 대상으로 포착하면서 스스로를 반성하는 반유대주의 사이의 이와 같은 구분에는 주체적인 것 그 자체의 입장에서 보면 정말로 파괴적인 그 무엇이 들어 있습니다.

그렇다면 실제로 무슨 일이 발생했을까요? 이 노동자는 자신이 반유대주의자라는 것을 모르고 있었던 것입니다. 우리가 어떤 지역에 유전이 있고, 또 아직 발견되지 않은 어떤 별이 있다는 것을 모르는 것처럼 말입니다. 하지만 어쨌든 언젠가 우리는 유전이나 별을 발견하게 되고, 어떤 사람은 자기가 반유대주의자라는 것을 알게 됩니다. 바로 거기에 감춰진 하나의 요소, 나중에 알게 되는 일종의 '저장고'가 있습니다. 그리고 우리가 그 존재를 알게 될 때, 그것이 석유라면 그것을 탐사하게 될 것이고, 또 그것은 탐사할 유전을 찾는 일이 될 것입니다. 반유대주의의 경우에는 그것을 안다는 것이 부르주아적 이데올로기의 잔재에 다름 아닌 잠재적인 '저장고'를 아는 것입니다. 물론 그 목적은 이 잔재를 지우기 위함입니다. 하지만 거기를 좀 더 자세히 들여다보아야 할 필요가 있습니다. 왜냐하면 발견된 별과 천문학자 사이의 인식 관계는 별에다 아무런 수정도 가하지 않기 때문입니다. 만일 이 관계가 수정될 수 있다고 가정한다면, 우리는 어떤 식으로든 관념론에 빠지게 될 것입니다. 인식에 의한 발견이 그 자체로 인식된 존재에 영향력을 끼친다고 생각할 수 있다는 의미에서 그렇습니다. 실제로 인식에 의한 발견은 인식된 대상과 외재성의 관계를 맺습니다. 이것은 거리를 없애지 못하는 관계입니다. 물론 내재성의 부분도 있기는 합니다. 하지만 인식은 관념과 그 대상 사이의 충족을 겨냥하는 방향으로 진행되기 때문에, 인식이 커지면 커질수록 인식된 대상과 인식 사이의 차이는 점차 줄어들게 됩니다. 비유적으로 다음과 같이 말할 수도 있을 것입니다. 즉, 완벽한 인식이란 주체의 내부에서 그것을 기능하게 하면서 이 주체와 더불어 기능하는 대상이라고 말입니다. 유전에 대한 완벽한 인식은 유전 그 자체입니다. 따라서 거기에는 아무런 수정도 없습니다.

그런데 만일 '순수하게' 반유대주의자였던 문제의 노동자에게 인식이 영향을 주는 행위를 고려한다면, 우리는 이 행위가 인식된 대상을 현저하게 변형한다는 사실을 알게 될 것입니다. 이는 이 노동자가 자기 자신을 더 이상 공산주의를 신봉하는 노동자 또는 반유대주의자로 용인할 수 없게 강제된다는 의미에서입니다. 이 노동자를 완전히 변형한 무엇인가가 발생한 것입니다. 그러니까 이 노동자는 두 개의 체계를 세운 것입니다. 다시 말해 그는 외재적으로 자신의 이스라엘 친구에게 "너는 유대인이야"라고 말하면서 그를 전체화했고, 또한 그는 "난 반유대주의자야"라고 말하면서 자기 스스로를 전체화한 것입니다. 이와 같은 말은 이 노동자가 자기 자신에게 가한 규정을 크게 벗어납니다. 이 말은 그를 다시 분류하고, 그를 집단 내의 객체성 안에 위치시키고, 또 거기에 가치 목적적인 체계를 도입합니다. 물론 이 체계는 그에게 미래와 참여를 가능케 해줍니다. 만일 그가 반유대주의자라면, 이는 그가 모든 유대인들을 미워한다는 것, 다음 주에 그가 한 명의 유대인을 만나게 되면 그를 미워하리라는 것을 의미합니다. 가치에 관련된 용어로 말하자면, 이는 그가 자기 동료들의 가치를 공유하는 사람이 아니라는 것을 의미합니다. 왜냐하면 그는 정반대로 그들의 고유한 가치의 이름으로 선고를 받았기 때문입니다. 따라서 그는 그들에게 선고를 내리든가 아니면 그 자신에게 선고를 내리든가 사이에서 선택해야 합니다.

이 두 번째 계기—이것이 두 번째 전체화입니다—는 참여, 객관적인 행동을 유도합니다. 그리고 이 계기는 가치판단의 기회이고, 공동체 전체와의 관계로 주어지며, 또 그렇게 함으로써 미래를 담보하게 됩니다. 그 결과 이 계기는 이제 더 이상 주체성의 계기—그 안에서 유일한 대상은 사람들에 의해 유대인으로 여겨진 바로 그 개인입니다—가 아닙니다. 그렇다면 이 모든 것은 이 개인이 그런 행동을 했을 때, 그가 반유대주의자가 아니었다는 것을 의미하는 걸까요? 물론 그가 자기 내부에서 부르주아 사회의 잔재, 그가 일소하지 못한 부르주아적 이데올로기의 잔재를 간직하고 있다는 의미에서는 그렇습니다. 이런 의미에서 그는 반유대주의자였습니다. 하지만 그의 내부에 그를 반유대주의자로 만든 '저장고'가 있을 수 있다는 의미에서는 그렇지 않습니다. 그는 반유대주의자가 아니었습니다. 단지 그가 이해하지 못했던 세계, 그의 인식에서 벗어났던 세계, 자기에 대해 그가 펼치는 거리에서 벗어났던 세계를 향해 가려는 주체적 시도와 그만의 참여가 있었던 것입니다. 그 결과 우리는 주체 그 자신을 위한 '주체성-대상'의 출현으로 인해 그에게서 변화가 초래된다는 것을 알 수 있습니다.

스탕달에게서의 사랑

스탕달의 소설에서 이와 관련된 유명한 두 개의 예를 볼 수 있습니다. 첫 번째 예는 『파르마의 수도원』에서 볼 수 있습니다. 산세베리나를 사랑하게 된 모스카 백작은 자신의 멋진 조카인 파브리스와 그녀가 콤 호숫가에서 2주 동안 지낼 목적으로 함께 떠나는 것을 목격합니다. 두 사람은 모두 약간 모호하지만 그래도 서로 연정을 품고 있습니다. 모스카 백작은 두 사람이 떠나는 것을 보며 생각합니다. 만일 '사랑'이라는 말이 두 사람의 입에 오르내리면 나는 끝장이다라고 말입니다. 달리 말하자면, 아직 인식되지 않은 이 감정, 아직 알려지지 않은 감정, 아직 이름 붙여지지 않은 이 감정에 이름이 붙여진다면 나는 끝장이라는 의미입니다. 왜냐하면 이와 같은 이름 붙이기로 인해 그 두 사람이 서로 사랑해야 한다고 생각하게 될 정확한 행위와 참여가 유도되지 않을 수 없기 때문입니다. 이와는 반대로 간통을 두려워하는 레날 부인은 왜 쥘리앙 소렐에게 자기를 내맡겼을까요? 그것은 그녀가 사랑이 뭔지를 몰랐기 때문입니다. 그녀는 자기 내부에서 일어나는 것에 '사랑'이라는 이름을 붙일 수 없었던 것입니다. 왜냐하면 그녀에게 사랑은 예수회 수도사들에 의해 규정된 것이었기 때문입니다. 그런데 이들은 사랑을 책을 통해서나 양심 결의의 기회에만 경험했던 자들입니다. 게다가 그녀는 젊지도 잘생기지도 않은 채 그녀 자신을 간통으로 몰고 가려 했던 남편의 친구들과 남자들을 보았습니다. 이것이 그녀를 두렵게 했던 것입니다. 결국 그녀는 사랑에 대한 생각을 가지고 있었던 것입니다. '사랑'이라는 단어에 연결된 이 생각으로 인해 그녀는 결국 자식들의 가정교사인 젊은 청년에게 자기 자신이 겪은 감정을 사랑으로 여기지 않게 된 것입니다. 이 감정은 그녀에게는 전혀 다른 종류의 것이었습니다. 그녀는 단순히 이 감정을 겪었던 것입니다. 언젠가 그녀는 이 감정에 이름을 붙일 것입니다. 왜냐하면 그녀는 사랑의 제스처들을 시작할 것이기 때문입니다. 하지만 만일 누군가가 그녀에게 "그건 사랑이에요"라고 말했더라면, 그녀는 쥘리앙과의 관계를 끝냈을 것입니다. 하지만 이런 일은 발생하지 않았습니다. 이렇게 해서 객관적 인식은 그 대상을 계속 변형한다는 사실이 증명됩니다. 레날 부인은 사랑에 이름을 붙이기 전에 사랑의 제스처를 했고, 다른 구애자들은 그녀와의 관계에서 빠져나왔거나 그것을 포기했습니다. 왜냐하면 사랑이라는 단어가 발음되지 않았기 때문입니다. 이 계기가 주체성에 어떤 중요성을 가지는지, 객관적인 것으로의 이행이 어떻게 이 주체성을 수정하는지—이와는 달리, 우리가 별에 이름을 붙인다고 해도, 그만큼 우리가 별에 변화를 가하는 것은 아닙니다—그리고 그 결과—이것이 중요합니다—어떻게 비지(非知), 그러니까 무매개적인 것이 매개의 내부로 이행하는지 알게 됩니다.

이제 우리는 비지(非知)가 갖는 기능적 중요성을 이해하는 데 도움을 줄 수 있는 두 번째 질문을 던져야 합니다. 만일 신체, 정신적 통일체가 외재적 존재의 주체적 내재화를 실행하는 것이 사실이라면(물론 이와 같은 내재화로부터 시작해 자기 앞에 있는 외재적 존재에 작용하는 실천적 부정이 있게 되는데), 또 만일 거기에 더해 우리가 인식하자마자 이 주체성이 지속적으로 변형되는 것이 사실이라면, 어떻게 우리는 이 주체성에 대해 모종의 진리를 말할 수 있기를 바랄 수 있을까요? 혹은 그저 모종의 진리를 말할 수 있기 위해 노력할 수 있을까요? 실제로 우리는 그렇게 시도할 때마다 주체성을 왜곡하고 말 것입니다. 그렇다면 무엇이 주체성을 대상으로 만들지 않은 채 이 주체성에 대해 말할 수 있게 할까요? 만일 주체성이 그 발생 장소에서 외재성이 내재화된 형태로, 내재화의 체계에서 내재화의 체계로 변형된 형태로 포착된다면, 이 주체성은 왜곡될 것이고, 그것은 나에게 외재적 대상이 될 것이며, 나는 그것과 거리를 유지하게 될 것입니다. 하지만 내가 이 주체성을 가장 잘 알아보는 곳은 바로 하나의 상황에 대응하는 노동과 '실천'의 결과물 속에서입니다. 만일 이 주체성이 나에게 발견될 수 있다면, 그것은 상황이 공통으로 요구하는 것과 내가 거기에 응수하는 것 사이의 차이 때문입니다. 이와 같은 차이가 반드시 최소한의 응수와 일치한다고 생각할 필요는 없습니다. 이 차이는 앞으로 더 커질 수 있는 더 풍부한 그 무엇일 수 있습니다. 어쨌든 우리가 하나의 상황을 하나의 테스트로 여긴다면, 이 상황이 어떤 것이라고 해도 이 상황은 주체로부터 그 무엇인가를 요구하게 됩니다. 그런데 위의 응수는 결코 객관적 요구에 완전히 들어맞을 수 없을 것입니다. 응수가 요구를 넘어서든지, 혹은 정확히 필요한 곳에 있지 못하고 옆이나 아래에 위치하게 될 것입니다. 따라서 주체성이 그 내부에서 존재하는 바를 포착할 수 있는 것은 결국 이와 같은 응수의 내부에서입니다. **"주체성은 응수의 특징으로서 외부이고, 또한 그것이 구성된 대상인 한에서는 대상의 특징으로서 외부입니다."**[6]

---

6) 강조는 편집자인 미셸 카일.

적응의 형태들

이와 같은 생각을 좀 더 길게 전개하기 위해 세 가지 예를 들어보겠습니다. 그중에서도 세 번째 예가 가장 흥미롭습니다. 하지만 일단 먼저 유기체에 가장 가까운 의학적 예를 들고자 합니다. 반맹증(半盲症)[7] 환자의 응수가 그것입니다. 이 경우가 우리의 관심을 끄는데, 왜냐하면 분명 이 질병이 신체, 정신적 통일체를 가리키기는 하지만, 유기체적 손상에 최대한 가깝기 때문이기도 합니다. 이 질병에서 문제가 되는 것은 뇌엽(腦葉)에 이르는 시신경을 해치는 훼손입니다. 정확하게 규명되지 않은 몇몇 경우에서 이 훼손은 기능 마비를 일으킵니다. 양쪽 눈의 시야 반이 보이지 않게 됩니다. 영상이 망막의 한쪽 위에만 형성되기 때문입니다. 하지만 눈은 하나의 조직이기 때문에, 망막에서의 반응은 하나의 중심점에서 출발해서 망막의 황반(黃斑)이라고 부르는 것의 중앙에서 이루어집니다. 그런데 우리가 엄격하게 비유기체적이고 완전히 외재적인 체계를 문제삼는 경우, 이와 같은 반맹증의 결함은 실재에 대한 시야의 절반 정도에 관련된 결과를 낳게 될 것입니다. 모든 이유를 알고 실험으로 여기면서 뭔가를 섭취해 똑같은 장애를 일으킬 수 있다고 한번 상상해보시기 바랍니다.

이 경우 우리는 무엇을 할까요? 위와 같은 훼손을 알고 있기 때문에, 그것에 대해 우선 거리를 두려고 할 것입니다. 예컨대 시계(視界)의 오른쪽 부분을 볼 수 없다는 것을 알기 때문입니다. 우리가 우리 면전에 있는 대상

---

7) 〔옮긴이〕 반맹증은 시력의 부분적 상실로 특징지어지는 시력 장애이다. 반맹증을 일으키는 결손은 이른바 안구에 있지 않고, 뇌시각 중앙 부위(lobes occipitaux)나 이것들을 망막으로 이어주는 통로에 위치한다. 예컨대 오른쪽 동측반맹의 경우(가장 빈번한데), 시력 주체는 시계(視界)의 오른편에서 벌어지는 일을 보지 못한다. 당사자는 반맹증에 대해 항상 아주 분명한 의식을 갖고 있지 않다. 반맹증에 의해 야기되는 방해는 그저 머리를 돌림으로써 만회될 수 있다. 교차반맹(bitemporel)의 경우, 환자는 마치 총구멍을 들여다보듯이 자기 앞만을 볼 수 있을 뿐이다. 『신(新)라루스 의학 사전』(1981)에서 인용.

들을 보고자 한다면, 우리는 머리와 눈을 돌려야 할 것입니다. 그렇게 함으로써 어느 정도는 결함을 극복할 수 있는 참다운 '실천'의 도움을 받아 전체화된 새로운 시계를 재구성하면서 말입니다. 다시 진짜 반맹증 환자, 즉 훼손이 생리학적 질서의 결과인 환자로 돌아옵시다. 이제 그에게서 시계의 반을 앗아가는 이 결함에 대한 그의 반응을 기술할 수 있을 것입니다. 한편으로 그는 자신의 결함을 모릅니다. 다른 한편으로 그는 자신의 실질적인 시계를 유지합니다. 이 두 사실은 짝을 이룹니다. 그는 자신의 시계의 반을 상실했다고 말하지 않을 것입니다. 그는 그저 약간 피곤해서 잘 보이지 않는다고 말할 것입니다. 그가 스스로 시계를 재구성한다는 면에서 보면, 그의 시력 체계는 완벽하다고 할 수 있습니다. 하지만 시력의 측면 쪽의 저하와 더불어 중심점 주위로 시야를 계속 맞출 수 있는 능력이 결여되었기 때문에, 망막의 모든 점들이 이동된 것입니다. 이때 재조직의 중심은 측면에 위치하게 되고, 시력 저하의 새로운 부위가 자리잡게 됩니다. 그 결과 망막 위의 각각의 점은 새로운 기능을 가지게 됩니다. 과거에 시야가 가장 깨끗했던 곳에서, 황반과 가까운 지점에서 시야는 가장 저하되게 됩니다. 망막뿐만 아니라 눈의 조절작용, 근육의 움직임, 시계 역시 변형되고, 그 결과 평소에는 시야가 흐린 곳인 측면이 새로운 중심으로 자리잡게 됩니다. 이 반맹증 환자에게 그의 면전에 있는 대상이 무엇이냐고 묻게 되면, 그는 이 새로운 중심점 앞에 놓여 있는 대상을 가리킬 것입니다. 왜냐하면 지금 그의 시계 조직은 바로 이 새로운 대상을 근거로 이루어지기 때문입니다. 우리는 이 반맹증 환자의 행동에서 무지가 본질적이라고 말할 것입니다. 그는 자신이 이해하지 못하기 때문에만 그 자신이 하는 행동을 하는 것입니다.

갑작스럽게 그리고 무지 속에서 이루어지는 이와 같은 수정은 반대로 우리에게 주체성이 무엇인지에 대한 아주 훌륭한 이해를 가능케 해줍니다. 먼저 우리는 주체성이 객관적인 요소들—정상적인 적응을 넘어서거나 역으로 정상보다 아래에 위치하는 것처럼 보이는—로부터 출발해서 포착될 수 있을 뿐이라고 예견합니다. 실제로 우리는 반맹증 환자가 자신의 면전에 있는 것이 무엇인지를 우리에게 말하는 순간부터만 그에게 무엇인가가 발생했다―우리는 그때 그렇게 인정하는 것입니다―고 이해하게 될 뿐입니다. 이것이 바로 주관적 실재의 객관적 · 실재적 구조입니다. 그다음으로 우리는 이 환자를 단지 훼손에 의해 시력에 영향을 받은 존재로만이 아니라 또한 다음과 같은 삼중의 총체성을 재구성하는 존재로 이해하게 됩니다. 즉, 그의 뒤에서는 유기체, 그의 내부에서는 결함과 상실이 없는 시계, 그의 면전에서는 포착하고 먹고 삶을 영위하기 위해서 이 환자가 보아야만 하는 대상이 그것입니다. 이렇게 해서 이 환자는 내재적으로 이와 같은 결함을 안고 살아가야만 하는 것입니다.

실천, 비지(非知) 및 존재

하지만 우리가 상상한 이 사람, 실험실에서 실험을 하면서 반맹증을 스스로 일으킨 사람과 진짜 반맹증 환자 사이에는 어떤 차이가 있을까요? 실험에 참가한 사람은 하나의 '실천'을 하고, 이 결함과 어느 정도 거리를 두며, 이 결함을 그의 타성태적 상태에 맡기게 됩니다. 그는 이렇게 선언할 것입니다. "이 결함은 하나의 외재적 대상, 즉 분명 나의 보는 활동에 관여하기는 하지만 곧 외재성으로 떨어져버리는(왜냐하면 엄격한 수동성이 문제가 되기 때문에) 하나의 외재적 대상에 불과할 뿐이다." 사실 결함보다 더 수동적이고 단어의 실질적인 의미에서 덜 능동적인 뭔가가 있기나 할까요? 단번에 이 환자는 몸을 바로잡고 머리를 좌우로 돌리면서 혼자 해결하려 하고, 결국 그가 원하는 것을 합니다. 그는 이론적 인식에 바탕을 둔 하나의 '실천'을 갖게 되는 것입니다. 그렇다면 진짜 반맹증 환자는 어떨까요? 그 역시 자신의 시계를 변형하기는 합니다. 하지만 그 자신의 결함을 모르기 때문에, 그는 이것을 통합하게 됩니다. 외재적이기만 했던 이 결함은 이제 완전히 내재적인 것이 됩니다. 이 결함은 내부로부터 다시 회수되었으며, 실질적인 도식으로서 행동의 모든 재조직화를 이끄는 도식처럼 여겨질 수 있을 것입니다. 물질적이고 결함이 있는 이와 같은 사태는 갑작스럽게 비지(非知) 덕택으로 행동 속에 포함됩니다. 왜냐하면 이 사태는 거리 없이 체험되고, 또 이 행동은 외재성에 속하는 무엇인가를 거리 없이 다시 회수하는 행동을 구현하기 때문입니다. 분명 부정이 있지만, 그것은 통합에 이르는 부정입니다. 이는 거리에서 기인하는 '실천'에 대한 완전한 부정이 아니라 무지에 의해 부과된 부정입니다. 이는 새로운 유기체적 삶의 중앙에 놓인 결함에 대한 맹목적인 부정입니다. 이 맹목적 부정에는 결함이 있는 존재에 대한 인정이 동반되지 않습니다. 이 존재를 부정하면서 이 맹목적 부정은 이 존재를 전체에 통합해버립니다.

이는 무슨 일이 발생하든 전체는 항상 남는다는 것과 같은 말입니다. 그리고 이것은 또한 이 전체가 자기는 변화시키지 않았다고 주장하면서—왜냐하면 전체가 이 변화를 알지 못하기 때문입니다—스스로 변화하는 것과 같은 말입니다. 문제의 환자는 반맹중 환자가 아닙니다. 왜냐하면 그는 시계의 반을 잃었기 때문입니다. 이는 그가 이 상태를 수동적 장애로 여긴다는 것을 의미합니다. 하지만 이 장애는 결코 남아 있지 않습니다. 이와는 반대로 그는 다음과 같은 이유로 반맹중 환자입니다. 그 스스로 반맹중 환자가 되기 때문입니다. 이 환자는 결함을 통합하면서 이 총체화를 내재적으로 유지합니다. 이것이 바로 주체성의 첫 번째 중요한 특징입니다. 만일 주체성이 그 정의상 심지어 의식의 수준에서까지 비지(非知)라면, 이는 개인 혹은 유기체가 자기 존재여야 하기 때문입니다. 이는 다음과 같은 두 가지 방식으로 가능합니다. 하나는 순수한 물질적 체계의 경우에서처럼 자기 자신의 물질적 존재로 있는 것입니다. 이 경우에 결함은 거기에 있습니다. 그게 전부입니다. 다른 하나는 실천에 의해 몇몇 수정을 수용하는 것을 각오하고 현 상태를 스스로 유지하기 위해 전체를 수정하는 것입니다. 이것이 바로 '실천'의 더 복잡한 경우입니다. 하지만 체계의 타성태적 상태와 이른바 '실천' 사이에는 내재적 조건이 있습니다. 다시 말해 전체는, 먼저 주어진 무엇인가로, 그다음에는 유지해야 할 무엇인가로 존재하지 않습니다. 이와는 달리 이 전체는 계속해서 유지해야 할 무엇, '이미-항상'(toujours-déjà) 유지된 무엇으로 존재합니다. 하나의 유기체 안에는 주어진 것이 있는 것이 아니라 계속적인 충동이 있습니다. 다시 말해 전체의 구축과 하나가 될 뿐인 충동이 있는 것입니다. 그리고 스스로 구축되는 이 전체는 각 부분에는 무매개적인 현전입니다. 이것은 단순하고 수동적인 실재의 형태 아래에서가 아니라 여러 부분에 모든 상황에서의 재총체화를 요구하는―'요구하는'이라는 단어는 유추적일 뿐입니다―도식의 형태 아래에서 이루어집니다.

　여기에서 우리는 그 내재성의 정의가 무매개적임과 동시에 가까운, 가능한 한 아주 가까운 거리를 가진 자기에 대한 현전의 형태 아래에서, 또 모든 부분에 현전함과 동시에 모든 부분 하나하나의 현전인 조절되고 자동 조절된 총체성의 형태 아래에서의 자기 존재가 되어야 하는 하나의 존재에 직면합니다. 실제로 전체는 내재화와 계속적인 재조직화의 법칙입니다. 이는 "유기체란 우선 전체라기보다는 오히려 하나의 전체화이다"라고 말하는 것과 동일합니다. 전체는 이와 같은 내재화를 전체화로 계속해서 유도하는 일종의 자동 조절일 수밖에 없습니다. 전체화는 동요하고 변화하는 외부의 통합에 의해 이루어집니다. 반맹증은 정확히 이런 예의 하나입니다. 결국 전체는 일반적 충동과 다르지 않습니다. 충동과 욕구는 하나를 이룰 뿐입니다. 욕구들이 먼저 있는 것이 아닙니다. 지속하려는 요구로서의 유기체 그 자체인 욕구가 있는 것입니다. 우리가 아직까지 고려하지 않은 외부와의 복잡한 변증법이 개별적 욕구들의 특화를 유도하는 것은 정확히 이와 같은 욕구가 존재하고 난 후의 일입니다. 하지만 욕구는 원초적으로 전체 유지의 욕구입니다. 결국 존재해야 한다는 것은 이 존재가 내재적으로 무매개적 현전이라는 점을 가정하는 것입니다. 그리고 이것은 항구적으로 그러한데, 왜냐하면 이 현전은 무매개적이고 거리가 없기 때문이고, 또 내재화의 체계로서의 주체성은 우리가 이 주체성을 포착하는 어떤 차원에서도 그 자체에 대한 인식을 가정하지 않기 때문입니다. 여러분들은 이렇게 말할 것입니다. 의식이 있다고 말입니다! 물론 그렇습니다. 우리가 이미 살펴본 것처럼, 의식이 일단 개입하게 되면 주체성은 대상이 되어버립니다. 완전한 반유대주의자이기 위해서는 사람들이 이 사실을 알아서는 안 됩니다. 왜냐하면 그렇게 되면 사람들은 자기 자신의 재조직화를 실행하기 때문입니다.

두 번째 예를 살펴보고자 합니다. 이 예는 알지도 못한 채 자기 자신의 주체성을 드러내는 사람, 심지어는 자기 주위에 있는 다른 사람들이 즉각적으로 이 사실을 알지 못한 상태에서 자기 자신의 주체성을 보여주는 사람의 예입니다. 나는 다음과 같은 사실을 보여주고자 합니다. 그러니까 우리가 바로 위에서 분석한 '존재의 내재화'는 아래 존재, 너머 존재, 상황 존재라는 삼중 조건의 차원에서 이루어지는 경우에만 이해 가능할 뿐이라는 사실이 그것입니다. 여기에서 지적하고자 하는 가장 흥미롭게 보이는 사실은 바로 이 주체성 안에서 뭔가가 발생한다는 것입니다. 우리는 위에서 반맹증 환자는 타성태적 결함이었던 것만을 통합한다는 사실 그리고 그것을 하나의 행동으로, 분명 지각의 기초적 행동이지만, 여하튼 하나의 행동이었던 것만을 통합할 뿐이라는 사실을 보았습니다. 이런 의미에서 우리는 그것이 육화(肉化)되었다고 말할 수 있을 것입니다. 그리고 우리는 조금 뒤에서 이것이 하나의 사회적 관점의 의미를 가진다는 사실을 보게 될 것입니다. 순수한 타성태였던 것이 행위를 통해 육화된 것입니다. 반맹증 환자는 자기 자신의 존재 그 자체를 떠맡으려고 선택했다고 할 수 있을 것입니다. 어쨌든 그는 그것을 모른 채 이와 같은 타성태적 결함을 선택했고, 또 그것으로 내부에서 자기 자신의 실재를 만들었던 것입니다. 개별성 혹은 개별화는 정확히 거기에서 유래한다고 우리는 단언할 수 있을 것입니다. 우리는 개별성을 가진 다양한 존재들입니다. 하지만 이는 특히 각각의 주어진 상황에서 우리가 내부적으로 별다른 중요성이 없는 사건에 불과한 것을 실제로 떠맡거나, 중요하기는 하지만 거리를 두고 있는 사건을 떠맡기 때문입니다. 또한 이와 같은 사건들을 우리가 우리 자신의 행동 속에서 드러내기 때문이기도 합니다. 반맹중 환자의 개별성—이것은 그의 내부에서 우리들에게 개별적인 것으로 엄습하는데—은 그를 보편적인 것에 속하는 결함으로 만드는 것이 아닙니다. 그러기보다 그의 개별성은 오히려 우리들이 그에게 "우리들 앞에 무엇이 있나요?"라고 물었을 때, 그가 우리들에게 거기에 없는 사람을 가리킬 수도 있다는 것입니다. 이런 것이 바로 그의 개별성입니다. 그런데 이 개별성은, 그가 이와 같은 결함으로 고통을 느끼지 않을 때는 유기체 그 자체에 의해 주어진 것도 아니고, 보편적인 것의 질서에 속하는 결함 자체에 의해서 주어진 것도 아닙니다. 이와는 달리 이 개별성은 그의 보편성을 떠맡는 행위, 그의 변형 그리고 그의 통합에 의해 주어지는 것입니다. 이것이 바로 우리가 보편적인 것의 개별화라고 부를 수 있는 것입니다. 사회적으로 말해 이것은 아주 중요합니다. 이 점에 대해서는 다시 거론할 것입니다. 지금 현재로서는 다음과 같은 사실을 간단하게 지적할 수 있을 것입니다. 즉, 하나의 체계가 내재적으로 존재해야 하는 방식으로 그 어떤 외재적 변화를 내재화할 때 주체성이 있다는 사실이 그것입니다. 결코 타성태적인 그 무엇이 문제가 아닙니다. 이와는 반대로 유기체적 에너지의 여러 방향으로의 격렬한 분배가 문제가 되는 것입니다. 하지만 이것이 아주 기본적인 행동이라는 것을 인정해야 할 필요가 있습니다. 이렇게 해서 나는 여러분들께 우리가 통상 주체성의 차원이라고 부르는 차원에서 사태가 어떻게 진행되는지를 보여주기 위해 좀 더 멀리 나아가볼 것입니다.

'그라뷔주'의 정치학

이를 위해 나는 하나의 실례를 들고, 그것을 가능한 한 완벽하게 설명해볼 생각입니다. 아주 친한 친구 한 명이 있었습니다.[8] 이 친구는 『현대』 (Les Temps modernes)지에 기고했고, 아직도 기고하고 있습니다. 그는 처음부터 이 잡지에 참여했습니다. 우리는 당시 10여 명이었고, 이 잡지의 제목을 찾고자 애쓰고 있었습니다. 여러분들이 잘 아시는 대로 이 잡지의 계획은 프랑스 부르주아와 우파에 비판적인 입장을 취하는 것이었습니다. 우리는 원칙상 좌파 쪽이었고, 좌파 세력과 연계하고 있었으며, 이러한 시각에서 세계를 검토하고 이 세계의 변혁을 위해 참여와 비판을 아우르는 참이었습니다. 어쨌든 우리는 제목을 물색하고 있었던 것입니다. 그런데 문제의 친구가 가볍게 '르 그라뷔주'(Le Grabuge)라는 제목을 제안했습니다. 이 단어는 18세기 텍스트들에 나오는 아주 친숙한 프랑스어 단어로, 그 의미는 '무정부적 폭력'이라고 할 수 있을 것입니다. 예컨대 만일 카페에서 사람들이 서로 위협을 가할 경우 이렇게 말하는 부르주아들을 상상할 수 있을 것입니다. "가세! 그라뷔주가 난무할 것 같아." 이처럼 '그라뷔주'라는 단어는 폭력, 피와 더불어 스캔들을 떠올리게 만듭니다. 갑작스럽게 질서를 어지럽히는 무엇인가의 돌발이 그것입니다. 이와 같은 제안 속에서 주체성은 즉각적으로 솟아오르고 또 어느 정도 거리를 두게 합니다. 우리는 당연히 부르주아적 질서에 반대하는 입장이었고, 가능한 한 이 질서 타파와 사회주의 질서 수립에 도움이 되기를 희망했었습니다. 하지만 1945년은 이와 같은 일을 '그라뷔주'의 형태로 할 수 있는 때가 아니었습니다. 당시 '그라뷔주'는 내 친구가 완전 나체 상태로 샹젤리제 대로를 활보할 수 있다는 것을 의미하기도 했습니다. 이와 같은 스캔들이 부르주아 의

---

8) 여러모로 보아 미셸 레리스(Michel Leiris)이다.

식을 동요시키는 데 도움이 되리라고 확신하면서 말입니다. 이와 같은 의미에서 내가 설명하고자 하는 아주 흥미로운 괴리(décalage)가 있습니다. 이 괴리는 정확히 주체성을 드러내 보입니다.

내 친구의 이름이 폴이라고 합시다. 그를 아는 모든 사람들과 그의 말을 들었던 모든 사람들은 다음과 같이 속으로 중얼거리지 않을 수 없을 것입니다. "그건 완전히 폴답다!" 간단한 한 단어의 선택에서조차 우리들 모두는 폴의 모습을 봅니다. 왜 그럴까요? 우선 폴이 과거에 초현실주의자였기 때문입니다. 물론 그는 그 유파를 떠났습니다만, 그래도 여전히 거기에 대한 향수를 간직하고 있었고, 그 결과 그는 반복의 차원에 머물러 있기 때문입니다. 그런데 브르통의 말마따나 가장 간단한 초현실주의적 행동은 바로 '그라뷔주'입니다. 권총을 들고 아무에게나 난사(亂射)하는 것입니다. 이 행동은 스캔들임과 동시에 엄격하게 개인적이며, 타인을 파괴하는 행동이자 자기를 파괴하는 행동이기도 합니다. 초현실주의자들은 젊었음에도 불구하고 그룹을 형성했으며, 특히 언어 차원에서 문학적이고 예술적인 스캔들을 통해 그들이 계속 표현하고자 했던 폭력을 조장했던 것입니다. 하지만 그들이 길거리에서 맨 처음 눈에 띄는 사람을 쏘기 위해 권총을 들었던 것은 결코 아닙니다. 그들 대부분에게 과거의 뭔가가 흉중에 남아 있었고, 또 이와 같은 뭔가가 새로운 환경에서 그들 자신을 계속 조건짓고, 또 그것이 반복되고 있었던 것입니다. 초현실주의의 유행이 지나고 한참 후에 내 친구 폴은 술집에 가서 자기보다 더 크고 힘이 센 자에게 욕을 하곤 했습니다. 그다음에 그는 '그라뷔주'를 했다는 이유로 땅바닥에 엎드려야 했고, 그다지 무섭지 않은 벌을 받곤 했습니다. 그가 그런 것을 일부러 원했다고도 할 수 있을 것입니다.

바로 여기에서 반복적인 행동, 부지불식간의 행동, 이전(以前) 상황에 대응하는 행동, 재내재화된 행동이 나타나게 됩니다. 이 초현실주의자는 여전히 초현실주의자로 남아 있을 것입니다. 분명 여러분들은 다른 많은 초현실주의자들이 폴과는 다른 길을 갔다는 것을 알 수 있을 것입니다. 예컨대 아라공은 공산당에 가입했고, 따라서 그는 분명 새로운 잡지에 '그라뷔주'라는 제목을 붙이지는 않을 것입니다. 그보다는 차라리 '콩고르드'(Concorde, 일치)나 이와 유사한 제목을 붙일 것입니다. 그렇기 때문에 문제가 되는 것은 있는 그대로 해석되어야 하는 아주 특이한 상황입니다. 이 상황은 분명 폴의 사회적 성장 과정, 그 자신이 기꺼이 얘기하곤 하는 성장 과정을 가리킵니다. 그도 그럴 것이 그가 '그라뷔주'라는 제목을 제안했을 때, 그는 그 자신을 알고 있었음과 동시에 알지 못한 상태였기 때문입니다. 그는 그 자신을 아주 잘 알고 있습니다. 심지어 그는 자신에 대한 아주 훌륭한 책들을 쓰기도 했습니다. 따라서 그가 '그라뷔주'라고 말했을 때, 그는 결코 자신이 썼던 것이 의식의 수면 위로 떠올랐다고 생각하지 않습니다. 그는 단지 하나의 잡지에 적합한 하나의 제목을 선택했다고 생각했을 뿐입니다.

실제로 폴은 부유한 집안에서 태어난 프티부르주아였고, 또 그런 신분으로 남아 있었습니다. 물론 그는, 여기에서 이야기하기에는 너무 길지만, 부르주아지가 지지하고 또 용인하는 그런 어린 시절을 보냈습니다. 그는 이런 어린 시절에서 완전히 벗어나지 못했습니다. 그에게는 개인적으로 몇몇 부르주아적 확신, 어느 정도의 부르주아적 안락함이 필요했던 것입니다. 그가 그런 것들을 싫어한다고 해도 말입니다. 그는 이른바 무정부주의자에 해당하는 고전적 상황에 처해 있었던 것입니다. 그렇다고 해서 그가 우파 무정부주의자였던 것은 아닙니다. 그도 그럴 것이 그는 진지하게도 반부르주아적이었기 때문입니다. 하지만 그는 자신이 여러 부르주아적 요소들의 포로였다는 것을 분명하게 알고 있었습니다. 그렇다면 그가 계속 재생산해내는 이와 같은 행동은 무엇일까요? 그것은 자기 파괴적 행동입니다. 자기 자신을 파괴함과 동시에 스캔들을 통해 사회질서를 파괴하는 것입니다. 이 두 측면은 불가분의 관계에 있습니다. 폴은 클로즈리 데 릴라[9]

계단 꼭대기에 서서 이렇게 외칩니다. "독일 만세, 프랑스 타도!" 1920년에는 이렇게 외치는 것이 결코 시의에 맞는 행동이 아니었습니다. 여러분들이 짐작할 수 있는 것처럼, 계단 아래에 있었던 사람들은 그에게 내려오라고 말했습니다. 그는 그렇게 했고, 그다음에 그는 사나흘 동안 병원 신세를 져야 했습니다. 그때 그는 무엇을 했을까요? 그는 가능한 범위에서 스캔들을 통해 부르주아 현실을 훼손했습니다. 또한 이와 동시에 그는 그 자신이 훼손되도록 방치했습니다. 달리 말하자면, 그는 타자의 내부에서 부르주아를 타파하려 하면서 그 자신의 내부에서 부르주아를 타파한 것입니다. 늘 그렇듯 자기 파괴적 폭력 행위를 통해서 말입니다. 그렇지 않다면 그것은 자살 행위일 것입니다. '그라뷔주'에는 정확히 이런 것이 포함되어 있습니다. 우리들에게 '그라뷔주'를 추구하는 사람은—예컨대 뉴욕에서 볼 수 있는 어떤 미국인처럼—저녁마다 너무 무료해서 단지 다른 사람과 드잡이할 목적으로 술집에 출입하는 사람입니다. 다른 사람의 얼굴을 뭉개놓든 아니면 자기의 얼굴이 뭉개지든, 그는 만족합니다. 문제가 되는 것은 여전히 폭력을 통한 자기 파괴 행위, 생명의 파괴, 생명의 부정입니다.

이와 같은 관점을 가지고 우리는 주체성 속에서 항상 더 멀리 나아가게 됩니다. 왜냐하면 러시아혁명 이후 몇 년이 지나 '그라뷔주'가 모든 당에서 지식인이 가질 수 있는 가장 훌륭한 태도로 보인 때가 있었기 때문입니다. 당시에 부르주아지는 아주 강했고, 소련은 갓 태어나 사방에서 오는 위협에 직면해 있었으며, 같은 이유로 공산주의자들은 물론이거니와 후일 트로츠키까지도 다음과 같이 단언했었습니다. "당신들 지식인의 역할은 부르주아지를 격퇴하는 것, 그것도 이데올로기로서의 부르주아지를 격퇴하는 것이다. 당신들이 이데올로그이기 때문에, 부르주아지에게서 그들의 언어를 훔쳐오고 스캔들을 통해 그들을 부추겨야 한다!" 이런 태도는 1925~30년

---

9) 〔옮긴이〕 파리 몽파르나스에 있는 카페 이름.

경에는 분명 전략적 가치를 가졌습니다만, 오늘날에는 더 이상 의미를 갖지 못합니다. 왜냐하면 사회 문제와 국제 문제가 새로운 개념으로 제기되기 때문입니다. 오늘날에는 부르주아적 지배 형태에 반대하기 위해서는 분석, 연구, 토론 등이 순수한 스캔들보다 훨씬 더 중요합니다. 폴은 결국 과거를 간직했고, 그로 인해 그가 제안한 것과의 차이가 드러났던 것입니다. 1925년에 유효했던, 오늘날에는 더 이상 유효하지 않은, 게다가 지양(止揚)되어버린 것은 단지 그가 소속되었던 부르주아적 현실만이 아니라 모종의 전략이기도 했던 것입니다. 하지만 폴은 거기에 매달렸고, 바로 거기에 그의 주체성이 있었던 것입니다.

게다가 폴은 단순히 여러 제목 중 하나의 제목을 제안한 것이 아닙니다. 그는 그 제목을 우리들을 구속하는 무엇인가로서 제안한 것입니다. 우리가 그 제목을 받아들였다면, 우리가 어떤 내용의 잡지를 출간했을까 상상할 수 없습니다. 가령 성과 포르노그래피에 관련된 아주 격렬한 글, 살인을 찬양하는 글 등을 실었을 것입니다. 그도 그럴 것이 그런 제목을 붙인다는 것은 우리가 실제로 '그라뷔주'를 한다는 것을 의미하기 때문입니다. 이는 주체성의 외재화 작업이 그것의 제도적 형태화 작업으로 이어진다는 것을 보여줍니다. 만일 우리가 폴의 제안을 받아들였다면, 그의 인격 자체가 그 제목을 통해 우리들에게 부과되었을 것입니다. 따라서 이 경우는 아주 특징적입니다. 폴의 제안이 받아들여졌다면, 그의 주체성은 의무의 총체가 되었을 것입니다. 만일 그의 제안이 거절되었다면, 그의 주체성은 망각 속으로 사라졌을 것입니다. 여하튼 우리는 그의 제안을 받아들이지 않았습니다. 왜냐하면 우리는 우리가 해야 할 일에 대한 확신을 가지고 있었기 때문입니다.

이와는 반대로 우리가 확신 없이 다른 것을 추구하고 있었다고 상상해보시기 바랍니다. 그랬다면 우리는 이 잡지에 어울리지 않는 제목을 붙이면서 이 잡지의 운명을 달리 결정하게 되었을 것입니다. 현재 우리가 출간했던 것들과 같은 글들을 출간하는 일은 불가능했을 것입니다. 가령 우리가 '그라뷔주'라는 제목을 붙였더라면, 알제리에서의 고문에 대한 진상을 알리지 못했을 것입니다. 만일 그랬더라면, 그것은 독자들에게 충격을 주기 위해서였다고 할 수 있을 것입니다. 하지만 우리가 그런 진상을 알렸던 것은 모든 것이 바로잡히고 알제리에서 전쟁을 종식시키기 위함이었습니다. 이와는 달리 '그라뷔주' 추종자는 이 전쟁을 즐길 수 있었을 것입니다.

사실 폴 자신은 이와 같은 수준을 넘어선 것입니다. 왜냐하면 그도 역시 가능한 범위에서 알제리 전쟁에 반대했기 때문입니다. 그럼에도 불구하고 그가 당시 자신을 '그라뷔주' 쪽으로 투사했고, 또 이 제목을 제안했던 것입니다. 그도 그럴 것이, 그는 그 자신이었고 또 자기 자신을 몰랐기 때문입니다. 그가 자기 자신을 알게 된 순간과 자기 스스로 행동한 순간은 완전히 구별됩니다. 만일 나중에 우리가 그에게 '그라뷔주'가 의미하는 바를 얘기해주었다면, 그는 분명 우리들의 견해에 동조했을 것입니다. 하지만 그는 당시에는 다음과 같은 객관적인 주장을 펼쳤습니다. "그게 더 많은 독자들을 끌어들일 거야. 그게 부정적인 측면을 알게 해줄 거야, 등." 하지만 폴은 절대로 다음과 같이 말하지 않았습니다. "그게 내 맘에 들어. 그게 내가 원하는 바야." 폴은 이렇게 말하지 않았습니다. 왜냐하면 그는 이것을 알지 못했기 때문입니다.

반복과 고안(考案)

우리는 이 예를 토대로 이른바 주체성에 해당하는 두 가지 특징에 대해 말할 수 있을 것입니다. 인간의 주체성에는 여러 차원이 있습니다. 주체성이란 결국 이와 같은 여러 차원의 전체화이기 때문입니다. 우선 현재적인 차원이 있습니다. 예컨대 폴의 계급존재는 현재적이라고 할 수 있을 것입니다. 이는 다음과 같은 의미에서입니다. 즉 부르주아지를 거부하는 하나의 방식인 그의 계급존재는, 그가 이것과 완전히 결별할 수 없기 때문에 그의 존재를 구성하는 하나의 요소라는 것이 그것입니다. 물론 이 요소는 그의 과거에만 속하는 것이 아니라 모든 시기에 속하는 것입니다. 그러니까 이 요소는 진정한 그의 계급존재, 요컨대 그가 부르주아 계급에 포함되는 방식인 것입니다. 이와는 반대로 폴의 초현실주의와의 관계는 과거적 차원에 속합니다. 왜냐하면 만일 그가 초현실주의 운동에 가담하지 않았다면, 만일 그가 이와 같은 '그라뷔주'에 대한 욕망을 만족시켜주었던 운동에 관여하지 않았다면, 그는 이 관계를 직접 체험하지 않았을 것이기 때문입니다.

그렇기 때문에 주체성 안에서 계속 재전체화해야 하고 또 알지 못한 채 재전체화해야 하는 두 개의 차원이 있는 셈입니다. 즉, 과거와 동시에 계급존재가 그것입니다. 우리는 우리 자신의 계급존재여야 합니다. 하지만 우리는 현재 이 존재로 있지 않습니다. 이 점에 대해서는 다시 살펴볼 것입니다. 우리는 우리 자신의 계급존재여야 합니다. 이는 다음과 같은 의미에서입니다. 즉, 우리가 현재 이 계급존재로 있는 것은 오직 항구적으로, 주체적으로 이 계급존재가 될 것이라고 스스로 결정하는 형태 아래에서뿐이라는 의미가 그것입니다. 어쨌든 우리는 우리 자신의 과거로 있어야 합니다. 과거를 항상 회상할 수 있는 추억의 총체로 여기는 것, 이것은 이 총체를 과거에 속하는 무엇인가로 환원하는 것, 우리가 이용할 수 있고 우리 자신 앞에 나열할 수 있는 대상들의 총체로 환원하는 것입니다. 이런 면에서 과거는 더 이상 자아가 아닙니다. 그것은 '준(準)자아'입니다. 하지만 이와 같은 과거가 거기에 거리를 두기 위한 가능성으로 항상 존재하기 위해서는 계속 재전체화될 필요가 있습니다. 여기에는 하나의 행위는 계속적으로 주체성, 반복에 속한다는 사실이 내포되어 있습니다. 왜냐하면 우리는 끊임없이 스스로를 재전체화하고 또 끊임없이 스스로를 반복하기 때문입니다.

이러한 차원에서 보면 폴은 "독일 만세!"라고 클로즈리 데 릴라에서 외친 후 '그라뷔주'라는 제목을 제안했을 때까지, 심지어는 더 나중에 다른 상황에서조차도 자기 자신을 계속 반복했던 것입니다. 그의 과거는 통째로 거기에 있습니다. 하지만 그것은 비지(非知)의 양상, 비의식의 양상, 필요 불가결한 재통합의 형태 아래에 있는 것입니다. 그리고 이 과거는 그것대로 모순적 방식으로 그의 계급존재와 연결되어 있습니다. 이와는 달리 그의 계급존재는 그를 다른 상황에서는 다른 존재가 되도록 유도할 수도 있습니다. 하지만 과거는 반복을 담고 있습니다. 주체성은 반복의 존재임과 동시에 고안(考案)의 존재로서 나타납니다. 이 두 특징은 불가분의 관계입니다. 왜냐하면 폴의 경우 계속되는 새로운 상황에서 그 자신을 반복하며, 항상 같은 존재를, 하지만 전혀 다른 상황에서 고안에 의해 같은 존재를 투사하기 때문입니다. 요컨대 "독일 만세!"라고 외치면서 1925~30년에 자기 얼굴을 뭉개게끔 하는 것도 하나의 고안이고, 또한 잡지의 제목으로 '그라뷔주'를 제안하는 것도 하나의 고안인 것입니다. 이는 지금까지 없었던 고안을 통해 새로운 상황에 적용하기 위한 응수입니다. 물론 이 응수가 항상 성공하는 것은 아닙니다. 이렇게 말할 수 있다면, 고안의 재료는 주체성 그 자체입니다. 만일 우리가 투명한 의식 위에 기초하는 하나의 순수한 '실천'을 가정한다면, 우리는 인간의 고안이 뭔지를 이해할 수 없을 것입니다. 고안이 가능하기 위해서는 무지의 요소가 필요합니다. 요컨대 주체성의 본질적이면서도 모순적인 두 가지 특징이 있다고 할 수 있을 것입니다. 인간은 갱신하는 것을 그치지 않으면서, 또 이런 이유로 그 자신을 스스로 고안해내는 것을 그치지 않으면서도(그도 그럴 것이 그가 그 자신에 관해 고안한 것에 대한 대응이 있기 때문에) 스스로 무한정 반복된다는 특징이 그것입니다. 이처럼 '그라뷔주'는 반복이자 고안인 것입니다.

로르샤흐 잉크 반점 검사

하지만 주체성의 세 번째 본질적인 특징이 있습니다. 시간이 늦어져 이 특징에 대해서는 간략하게만 말하고자 합니다. 주어지고 무매개적이며 항상 외재적인 존재에 대해 초월적 관계 속에서 이와 같은 '반복-고안'은 '투영'(projection)[10]이라고 불립니다. 이는 주체성의 본질은 외부, 즉 그 자체의 고유한 고안 속에서만 스스로를 알 뿐, 결코 내부에서는 스스로를 알 수 없다는 것을 의미합니다. 만일 주체성이 내부에서 스스로를 알 수 있다면, 그것은 죽은 것입니다. 만일 주체성이 외부에서 스스로를 알게 된다면, 그것은 분명 대상이 됩니다만, 그 결과 속에서 대상이 될 뿐입니다. 따라서 우리를 주체성에 연결하는 것은 실제로 객체화될 수 없습니다.

투영 검사[11]는 우리가 계속해서 우리 자신을 대상 속으로 투사한다고 가정하는 경우에만 의미를 가질 뿐입니다. 아시다시피 투영 검사란 한 명의 실험자에 의해 제기된 하나의 질문에 대한 대답입니다. 그리고 이 대답 속에서 혹은 대답 전체 속에서 주체는 그 자신을 완벽하게 그려내게 됩니다. 하지만 주체가 그 자신을 완벽하게, 계속적으로, 어디에서나 그려내지 않는다면, 이 주체가 그로부터 출발해서 자기 자신을 완벽하게 그릴 수 있는 기회가 되는 특수한 질문들이 있다는 것이 어떻게 가능하겠습니까? 투영 검사가 주어진 한 순간에 주체를 요구하고 또 그로 하여금 말을 하게끔 하는 예외적 상황이라는 사실을 상상하는 것은 불가능합니다. 실제로 이 주체는 자신이 하는 모든 것 속에 자신을 계속 투사합니다. 그리고 어떤 검사에서는 자기 자신을 해독합니다. 그는 자기 자신을 해독하기 때문에 자기

---

10) 〔옮긴이〕 '투사'라고도 한다.

11) 〔옮긴이〕 애매한 그림이나 문장 등에 대한 피실험자의 반응에서 그의 성격을 발견하려고 하는 검사를 말하며, 로르샤흐 검사가 유명하다.

자신을 투사합니다. 하지만 그는 이 사실을 스스로 알아차리지 못합니다.

　가장 분명한 경우는 바로 로르샤흐(Rorschach)[12]의 경우입니다. 이 검사는 형태와 색깔을 보여주는 카드, 하지만 확정된 구조가 없는 카드로 구성되어 있습니다. 왜냐하면 이 구조를 그리는 것은 바로 피검사자들의 몫이기 때문입니다. 여러분들은 한 장의 카드를 집어 듭니다. 그리고 이 카드를 해독하는 여러분들은 그 구조가 확실하다는 인상을 가진 채 이 카드를 지각합니다. 그런데 이와 동시에 여러분들은 알지도 못한 채 이 구조를 결정합니다. 물론 확실함의 인상은 다른 해석과 비교됨으로써 수정될 수 있습니다. 나로 말할 것 같으면, 로르샤흐 검사에서 절대적 확실함을 지각한 적이 있습니다. 하지만 이와 같은 절대적 확실함이 갑작스럽게―이것은 모든 사람이 다른 기회에 할 수 있는 신기한 실험, 하지만 이 경우에는 계속되는 실험인데―확실한 것에 대한 객관적인 그림이 빈약하고 축약적인 뭔가로 되기 위해서는 또 다른 해석으로 충분할 것입니다. 내 자신만의 인격의 투사―게다가 이것이 의미하는 바를 내가 알지 못한 채―를 볼 수 있었습니다. 내가 선량한 사람의 모습을 본 곳에서 다른 사람은 배추 이파리의 모습을 보기도 했습니다. 그런데 나는 실제로 거기에서 배추 이파리의 모습을 볼 수도 있다고 말했습니다. 그러자 내가 계속해서 보고 있던 선량한 사람의 모습이(왜냐하면 내가 계속 보고 있었기 때문에) 아주 간단하게 나를 드러내는 무엇인가에 대한 볼품없는 도식이 되어버렸습니다. 이런 점에서 주체성을 항구적인 투사로서 생각해야 할 필요가 있습니다. 그렇다면 그것은 무엇의 투사일까요? 주체성이 매개인 한에서는, 아래에 있는 존재

---

12)　〔옮긴이〕잉크 반점을 이용하여 개인의 상상력이나 창의력, 기질, 습관, 반응 양식 등을 알아보기 위해 실시하는 로르샤흐 검사는 현재 임상에서 가장 널리 사용되는 대표적인 투영 검사이다. 이 검사는 다른 어떤 검사보다도 개인의 성격을 다차원적으로 이해하는 데 도움을 준다. 즉 개인의 인지, 정서, 자기상, 대인 관계 방식 등에 대한 종합적이고 다각적인 정보를 준다는 강점을 가지고 있다.

의 위에 있는 존재로의 투사일 수밖에 없습니다. 사회적인 것에 대한 변증법적 인식을 위해 주체성이 어떤 면에서 필수 불가결한가를 이해하기 위한 가능성을 우리에게 주는 것이 바로 이것입니다. 그 까닭은 복수의 '인간들'이 있을 뿐이기 때문이며, 뒤르켐과 다른 학자들이 상상했던 것처럼 거대한 집단적 형태가 없기 때문이고, 이 인간들은 그들끼리 외재성의 형태(예컨대 계급존재)의 매개가 되도록 강요받게 되기 때문입니다. 앞에서 지적한 것처럼, 이 인간들은 계급존재의 각 계기에서 개별화를 창조합니다. 그러니까 개별적 보편자인 개별화 혹은 보편적 개별화가 그것입니다.

이런 상황에서 개별화는 역사에 의해 움직이는 무엇임과 동시에 역사에 필수 불가결한 구조이기도 합니다. 왜냐하면 이 수준에서 우리는 아래에 있는 존재에 관심이 있는 것이 아니기 때문입니다. 우리는 과거에 아래에 있는 유기체적 존재에 관심을 가진 바 있었기 때문에, 우리는 이미 훨씬 더 복잡한 수준에 있는 것입니다. 그러니까 내가 『변증법적 이성 비판』에서 '실천적-타성태'(le pratico-inerte)라고 불렀던 것, 다시 말해 항상 물질이 그 자체로 매개인 한에서 인간에게 승리를 거두는 준(準)전체성의 차원에 있는 것입니다. 예컨대 여러 대의 자동기계가 있는 공장에서 한 명의 노동자가 차지하는 위치와 그의 존재는 미리 정해져 있습니다. 이 노동자의 자리는 이미 마련되어 있는데, 그것은 순수한 타성태의 형태 아래에서도 아니고, 하나의 존재의 요구라는 형태 아래에서도 아니며, 기계가 발하는 타성태적 요구의 형태 아래에 있는 자리입니다. 자본주의의 범주 안에서 어느 정도의 이윤을 창출하기 위해 어느 정도의 양을 생산하도록 강요받는 하나의 공장이 있다고 합시다. 몇몇 규칙을 따라 이 공장에서는 이런저런 인간의 기능과 임금을 포함하는 몇 대의 기계를 이용하게 되는 것입니다. 자본가의 이윤이 가장 크다고 가정하고 또 구입한 한 대의 새로운 기계가 문제가 된다고 가정할 때, 이렇게 정의된 존재는 아직은 현재적 존재가 아니며, 그와 더불어 임금, 노동의 성격, 거기에 더해 직업병의 유형 그리고 이를 통해 그의 가정의 형태까지 정해지게 되는 것입니다.

나는 이미 인용된 책에서[13] 이렇게 기술한 바 있습니다. 즉 한 명의 여성 노동자는 기계에 의해 억지로 갖게 되는 내면적 꿈의 유형에 의해서뿐만 아니라, 임금, 질병, 그녀가 갖게 되는 아이들의 숫자 등에 의해 정의된다는 것이 그것입니다. 그녀가 하는 힘든 노동 및 임금과 더불어 이 기계가 그녀에게 더도 말고 덜도 말고 정확히 그 숫자의 아이들을 갖도록 강제한 것은 사실입니다. 물론 그녀가 아이를 한 명 더 낳는다면 이 아이를 아동 보호 시설에 맡겨야 할 것입니다. 만일 이 모든 것이 타성태적 요구의 방식으로 부과된다면, 어쨌든 하나의 주체성이 주체성으로 있어야 하는 순간부터 사람들이 투쟁하고 대립하고 속이고 지배하는 세상이 시작되게 될 것입니다. 이 기계는 구체적·사회적 실재가 아닙니다. 하지만 이 여성 노동자는 이 기계에서 일하며, 그 덕택에 임금을 받고 결혼을 하고 아이들을 갖기 때문입니다. 달리 말하자면, 사람들은 노동자이건 부르주아이건 간에 그 자신의 사회적 존재가 되어야 할 것이고, 그것도 우선 주체적인 방식으로 이 존재가 되어야 하는 것입니다. 이는 계급의식이 원초적인 소여가 결코 아니라는 사실과 동시에 사람들은 노동의 동일한 조건 속에서도 그 자신의 사회적 존재가 되어야 한다는 것을 의미합니다.

기술의 주체성

나는 같은 책에서[14] 또 다른 예를 인용한 바 있습니다. 나는 결론을 맺기 위해 이 예를 다시 살펴보고자 합니다. 이는 내가 이 예를 통해 무엇을

---

13) *Critique de la raison dialectique*, Paris, Gallimard 1960, pp. 289 이하.

14) 같은 책, 295쪽 이하.

이야기하려는지를 여러분들께 보여드리기 위함입니다. 1880년경에 만능 선반을 통해 노동자의 어떤 유형이 가장 분명하게 규정되었습니다. 2년 동안 교육을 받은 기능사나 전문 노동자, 곧 자신의 노동을 자랑스럽게 생각하며 수공업자들에게 에워싸인 노동자의 유형이 그것입니다. 그런데 이 노동자를 규정하는 것은 바로 기계입니다. 만능 기계(machine universelle)[15]—특정 기능과 밀접하게 연결되어 있지 않은, 사람이 감독하는 조건에서만 완벽하게 작동하는—가 존재한다면, 여러분들은 그런 일을 할 수 있는 사람, 즉 숙련된 기술자를 필요로 할 것이기 때문입니다. 이것이 첫 번째 사실입니다. 여러분들은 또한 이 기능사 주위에 여러 존재들, 여러 사람들, 또는 '아래-사람들', 수공업자들이 있는 것을 볼 수 있습니다. 그런데 이들이 보다 더 나은 자격을 갖추는 것은 거부되고, 따라서 이들은 그저 도구를 건네거나 쓰레기를 공장의 다른 끝에 버리거나 하는 등의 일을 위해 있을 뿐입니다.

여하튼 만능 기계에서 출발해서 구현해야 할 새로운 사회적 존재의 유형이 만들어졌습니다. 전문 노동자의 유형이 그것입니다. 이는 주관적으로 그가 자신의 노동을 높이 평가하게 된다는 것을 의미합니다. 오늘날처럼 "한 사람이 모든 사람에 대해 갖는 직접적인 지배력"[16]으로서의 "필요의 휴머니즘"에 영감을 준 필요 위에 기초한 계급투쟁을 수행하는 대신, 가치를 부여하는 것이 노동, 진짜 노동, 지적이고 유능한 노동이었던 계기가 필요한 것입니다. 사실 당시 프랑스에는 노동자를 푸대접하는 것이 헐값에 그의 노동력을 구입하는 것보다 더 부당하다고 말하는 그런 무정부주의적

---

15) "만능 기계라는 개념은 기능이 한정되지 않은 기계—19세기 후반부에서 볼 수 있는 선반처럼—를 지칭한다(반자동이나 자동화된 전문 기계 대신에). 그리고 아주 다른 작업을 수행할 수 있는 기계를 지칭한다. 물론 이 기계가 숙달되고 유능한 전문 노동자에 의해 조절되고 운영된다는 조건 아래에서 말이다." 같은 책, 295쪽.

16) 같은 책, 298쪽.

조합들의 텍스트들이 있었습니다. 그로 인해 이 텍스트들에는 잉여가치는 누락되어 있었습니다.

　전문 노동자들은 무엇보다도—게다가 정당하게—그들 자신이 프랑스 사회의 토대라고 생각했습니다. 왜냐하면 그들은 열심히 일했고, 다른 사람들이 사용하는 물건을 만들어냈기 때문입니다. 하지만 그들은 최상의 노동력을 가졌음에도 낮은 임금을 받았습니다. 그들은 노동에 대해 귀족적인 생각을 공유했습니다. 수공업자들에 대해서 말하자면, 분명 그들이 비참했기 때문에 전문 노동자들이 그들을 돕는 것은 적절했습니다. 하지만 전문 노동자들의 눈에는 수공업자들을 강타한 불의가 확연히 드러나지 않았습니다. 왜냐하면 수공업자들 자신이 무엇을 할지 몰랐기 때문입니다. 이때 상황을 주관적인 방식으로 살아가는 태도가 자리잡게 됩니다. 그런데 이 태도에는 항상 가치의 순위가 동반되지 않을 수 없습니다. 가치의 순위는 투쟁에서 직접적인 중요성을 갖는데, 왜냐하면 전문 노동자는 대부분의 시간에 그 자신을 가꾸기 때문입니다. 그는 많은 노동시간에도 불구하고 많이 읽습니다. 그는 자기 자신을 혁명의 역군으로 여기며, 수공업자들을 인도하고 또 교육하는 자로 여기기도 합니다. 이때 우리는 일종의 귀족적 노동자를 상대하게 됩니다. 그런데 이 귀족적 노동자 주위에는 우리가 돕고 또 길러내게 될 사람들이 자리잡습니다. 그리고 이 사람들은 지금 당장으로서는 노동자계급의 범주 내에서조차 정말로 아주 열등한 위치에 있는 자들입니다. 이는 조합화 형태의 선택 속에서 그대로 표출됩니다. 주어진 순간에 산업 조합을 구성하는 것이 문제인 반면, 기능사는 직업 조합을 선호합니다. 왜냐하면 이 직업 조합에서 수공업자는 배제되기 때문입니다. 단지 직업집단만이 이 직업 조합에서 대표권을 갖습니다. 객관적으로 보아 이는 당시에 진정한 의미에서 조합 투쟁의 한 유형을 낳는 계기가 되기도 했습니다. 그도 그럴 것이, 실제로 하나의 공장이 문을 닫기 위해서는 이 공장의 전문 노동자들, 따라서 소수의 집단이 파업하는 것으로 충분하기 때문입니다. 비록 수공업자들이 일을 계속하기를 원했음에도 그렇습니다. 사람들은 조합적 실천, 자기 자신의 가치화의 한 유형, 한 유형의 투쟁과 조직을 확보하게 됩니다. 물론 이 모든 것은 엄격하게 그들의 과거 존재, 기계에 해당합니다. 여기에서 그들이 과거의 모습으로 존재하는 것이 그르다 혹은 옳다는 것을 지적하는 것이 중요한 것이 아닙니다. 그들은 모두 만능 기계가 그들에게 허용했던 존재로 있을 뿐입니다. 이 기계는 그들 내부에서 그들의 상급자로서 존재하고, 그들은 이 기계를 내재화하며, 또 이와 같은 내재화 혹은 주체화는 무정부적 조합주의라는 이 총체를 부여하는 것입니다.

따라서 루카치가 주장하는 것처럼 사태가 흘러가는 것은 결코 아닙니다. 왜냐하면 수공업자들이 노동자계급과 노동자계급 투쟁의 총체성을 포착하지 못하기 때문입니다. 이와는 달리 생산의 중심에서 그들은 이 총체성을 자신들과 동시대에 속했던 것으로 포착합니다. 그 시대에 그들이 다른 사람들보다 더 수준이 높았던 것은 사실입니다. 하지만 이것이 황색조합,[17] 노동귀족 혹은 다수의 혼란스러운 부차적 요소들—이와 같은 생각, 이와 같은 내재화를 사회적 우월성의 형태로 표현하고, 반자동기계, 그다음에 자동기계가 양질의 노동을 대체하게 되는 모든 곳에서는 사라지고 마는—로 이어진 것 역시 사실입니다. 하지만 당시에 그들에게 실천적으로 그리고 투쟁에서 반자동기계의 등장을 예견하라고 요구할 수는 없는 것입니다. 마르크스는 물론 『자본』에서 이것을 기술하고 있습니다. 하지만 그는 한 명의 이론가였고 국제노동자연맹의 한 명의 지도자였지, 자기 삶의 매 순간 투쟁하고 이 기계에 의해 형성됨과 동시에 이 기계를 내재적으로 변화시키는 한 명의 노동자는 아니었습니다. 이것이 의미하는 바는, 계급의식에는 한계가 있는데 이 한계는 상황의 한계에 해당한다는 것입니다.

---

17) 〔옮긴이〕 1899년에 조작된 어용조합.

상황이 완전히 밝혀지지 않는 한에서 말입니다.

그렇다고 해서 이러한 유형의 '계급의식'이 소용없다고 선언해야 할까요? 무정부주의적 조합주의자들이 꼭 필요했던 자들이 아니었다고 판단해야 할까요? 그렇지는 않습니다. 그 이유는 그들이 자신들의 힘, 용기, 가치에 대한 의식을 가졌기 때문이고, 그들이 노동조합을 설립했기 때문이고, 투쟁의 고유한 형태들을 정착시켰기 때문이며, 전문 노동자들이 출현했을 때 또 다른 형태의 투쟁 형식들이 나타났기 때문입니다. 우리는 이렇게 해서 다음과 같은 결론을 내리고자 합니다. 투쟁이 진행되는 가운데 객관적 계기의 내부에서 존재 방식으로서의 주관적 계기는 사회생활과 역사 과정의 변증법적 전개 과정에 절대적으로 필수 불가결하다는 사실이 그것입니다.(트리스타 셀루스Trista Selous가 영어로 옮겼다.)

〔변광배 옮김〕

알튀세르와 윌므가(街)

에티엔 발리바르(Étienne Balibar)

고등사범학교 동창회 사무국을 대표한 장 샤틀레(Jean Châtelet)의 간곡
한 청탁을 받은 후,[1] 망설이고 미룬 끝에 내가 마침내 루이 알튀세르(Louis

---

1) 이 에세이는 고등사범학교 동창회 사무국 장 샤틀레의 청탁으로 쓴 루이 알튀세르의 부고를
   개작한 것이다. 이 글은 동창회의 1993년 연보에 처음 수록되었고, 2006년에 '현대 프랑스철학
   국제연구센터'(CIEPFC) 웹사이트에 등록하면서 필자가 각주를 첨가했다. 〔옮긴이〕 영어 번역본
   옮긴이 주에서 말하듯, 영어 번역본은 2006년 프랑스어본을 개작한 것으로, 본 우리말 번역은 영
   어 번역본을 중역하지 않고 원문인 프랑스어본을 대본으로 삼되, 다만 2009년이라는 발간 시점
   때문에 영어 번역본이 갖는 이점(가령 2006년과 2009년 사이에 알튀세르의 유고가 새로 발간되
   어 서지 사항이 갱신되었다든지) 등을 참조해 번역했다. 참고로 영어 번역본은 "Althusser and
   the Rue d'Ulm", trans., David Fernbach, *New Left Review* 58, Verso, July-Aug 2009이고
   프랑스어본은 "Notice nécrologique de Louis ALTHUSSER", *L'Annuaire de l'Association
   Amicale de Secours des Anciens Elèves de l'Ecole Normale Supérieure*, 1993(http://
   cirphles.ens.fr/ciepfc/publications/etienne-balibar/article/louis-althusser)이다.

Althusser)의 부고(訃告)를 쓰기 시작한 이 순간, 우리의 동무를 다루는 대중매체의 이미지가 (아마 이게 마지막은 아닐 테지만) 또 한 차례 급변하고 있다. 1985년과 1976년에 각각 작성된 자서전 성격의 문헌 두 편이 유고(遺稿)로 공간(公刊)되면서, 1990년 10월 22일에 사망한 '윌므가의 사감(caïman)'의 운명에 대해 다소 떠들썩한 관심이 생겨나고 있다.[2] 이미 잊힌 듯했고, 그 저술을 거의 찾아볼 수 없는, 그러나 두 번에 걸쳐 이름을 널리 알렸던ㅡ첫 번째 시기인 1960~70년대에는 마르크스주의 철학자이자 레비스트로스, 라캉, 푸코, 바르트와 더불어 '프랑스 구조주의'의 상징적 인물로서, 두 번째 시기인 1980년 연말의 몇 주 동안에는 다른 곳도 아닌 고등사범의 교정 안에서 아내 엘렌을 살해하여 뜻밖에 '사회면'에 이름을 올린 불운하고 추문적인 주인공으로서ㅡ한 사람에 대한 호기심이 이처럼 되살아난 것은, 특정 금기의 해제 및 잠복기의 종료와 필시 무관하지 않을 터, 이제는 역사의 일부가 된 사건에 대한 설명의 필요성과 향수, 관심이 수면 위로 올라오고 있다.

이런 식의 호기심이 과거 알튀세르의 인성과 지적 역할에 대한 명확한 이해로 곧장 이어질 수 있을지는 확실하지 않다. 물론 이런 문제를 다룰 때 만장일치가 이루어져야 한다는 당위는 가능하지도, 바람직하지도 않을 것이다. 다만 이 문제를 논할 때 주어진 모든 자료 및 각자가 독립적으로 내린 판단을 근거로 삼아야 한다는 바람을 가질 수는 있을 것이다. 현 시점에는, 여러 세대에 걸친 알튀세르의 동료와 제자, 동지와 대화 상대, 친구와 적수의 증언을 아직 확보할 수 있으므로, (아무리 예외적 또는 비정상적으

---

2) *L'avenir dure longtemps suivi de Les Fait*, STOCK/IMEC, 1992(영문 번역은 *The Future Lasts a Long Time and The Facts*, Chatto & Windus, 1993; 우리말 번역은 『미래는 오래 지속된다』, 돌베개, 1993(증보개정판 이매진, 2008)). 같은 시기에 얀 물리에르 부탕(Yann Moulier Boutang)의 『루이 알튀세르, 전기』(*Louis Althusser, une biographie*) 제1권(Grasset, 1992)도 출간됐는데, 이하에서 필자는 이 책의 많은 부분을 빌려올 것이다.

로 보였다 한들 어쨌거나) 한 명의 인간이 겪은 운명뿐만 아니라 그의 실존과 긴밀히 얽혀 있던 제도와 조직의 운명을 조명하는 데 유리하다.[3]

나는 따라서 이 '부고'가 무엇이 아닌지를 에두르지 않고 정확히 해두고 싶다. 이 부고는 개인적 증언이 아닌데, 개인적 증언은 지면의 성격에도 맞지 않고 분량도 더 필요했을 것이다. 최근 공간된 문헌들을 보완·확인하거나 정정하는 전기도 아닌데, 나는 그럴 깜냥이 되지 못한다. 그렇다고 알튀세르의 이론 작업에 대한 정식 발표도 아니다. 마지막으로 고등사범의 생애에서 알튀세르가 30년이 넘는 세월 동안 수행했던 역할, 거꾸로 고등사범이 알튀세르의 생애에서 차지했던 역할에 대한 상세한 분석도 아니다. 다만 사실을 상기시키고, 몇 가지 성찰과 가설을 덧붙이는 글일 따름이다.

이력

1918년 10월 16일 알제의 교외인 비르망드레이스에서 말단 공무원과 사무직 노동자 가정(그의 아버지 샤를 알튀세르Charles Althusser는 직장 생활 대부분을 북아프리카에서 하다가, 알제리 은행 마르세유 지점장으로 퇴직했다)에서 태어난 루이 알튀세르는 마르세유에서 중학교를 다닌 후, 리옹의 고등사범 입시 준비반(khâgne)에서 수험 생활을 하는데, 이 공립학

---

3) 알튀세르의 개인 기록물(원고, 서신, 강연 녹취, 행정 서류 등)은 상속인이 '현대출판기록연구소'(IMEC, 생제르맹 라 블랑슈 에르브 14280)에 기탁했다. 알튀세르를 알았거나 그와 공동 작업을 했던 프랑스 국내외 많은 사람들이 기증한 자료들을 앞으로 이 기록물에 추가하여, 연구자들이 자유롭게 열람할 수 있는 '알튀세르 장서'를 설립할 예정이다. 필자는 이 자리를 빌려 일부 동무들을 분개시킨 잘못된 소문, 곧 고등사범이 알튀세르 장서의 비치를 거부했다는 소문을 바로잡으려 한다. 사실 고등사범 측에는 그럴 기회도 없었는데, 알튀세르의 상속인과 고등사범 도서관이 중개인을 사이에 두고 접촉을 시도하면서 의사를 타진하는 단계에서, 상속인과 '현대출판기록연구소' 간의 협상이 타결됐기 때문이다.

교에 재직한 교사 중에는 특히 철학 담당 장 기통(Jean Guitton)과 장 라크루아(Jean Lacroix), 역사 담당 조제프 우르(Joseph Hours)가 있었다. 이 세 명의 스승은 가톨릭 사상 내 서로 다른 경향을 대표하는 이들로 자신의 지적 형성에 지대한 영향을 끼쳤다는 게 알튀세르의 증언이었다. 1939년 입시에 합격한(알튀세르의 입학 동기로는 특히 앙리 비로, 자크 아베, 드 마르크 소리아노, 쩐득타오Tran Duc Thao, 쥘 뷔유멩이 있다) 알튀세르는 대학 첫 학기가 시작되기 전 징집되고, 브르타뉴에서 소속 포병 연대와 함께 포로가 된 후, 독일의 전쟁포로 수용소(슐레스비히홀슈타인 소재 제10A 포로 수용소)로 이송되어 전쟁이 끝날 때까지 억류된다. 알튀세르가 학업에 복귀한 것은 1945년 10월인데(당시 입학한 사람이 뤼시앵 세브, 알랭 투렌, 엘리스 베를리였다), 복학 전 몇 달을 불안하게 보내던 그에게 고등사범의 사무처장 장 바유(Jean Baillou)가 이 끔찍한 6년간의 '중단'을 극복할 수 있다고 안심시켜줬던 것 같다. 알튀세르는 가스통 바슐라르(Gaston Bachelard)의 지도로 「헤겔 철학에서 내용 통념」이라는 논문으로 고등교육 학위(diplôme d'études supérieurs)[4]를 취득하고, 1948년 철학 교원 자격시험에 2등으로 합격한다. 막역한 우정과 지적 친화성 때문에 알튀세르는 (41학번으로 헤겔과 헤르만 헤세를 번역했으며 1963년에 자살한) 자크 마르탱(Jacques Martin) 그리고 (46학번인) 미셸 푸코(Michel Foucault)와 인연을 맺게 된다. 졸업하던 해 알튀세르는 조르주 귀스도르프(Georges Gusdorf)의 후임으로 철학 사감에 임명된다. 그는 1980년까지 이 직책을 계속 맡는 가운데, 직급만 수험 지도 조교(agrégé-répétiteur)

---

4) 〔옮긴이〕 고등사범을 비롯한 프랑스의 이른바 '그랑제콜'(grande école)은 대학과는 별개의 체계로 운영되는데, 이는 학위에서도 마찬가지다. 단적으로 고등사범은 학사 학위와 박사 학위를 수여하지 않았고(최근에는 박사과정이 생겼다고 한다), 졸업논문이 통과되면 고등교육 학위를 수여했는데, 이는 대학(원)의 석사 학위에 준하는 것이었다. 지금도 고등사범을 졸업하면 다른 대학의 박사과정에 진학할 수 있다.

에서 전임강사(maître-assistant)를 거쳐 부교수(maître de conférence)
로 승진했으며, 사감 직책은 처음에는 혼자 하다가 나중에는 자크 데리다
(Jacques Derrida) 및 베르나르 포트라(Bernard Pautrat)와 공동으로 수행
한다. 1950년부터는 고등사범 문과 사무처장도 겸하게 되는데, 이 직위를
맡으면서 역대 학장들 곁에서 기관을 관리하고 방향을 설정하는 데 적극적
인 역할을 하게 된다.[5] 1975년에는 업적박사 학위 취득을 위해 업적 소개
문을 피카르디 대학에 제출하게 되는데, 당시 심사위원으로 베르나르 루세
(Bernard Rousset), 이봉 벨라발(Yvon Belaval), 마들렌 바르텔레미-마돌
(Madeleine Barthélémy-Madaule), 자크 동트(Jacques D'Hondt), 피에르
빌라르(Pierre Vilar)가 배석한다.[6] 1980년 11월 16일 아내를 살해한 후 정
신과 전문의 브리옹, 디더리히, 로페르의 감정을 근거로 형법 제64조가 적
용되어 법적 면소(non-lieu) 판결을 받고, 경시청이 연금(軟禁) 명령을 내
림에 따라 직책에서 물러난다. 그 후 고등사범 행정처에서는 알튀세르가
20년 이상 거주했던 관사(官舍), 친구인 에티엔 박사가 살던 의무실 맞은편
에 있던 학교 본관 1층 남서쪽 모퉁이의 아파트를 비워달라고 알튀세르의
친구들에게 요청하게 된다.

　　알튀세르는 생애 마지막 10년 동안 (생트-안 병원, 수와지-쉬르-센
13구區에 있는 '로비브' 병원, 라베리에르에 있는 마르셀 리비에르 센터 등)
정신과 시설 여러 곳을 전전하는데, 이런 입원 조치는 애초에는 행정적인

---

5)　알튀세르 장서에는 '크고 작은' 위원회들에서 적어둔 일련의 메모가 빠짐없이 구비되어 있는데,
　　이는 전후(戰後) 고등사범의 역사를 연구할 미래의 역사가들에게 필경 1급 사료(史料)가 될 것이
　　다.
6)　*Positions*, Editions sociales, 1976에 재수록된 "Soutenance d'Amiens" 참조[영어 번역은
　　"Is it Simple to be a Marxist in Philosophy", *Essays in Self-Criticism*, New Left Books,
　　1976; 우리말 번역은 「아미엥에서의 주장」, 『아미엥에서의 주장』, 솔, 1991].
　　[옮긴이] soutenance에는 '주장'이라는 뜻도 있지만, '학위논문 구두심사/발표'라는 뜻도 있다.

구금 규정을 따른 것이지만, 나중에는 자의에 의한 것이 되었다. 병원 외의 거처로는 퇴직을 대비해 뤼시앵 뢰방가(街) 20구에 마련해두었던 아파트가 있었는데, 이곳에서 1984년부터 1986년까지 거처를 거의 옮기지 않고 특히 장기간 체류한다. 여러 의사의 치료를 받는 가운데, 이제 그를 방문하는 사람은 옛 친구나 새로운 친구 몇 명뿐이었지만, 홀로 방치된 적은 없었다. 특히 미셸 루아(Michelle Loi)와 스타니슬라스 브르통(Stanislas Breton)이 계속해서 알튀세르 곁을 지키는 역할을 도맡다시피 했다.

이상의 사실이면 알튀세르와 고등사범을 이어주는 (앞으로 논할 문제적인 측면에도 불구하고) 관계의 긴밀함을 이해하는 데 충분할 것이다. '정신적'일 뿐만 아니라 '신체적'인 이 관계는 고등사범의 역사에서 거의 유일무이할 것이다. (알튀세르와 비교되곤 하지만 학교에서 기거한 적은 전혀 없는) 뤼시앵 에르(Lucien Herr)나 과학 연구소를 책임진 여러 대가들, 가령 이브 로카르(Yves Rocard)나 알베르 키르만(Albert Kirrmann), 알프레드 카스틀레르(Alfred Kastler)나 장 브로셀(Jean Brossel)마저도 이 점에서는 알튀세르에게 필적하지 못할 것이다.

교사 알튀세르

첫 번째로 강조하고 싶은 것은, 알튀세르가 계속 학생들 곁에서 작업을 했다는 점이다. 그의 공식적 역할은 학생들에게 철학 교원 자격시험을 대비시키는 것이었는데, 이 일에 그는 늘 특별한 정성을 기울인다. 알튀세르는 학생들이 선발 시험을 준비하는 마지막 학년에야 (개별적 예외를 제외하면) 비로소 학생들과 진정으로 긴밀한 관계를 맺었다. 알튀세르가 여러 학번의 학생들에게 끼친 영향력의 요체는, 1960년대 초반까지는, 한편으로 일종의 영국식 '과외' 형식의 첨삭과 반복 교습과 대화, 다른 한편으로 교과과정에 있는 저자와 (마키아벨리, 말브랑슈, 홉스, 스피노자, 로크, 몽테스키외, 루소, 헤겔, 포이어바흐 등) 그가 선호했던 철학자들에 대한 특출나게 명쾌하고 집약적이며 꼼꼼히 준비한 강의다.[7] (다수가 고등사범과 현대 프랑스 철학의 명사들인) 알튀세르의 제자들이 택한 지향의 다양성은, 이 교육의 다산성과 이 교육이 유발했던 지적 자유의 증거다.

1960년대부터는 알튀세르의 교육에서 근간이 되는 이상의 활동을 결코 등한시하지 않으면서도 새로운 요소를 추가하는데, 그 성격은 사뭇 달랐다. 1959년을 기점으로 알튀세르가 자신의 저술을 속속 공간하자, 다양한 학번의 철학도들이 더 광범하게 개방된 교육을 조직해달라고 알튀세르에게 부탁한다.[8] 이에 알튀세르는 일련의 '세미나'를 조직하는데, 이 세미나에서 그는 동료 중 1인자(primus inter pares)로 개입할 뿐이지만, 한 세대 전체에 결정적인 영향을 끼치게 된다. 이 연속 세미나는 1961~62년에 '청년 마르크스'로 시작해, 1962~63년 '구조주의의 기원들'과 1963~64년 '라캉과 정신분석'으로 이어지고, 1964~65년에는 (같은 제목의 집단 저작

---

7) 이 강의들을 조금이나마 짐작하려면 루소에 관한 논문 "Sur le Contrat social (les Décalages)"를 읽으면 좋은데, 이 글은 주도면밀하게 작성한 것이지만 모체가 된 강의(*Cahiers pour l'Analyse* 8, 1967년 가을)와 거의 다르지 않고, 현재 이브 생토메르(Yves Sintomer)가 선별해서 해설을 붙인 알튀세르 선집 *Solitude de Machiavel et autres textes* (*Actuel Marx* 대결 총서), PUF, 1998〔영어 번역은 "Rousseau: The Social Contract (The Discrepancies)", *Politics and History: Montesquieu, Rousseau, Hegel and Marx*, New Left Books 1972; 우리말 번역은 「루소: 사회계약에 관하여」, 『마키아벨리의 고독』, 새길, 1992〕에 재수록되어 있다. 이와 함께 특히 프랑수아 마트롱(François Matheron)이 엮은 알튀세르의 *Politique et Histoire de Machiavel à Marx. Cours à l'Ecole Normale Supérieure, 1955-1972* (Traces écrites 총서), Seuil, 2006〔우리말 번역은 『정치와 역사: 알튀세르의 정치철학 강의록』, 후마니타스, 근간〕 참조.

8) 당시 발표한 저술을 연도순으로 나열하면 1959년 『몽테스키외, 정치와 역사』(PUF), 1960년 루트비히 포이어바흐의 『철학적 선언』 번역 및 해설(PUF), 1961~62년 「청년 마르크스에 대하여」와 「모순과 과잉결정」(*La Pensée*에 수록), 1963년 「철학과 인문과학」(*Revue de l'enseignement philosophique*에 수록) 등이 있다.

의 기원이 된) '『자본』을 읽자'로 정점에 이른다. 이 시점 이후 상황은 다시 한 번 바뀌는데, 알튀세르는 몇 달 만에 (참으로 단명했으나 또한 격렬한 정치적 논쟁을 일으킨) 철학 '학파'를 일으킨 사람으로 이름을 떨치다가, 다른 일을 시작하기 위해 이런 유의 활동을 그만둔다. 1968년 이후에는 말할 것도 없고 이미 그 전부터, 알튀세르는 학생들에게 교원 자격시험을 대비시키는 더 전통적인 활동으로 되돌아간다(강좌는 예전처럼 수강생이 제한되고, 알튀세르의 병이 깊어지면서 점점 습작의 단순 첨삭이 주 활동이 된다).[9]

고등사범에서 알튀세르가 벌인 활동의 두 번째 측면은 첫 번째 측면과 이어져 있는데, 철학 연구의 (직함 없는) 진정한 지도자 역할이 그것으로, 알튀세르는 이 역할을 때로는 혼자 수행하고, 때로는 비범한 협업자이자 친구 두 사람, 곧 학장 장 이폴리트(Jean Hyppolite) 및 동료였던 자크 데리다와 함께 수행한다.[10] 고등사범(적어도 고등사범 문과)이 아직 공식적으로는 도서관이 딸려 있는 기숙사에 불과하고 학생들의 교원 자격시험 대비에 주력하던 시절, 알튀세르는 강연과 세미나를 수단으로, 실질적인 연구 훈련과 본연의 철학적 '삶'을 발전시키는 일에도 노력을 기울인다. 그가 초청하거나 학생들의 요청에 따라 방문을 조직한 강연자에는 마르샬 게루(Martial Gueroult), 조르주 캉길렘(Georges Canguilhem), 장 보프레

---

9) 이 지면을 빌려 다양한 주장들의 잘못을 가리고자 한다. (대개 연대기와 증상의 세부 사항을 모르는 사람들이 하는 말이지만) 고등사범에서 알튀세르를 오랜 세월 '보호했다'고들 하는데, 가령 규정에 없는 부재 상황을 용인하거나 병리적 현실을 눈감아주거나 했다는 것이다. 고등사범이 알튀세르에게 베푼 호의 덕분에, 당사자가 자존감 때문에 공표하는 것을 원치 않았던 우울증적 위기에 대해 다들 함구하는(이는 비밀 엄수 같은 것은 아니었지만) 분위기가 조성되었다는 점은 인정할 수 있다. 하지만 그 밖에 (알튀세르에게 전혀 부담이 아니라 명백히 기쁨이자 정신적 안정의 요인 노릇을 했던) 그의 교육자적 책무의 경우 시간 조정이 가능한 것이었고, 행정적 책임은 휴가 시 나눠 맡거나 위임이 가능한 것이었다.

10) 논리학자이자 고등사범 사서였던 로제 마르탱(Roger Martin)과의 협업도 잊지 말아야 하는데, 이는 마르탱이 파리5대학에 임명된 후에도 계속되었다.

(Jean Beaufret)에서부터 모리스 드 강디약(Maurice de Gandillac), 쥘 뷔유멩(Jules Vuillemin), 질-가스통 그랑제(Gilles-Gaston Granger), 장 라플랑슈(Jean Laplanche), 앙리 비로(Henri Birault), 피에르 오방크(Pierre Aubenque), 로베르 드라테(Robert Derathé), 앙투안 퀼리올리(Antoine Culioli), 미셸 푸코, 미셸 세르(Michel Serres), 장-피에르 베르낭(Jean-Pierre Vernant), 피에르 부르디외(Pierre Bourdieu), 샤를 베틀렝(Charles Bettelheim), 루이 기예르미(Louis Guillermit), 스타니슬라스 브르통, 질 들뢰즈(Gilles Deleuze), 장-클로드 파세롱(Jean-Claude Passeron), 알랭 투렌(Alain Touraine), 클로드 메야수(Claude Meillassoux), 자크 브룅슈비크(Jacques Brunschwig), 베르나르 테이세드르(Bernard Teyssèdre), 알렉상드르 마트롱(Alexandre Matheron), 앙드레 페셀(André Pessel), 앙리 졸리(Henry Joly), 자크 부브레스(Jacques Bouveresse), 피에르 레몽(Pierre Raymond), 토니 네그리(Tony Negri), 로베르 리나르(Robert Linhart) 등에 이른다. 여기에서 다룬 질문은 철학사와 인식론에서부터 미학과 언어학, (사회과학부가 설립되기 전부터) 사회학을 망라한다. '인문과학'의 중요성을 특히 예민하게 자각했지만, 실증주의에 공공연히 반대하면서 방법 논쟁(Methodenstreit)의 당대적 국면에 에두르지 않고 개입한 알튀세르는, 이들 분과와 철학 사이의 밀접한 관계를 유지하면 철학은 실재론이라는 보장을, 인문과학은 특유의 기술지상주의적 제국주의에 대한 저항이라는 보장을 각각 얻을 수 있다고 보았다. 이 같은 조직화 활동의 목표는 고등사범을 '상아탑'이 아닌 '살아 있는' 철학의 활기찬 중심으로, 국제적 논의에 개방되어 있는 곳으로 만드는 것이었지만, 이 활동은 (알튀세르가 활용한 모든 자원의 원천인) 대학에 맞서는 방식이 아니라 대학과 어긋나는 방식으로 수행되고, 대학의 일부 구조에서보다 훨씬 자유롭게 이루어지면서, 여러 해 동안 큰 성공을 거둔다. 관련해서 여러 가지 사례가 있지만, 특히 라캉 박사가〔생트-안 연구소에서 쫓겨날 위험에 처해 있던-옮긴이〕 정신분

석 세미나를 고등사범에서 (1964년부터) 속행할 수 있었던 것이 알튀세르의 초청 덕분이었다는 사례를 상기하면 충분할 것이다.

알튀세르가 수행한 (광의의) 교육적 활동의 세 번째 측면은 고등사범의 소명 중 하나와 관련되는데, 이 소명이 학생들이나 교사들의 뇌리에서 종종 사라지거나 시류 때문에 위협받을 우려가 있는 만큼, 나는 이 측면을 특히 강조하고 싶다. '문과생'과 '이과생' 간의 마주침과 지적 교류, 나아가 공동 훈련 기회를 체계적으로 조직하는 일이 바로 그것이다. 이 일을 철학자가 추진했다는 사실이 별로 놀랍지는 않은데, 물론 다른 분과 학문에 속한 교사와 연구자, 학생들의 요구와 관심, 협업이 없었다면 이 일은 아무런 결실도 거두지 못했을 것이다. 여기서 알튀세르는, 나름의 방식으로이기는 하지만, 이폴리트가 제안한 길을 따른다.[11] 그는 '문과' 학생을 위한 순수수학 강좌를 개설하기도 했고, 무엇보다 1967~68년의 '과학자들을 위한 철학 강좌'를 개설했는데, 그는 (피에르 마슈레Pierre Macherey, 나 자신, 프랑수아 르노François Regnault, 미셸 페쇠Michel Pêcheux, 알랭 바디우Alain Badiou, 캉길렘의 소르본 대학 제자인 미셸 피샹Michel Fichant 등) 왕년의 제자 그룹과 협력하여 이 강의를 책임졌고, '5월 사건'이 일어나기 전까지 고등사범 안팎의 매우 중요한 청중을 뒤산관(Dussane館)으로 불러 모았다.[12] 몇 년 후 '철학과 수학' 세미나를 창립할 때에도 알튀세르가 산파 역할을 하게 되는데, 모리스 루아(Maurice Loi)가 모리스 카

---

11) 〔옮긴이〕알튀세르의 자서전에 따르면, 이폴리트는 학장 부임 연설에서 '고등사범은 관용의 장소가 돼야' 한다고 공표한 이래 여러 세미나를 유치했고, 특히 이브 로카르를 중심으로 한 이공계 과학자들과의 관계를 돈독히 하려고 노력했다. 알튀세르가 나름의 방식으로 이폴리트의 길을 따랐다는 것은 이런 의미일 것이다. 루이 알튀세르, 『미래는 오래 지속된다』, 이매진, 2008, 431쪽 참조.

12) 이 강좌의 일부는 강연자들의 편집을 거쳐 마스페로(Maspero) 출판사의 'Théorie' 총서로 공간되었다. 원래의 등사본 전체는 고등사범 도서관과 현대출판기록연구소에 보관되어 있다.

베잉(Maurice Caveing), 피에르 카르티에(Pierre Cartier), 르네 톰(René Thom)과 함께 이끈 이 세미나는 현재까지 지속되고 있다. 이상의 여러 발안은 분명 과학적 실천들에 대한 비판적 반성과 인식론에 특별히 호의적인 분위기 덕분이지만, 또한 발안자인 알튀세르의 명성과 신념 덕분이기도 하다. 여기서 잘 드러나는 것은 대학 제도를 구성하는 요소들 간의 '가교' 또는 '매개자'라는 알튀세르의 자질인데, 이에 대해서는 곧 다른 관점에서 후술하겠다.

철학자 알튀세르

이제 알튀세르의 개인 작업에 관해 몇 마디 하는 게 좋을 것 같은데, 이 작업은 전적으로 윌므가(Ulm街) 45번지 교문 안에서 전개되었으며,[13] 알튀세르의 작업이 누린 명성의 일부는, 그 가치와 문체, 시의적절하거나 시류를 거스르는 성격과 별개로, 틀림없이 이 '입지' 덕을 보았다. 그러나 알튀세르의 작업은 전혀 다른 공간에서 대다수의 독자와 대화 상대를 만나게 된다.

알튀세르의 작업은 주지하듯 양이 적은 편인데, 적어도 생전에 공간된 문헌들로 보면 그렇다. (대략 마무리를 지었으나 발간하지 않은 문헌들이 여럿 있기는 하지만, 일부 평자들이 상상하는 것처럼 그 양이 막대하지는 않다. 알튀세르가 소묘한 기획의 야심에 비해 공간된 총량이 상대적으로 빈약한 '불균형'에 의아함을 느껴서이겠지만, 이런 상상은 장기간의 신경쇠약과 회복이 창조적 활동에 끼치는 부정적 영향을 과소평가한다.) 여러 사람의 증언

---

13) 예외에 속하는 문헌이 일부 있는데, 이는 방학 기간에 특히 이탈리아에서 집필되거나 보클뤼즈 주(州) 고르드에 알튀세르 부부가 마련해둔 시골 별장에서 집필된 경우다.

을 통해 알려져 있듯, 알튀세르는 자신의 성찰 상당 부분을, 전형적인 각본에 따라, 흥분 상태에서 이루어지는 며칠 동안의, 심지어는 몇 시간 동안의 집중 작업을 통해 집필했는데, 그렇다고 해서 그가 아무런 준비 작업도 하지 않았다고 말하는 것은 전혀 아니다. 자신이 '아무것도 읽지 않'았다거나 자신의 철학적 소양이 '브리콜라주적'(bricolée, 임기응변적)일 뿐이었다는 알튀세르의 말은 심각하게 상대화하는 편이 옳다. 그 대신 알튀세르가 늘 자신의 비범한 청취력과 이론적 대화를 즐기는 취향을 이용하여, 장시간의 서지(書誌) 조사를 직접적 의견 교환으로 대체한 것은 틀림없는 사실이다. 저자에게 자기 책이나 논문의 세세한 부분까지 말로 설명하도록 시킬 수 있고, 문제의 '핵심'을 저자와 함께 탐구할 수 있는데, 수동적으로 책을 읽거나 논문의 출간을 기다릴 이유가 무에 있겠는가? 이 '방법'은 당연히 착각의 위험 역시 내포한다. 이 방법은 알튀세르가 고등사범에 붙박이로 살았다는 사실의 덕을 보았는데, 고등사범에서 그의 사무실은 '전략적' 위치를 점하고 있었다. 사람들은 책을 읽기 위해 도서관에 갔고, 얘기를 하기 위해 그의 사무실에 갔는데, 이렇게 한 것은 철학자들만이 아니었다. 알튀세르가 때로 (청년 마르크스의 표현을 빌려) '개념의 당'이라고 부른 곳에 잠시나마 입당했다고 느꼈던 방문객들과 친구들과 왕년의 제자들, 프랑스 동료들과 세계 곳곳에서 온 외국인 동료들이 얼마나 많았던가?

다시 알튀세르 자신의 작업으로 돌아가보자. 확실히 변치 않는 몇 가지 관심(심지어 강박)이 그의 작업을 관통하고, 특히 선호하는 몇 가지 참고 문헌이 작업을 떠받치며, 부단한 연구가 작업의 방향을 설정하기는 하지만, 그의 작업을 서로 구분되는 시기로 확연히 나눌 수 있는 것도 사실이다. 견습 시절의 작업(가령 고등교육 학위논문 같은 매우 번득이는 문헌)[14]과 특히

14) 사실 책에 가까운 알튀세르의 논문 "Du contenu dans la pensée de G. W. F. Hegel"[영어 번역은 "On Content in the Thought of G. W. F. Hegel", *The Spectre of Hegel: Early*

가톨릭 운동에 참여할 당시 쓴 '청년기' 저술을 제외한 (1960년대 초반까지의) 첫 번째 시기는 〔시초〕 축적의 국면이라고 회고적으로 규정할 수 있다. 이 시기는 몽테스키외를 다룬 소책자에서 절정에 이른다. 당시 알튀세르는 이폴리트와 블라디미르 장켈레비치(Bladimir Jankélévitch)의 지도 아래 '18세기 프랑스의 정치와 철학'과 루소의 『불평등 기원론』을 주제로 국가박사 학위논문을 준비 중이었다. 1948년에 프랑스 공산당에 입당했으나, 당이 '공식적으로' 생산한 마르크스주의와는 늘 거리를 유지했(거나 동참해달라는 요청을 받지 못했)던 알튀세르는, 마르크스주의와 철학의 관계(특히 소외 통념 그리고 마르크스 사상 내 '인본주의'와 '반(反)인본주의' 경향) 그리고 정신분석의 이론적 함의를 주제로 자기 나름의 성찰을 계속한다.[15]

두 번째 시기는 1960년대로, 『'자본'을 읽자』를 기준점으로 잡을 때 앞으로는 (『마르크스를 위하여』에 재수록된) 최초의 논문 「청년 마르크스에 대하여」까지, 뒤로는 프랑스철학협회의 1968년 강연(『레닌과 철학』)과 (1974년에 발간된) 『철학과 과학자들의 자생적 철학』 강좌까지이며, 가장 잘 알려져 있다. 또한 이 시기의 작업은 필시 가장 강력하거나 적어도 가장 완성도가 높다. (여기에는 강령적 형태나 의문문 형태를 띤 작업도 포함된다. 알튀세르는 소론과 '연구 노트', 실제로는 가설〔hypothèses〕인 **테제**〔thèses〕의 달인이었는데, 이를 뒷받침한 것은 알튀세르가 즐겨 언급했던, 나폴레옹이 말했다는 격언 "일단 뛰어들고 나서야 보게 된다"였다.) '징후적 독해', '인식론적 절단', '과잉결정', '구조인과성', '이론적 실천' 같은 통

Writings, Verso 1997〕은 1947년에 작성되었고, 프랑수아 마트롱의 노력으로 유작인 *Ecrits philosophiques et politiques*, Tome I, Stock/IMEC 1994에 수록되어 공간되었다.

15) 이는 1964년 *Nouvelle Critique*에 처음 실린 「프로이트와 라캉」으로 귀결된다〔영어 번역은 *New Left Review* 1/55, 1969년 5~6월호; 우리말 번역은 『아미엥에서의 주장』, 솔, 1991〕. 특히 엘리자베트 루디네스코(Elisabeth Roudinesco)는 마르크스주의와 인간학/인류학, 정신분석학에 관한 프랑스의 논쟁 방향을 재설정하는 데 이 논문이 수행한 역할을 강조한 바 있다.

넘들이 이 시기 작업에서 도입된다. 좋든 싫든, 20세기에 벌어진 마르크스주의의 여러 전화와 (자연주의와 초월론적 관념론—현상학적 변종을 포함한—, 논리주의와 역사주의에 대한 독창적 대안으로서) 철학적 '구조주의',[16] 마지막으로 '프랑스적'이라고 불리는, 즉 합리주의적이고 변증법적인 역사적 인식론 간의 밀접한 연관을 확립한 것 역시 이 시기의 작업이다(장담하건대, 이 점이 '68사상'이라는 잘못된 이름이 붙었던 사조를 현재의 시점에서 판단할 때 많은 사람들이 드러내는 당혹감의 원천일 것이다). 이들 작업의 가공을 규정한 일부 조건에 관해서는 전술한 바 있다. 이는 알튀세르 사상의 자율성이나 그가 수행한 초기 '동력' 역할을 폄하하는 것이 전혀 아니라, 알튀세르 사상의 (일부 공저共著에 기재된 일련의 이름을 훨씬 넘어서는) **협업적** 측면을 강조하는 것이다. 게다가 이는 (알튀세르가 끊임없이 준거했던) 스피노자의 테제, 곧 개인화/개성화와 협업은 대립된 용어가 아니라 상관적인 용어라는 것을 예증하는 좋은 사례이기도 하다.[17]

알튀세르가 **부재중에** 경험한 1968년의 '충격'은 알튀세르를 뒤늦게 규정하여 1970년대 내내 서신과 의견 교환 활동을 집중적으로 하게 만들었는데, 이는 그가 다방면에 걸쳐 '학교 장치'의 문제에 관여된 일을 하고 있었다는 점과 뗄 수 없는 것이었다.[18] 아울러 이 충격의 사후 효과 때문에

---

16) 이 표현은 편의상 쓴 것이다. 다들 알다시피 '구조주의' 운동의 주역들은 모두 또는 거의 대부분 어느 시점에서 이 이름을 거부했는데, 이는 무엇보다 각자의 독자성을 보존하기 위한 것이었다.

17) 이런 협업이 부분적으로 밖으로 드러난 것은 'Théorie' 총서였는데, 알튀세르는 프랑수아 마스페로 출판사에서 이 총서를 창설해 1965년부터 1980년까지 총서를 이끌었다. 이 총서에서 책과 작업을 발간한 이들에는 특히 알랭 바디우, 에티엔 발리바르, 제라르 뒤메닐(Gérard Duménil), 베르나르 에델만(Bernard Edelman), 미셸 피샹, 프랑수아즈 가데(Françoise Gadet), 도미니크 르쿠르(Dominique Lecourt), 장-피에르 르페브르(Jean-Pierre Lefevre), 미셸 루아, 체사레 루포리니(Cesare Luporini), 피에르 마슈레, 장-피에르 오지에르(Jean-Pierre Osier), 미셸 페쇠, 피에르 레몽, 에마뉘엘 테레(Emmanuel Terray), 앙드레 토젤(André Tosel) 등이 있다.

18) 그 반향이 특히 크리스티앙 보들로, 로제 에스타블레, 미셸 토르, 르네 발리바르, 미셸 페쇠 등

알튀세르가 1960년대에 형성한 정치적·이론적 기획의 실현 근거와 조건이 상당 부분 파괴되어버렸다는 것 역시 분명하다. 이에 알튀세르의 작업은 새로운 방향을 택하게 되지만, 또한 훨씬 더 파편적이 된다. 이 상황을 초래한 요인들은 여러 가지인데, 각각의 요인 자체는 독립적이지만, 결국에는 풀 수 없는 '매듭'을 이루게 된다. 철학을 사변이 아니라 전투(알튀세르가 '이론에서의 계급투쟁'이라고 새롭게 이름 붙인, 칸트의 '전장'〔戰場, *Kampfplatz*〕)로 파악하게 되면, 필연적으로 자신의 개입들이 산출한 효과들에 준하여 개입들을 '정정'하거나 '조정'하려고 시도하지 않을 수 없다. 동시에 그가 이제 세계적인 명성을 획득한 상황이므로(특히 일부 라틴아메리카 활동가들은 알튀세르를 거의 새로운 마르크스로까지 여겼다), 그에게 가해지는 정치적 즉각성의 압력이 점점 더 무거워진다. 자신이 격렬한 조직적 갈등 및 그와 뗄 수 없는 개인 간 분열에 연루되어 있음을 알아차릴 때, 알튀세르의 질병은 악화되고, 그에 따라 치료 시설이나 요양 시설에 머무는 기간과 빈도는 점점 길고 잦아지며, 이때 신경쇠약을 상쇄하는 다양한 배합의 화학적 실험이 그에게 가해지면서, 작업을 계속할 수 있는 가능성 일체를 파괴한다. 한 발 떨어져서 이후 일어난 사건들을 헤아려보면, 이런 주관적 우여곡절이 공산주의 해체의 연속적 단계들을 '체험하는' 방식의 하나였을 뿐이라는 생각이 들기도 한다. 왜냐하면 알튀세르는 이론의 필연성과 자율성을 공공연하게 부르짖으면서도, 스스로의 지적 활동을 공산주의 운동의 '재건'이라는 관점 그리고 일국적·국제적 범위에서 벌어지는 공산주의 운동의 위기를 넘어 그 재구축을 선취하려는 시도와 떼려야

의 제자들의 책에 나타난다. (*La Pensée*, 1970년 6월호에 처음 발표된) 유명한 논문 「이데올로기와 이데올로기적 국가 장치」〔영어 번역은 *Lenin and Philosophy and Other Essays*, Monthly Review Press 1971; 우리말 번역은 『아미엥에서의 주장』, 솔, 1991에 수록)는 "법, 국가, 이데올로기"에 관한 미완성된 미간행 원고에서 발췌한 것인데, 이 논문은 알튀세르가 학교 제도 문제에 부여한 전략적 중요성의 증거다.

뗄 수 없게 연결했기 때문이다. 알튀세르는 처음엔 중-소 분쟁의 후폭풍
에, 다음에는 '유로공산주의'와 프랑스 공산당의 '프롤레타리아독재' 통념
의 공식적 폐기를 둘러싼 논쟁에 휘말려든다. 대립하는 양쪽 편이, 때로는
동일한 용어로, 알튀세르의 '이론주의'를 비난한다. 그가 착수한 잇단 자
기비판들은 여러 가지 점에서 퇴행적 과정, 심지어 파괴적 과정으로 보일
수 있다. 그러나 순전히 철학적인 관점에서 보자면, 이들 자기비판은 결국
('과소결정' 없는 '과잉결정'은 없다는) **역사적 우연성**과 (이론적 실천을 포함
한) 모든 실천에 내재하는 요소로서 **이데올로기의 물질성**이라는 철학적 주제
를 도출하는 것으로 귀결되는데, 이 두 주제의 잠재적 수렴은, '제1기 알튀
세르'의 특징을 이루는 '구성하는 주체'와 '역사의 방향/의미(sens)'의 철학
들에 대한 비판을 발본화하면서, '제2기 알튀세르'의 교리가 될 수도 있었
을 것의 윤곽을 드러낸다.[19] 이런 이유 때문에 (정치적 규정력이나 정신의
학적 고정관념을 절대화하는) 일체의 환원적 해석은 열에 아홉은 엉뚱한 곳
으로 빠지게 되는 것이다.

　이제 남은 것은 말기 알튀세르의 활동을 서술하는 것인데, 여기서 말기
란 특히 행정적 연금 조치의 해제 시점부터 (사실상 회복 불능의 심각한 우
울증 단계를 유발한 1987년) 외과수술 시점까지이다. 이 시기를 부분적으
로나마 파악할 수 있는 방법은, 1992년에 공간된 자서전적 문헌, 아울러 페
르난다 나바로(Fernanda Navaro)가 필사하여 멕시코에서 공간한 대담집
을 참고하는 것이다.[20] 당시는 꼬리를 물고 이어지는 흥분 단계와 불안 단

---

19)　이 시기에 알튀세르가 발표한 저작의 목록을 보려면 Gregory Elliott, *Althusser: The Detour
　　of Theory*, 2nd ed., Brill 2006〔우리말 번역 초판은 그레고리 엘리엇, 『알튀세르: 이론의 우회』,
　　새길, 1992〕 참조.

20)　*Filosofia y Marxismo, Entrevista por Fernanda Navaro*, Siglo Veintiuno Editores
　　1988. 〔프랑스어 번역은 *Sur la philosophie*, Gallimard 1994; 우리말 번역은 「철학과 마르크
　　스주의: 페르난다 나바로와의 대담」, 『철학에 대하여』, 동문선, 1997; 영어 번역은 "Philosophy

계가 그 어느 때보다 심하게 알튀세르를 휘저을 때다. 또한 고립 때문에 빠지게 되는 낙담과, '묘석(墓石)을 들어 올리려는', 즉 사회가 살인자에게 (그에게 책임을 물을 수 있다고 간주하든 그럴 수 없다고 간주하든 간에) **사실상** 부과하는 공적 표현에 대한 금지를 위반하려는 때때로 격한 욕망 사이에서 그가 동요할 때다. 당시 알튀세르는 과거 윌므가의 사무실로 불러들였던 이들과 유사한 대화 상대 그룹을 자신을 중심으로 재구성하려고 시도한다. 일부 친구들은 여기에 동참하고, 다른 친구들은 거절하거나 나처럼 자신들이 믿기에 '적정한' 것과 자신들이 보기에 '섬망적인'(또는 '경솔한') 것 사이에서 균형을 잡으려는 어색한 시도를 한다. 알튀세르의 상속자가 공간하겠다고 발표한 이 시기의 원고들이 이론적으로 **새로운 사실**을 포함하고 있을 가능성은 거의 없어 보이지만, 이 원고들이 그의 저작에 무언가를 **추가할** 가능성을 배제하거나 다른 미공간된 저작들과 결합되면서 알튀세르가 끼친 영향력의 이유를 더 정확하게 평가할 수 있게 해줄 가능성을 배제할 까닭은 전혀 없다.[21]

---

and Marxism", *Philosophy of the Encounter: Later Writings, 1978-87*, Verso 2006.)

21) 이 부고를 쓴 1993년 이후 알튀세르의 미공간 유고 다수가 모습을 드러냈는데, 이 유고들은 위의 판단이 내포할 수 있는 (겉보기에) 부정적 함의를 정정하게 만들었다. 특히 "Machiavel et nous" 원고가 그랬는데, 원고의 본질을 이루는 부분은 1972년에 집필되었고, *Ecrits philosophiques et politiques*, Tome 2, Stock/IMEC 1995에 프랑스어로 재발간되었으며, 다수의 외국어로 번역되었다(영어 번역은 *Machiavelli and us*, Verso 1999; 우리말 번역은 『마키아벨리의 가면』, 이후, 2001에 수록). 다른 한편으로는 주지하듯 '우발성의 유물론' 또는 '마주침의 유물론'으로 명명된 알튀세르의 '마지막 철학'(우리말 번역은 『철학과 맑스주의』, 새길, 1996에 수록; 영어 번역은 "The Underground Current of the Materialism of the Encounter", *Philosophy of the Encounter*, Verso 2006)에 관한 그의 초안은 매우 활기찬 해석 작업을 불러 일으켰다.

고등사범/학교(École), '공적'이고 '사적'인 장소

나는 여기에서 알튀세르의 정치적 입장과 활동 전체를 묘사한다거나 이런 입장과 활동이 프랑스 내외에서 일으킨 효과나 반작용을 설명하려 들지 않을 것이다. 이는 (비단 지식인의 역사만이 아니라) 일반적 역사에 속하는 문제다. 그러나 정치적 입장과 활동이 알튀세르와 고등사범 사이의 관계에 끼친 아주 깊은 영향을 특징지으려는 시도는 꼭 필요해 보인다. 비록 알튀세르가 (사고와 여행, 관계를 통해) 고등사범학교 안에 갇히지 않으려고 노력한 것은 사실이나, 그는 많은 점에서 고등사범학교를 ('거시정치적'인 동시에 '미시정치적'인) **정치적 장소**로 간주했다. 바로 이 점 때문에 많은 사람들은, 당시든 사후든, 알튀세르를 용서하지 않았는데, 그럴 때 그들이 시야에서 놓쳤던 것은 이런 수사(修辭)가 정세에서 기인한 것이고, 알튀세르는 이 정세의 원인이라기보다 거꾸로 정세의 산물이라는 것 그리고 이 수사가 아득히 먼 곳에서 온 잠재적 진리를 드러내는 방식이었다는 점이다. 이 관계를 체험하고 실천하는 방식은 대단히 다양할 수 있고, 부단한 역설을 내포하는바, 우리는 이 역설을 (소르본이든, 뱅센이든, 고등사범이든 간에) 대학이라는 장소, 특히 **폐쇄된** 대학이라는 장소를 '현실의' 정치적 무대의 대용물로 전환하려는 유혹을 한쪽 극단으로 두고, 예나 지금이나 전문적 지식인들의 형성을 담당하는 '특권적' 틀을 사회운동에 그리고 잠재적으로 경계 없는 국민 간, 계급 간 소통에 **개방**하려는 노력을 다른 쪽 극단으로 둔 채로 벌어지는 동요 안에서 이미 포착할 수 있다.[22] 이 관계가 요구하는 성

---

22) 이 이중적 경향은 (머지않아 알튀세르를 반대하는 입장으로 선회하게 되는) 알튀세르의 일부 제자들에게서 더욱 강화되어, 가령 1966~70년의 '마오주의자들'은 고등사범을 일종의 '적색 기지'로 만들겠다는 꿈을 공공연히 드러내는데, 이는 더 일관성 있는 마오주의자들이 '하방'(下放, s'établir)을 위해 향했던 공장을 모형으로 삼은 것이다. 그런데 이 꿈은 많은 점에서 여러 그랑제콜을 전투적 신자유주의의 '백색 기지'로 활용하겠다는 일부 기술 관료들의 끈질긴 기획을 뒤집

찰을 진정으로 개시하는 것은 요원한 일이고, 특히 정세들과 제도적 경향들, 개인적 인성들의 뒤얽힘에 관한 성찰은 특히 그렇다.

주지하듯 알튀세르는 또래 세대의 지식인 대다수와 마찬가지로 종전 직후 공산당에 입당했다. 그는 자신의 첫 번째 정치 활동이 (스톡홀름 호소문 지지 캠페인과 더불어) 고등사범학교에 공산당 학생 지부를 설립하고 학교 행정 당국의 인정을 얻어내는 것이었다고 여러 번 말했었다. 그랬던 자신이 말단이나마 행정적 직책을 맡게 되었을 때, 알튀세르는 이를 해결할 수 없는 모순이나 (그를 비판하는 빌미로 거론되곤 했던) '이중 플레이'의 기회라기보다는, 차라리 제도 안에서의 정치라는 독창적 관점을 가공하고 실행할 기회로 삼았다고 생각할 수 있는데, 이런 정치관은 사실 마르크스주의적인 조직들이 (심지어 '대중노선'을 따랐을 때에도) 채택한 방법과 아주 거리가 멀 뿐만 아니라, 집단 역학 내지 기업 경영 기술과도 아주 거리가 먼 것인데, 이유인즉 협상의 끊임없는 실천을 환원 불가능한 사회적 적대가 제도를 관통한다는 관념과 결합했기 때문이다. 행정가이자 교사였지만, 활동가(그것도 '근본'에 해당하는 입장을 완강히 고수하는 활동가)이기도 했던 알튀세르는, **사실상** 기관을 구성하는 **모든** 부문들의 합류점에 자리잡고 있었고, 유리한 시기에는, 이를 효과적으로 활용하는 법을 알고 있었다(그는 개인적·집단적 위기가 닥친 시기에 그에 대한 대가 역시 치렀다). 알튀세르가 고등사범 문과와 이과의 소통을 위한 작업을 멈추지 않았던 것처럼, 그는 학장들이나 다른 학과의 동료들, 더불어 관리 업무와 서비스 업무 담당 직원들과의 신뢰 및 우정의 관계도 유지했다(여러 사람이 있지만 뤼시엔 사

은 심상일 뿐이었다. 그리고 이는 고등사범 현장과 그 역사에 대한 놀라운 숭배를 동반했다. 〔옮긴이〕 한국 사회운동에서도 '공활', '농활', '현장 투신', '존재 이전' 등의 이름으로 하방운동이 1980년대를 전후해 상당한 규모로 진행된 바 있는데, 이 운동의 프랑스적 판본에 관해서는 알튀세르의 제자인 로베르 리나르가 1968년 이후 자동차 공장에서 미숙련노동자로 1년간 '위장취업'한 경험을 소재로 쓴 『에따블리』, 백의, 1999 참조.

제라와 앙리 토라발이 이 점을 증언해줄 수 있을 것이다). 알튀세르가 주동자 가운데 한 명이었던 공산당의 '세포'는 어쨌든, 모든 외부 조직과 대체로 독립적으로[23] 고등사범의 일상적 문제나 운명을 성찰하는 서클이자 일반적인 정치 논쟁과 공적 개입의 장소로 기능했는데, 이는 (조합적, 종교적, 심지어 예술적이고 스포츠적인) 제도를 가로지르는 다른 연결망보다 매개와 비판적 의식의 역할에 훨씬 더 적합했음이 입증되었다. 물론 당시 공산당 세포의 실상을 규정하고, 그 효과를 이상화하지 않은 채 평가를 내리기 위해서는 정확한 증언이 필요할 것이며, 공산당 세포가 알튀세르가 아닌 다른 인물이나 시대의 분위기(예컨대 냉전이나 알제리 전쟁, '68'을 전후한 학생운동이나 '좌파연합' 등)에 어떤 빚을 졌는지에 대해서도 알 필요가 있을 것이다. 그러나 사실 자체는 부인할 수 없어 보인다.

많은 점에서 알튀세르가 프랑스 공산당에서 처신한 방식은 그가 국가교육(또는 차라리 **모든** 관련자들에게 공동체이자 삶의 장소이기도 했던 '고등/상류' 기관으로 구성된 국가교육의 매우 특수하고 매우 비전형적인 부문)에서 처신한 방식과 다르지 않았다. 개인적인 생각이기는 하지만, 양자를 연결짓는 것은 공산당 조직과 (그가 한때 속했던) 가톨릭교회를 일반적으로 그리고 알튀세르라는 특수한 사례에서 종종 연결짓는 것 못지않게 계발적인 것 같다. 공산당과 교회의 공통점은 메시아적 관점인데, 이 관점은 그 자신의 '임박한' 소멸이라는 관념을 포함하면서 세속적 현실을 관리하는 때로 누추한 작업과 많든 적든 양립한다. 하지만 나는 알튀세르에게 당이란 고등사범학교와 마찬가지로 (일반적이고 특수한 의미에서) 제도의 물질적 필연성이 느껴지는 장소이자 그것 자체를 변혁하려는 작업을 계속해야만 하는 곳이라고 주장하고 싶고, 이것이 사실과 크게 어긋나지 않는다

---

23) '분쟁'의 시기에 프랑스 공산당 지도부가 파견한 '공작조'가 당세포에 대한 감시 활동을 벌이기는 했다.

고 믿는다. 교육과 전술, 분석과 세력 관계, 전국적 목표를 위한 집합행동과 개인적 영향력이라는 모순적 요구들이 부과되는 장소. 더욱 주목할 점은, 끊임없이 '이중 소속'을 실천했던, 즉 고등사범학교에 공산주의자로서 '개입'하고, 공산당에 고등사범인이자 대학의 학자로서 개입했던 알튀세르가, 두 장소를 **혼동**하거나 두 영역을 뒤섞는 일을 결코 하지 않았다는 점이다. 알튀세르의 스타일과 선택을 거부할 수는 있겠지만, 그의 처신에서 '잠입 공작'(noyautage)[24]의 흔적을 찾아낼 가능성은 추호도 없다.

고등사범의 지적 삶(때로 고등사범의 제도적 영고성쇠)을 관통한 정치적 논쟁들이 셀 수 없이 많고, 고등사범의 여러 학생과 교사가 이 논쟁들에 때로는 조심성 없이 참여했다는 것은, 고등사범의 역사 전체와 궤를 같이하는 현상이다. 1950년대에서 1980년대까지의 시기가 표상하는 것은 이 점에서 보면 특히 급속하게 이어진 상황의 압박과 전환일 뿐이리라. 독립적 공산주의자였을 뿐만 아니라 비판적 공산주의자였고, 기성 질서를 비판했지만 '반골' 기질은 전혀 없었던 알튀세르는, 동료들이나 제자들, 동지들이 그랬듯, 냉전과 식민 전쟁, 당과 분파의 투쟁을 대면하였고, 자신만의 선택(이나 비선택)을 내렸다. 그러나 그의 참여는 고등사범학교**로부터**(depuis) 그리고 어떤 면에서는 고등사범학교**와 더불어** 이루어졌다. 분석을 요하면서 어렵게 만드는 깊은 양가적 '콤플렉스'가 이것이다.

우리로서는 이 대목에서 알튀세르의 '병' 또는 '광기'를 언급하지 않을 수 없다. 알다시피 정신과 의사들은 알튀세르가 청년기 이후, 적어도 포로 생활 이후 겪었던 (흥분과 불안이 꼬리를 물고 이어지는) 주기적 성격장애를 '조울증적 정신병'이라고 불렀는데, 이 말이 무슨 뜻인지 그들이 알았기

---

24) 〔옮긴이〕우리에게 더 익숙한 표현으로는 '프락치 활동'이 있다. 알다시피 프락치란 본래 러시아어로, "특수한 사명을 띠고 어떤 조직체나 분야에 들어가서 본래의 신분을 속이고 몰래 활동하는 사람"을 가리킨다.

를 바랄 뿐이다.[25] 전기적 · 자전적 저술들을 읽고 나면, (알튀세르의 가정 환경과 유년기, 우정과 성욕, 부부 생활 등) 개인사와 심리를 이루는 다른 요소들을 접하게 되는데, 나로서는 이 요소들이 알튀세르의 병에 얼마나 직접 관련되었고 영향을 끼쳤는지 평가할 능력이 없기 때문에, 이 글에서 이런 문제는 다 제쳐두고자 한다. 반면 여러 사실에서 분명하게 나타나는 것은, 한편으로 알튀세르의 정치적 표상과 실천, 다른 한편으로 그가 30년 이상 고등사범에 (낮이나 밤이나!) 계속해서 거주했다는 사실이 확고히 '상응'한다는 점이다. 이 장기 거주에 앞서 5년간은 포로수용소에서 살았고, 포로 생활 직전에는 많든 적든 '공동체적'이었던 고교 생활과 유년기를 보냈다는 점을 감안하면, 인성의 주관적 구성 때문이든 환경 때문이든(양자가 마주쳤다는 것이 더 진실에 가까울 것이다), 알튀세르는 확장된 고등사범 공동체 외의 다른 '가족'을 사실상 이룰 수 없었다고 생각할 수도 있을 것이다.[26] 이 상황은 어떤 가치판단도 요구하지 않는다. '정상성'에 대한 판단으로 위장한 가치판단 역시 마찬가지다(어떤 점에서 핵가족 생활이 공동체 생활보다 더 '정상적'이란 말인가?). 하지만 이런 상황이 제약과 반작용을 내포하는 것은 분명하며, 이 제약과 반작용은 일반적으로 부인되기 때문에 더 강해진다. 고등사범은 어떤 종류의 '공동체'인가(또는 당시에는 어떤 종류의 '공동체'였는가)? 알튀세르의 인생사가 정면으로 바라보게 만드

---

25) 알튀세르는 효험이 없거나 병을 악화시켰을 가능성이 매우 높은 치료를 6개월 동안 받은 후, 전문가들이 '급성 우울증의 우발 증상'이라고 이름 붙인 발작을 일으키던 중 '저항의 흔적 없이' 아내를 교살했다.

26) (1960년대 후반) 알튀세르의 동지이자 장차 부인이 될 엘렌 레고시앵 리트만(Hélène Légotien Rytman)이 알튀세르와 살기 위해 관사 아파트에 들어온 시점을 이 실패의 증상으로 간주할 수 있는데, 이 커플이 이런 유의 결정을 일상적으로 내린 것처럼 보이기 때문에 더욱 그렇다. 알튀세르의 아파트는 겉으로만 사적 장소다. 또는 차라리 이 아파트는, 다른 몇몇 곳과 함께, 공적 공간의 강렬한 **사유화**의 장소가 되고, 그 자체로 끊임없는 '요구'의 대상이 된다.

는 질문이 바로 이것이다.[27]

　그런데 이 질문은 정치와 밀접하게 관련되어 있다. 공산주의 가담 초창기에 알튀세르가 겪은 극적인 일화들―당이 정치적으로 위험하다고 간주한 연인 엘렌과 헤어지라고 고등사범 학생 세포가 알튀세르에게 통보한 지령, 리센코 사건 시기 생물학자이자 세포 서기인 친구 클로드 엥겔만(Claude Engelmann, 49학번)의 자살, 동성애자라는 이유로 푸코가 겪은 심한 비난 등―은 모두 정치와 (유사)가족, 공동체라는 삼중적 차원을 내포한다. 정확히 같은 일이 1960년대 후반에 일어나게 되는데, 당시 공산주의 학생연맹의 분열을 둘러싸고 알튀세르와 (모두들 고등사범 출신으로, 어떻게 보면 그의 아내와 그의 '입양아'였던) 가장 가까운 제자들이 벌인 갈등은 양쪽 모두를 낭떠러지 일보 직전까지 몰아붙이게 된다. (때로는 희극이었던) 극적 갈등이 항상 드러난 것은 아니었지만, 1960년대 중반에 제자들 및 옛 제자들 일부와 함께 그가 계획하고 와해 후에도 그가 몇 차례에 걸쳐 재구성하려고 한 집단적 사고와 '개입' 활동들이라고 크게 달랐을까?

　당시 고등사범에, 비록 몇 년 동안이기는 하지만, 계속 기거했던 이들에게 고등사범이 유사 가족적 공동체 노릇을 했다는 특정한 맥락을 파악하는 데서 출발하지 않는다면, 지금까지 언급한 내용은 전혀 이해할 수 없을 것이다.[28] 그러나 (오이디푸스, 억압된 동성애 등) 심리학이나 정신분석학

---

27)　이 질문은 가령 케임브리지나 옥스퍼드 대학과 관련해서는 자주 제기되는 데 반해, 고등사범과 관련해서는 거의 제기되지 않는다.

28)　이 점에 관해서는 앞으로 다룰 문제가 산적해 있다. 혹자가 그랬던 것처럼 '동성애적 공동체'를 말하는 것은 매우 부정확하다. 사실 (고등사범 학생과 고등사범 졸업생archicubes이라는 동류(同類, homoioi)로 이루어진) 지배적 집단은 정의상 단성적(單性的)이다(내가 말하는 고등사범은 물론 세므르(여자고등사범)와 통합되기 전 윌므의 고등사범이다). (기숙사 청소 노동자든 사서든 여자고등사범 학생이든 여자 친구든 간에) 이곳에 스며들어 이곳에서 살고 일한 여성들이 수행한 역할은 중요한 만큼 양가적인데, 고등사범의 풍속이 수도원(이나 군대)과는 거리가 멀었기 때문에 더욱 그렇다. 이곳에서 동성애와 이성애의 균열은 인성의 개성화에서 명백한 역할을

의 상투적 통념에 머무른다면 어떤 설명도 전혀 흥미롭지 않을 것이다. 여기서 문제는 **공과 사**를 분리하는 선, 우리의 제도 체계를 적어도 이론적으로 떠받치는 이 분리선의 불확실성이다. 그런데 사실 이 문제는 알튀세르의 사고에서 특히 집요하게 되풀이되는 것으로, 알튀세르 사고의 본질적 부분, 가장 발전된 부분은 아닐지라도 아마 가장 핵심적인 부분은 바로 이 두 영역 간 차이(데리다처럼 차이〔差移, différance〕라고 불러야 할까?)의 기원과 기능과 양상, 결국 이 차이가 개인과 집단의 주관적 입장을 지배하는 방식을 분석할 수 있게 해주는 (이론적이고 '계급적인') '관점'의 추구를 둘러싸고 조직된다.

이 때문에 나는 결론 삼아 가설 하나를 감히 제시해보고 싶다. 제도를 '외부 세계'에 맞선 (필경 병을 유발한) 개인적 보호 수단으로 만들기 위해, 그러나 또한 제도를 (고위 공직, 정치적 경력, 기업, 국제적이고 학제적인 연구 등) '현대화'의 (사실 쉽게 예상할 수 있는) 지평에 가두지 않고 세계의 사회적 현실과 갈등에 개방하기 위해 제도와 자신을 동일시하면서, 부문 간의 '통행', 기능 간의 '매개'를 조직하는 알튀세르라는 심상에서 그칠 수도 있다. 한 걸음 더 나아가, 단수의 유일한 제도라는 겉모습 이면에 ('사적 장소'와 '공적 장소'라는) 구별되지만 뗄 수 없는 두 장소가 공존하면서 발생하는 긴장의 지점 자체에 운명의 장난에 의해 자리잡게 된(그리고 '구조'에 의해 무기한으로 체류하게 된) 알튀세르는, 겉보기에는 특권적이지만 실제로는 견딜 수 없는 이 상황을 승화해 철학적 가공의 재료로 만들고자 노력했다고 제안할 수도 있다. 그러나 문제의 용어를 완전히 역전해, 알튀세르가 제도의 상황을 극한에서 대면하는 모든 경험을 추구함으로써 제도의

수행한다. 그러나 진정한 문제는 다른 곳에 있는데, 이 문제는 한편으로 그 풍속과 구획과 진화, 다른 한편으로 고등사범이나 대학, 공직 같은 제도들을 구조화하는 '유대'와 '모형'의 충동적 본성이라는 마디들을 이어주는 무의식적 관계와 관련된다. 알튀세르가, 다른 사람들과 마찬가지로, 이 문제들을 결코 입 밖에 내지 않는다는 점을 인정하자.

양가성과 필연성 자체를 이해하려고 노력했다고 가정할 수도 있다. 그렇다면 고등사범학교는 알튀세르에게 훨씬 더 일반적인 모순의 '분석 장치'일 뿐이었던 게 될 것이다. 알튀세르의 언어로 말하자면, 고등사범학교는, 다른 모든 제도 이상으로, '개인을 주체로 호명하는' '이데올로기적 국가 장치'의 모형 자체다. 고등사범은 이런 증명에 대해 알튀세르에게 고마움을 느껴야 하는가, 아니면 앙심을 품어야 하는가? 많은 우리 동무들, 고등사범이 자신들의 상징적 일부인 동무들은 필경 이런 질문을 할 것이다. '윌므가'의 이름을 칠레의 '빈민가'(poblaciones)와 극동의 '캠퍼스'에까지 떨쳤으므로 고마워해야 하는지, 아니면 고등사범에 먹칠을 했다는 이유로 비난해야 하는지 자문하기도 할 것이다. 그러나 오늘날에는 그렇게 흑백론적인 용어로 질문을 제기할 수 없을 것이다. 알튀세르는 자신의 이성과 광기에 대해 스스로 비싼 대가를 치렀거니와, 시절이 많이 바뀌었다는 점을 인정하지 않으면 안 된다. 학교도 철학도 교육도 정치도 공동체도 15년 전과 같지 않다. 학식(Pot)과 의무실 그리고 뤼팽 마당에서 '집처럼 편안하게' 느낄 수 있는 사람은 이제 아무도 없을 것이고, 세계의 운명이 카바예스관의 세미나에서 펼쳐진다고 상상할 수 있는 사람도 이제 없을 것이다.[29] 이 때문에 자유는 아마 늘어났을 테지만, 힘은 줄어들었을 것이다. 그리고 '이론적 실천'의 질문은, 주관적으로 그리고 객관적으로, 아마 다른 장소들에서 그리고 틀림없이 다른 어법들로 나타날 것이다.

〔장진범 옮김〕

---

29) 학식(Pot)은 학교 구내식당을, 뤼팽 마당은 고등사범의 교정(校庭) 가운데 한 곳을 가리키는 학생들의 은어인데, 이곳에서 평상시 운동을 조직했던 고등사범 체육교육 담당 교수의 이름을 딴 것이다.

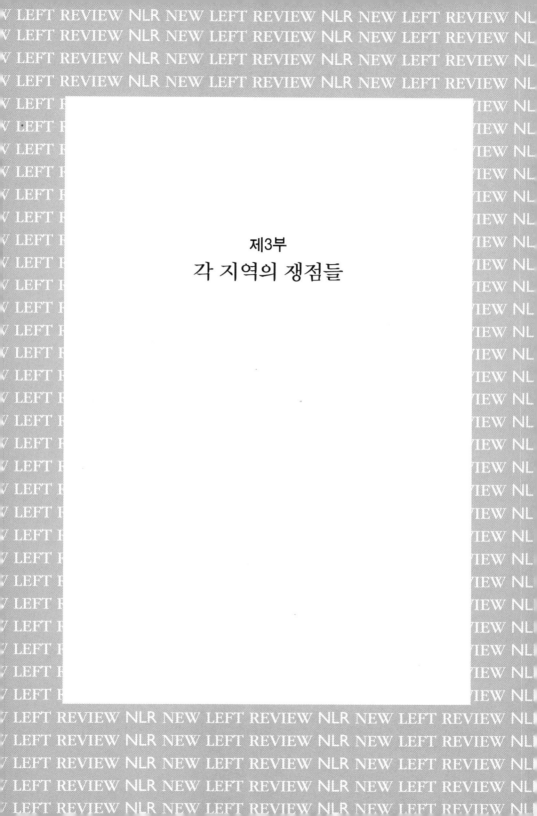

제3부
각 지역의 쟁점들

푸틴의 세계관

톰 파핏(Tom Parfitt)과의 인터뷰

글렙 파블롭스키(Gleb Pavlovsky)

　　과거 『가디언』 모스크바 지국에서 근무한 바 있는 톰 파핏에 의해 2012년 1월에 진행되었던 이하의 인터뷰는 아직까지 한 번도 출간되지 않은 것이다. 이는 훌륭한 문서이다. 즉 아마도 지금까지 나왔던 푸틴의 지배 비전과 그 근원에 대한 것들 중 가장 뛰어난 단독 담화일 것이다. 1999년 말부터 2011년까지 파블롭스키는 러시아의 여론 관리에서 푸틴의 핵심적 조언자 역할을 했던 사람으로 블라디슬라프 수르코프(Vladislav Surkov)와 더불어 푸틴 정권의 두 명의 주도적인 '정치 기술자들' 중 한 명이었다. 이 둘의 경력은 서로 완전히 구별된다. 1964년생으로 체첸 혼혈인 수르코프는 포스트모더니즘적인 이데올로그이자 소설가로서 은행업과 크레믈린의 조언 업무을 통해 성장한 탈공산주의의 순수한 산물이라면, 그보다 10여 년 전인 1951년 오데사에서 태어난 파블롭스키는 1960년대 말 '무정부주의와 극좌주의' 혐의가 씌워진 반정부적인 학생이었다. 1980년대 초 한 지하 잡지의 그가 담당했던 부분으로 인해 체포된 그는 당국과 협력하여 투옥되지 않고 북부 지방으로 추방되었다. 고르바초프 치하에서 모스크바로 돌아올 수 있게 된 그는 옐친과 같은 편이 되기 전까지 당시의 민주화 동요 속에서 활동적인 시사평론가가 되었고, 1996년 옐친이 크레믈린에 남아 있을 수 있도록 부정선거 조직에 일조했다. 그 후 그는 10여 년의 공직 기간 동안 그를 가까이서 지켜봐왔던 푸틴 치하에서 '위임민주주의'의 입안자가 되었다. 그러나 2011년 봄 그는 자신의 후견인인 푸틴의 세 번째 대통령직으로의 복귀에 반대하여 해고되었다. 그는 수르코프보다 지적으로 더 명민하였고, 역사적 마인드를 갖고 있었다(또한 만약 덜 적극적이었다면, 밀려났을 것이다). 파블롭스키는 푸틴의 배경, 기질 그리고 세계관─무엇보다도 자본에 대한 그의 태도─를 충격적으로 묘사했다. 그는 또한 그의 관점에서 볼 때 이제는 '보험사와 카지노의 혼합물'이 되어버린 정치 시스템의 본격적 금융화를 요구하면서 어떻게 푸틴이 일단 메드베데프를 털어내고 크레믈린으로 복귀하기로 결심한 후 그가 향유해왔던 정치적 컨센서스가 사라지기 시작했는지에 대한 생생한 내부자적 해석을 보여주고 있다. 비평가의 눈으로 보았을 때, 건방진 냉소주의와 에파타주(épatage)로 유명한 파블롭스키는 자신을 '정부의 조직과 보호 전문가'로 묘사한다. 이 인터뷰 이후 그의 도움으로 구축된 정치공학이 바로 억압을 위해 고안된 유형의 것이라는 거리에서의 맹목적 감정을 불러일으켰다면서 그는 공개적으로 우크라이나 위기에 대한 러시아 정부의 방침을 비판해왔다. 최근의 한 논문에서 그는 러시아 텔레비전 방송의 역할을 지목해 공격했으니, 그것이 외견상으로만 독립적일 뿐 잠재적으로는 대중의 히스테리를 자극하는 '병원성' 힘으로서 정권 내에서 권력을 불안정하게 만들지 않을까 우려했다.

푸틴의 세계관의 근원은 무엇인가?

푸틴은 오늘날 그 자신이 신봉하고 있는 거의 모든 생각들을 이미 1990년대 초에 구상하고 있었다. 이 시기 그는 막 일을 시작했을 뿐이었지만, 이 시기의 기록 문서들을 살펴보았을 때 이미 그는 가령 러시아 행정 시스템은 단일하고 중앙집권적 국가여야 한다는 생각 그리고 뇌물 수수 관료에 대한 관용 등과 관련한 일련의 전반적 태도가 갖추어져 있다는 것을 알 수 있다. 많은 이들이 이에 놀란 바 있지만, 그가 이에 대해 긍정적인 시각을 견지하고 있었다는 것은 부인할 수 없다. 그는 심지어 관료들에게는 계약 체결 시 수수료를 받을 권리가 있다고 말한 바 있는 당시 모스크바 시장 가브릴 포포프(Gavril Popov)의 터무니없는 주장에 여러 차례 거듭 공감을 표한 적도 있었다.

여기에는 물론 마치 거리에서 주운 물건처럼 노력도 없이 무상으로 권력을 획득한 당시의 이른바 '민주주의자'들에 대한 교묘한 경멸도 있었다. 따라서 순리를 거스를 필요 없이 시류를 따를 필요가 있다는 그의 감각, 즉 푸틴의 기회주의 징후들을 비롯한 대부분의 그의 생각은 이미 이 시기에 보이기 시작했던 것이다. 왜 어떠한 추세에 맞서 싸워서 갖고 있는 자원들을 소모해버리는가? 우리는 반드시 어떠한 트렌드 자원들을 획득해야 하고, 그러한 자원을 가지고서 원하는 것을 얻어야 한다. 바로 이러한 본능을 푸틴은 처음부터 갖고 있었다. 그는 또한 극우민족주의 정당인 러시아 자유민주당의 당수 블라디미르 지리놉스키(Vladimir Zhirinovsky)로부터도 러시아는 러시아의 모든 지역에 책임성을 갖는 태수(太守)와 같은 이가 통치하는 현들로 지역이 구분되어야 한다는 생각을 차용하기도 했다. 옐친도 러시아 지방의 그러한 구분을 꿈꿨지만, 목적을 달성할 수는 없었다. 그러나 이는 러시아에서 매우 인기 있는 관념이었다.

어떠한 의미에서 이러한 관념들이 소련 붕괴로 형성되었다고 할 수 있는가?

푸틴은 1980년대 말 이후 소련 붕괴라는 맥락 속에서 복수를 추구하는 매우 광범위한, 그러나 정치적으로는 불투명한, 누구도 대변하지 않는, 보이지 않는 일부 계층에 속해 있다. 나 역시 그들 중 하나였다. 내 동료들과 나는 과거에 일어났던 일을 받아들일 수 없었다. 즉 우리는 더 이상 이러한 일이 지속적으로 일어나도록 놔둘 수 없는 그런 사람들이었다. 엘리트들 중에도 그런 사람들은 수백, 수천 명에 달했는데, 그렇다고 공산주의자는 아니었다. 가령 나 역시 단 한 번도 공산당 당적을 보유한 적이 없었다. 그들은 그저 1991년에 일이 벌어진 방식을 좋아하지 않을 뿐이었다. 이들 집단은 자유에 대해 매우 다양한 생각을 갖고 있는, 서로 공통점이 없는 다양한 사람들로 구성되어 있었다. 푸틴은 1990년대 말까지 복수의 순간을 소극적으로 기다리고 있던 사람들 중 하나였다. 나에게 복수란 우리가 살아왔고 우리에게 익숙한 위대한 국가를 재건하는 것을 의미한다. 당연히 우리는 또 다른 전체주의 국가를 원하는 것이 아니라 존중받을 수 있는 국가를 원한다. 1990년대의 국가는 존중받을 수 없는 국가였다. 당신들은 옐친을 좋게 생각할 수 있고, 그에게 유감을 느낄 수도 있을 것이다. 그러나 나에게 옐친을 다양한 측면에서 평가하는 것은 불가능하다. 즉 한편으로는 처벌받지 않도록 그를 보호할 필요가 있었다. 다른 한편으로는 다른 주지사들이 권력을 획득했었다면 러시아는 더 이상 존재하지 못했을 또 다른 벨로베시스키(Belovezhsky) 협약(소련 해체를 선언한 협약─옮긴이)을 체결했을 것이 자명했기 때문에, 옐친은 국가의 마지막 희망으로서 중요했다.

푸틴은 러시아의 붕괴로부터 교훈을 이끌어내지 못한 소련형 인간이다. 말하자면, 그는 배우기는 했으나 매우 실용적인 것만 배웠다. 그는 소련식 자본주의가 도래할 것을 잘 이해하고 있었다. 우리는 모두 자본주의는 그 뒤에 막대한 돈이 있는 데마고그의 왕국이며, 그 뒤에는 전 세계를 통제하고자 하는 군사 기계들이 있는 것이라고 배웠다. 내 생각에, 단언컨대 푸틴의 머릿속에는 공식 이데올로기로서가 아니라 상식의 형태로 단순한 그림이 있었다. 그가 생각하기에 소련 시기의 우리는 바보였다. 즉 우리는 돈을 벌었어야 했던 시기에 공정한 사회를 건설하려 노력했다. 만일 우리가 서구 자본가들보다 더 많은 돈을 벌었다면, 우리는 그들을 다 사버렸을 수도 있었고, 그들이 갖지 못한 무기를 만들 수도 있었을 것이다. 그렇게만 하면 되었을 텐데. 그것은 게임이었고, 우리는 몇 가지 단순한 일들을 하지 않아서 패배했다. 즉 우리는 우리 자체의 자본가계급을 창출하지 못했고, 우리 편 자본주의 약탈자들에게 발전 기회를 주지 않았으며, 저들 편에 있는 자본주의 약탈자들을 넋놓고 바라보고만 있었다.

이러한 관념들은 얼마만큼 아직도 푸틴의 정치적 감각의 기반이 되고 있으며, 얼마만큼 그가 만들어온 러시아의 기반이 되고 있는가?

나는 푸틴의 사고가 그 시기 이후 크게 변하지 않았다고 생각한다. 그는 이러한 생각들을 상식적인 것이라 간주한다. 바로 이것이 그가 자신의 지위에 편안해하고 안심하는 이유이다. 즉, 그는 궁지에 몰리는 것을 두려워하지 않는다. 그는 다음과 같이 생각한다. "서구에 사는 저 사람들을 보라. 이것이 그들이 현실에서 이야기하고 작동시키는 것들이다. 한 당이 다른 당에 권력을 이양하는 양당제라는 위대한 시스템이 있다. 그러나 두 당 뒤에는 공통적인 것이 버티고 서 있다. 그것은 바로 자본이다. 즉 한 당은 자본의 한 분파일 뿐이고, 다른 한 당은 다른 분파일 뿐이다. 이 돈으로 그들은 모든 인텔리겐차들을 매수해왔으며, 그들이 요구하는 그 모든 형태의 정치를 조직하고 있는 것이다. 그들과 똑같이 하자!" 푸틴은 스스로 복수를 과업으로 삼고 있는—어리석은 군사적 의미가 아니라, 역사적 의미에서—소련 사람이다. 그는 스스로 이를 소련의 언어로, 지정학의 언어로 그리고 냉소주의에 가깝지만 극단적으로 냉소적이지는 않은 거친 실용주의의 언어로 표현한다. 푸틴은 냉소적인 사람이 아니다. 그는 인간은 죄가 많은 존재이고, 스스로를 개선하려고 노력하는 것은 부질없는 일이라고 생각한다. 그는 공정하고 올바른 사고를 할 수 있는 사람들을 만들어내기 위해 힘썼던 볼셰비키들은 그냥 모자란 바보들이었고, 우리는 그런 짓을 해서는 안 됐다고 믿고 있다. 우리는 그러기 위해서 너무 많은 돈과 에너지를 낭비했으며, 동시에 다른 민족들을 해방하기 위해 노력했다. 우리는 왜 그런 일들을 한 것일까? 그럴 필요가 없었는데.

푸틴 모델은 러시아 연방 공산당 당수인 주가노프의 모델과는 완전히 다르다. 우리는 진짜 자본가들보다 더 거대하고 훌륭한 자본가가 되어야 하고 하나의 국가처럼 더욱 단단해져야 한다는 것이 푸틴의 생각이다. 즉 반드시 국가와 비즈니스는 최대한 하나가 되어야 한다는 것이다. 미국과 같은 양당제? 훌륭하다. 우리도 그렇게 될 것이다. 수년 동안 푸틴은 그렇게 되도록 일했다. 그는 자신이 성공적이지 못했다고 시인할지 모르겠지만, 나는 설사 그가 예상했던 것보다 훨씬 거대한 과업임을 스스로 깨닫는다 하더라도 그것이 바로 여전히 그가 원하고 있는 것이라고 생각한다. 그러나 정치는 정당들 속에서 기능해야 한다. 현재의 구성 원칙은 일당 체제가 아니다. 옛 소련 공산당과는 그 어떤 유사점도 존재하지 않는다. 지배 정당인 '통합러시아'당도 국가는 아니다. 그것은 단지 크레믈린에 매달려 있는 사람들로 가득 찬 가방, 크레믈린으로부터 지방 기구들을 통해 최하층에게 전달되는 전화 벨 신호에 불과하다. 옛 공산당과 비교할 때 '통합러시아'당은 전혀 독립성을 갖지 못하며, 스스로의 의지로 행동하지 못한다. '통합러시아'당은 정치적 지시들을 완수하지 못한다. 그 당은 하나에서 열에 이르기까지 모두 지시 사항을 필요로 한다. 만일 세 번째와 네 번째 지시 사항이 결여되었을 경우 당은 멈춰 설 것이고, 무엇을 해야 할 것인지 가르쳐줄 때까지 기다리고 있을 것이다. '통합러시아'당은 소련 공산당과는 아무런 공통점이 없는 것이다. 그 당은 체제의 한 구성 요소로서 유용한 것이었다. 이것이 바로 푸틴이 도출해낸 결론들 중 하나, 즉 1917년에 '겨울 궁전'을 포위했다는 사실로부터가 아니라 투표를 통해 국민들로부터의 합법성을 필요로 한다는 것이다.

그는 권력을 향한 진실된 정치적 경쟁이 있는 양당제를 진심으로 원하고 있는가?

푸틴은 서구에서는 정당들 간에 진정한 경쟁이 있다고 믿지 않는다. 그는 그것을 '비공개 클럽에서의 골프 한 판' 같은 하나의 게임으로 간주한다. 즉 게임 참가자들 중 하나는 조금 강하고 다른 하나는 조금 약하다. 하지만 이는 사실 진정한 경쟁이 아닌 것이다. 그는 이를 두고 콘라트 아데나워가 집권하던 전후 독일연방공화국에서의 상황을 떠올린다. 두 당이 있었는데, 그중 한 당은 집권당이고 다른 한 당은 아마도 상당히 오랜 기간 집권을 기다렸다. 내가 생각하기에, 사회민주당은 1945년에서 1970년까지 기다렸다. 이는 모종의 1과 2분의 1 정당 체제이다. 푸틴은 미래의 어떤 시점에 야당이 권력을 획득할 것이고 우리는 그 순간을 대비해야 한다고 늘 말해왔다. 대비를 함으로써 그는 우리는 반드시 이쪽과 저쪽 양쪽에 있어야 한다, 즉 두 당 모두 통제해야 한다고 생각하고 있는 것이다. 제2당은 아직 러시아에서 제대로 작동하지 못하고 있다. 그러나 푸틴은 사회민주당으로 변화하려는 공산당에 반대하지 않는다. 물론 모든 정당들은 대통령에 의해 통제되고 있는 것으로 추측된다. 다른 세 권력보다 우위에 있는 대통령 권한이라는 개념은 러시아 헌법에 명기되어 있다. 대통령은 행정부와 무관한 특별한 종류의 권력이다. 즉 행정부는 총리에서 끝난다. 대통령은 마치 차르처럼 이 모든 것의 꼭대기에 존재한다. 푸틴에게 이는 교의이다. 그는 오래된 사회와 국가들에서는 사람들이 선거에서 승리했을 때 반대당을 절멸시키려고 하지 않는 질서 의식이 있으나 러시아에는 그러한 질서 의식이 없다고 생각한다. 그는 또한 러시아의 모든 형태의 권력은 오랫동안 미완성 상태로 남아 있다고 생각한다. 따라서 그는 강력하고 견고한 정부 형태 구축을 원하는 것이다.

그렇다면 푸틴은 의식적으로 차르와 같은 대통령이라는 개념을 선동하려는 것인가?

푸틴은 특정 정당에 소속된 대통령이라는 개념을 좋아한 적이 전혀 없다. 그러나 그의 동료들 내에서 이 문제에 완전한 합의가 이루어진 적은 없다. 정당 소속 대통령을 상상하는 사람들은 그 어구의 서구적 의미로 그것을 이해하는 것이 아니라, 권좌에서 일정 기간을 보내고 권력이 주는 보너스들—금전적 보너스, 경력, 명예—을 모은 뒤 물러나는 엘리트 집단들의 주기적인 순환으로 이해한다. 두 번째 집단이 권력을 획득하지만, 이들은 서로를 절멸시키려 하지 않는다. 푸틴은 늘 다음과 같이 말한다. 우리는 우리 스스로를 잘 알고 있다. 우리는 아직 저 단계에 도달하지 못했다. 우리가 물러나자마자 당신들은 우리를 파멸시키려 들 것이라는 걸 잘 알고 있다. 그는 이에 대해 단호히 언급한 바 있다. 즉 당신들은 우리를 벽에 세워놓고 처형할 것이다. 이는 옐친으로 하여금 최고 소비에트를 향해 발포하게 하고 공식적으로 발표된 것보다 훨씬 더 많은 사람들이 살해되었던—푸틴도 알고 있는—1993년의 격렬한 충돌에 근거하여 형성된 매우 뿌리 깊은 신념이다. 예브게니 프리마코프(Yevgeny Primakov)와 유리 루시코프(Yuri Luzhkov)를 주축으로 하는 한 집단이 직접 옐친에게 만일 자발적으로 권력을 내놓지 않으면 (루마니아의) 니콜라이 차우셰스쿠와 같은 운명에 처해질 것이라고 경고했던 1999년에도 충돌이 있었다.

그렇다면 일종의 '위임민주주의'(managed democracy)인가?

그렇다. 현재 러시아에서는 위임민주주의에 대해 이야기하고 있으나, 파시즘을 겪은 바 있던 유럽 국가들에서 이 개념이 1950년대에 만연해 있었다는 사실을 서구 사람들은 아마도 잊었을 것이다. 예를 들어 독일에서도 똑같은 개념이 있었다. 즉 독일인들은 전체주의적 경향이 있어서 정치에 가까워지지 않으려 한다. 그들은 자유롭게 투표할 수 있지만, 실제 정치를 통제하는 사람들은 그대로 남아 있으며, 물러나려 하지 않는다. 엄격한 통제 시스템이 구축되어야 한다. 러시아에서 일어나고 있는 모든 것들—국가 두마(State Duma) 진출을 막는 높은 투표 장벽, 1과 2분의 1 정당 체제—은 독일의 경험으로부터 차용된 것이다. 러시아에서는 재정과 정치의 붕괴로 그것이 성공적으로 수행되지 못한 것이 당연하다. 민주주의 이론의 측면에서 볼 때 냉소적인 것인가? 아마도 그렇다고 할 수 있을 테지만, 러시아에서는 냉소주의적으로 보이지는 않을 것이다. 아마도 그것은 유럽에서 훨씬 더 성공적으로 수행되었지만, 당신들(유럽)의 그 시스템은 더 오래된 것이고, 어떻게 하면 당신들은 그것을 더 잘 작동시킬 수 있을지를 잘 배운 바 있었다.

그 틀 안에서 다양한 입장들이 공존하는 모종의 '푸틴 컨센서스'가 발달되었음에 주목하는 것이 중요하다. 즉 그 컨센서스에는 민중과 엘리트 양자 모두가 관련되어 있다. 여기에는 일정 정도의 사회적 재분배에 대한 보장을 받는 사회 내 주요 집단들과 지배 엘리트 사이의 협약이 존재한다. 그러나 이것으로는 충분하지 않은데, 왜냐하면 국가가 가난했거나 혹은 최소한 푸틴의 대통령 임기 초였기 때문이다. 이 협약의 가장 핵심에는 1990년대에는 취약한 입지에 있었던 국가 관료제에 고용되어 있던 사람들—모두가 장관은 아니었지만, 당연히 장관들은 제외하고—이 있었다. 그 컨센서스에는 1990년대에는 멸시당했던 지방 관료들과 군사조직들, 하위 인텔리

겐차들, 의사들, 교사들 중 일부 그리고 마지막으로 여성들이 포함되어 있다. 남성들은 새로운 시스템에 적응하는 방법을 알지 못했기 때문에 모두가 여성들에게 철저하게 의존할 수밖에 없었다. 공포스러울 정도로 높은 사망률로 인해 여성들은 수많은 가족의 가장이 되었다. 과거로 사라져버렸던 새로운 계층들은 자신들이 러시아에서 가장 중요한 사람들이라는 사실을 잘 이용했다.

한편 이 컨센서스에는 또한 자유로움을 느끼며 국경을 넘어 이동하는 자유를 만끽하려는 엘리트들이 포함되어 있었다. 옐친에게 비자 제한 완화는 우선적으로 해결해야 할 것이 아니었다. 푸틴에게 이것은 처음부터 중요한 것이었다. 게임에서 떠나려면 떠나가라는 것이다. 그 어떤 이념적 압박도 없었다. 그것은 아무에게도 필요하지 않았다. 그것은 상식과 평균적인 사람들, 시민들에게 기반을 둔 이상이 사라진 상태가 될 것이다. 그럼에도 불구하고 대중에게는 권력으로의 접근이 허용되지 않아야 하는데, 민중은 전체주의적이며 통치하는 데 있어서 신뢰할 수 없기 때문이다. 이것이 바로 진정한 탈정치화를 위한 요구가 있었고, 소비에트 모델과 유사한 그 어떤 것으로의 회귀가 일어났던 2000년대에 시작되었으며, 1년 전에야 무너지기 시작한 푸틴 컨센서스였다. 그것은 푸틴이 유일한 보증인이고, 그만이 전체 상황을 통제할 수 있다는 결단을 했을 때 부식되기 시작했다. 이는 그의 실수였다. 2012년 대통령직으로의 복귀는 과대망상이었다. 그 컨센서스는 그를 카리스마적인 인물로 변화시켰고, 그는 자신이 그런 인물이라고 믿었다.

그래서 '푸틴 컨센서스'가 지난 2011년 이래로 붕괴되어왔다고 생각하는가?

2007년 권좌에서 물러났을 때, 푸틴은 컨센서스의 확장이라는 실험을 하기로 결심했다. 국가에는 변화가 필요하고 '장군들'에 의해 통치되어서는 안 된다는 것이 그의 원칙론적인 사고였다. 그러나 그의 후임자에게는 무언가 다른 것이 필요했고, 그러지 못할 경우 불황이 닥칠 수 있었다. 따라서 이는 컨센서스의 현대화였다. 그 후 최소한 나에게는 푸틴이 이러한 과정에서 브레이크를 밟기 시작했다는 것이 명확해졌다. 몇 가지 내부 변화가 일어났다. 2010년 봄에 푸틴은 눈에 확 띌 정도로 기운이 없어 보였다. 심지어 그는 연설도 잘하지 못하기 시작했다. 즉 그는 원고를 보고 읽었다. 그가 대중 앞에 설 때에는 불확실성과 자신감 결여가 보였다. 그는 그답지 않게 카메라를 응시하지 않았다. 자기 자신이 한 결정들에 대한, 같이 일하는 동료들에 대한 의구심이 생겨났다. 그는 변화하기 시작했다. 그는 이러한 것들이 모두 다 무언가 올바르게 이루어지지 않고 있고, 드미트리 메드베데프를 비롯한 모든 이들이 잘못된 결정들을 내리고 있다고 생각했다. 그리고 그는 이러한 것에 영향력을 행사하지 못했다. 따라서 모종의 공포감이 그 안에서 깊어져갔다. 둘 간에 수없이 많이 논의는 했겠지만, 푸틴과 메드베데프가 푸틴이 권좌로 복귀하기 수년 전에 그것에 동의했다는 것은 완전한 신화일 뿐이다. 이것이 정치이다. 정치는 늘 미결된 문제였다. 메드베데프와 푸틴은 다른 대화 방식을 사용한다. 서로 농담도 주고받을 만큼 그들은 오랜 친구이다. 많은 것들은 힌트에 의존하고 있다.

 권력이 이양된 후 2008년에 국민들이 메드베데프에게 어떠한 반응을 보일지 혹은 그가 어떤 일도 제대로 하지 못할 수도 있다는 소문 등으로 인해 크레믈린은 신경이 날카로워져 있었다. 매우 신경이 예민해지는 시기였다. 그래서 그들은 아마도 만약에 일이 제대로 진행되지 않을 경우에 어떤 일이 발생할 수 있을지에 대하여 논의했던 것 같다. 그 결과 푸틴의 인기는 마치 비아그라를 복용한 것처럼 움직였다. 푸틴의 인기는 지속적으로 상승했고 부드럽게 올라갔다. 그런데 푸틴의 인기가 최고조에 달했을 때는 2008년 그가 더 이상 대통령직을 수행하지 않았을 때였다. 그러나 메드베데프는 푸틴의 복귀에 대해 자신의 권한을 이용하여 발생시키지 않을 수도 있는 하나의 선택지로 이해한 반면, 푸틴은 자신의 복귀 가능성에 대한 문제를 이미 결정된 것으로 간주했다. 아마도 푸틴은 다음과 같이 말했을 것이다. 만일 당신의 인기가 내 인기를 추월하게 된다면, 그때는 괜찮다는 것이다. 그러나 공식적인 합의는 한 번도 없었다. 2010년에 분위기는 바뀌기 시작했다. 메드베데프가 지지를 얻게 될 수도 있다는 우려로 인한 모순은 마침 지배 엘리트들이 푸틴이 복귀하지 못할 수도 있다고 믿기 시작하고 메드베데프 진영으로 옮아가기 시작했을 때 발생하기 시작했다. 바로 이것이 실제로 푸틴으로 하여금 경계심을 갖게 한 것이었다. 우리는 2010년 늦여름에 크레믈린에서 의뢰한 약간의 연구 조사를 실시했는데, 그 연구에서는 파워 엘리트를 비롯한 엘리트들이 메드베데프를 지지하는 경향이 있었다는 사실이 드러나고 있다. 푸틴의 주요 지지 기반으로 간주되어왔던 연금 생활자들은 이제 메드베데프를 더 선호하고 있었다. 이들은 주로 남성(연금 생활자)들이었다. 여성들은 대부분 여전히 푸틴을 지지하였다. 메드베데프는 한층 더 자신감을 갖게 되었고, 푸틴은 겁을 먹고 나약해졌다. 2010년 둘의 인기가 같아졌고, 그것이 푸틴을 놀라게 했던 순간이 있었다. 메드베데프가 루시코프는 반드시 사임해야 한다—푸틴은 그것이 매우 강력한 제스처였기 때문에 좋아하지 않았지만—고 주장했고, 이러한 목표가 달성된 후 2010년 가을부터 푸틴은 결정된 것은 아직 아무것도 없다는 것을 처음에는 은근히 보여주기 시작했다.

왜 푸틴은 '국가적 지도자'로 남아 있을 수 없었고, 메드베데프를 대통령으로 놔둘 수 없었는가?

'국가적 지도자'는 무엇을 의미하는가? 푸틴이 그러하듯, 만일 러시아 국민들은 언제든지 위정자들에게 덤벼들어 그들을 갈기갈기 찢어놓을 준비가 되어 있다는 관념이 당신의 견해의 기저에 있다면, 당신은 '국가적 지도자'와 같은 어떤 유령 구조물에 의지할 수 없을 것이다. 질문의 요지는 실제 권력은 어디에 있으며, 버튼과 지렛대는 어디에 있는가이다. 푸틴은 메드베데프가 자신의 인기를 갉아먹고 있으며, 이제 무대로 복귀해야 할 때가 왔다고 느꼈다. 사회학자들은 심지어 그가 돌아올 것이라고 암시만 해도 곧바로 그의 인기는 하늘까지 치솟을 것이라고 말해왔다. 그러나 2인승 자전거의 규칙을 깨게 될 수도 있기 때문에 그는 이에 대해 언급할 수 없었다. 같은 시기 메드베데프는 자신이 권좌에 남을 준비가 되어 있다는 암시를 너무 자주 내비쳤다. 결국 가족 내에서 그러듯이 문제가 논의되지 않는 것이 문제인 것처럼 그들이 그것(푸틴의 복귀)에 관해 이야기하지 않는다는 그 사실로 인해 2010년 말에 둘 간의 관계는 악화되어 상당한 긴장이 있게 되었다. 그들은 그 밖의 모든 것들에 대해서는 논의해왔다. 푸틴은 '그에게는 모종의 계획이 있기 때문에 나에게 말하지 않는 것'이라고 생각했고, 메드베데프 역시 푸틴에 대해 같은 생각을 했다. 더욱이 그는 대통령이었다. 왜 그는 그러한 것에 대해 총리와 논의해야 하는가? 가령 리비아 사태를 둘러싸고 그가 푸틴을 날카롭게 비판했던 때처럼 모종의 열정이 메드베데프로 하여금 행동에 착수하게 만들었다. 이는 향후 발생할 어려운 관계를 보여주는 것이었다. 메드베데프가 정부를 갑자기 해산할 수 있고, 그렇게 되면 이는 완전히 다른 상황을 창출할 수 있다는 것에 대한 두려움이 거듭되었다. 이러한 두려움은 2011년 봄에 최고조에 달했다.

그때가 바로 내가 떠났던 2011년 4월이었다. 그것은 모스크바 백악관의 직접적인 명령, 즉 푸틴의 개인적 명령에 의거한 것이었다. 나는 지배 엘리트에 대한 우리의 보증이 진정한 문제에 봉착했다는 견해를 피력해왔다. 현대화는 권력의 성격을 변화시킬 것이다. 따라서 엘리트들로 하여금 정권이 교체될 경우 종국에는 자신들이 교도소로 가게 되리라고 우려하지 않게 하기 위해서 시스템으로부터 오는 공포감을 제거하라는 요구가 있었다. 일종의 협약이 요구되었다. 그러나 문제는 푸틴 자신은 심지어 그가 더 이상 그 무엇도 보장해주지 못했다 하더라도 자신만이 보증인이 될 수 있는 유일한 사람이라고 생각한 반면, 메드베데프는 그 어떤 문제에 대해서도 푸틴과 논의하기를 원하지 않는다는 데 있었다. 그의 사람들은 다음과 같이 지속적으로 말해왔다. "무엇이 일어나고 있는지 좀 보시오. 우리는 결국 레포토보 감옥에서 생을 마감할 것이오."

왜 그런 공포인가?

1993년 의회에 대한 옐친의 공격 이래 크레믈린 특권 지배층에게는 권력의 중심이 빠르게 움직이자마자 혹은 대중의 압력이나 인기 있는 지도자가 등장한다면, 모두가 제거당하게 되리라는 절대적 확신이 있어왔다. 그것은 공격에 아주 취약한 감정이다. 어떤 이에게 그러한 기회가 주어진다면―그것은 주지사들이거나 다른 정파들일 수도 있어서 반드시 국민들이 아닐 수도 있다―그들은 실제로 특권 지배층을 파괴하거나 그러지 않을 경우 그 대신 우리가 그들을 파괴하기 위해 싸워야 될 것이다. 실제로 국가 붕괴 위기는 방지되었고, 그럴 정도로 푸틴의 복수는 성공했다. 갖가지 종류의 부패에도 불구하고, 북(北)캅카스 지역 분리주의의 위협은 더 이상 없었고, 1990년대에는 존재한 적이 없었던 통합된 국가에 대한 컨센서스가 있었다. 지방 단위에서도 이제 더 이상 그 누구도 국가를 분열시켜 독자적 국가를 건설하기를 바라지 않았다. 즉 그러한 요구는 사라졌다. 푸틴은 합법적 대통령제를 창출했다. 안정화가 이루어졌다. 물론 푸틴은 여전히 강대국 건설을 원했지만, 국민들은 더 이상 소비에트 연방의 재건을 원하지 않았다.

어떤 이유에서 그의 대통령직 복귀에 반대하는가?

푸틴의 귀환은 전술적 실수였다. 나는 당시에 그의 귀환은 일반 국민으로부터든 엘리트로부터든 받아들여질 수 없으리라고 말한 바 있다. '로키롭카'(rokirovka, 입성) 선언 일주일 후, 즉 2011년 9월의 메드베데프-푸틴 간 (권력) 교체 이후 푸틴의 인기는 크게 떨어졌고, 메드베데프의 인기는 그보다 더 많이 떨어졌는데, 이는 대중의 반응을 보여주는 것이었다. 즉 이는 심지어 이전에 푸틴을 지지하던 사람들에게조차 받아들여질 수 없는 것이었다. 이로써 푸틴 컨센서스는 붕괴되기 시작했다. 컨센서스가 작동했을 때 국민들은 선거에 특별한 불만을 갖지 않았다. 국민들은 투표를 하지 않거나 권력 정당에 투표했다. 그러나 '로키롭카' 이후 국민들의 불만은 급격하게 고조되었는데, 2011년 12월의 의회 선거는 대중의 부정적 반응을 불러일으켰다. '통합러시아'당은 지방 경제에는 전혀 커다란 역할을 한 적이 없었다. 그 당은 지역 엘리트들의 클럽 같은 것이었다. 그러나 이제 당은 밥(fall guy)이 되고 말았다. 이제 그것은 마비되었고 붕괴하기 시작했다. '통합러시아'당의 구조를 약화시키면서 2011년 봄에 푸틴이 '민중전선연합'을 조직했을 때, 그는 문제를 악화시킨 것이었다. 그는 국가를 운영하는 데 필요한 것이 아무것도 없다는 것을 보여주었다. 즉 그는 개인화된 시스템이라는 이상을 조장하면서 스스로 모든 것을 다 하려고 했다. 그 시스템은 오랫동안 개인화된 적이 없었기 때문에 그것은 실수였다. 그리고 그것은 푸틴을 사랑할 준비가 되어 있지 않았다. 2인승 자전거는 적어도 모종의 다원주의와 같다. 사람들은 유일한 지도자라는 정형(定型)으로의 복귀는 원하지 않았다. 그리고 푸틴은 그들이 원한다고 생각했다. 나는 놀랐다. 그는 평소에 신중하고 훌륭한 본능을 갖고 있지만, 이 지점에서 그는 큰 리스크를 안게 되었다.

2011년 초에 나는 블라디슬라프 수르코프 및 대통령 행정실에 있었던 그 밖의 다른 사람들에게 메드베데프가 권좌에 남아 있는 것이 더 나을 것이라는 말을 지속적으로 해왔다. 수르코프는 그것을 바람직한 선택지로 생각했다. 나는 단 한 번도 수르코프가 푸틴의 복귀라는 실험을 원했다는 인상을 받은 적이 없었다. 그는 그 시스템의 한계를 감지하고 있었다. 그는 크레믈린이 무엇을 지속할 수 있고 무엇을 지속할 수 없는지를 이해하는 크레믈린 내의 마지막 사람이었다. 그러나 이제 그러한 것을 느낄 수 있는 사람은 아무도 남아 있지 않다.

푸틴은 더 이상 보증인이 될 수 없다. 10년 전 그는 다음과 같이 말할 수 있었다. "특정한 조건 아래에서 나는 여러분들의 재산을 보장해줄 수 있다." 혹은 그는 올리가르히(oligarch, 과두적 집권층)들에게 다음과 같이 말할 수 있었다. "여러분들은 이것은 할 수 있다. 그러나 이것 혹은 저것은 할 수 없다." 그가 지금 그럴 수 없는 이유는 모든 지시 사항들을 구매해야 하고 대가를 지불해야 하기 때문이다. 그래야만 누군가가 여러분의 말에 귀 기울일 것이고, 여러분의 주문을 받아 시행할 것이다. 권력의 수직축은 일종의 인가 시스템이다. 즉 문자 그대로 완성된 것을 얻기 위해 돈을 지불해야 한다. 10년 동안 푸틴을 사랑하고 푸틴이 하는 모든 일들에 동의하던 사람들의 대비 태세는 근본적으로 변화해왔다. 더 이상 거기에 남아 있지 않게 된 것이다. 명백히 패배할 것을 알았기 때문에 예전에는 어느 누구도― 예를 들면 주지사들조차―감히 위험을 무릅쓰고 대립하려 하지 않았다. 그러나 이제는 저항의 공간이 열렸다. 모든 사람들은 자원들을 갖고 있다. 푸틴은 사람들로부터 사랑을 받기 위해 돈을 계속 사용할 수 있지만, 각각의 개별적 숭배자에게 돈이 지불되어야 할 것이다. 내가 지불에 대해 말했을 때, 그것은 모종의 재정적 보너스를 의미하는 것이었다. 러시아에는 철저하게 금융화된 정치가 작동한다. 위정자들은 신뢰를 줄 수 있는 능력의 범주 내에서만 존재한다. 그리고 이러한 의미에서 러시아의 시스템은 절대적으로 이상적인 것, 세계화 세상에서 반드시 필요한 그런 것이다. 푸틴의 권력은 화제가 되고 있는 법제화된 대통령령(大統領令)들에 있지 않다. 즉, 그는 그 무엇도 명령할 수 없게 되었다. 그의 권력은 그가 러시아의 풍부한 천연자원의 이름으로 세계시장으로 나아갈 수 있는 사람이라는 사실에 있다. 그것은 일종의 독점이다. 경제적으로 푸틴 컨센서스는 아름답게 작동하고 있다.

현재 어떠한 제약 아래에서 푸틴이 일을 수행할 것으로 생각하는가?

다른 측면에서 볼 때 그러한 컨센서스는 종말을 고했다. 모든 사람들은 자기 재산의 보증자를 원하고 있지만, 푸틴의 보장은 단지 '푸틴파 다수'가 존재하는 동안, 즉 자유주의적 엘리트, 올리가르히, 기업인, 관료, 고령 여성들 등 푸틴의 언사 하나하나를 몽땅 지지하는 이들이 존재하는 동안에만 힘을 발휘할 수 있다. 그러한 상황 속에서 그들이 그 컨센서스를 파탄 내지 않는 한, 그들은 보호받고 있으며 안전하다고 느껴왔다. 실제로 수직적 권력은 아래로부터 작동한다. 어떤 사람이 그가 거래하고자 하는 어떤 일을 시작하고 최고 권위체인 크레믈린 혹은 그를 대변하는 조직에 어필할 수 있는 일을 시작하려 한다면, 그는 실행에 옮길 수 있으며 그것은 잘될 것이다. 그러나 현재 아무도 그의 재산권을 보장해줄 수 없는 상황이다. 컨센서스는 끝났고, 동시에 공공연하게 현실과는 어떠한 연관성도 없는 총체적인 재산권의 비공식적 시스템이 등장했다. 그런데 그 시스템은 스스로를 보호할 수 없다. 푸틴은 어떻게 그것을 보호할 것인가? 국민들에게 대가를 받지 말라고 할 것인가? 이 나라의 어느 누구도 그의 말에 귀기울이지 않을 것이다. 메드베데프가 이를 제대로 처리하지 못했다는 사실은 푸틴에게서 그가 메드베데프가 러시아를 이끌어 나갈 수 없으리라고 단언한 이유 중 상당 부분을 차지했다.

그는 2011년 말 크레믈린에 반대하여 일어났던 저항에 어떻게 대처했나?

지금까지 확실한 것은 푸틴에게는 전략이 없었다는 것이다. 그는 곧바로 반응하는 사람이다. 그러나 그는 일정 기간 동안 직관적으로, 크리스마스 기간 어느 정도는 늘 그래왔듯이 저항이 스스로 잦아들기를 기다렸다. 우리의 민주주의 운동에 지금까지 가장 큰 타격을 준 것은 푸틴이 아니라 산타클로스였다. 가장 중요한 것은, 푸틴 컨센서스는 부서졌지만 일부 사회집단들은 대안이 없다고 판단해 주저앉았고 보증인을 원했다는 점이다. 실제로 그들은 푸틴이 그러한 보증을 해줄 수 있다고 더 이상 믿지는 않았다. 그러나 만일 그가 없다면 누가 해줄 수 있는가? 우리나라는 보험사와 카지노의 독특한 혼합물이다. 모든 사람들은 일정 수준 이하로 떨어지지 않도록 보장되지만, 그와 동시에 세계시장을 무대로 그들의 돈이 걸려 있는 거대한 도박이 한창이다. 그러나 사람들은 자신들의 보험이 보험사와 함께 타오를 수도 있기 때문에 보험사가 불타 없어지기를 바라지 않는다. 사람들은 저항 시기에 단상에 등장했던 유명한 시인인 드미트리 비코프(Dmitry Bykov)를 바라보고 다음과 같이 생각한다. '멋있고 뚱뚱하며 유쾌한 사람이자 시인, 그런데 우리 돈을 갖고 뭘 할 거지?' 그리고 그런 생각을 품게 만드는 것은 '실로비키'(syloviki, 제복을 입은 사람이란 뜻으로 정보기관, 군, 경찰 출신의 인사를 뜻한다 ―옮긴이)만이 아니다.

어떤 결과물이 나올 것으로 생각하는가?

푸틴은 2012년 3월 선거에서 대통령이 될 것이다. 아마도 결선투표 없이 그럴 것이다. 그러나 사용할 수 있는 효과적인 시스템이 그에게는 없다. 새로운 정당이 창당될 필요가 있다. 심지어 그는 싫어하겠지만, 모종의 연립에 의한 통치를 하지 않을 수 없다. 이것이 왜 시위 군중에게 상대적으로 온건하게 대응했고, 왜 푸틴이 심지어 정당들이 마음에 들지 않았음에도 불구하고 메드베데프의 정당 개혁 요구를 거부했는지에 대한 이유이다. 그러나 우리는 푸틴이 연립 조직을 만들도록 주변 환경이 요구할지를 기다리면서 지켜보아야 할 것이다. 그는 스스로 그런 것들을 받아들여 연립정부 대통령이 될 수 있을까? 만약에 그가 그럴 수 없다면 엄청나게 큰 위기가 닥칠 것이고, 그것도 곧바로 그렇게 될 것이다. 그는 정부를 구성할 수 있을까? 왜냐하면 총리로서의 메드베데프는 자신의 힘으로 그럴 수 없으리라는 것은 자명하기 때문이다. 누가 정부를 구성할 것인가? 푸틴은 그 자신이 만들었던 바로 그 시스템을 파괴하고 다른 것을 고안하는 위원회의 장이 될 필요가 있다. 이 '청산위원회'를 성공적으로 구성할 수 있을 것인가? 나는 모르겠다.

〔정재원 옮김〕

스코틀랜드의 분수령

닐 데이비슨(Neil Davidson)

엄청난 난경(難境)이었다.* 이쪽과 저쪽을 흘긋 돌아보는 것만으로도 이 사실을 충분히 알 수 있다. 한쪽에는 막강한 영국 국가가 버티고 있었다. 세 정당이 의회 참여를 통해 정부를 운영 중이며, 버킹엄 궁이 있고, BBC 도 빼놓을 수 없겠다. 방송 뉴스와 여론 선도 분야에서 여전히 단연코 가장 유력한 집단이자 조직이 BBC다. 이게 다가 아니다. 인쇄 매체의 압도적 대 다수, 영국 자본의 최고사령부, 각종 자유주의 기관과 제도. 국제사회의 유 력 행위자인 워싱턴, 나토(NATO) 그리고 유럽연합(EU)이 상기한 제 조직

---

* 〔옮긴이〕 2014년 9월 18일 스코틀랜드 독립 투표 결과가 나왔다. 찬성 44.7퍼센트, 반대 55.3퍼 센트로 독립이 부결됐다. 이번 투표의 투표율은 84.6퍼센트로 평소 선거보다 훨씬 높았다. 데이 비슨의 글은 이 사태 전개를 논평한 것이다.

과 단위를 확고하게 지지해줬다. 다른 쪽도 보자. 희망의 끈을 놓지 않으려는 사람들과 젊은이들이 연대했다. 클라이드사이드(Clydeside)와 테이사이드(Tayside)의 공영주택 단지에서 그간 노동당에 투표하다가 환멸을 느끼고 돌아선 주민들, 상당한 규모의 프티부르주아지, 스코틀랜드로 유입된 이민자 집단이 그런 사람들이다. 바로 이 사람들이 단결해 움직인 캠페인은 민족(독립)운동인 만큼이나 사회운동이었다. 민중이 참여한 이 민주주의 운동은 비록 그 시작은 미미했으나 급격하게 고조되었고, 영국 지배계급은 광부와 건설 노동자들의 1972년 파업 이래 최악의 신경질적인 발작에 휩싸였다. 보수당과 노동당과 자유당의 지도자들이 허둥댔고, 계속해서 후퇴하며 양보하지 않을 수 없었다. 스코틀랜드 독립 사안을 놓고 전개된 총투표는 전례 없는 참여율(84.6퍼센트—옮긴이)을 보였고, 독립 찬성 진영이 획득한 45퍼센트 지지율은 어느 모로 보더라도 정말이지 대단한 성취이자 성과다. 과연 우리는 어떻게 이런 성과를 이뤄낸 것일까? 9월 18일 총투표로 영국과 스코틀랜드의 정치는 어떤 상태고, 어느 지점을 경유하고 있는 것일까?

도대체 어쩌다가 2014년에 독립 문제를 걸고 총투표를 하게 된 걸까? 그 시원을 알려면 1976년으로 거슬러 올라가야 한다. 바로 그 시절에 캘러헌(Callaghan)의 노동당 정부가 국제통화기금(IMF)의 내핍 정책을 강요하면서 의회 내 다수파의 지위를 공고히 하려고 애쓰고 있었다. (영국에서 신자유주의 구조 조정이 시작된 게 바로 이때였다.) 노동당은 민족주의 소수 정당들의 지지를 필요로 했고, 국민투표를 약속했다. 요컨대 스코틀랜드와 웨일스에 의회를 두고 제한적이나마 권력을 양도하는 국민투표 절차를 밟겠다고 매수한 것이다. 1974년 10월 총선에서 스코틀랜드 국민당이 사상 최고 성적인 11개 의석을 차지했고, 플레이드 킴루(Plaid Cymru), 곧 웨일스 민족당도 세 명의 의원을 배출했다는 사실을 보태야겠다. 그리하여 1979년 스코틀랜드 국민투표에서 52퍼센트 대 48퍼센트의 격차로 찬성 측

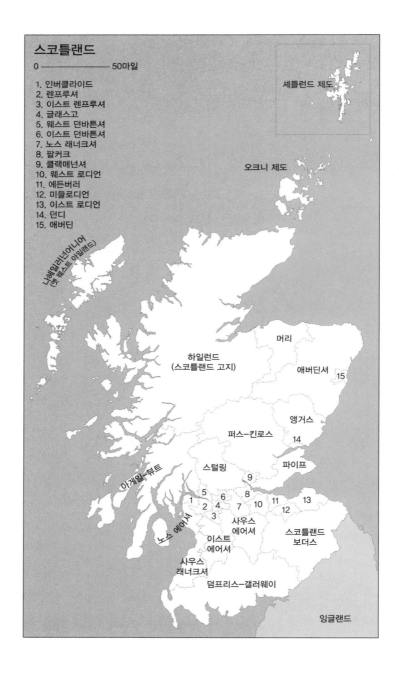

스코틀랜드

0 ——— 50마일

1. 인버클라이드
2. 렌프루셔
3. 이스트 렌프루셔
4. 글래스고
5. 웨스트 던바튼셔
6. 이스트 던바튼셔
7. 노스 래너크셔
8. 팔커크
9. 클랙매넌셔
10. 웨스트 로디언
11. 에든버러
12. 미들로디언
13. 이스트 로디언
14. 던디
15. 애버딘

셰틀런드 제도

오크니 제도

나헤일런드 어니어
(옛 웨스트 아일랜드)

머리

하일런드
(스코틀랜드 고지)

애버딘셔

15

앵거스

퍼스-킨로스

14

스털링

파이프

아게밀-뷰트

9

5   6   8
1   4   7   10 11 12 13
2   3

노스 에어셔

사우스
에어셔

스코틀랜드
보더스

이스트
에어셔

사우스
래너크셔

덤프리스-갤러웨이

잉글랜드

이 승리했다. 하지만 투표율이 웨스트민스터가 정한 기준치를 넘지 못했고, 권력 이양은 없던 일이 돼버렸다. 대처(Thatcher) 정부가 들어섰고, 스코틀랜드는 급격한 사회 변화를 겪었다. 이런 처지는 영국의 다른 지역이라고 해서 비켜가지 않았다. 그 실태를 보자. 실업자 증가, 산업 공동화, 병원 폐쇄, 공영주택 대량 매각 등등. 스코틀랜드 정치 무대에서는 전통적으로 토리(Tory)당이 가장 막강한 영향력을 행사해왔다. 1955년에 그들은 절대다수의 지지를 받으며 의석을 석권했다. 하지만 보수당이 18년 동안 웨스트민스터를 지배하자 상황과 사태가 바뀌었다. 1997년 선거 결과를 보면, 스코틀랜드에서 토리당의 득표율이 18퍼센트로 추락했고, 그들은 여기서 단 하나의 의석도 차지하지 못했다!

자치 기회가 다시 찾아온 것은 1990년대였다. 노동당이 선거에서 대패했고, 토니 블레어와 고든 브라운에게는 자유민주당과 스코틀랜드 국민당의 지지가 반드시 필요했다. 그렇게 반(反)토리당 전선이 구축되었다. 하지만 이 동맹은 단명했고, 개혁 조치는 미미했다. 보면, 스코틀랜드와 웨일스의 자치 및 분권, 피임명자만 등원할 수 있는 상원, 선거제도 개혁, 정보 자유(Freedom of Information) 법안. 기실 이런 게 끼어 있었다고 해도 1997년 발표된 신노동당 선언은 경제를 가일층 경쟁 체제로 운영하고, 범죄를 엄중히 단속하겠다는 내용이었다. 블레어의 말을 상기해보자. 분권과 자치의 목표는 책임을 다하는 입헌 대표단이다. 이를 통해 '연합왕국을 강화할 수 있고, 분리 독립의 위협도 사라질 것이다.' 최다 득표자를 당선시키는 선거제도가 손질되었고, 정치 일정에 따라 1999년 스코틀랜드 의회가 출범했다. 사실 선거제도를 손질한 목표는 뻔했다. 어느 정당도 과반을 확보하지 못하도록 하고(특히 스코틀랜드 국민당), 노동당과 자유민주당의 연대를 계속 유지하는 것. 실제로도 1999년부터 2007년까지의 선거 결과는 그들이 의도한 대로였다.[1]

스코틀랜드 국민당이 부상하다

최다 득표자를 당선시키는 일명 소선거구제로, 유권자가 격감해 대표성을 상실한 선거구까지 계속해서 의원을 뽑아냈다. 블레어-브라운 정부는 이 이른바 부패 선거구를 이용해 전쟁과 신자유주의 정책을 은폐했다. 하지만 그럼에도 불구하고 두 정부 연간에 신노동당에 대한 지지가 꾸준히 약화되었다. 스코틀랜드는 1990년대와 2000년대에 다시금 영국의 성장 전략을 따랐다. 저임금 서비스 부문이 확대되었고—글래스고 노동자 열 명 가운데 한 명이 한 군데 콜센터에서 근무한다—가계 부채가 증가했다. 에든버러가 런던 배역을 맡아, 호경기의 중심지 역할을 했다. 금융 산업과 미디어에 대한 규제가 완화되었고, 불평등이 심화되었다. 쇠락한 덤비다이크스(Dumbiedykes) 공영주택 단지에서 불과 몇 가구(街區)만 걸어가면 홀리루드 궁전과 최신식 스코틀랜드 의회 건물이 나온다. 노동당이 주도하는 지방의회들이 금융 위기 이후 공공 지출 삭감 정책을 맹렬하게 밀어붙였다. 각종 돌봄 시설이 폐쇄되었고, 임금 삭감과 노동자 해고가 잇따랐다. 그 연간에 치러진 스코틀랜드 의회 선거를 살펴보면, 노동당의 득표율이 1999년 34퍼센트에서 2011년 26퍼센트로 하락했다. 그간 노동당에 표를 던졌던 사람들이 먼저 2003년에는 녹색당과 스코틀랜드 사회당으로 옮아갔다. 그러던 것이, 사회당이 붕괴하면서 2007년에는 그 수혜자가 스코틀랜드 국민당으로 바뀌었다. 지방의회 선거를 볼작시면, 노동당은 거

---

1) 스코틀랜드 의회는 73+56명의 의원으로 구성된다. 최다 득표자 선출 방식의 지역구 의원이 73명이고, 비례대표제를 추가해 당적 의원 56명을 보태는 것이다. 스코틀랜드는 가장 '불비례적인' 비례대표제인 돈트(D'Hondt) 방식을 쓴다. 돈트 방식을 '불비례적'이라고 하는 것은, 이게 지역구의 선거 결과를 보충하는 것이어서 최대 정당들이 추가로 이득을 챙기기 때문이다. 물론 소수당의 비례대표를 일부 허용하기는 한다. 이런 연유로 스코틀랜드 사회당과 녹색당이 2003년 총선에서 각각 6명과 7명의 의원을 배출했다. 두 정당 모두 5퍼센트 정도 득표했다.

의 모든 지역에서 전반적으로 장악력을 상실했다. 글래스고와 이웃한 노스 래너크셔(North Lanarkshire)만이 예외라 할 것이다. 노동당의 당원 수가 1998년 3만 명에서 2010년 1만 3천 명 이하로 곤두박질쳤다. 스코틀랜드에서 자유민주당의 득표율이 2010년 이후 급락한 사태도 특기할 만한다. 웨스트민스터에서 그 당이 토리당과 짬짜미한 결과였다. 다시 한 번 그 모든 이탈자가 스코틀랜드 국민당으로 모여들었다. 2011년 스코틀랜드 의회 선거 결과를 보자. 전체 129개 의석 가운데 스코틀랜드 국민당이 과반이 넘는 69석을 차지했다. 전체 득표율 44퍼센트는 노동당의 역대 최고 성적보다 무려 10퍼센트포인트 더 높은 지지였다.

스코틀랜드 국민당의 강령을 들여다보면, 이미 오래전부터 다음과 같은 공약이 들어 있었다. '스코틀랜드 의회에서 다수당의 지위를 차지하면 독립 사안을 내걸고 국민 총투표를 실시한다.' 2011년 총선에서 압도적인 승리를 거두자, 당수인 알렉스 새먼드(Alex Salmond)가 그 약속이자 계획을 추진하겠다고 선언했다. 스코틀랜드 국민당은 3지 선택형 총투표를 원했다. 요컨대 스코틀랜드 유권자는 완전 독립, 현상 유지, '자치권 최대 행사'(maximum devolution), 이 셋 중에서 고르게 될 거라는 얘기였다. '최대 자치권'의 내용은 설명이 좀 필요하니, 붙여놓자. 일단 홀리루드 의회가 재정 및 회계와 입법 분야에서 완전한 권한을 행사한다. 하지만 스코틀랜드는 왕실, 외무부, 국방부, 영국은행, 그러니까 추상적으로 환원해 외교, 군사, 통화(通貨) 부문과 관련해 여전히 연합왕국의 우산 아래 머문다는 것이다. 두문자어로 흔히 '디보 맥스'(Devo Max)라고 부르는 이 '최대 자치'안이야말로 스코틀랜드인 압도 다수가 지지했다. 디보 맥스가 무려 70퍼센트의 지지를 받은 여론조사 결과도 여럿이었다. 스코틀랜드 국민당 지도부는 과반이 독립을 지지하지는 않음을 알았다. (하여튼 아직까지는 아니었다.) 그래서 그들은 중단기 전략으로 최대 자치권을 획득할 수 있다고 보았고, 희망했다. 요컨대 3지 선택형 투표용지가 나왔더라면, 최종 결과가 독립(불가능했다)이었든 디보 맥스(가능성이 매우 높았다)였든, 새먼드는 자기네들이 승리했다고 주장할 수 있었을 것이다.

그런데 노동당 놈들이 1998년 스코틀랜드 법령을 통과시켜버렸다. 잉글랜드와 스코틀랜드가 1707년 맺은 연합 조약과 연계된 구조적 사안이 이 법령으로 죄다 웨스트민스터에 귀속되었다. 그러자 쟁점이 분명하게 도드라졌다. 과연 영국 정부가 총투표를 적법한 절차로 인정해줄 것인가? 그게 아니라면, 스코틀랜드 의회의 비공식적 행위로, 다만 선전 수단으로 전락하고 말 것인가? 영국 총리가 2012년 1월 8일 선수를 쳤다. 스코틀랜드 국민투표가 합법적임을 인정한다고 발표한 것이다. 하지만 데이비드 캐머런은 조건을 못 박았다. 남느냐 탈퇴냐를 정하는 투표여야지, 투표용지에 제3안은 있을 수 없다는 조건을 단 것이다. 캐머런의 이유는 간단명료했다. 영원히는 아닐지라도 적어도 예측 가능한 미래에 걸쳐 독립파가 완패해 찌그러져 있기를 원한 것이다. 새먼드에게 디보 맥스(최대 자치)란 손쉬운 승리를 내주고 싶지 않았음은 물론이다. 그것은 승부수였고, 위험이 도사리고 있는 듯했지만, 작아 보였다. 여론조사 결과를 보면, 독립을 지지하는 비율이 내내 소수였던 것이다. 대략 30퍼센트 정도였다. 캐머런도 블레어처럼 '분리 독립하겠다고 위협하는 세력을 제거해'버리고 싶어했다.

토리당은 유지-탈퇴 택일안이라면 협상에서 다른 건 기꺼이 양보하겠다는 태도였다. 그리하여 스코틀랜드 의회가 국민투표를 주체가 돼서 치르고, 동시에 그 날짜와 투표 자격, 투표용지에 적을 구체적 질문 문구까지 정할 권리를 양보받았다. 새먼드와 유능한 보좌관 니컬러 스터전(Nicola Sturgeon)은 호락호락하지 않은 인물들로, 역시 기민하게 대응했다. 일단 그들은 선거운동 기간을 늘려 잡았다. 스코틀랜드에 적을 둔 모든 유권자가 선거권을 부여받았고(출신국은 불문에 부쳤다), 투표 가능 연령을 16세로 낮췄다. 투표용지에 적을 질문 내용을 긍정적으로 표현했음은 물론이다. 생각해보라. 가령 '스코틀랜드가 연합왕국 영국의 일부로 남아야 합니까?'보다는 '스코틀랜드가 독립하는 것에 동의하십니까?'가 더 유리하지 않겠는가? 스코틀랜드 국민당은 뒤엣것의 긍정적인 표현을 통해 '노'(No)라는 고달픈 저항이 아니라 낙관적인 '예스'(Yes)를 선동할 수 있었다. 이런 기술적 내용이 에든버러 협약으로 확정되었다. 2012년 10월 15일 세인트 앤드루스 하우스(스코틀랜드 정부 공관)에서 캐머런과 새먼드가 각각의 정부를 대신해 그 합의에 서명했다.

왜 독립인가

여기서 잠깐 다음을 상기해보자. 사람들이 어쩌다가 연합왕국의 성격을 놓고 이렇게 활발하게 정치 토론을 벌이게 되었지? 잉글랜드와 스코틀랜드가 1707년 연합하기로 했고, 다민족 입헌군주제가 쭉 유지돼왔다. 이웃한 유럽 국가들, 가령 프랑스, 에스파냐, 독일이 역사를 통해 격동 끝에 구축해낸 구조와 비교해보면, 이 연합왕국이 빛나는 성공 사례로 비칠지도 모르겠다. 톰 내언(Tom Nairn)이 『뉴레프트리뷰』 이전 호들에서 이와 관련된 문제를 더듬었다. 그는 스코틀랜드 민족주의가 왜 그렇게 늦게야 정치 세력으로 조직되었는지, 그 이유를 해명하고자 했다. '민족주의의 시대'였던 19세기에 스코틀랜드 민족주의는 실체랄 게 거의 없었고, 대중이 그 깃발 아래 결집한 게 1960년대부터였던 것이다. 내언의 주장을 들어본다. 스코틀랜드도 잉글랜드나 프랑스처럼 아주 이른 시기부터 하나의 민족이자 국가로 스스로를 인식한 정치조직체였다. 민족주의가 이데올로기로서 개발된 18세기 후반보다 수백 년을 앞선 봉건시대에 이미 그랬음을 보태야겠다. 종교개혁이 가혹한 시련의 도가니로 작용했다. "통합의 견인차이던" 중세 말의 절대주의가 "붕괴하자", 스코틀랜드가 "분열했다".[2] 1707년 지배계급의 흥정이 타결되었고, 스코틀랜드는 국가란 정치 단위와 독자적 의회를 빼앗겼다. 아무튼 이후로 그들은 대영제국 의회인 웨스트민스터에 의원을 뽑아 보냈고, 시민사회를 유지할 수 있었다. 요컨대 법률적·종교적·문화적·제도적 형태로 '사회 기풍'의 독자성을 지켜온 것인데, 이 모든 게 토양으로 작용해 '하위 민족'이란 동일성 및 정체성이 결국 부상하게 된다.

내언이 볼 때, 1707년 협약으로 구축된 연합이 그토록 오래 지속된 핵심 이유는 앞서 발생한 일련의 영국혁명 때문이었다. 잉글랜드의 고관대작들이 1688년 '의회주권'을 명시했고〔명예혁명—옮긴이〕, 그렇게 탄생한 국가는 영국에서 가장 역동적인 지배계급—자본을 축적한 토지 귀족이 이미 형성돼 있었다—이 구상해냈다. 저지대 향신들(Lowland gentry, Lowlands는 Highlands〔스코틀랜드 고지〕와 대비해, 스코틀랜드 남동부의 저지 지방을 가리킨다. gentry는 '향신'〔鄕臣〕으로 옮긴다. 중앙 정치와 일정한 관계를 맺은, 지역의 토지 귀족이다. 중세 말을 경과하며 영락하거나 부상한다—옮긴이〕은 구체제에 맞서 투쟁하지 않고, 상대적으로 개방화된 정치체제와 빠르게 성장 중이던 경제를 이용해먹는 길을 택했다. 두 세기 동안 해외 팽창이 거듭됐고, 그들은 이 활동의 주인공이었다. 영국 국가의 비호 속에 스코틀랜드에서 산업혁명이 일어났다. 중부 지대에 철강 도시가 들어섰고, 각종 공업 활동이 전개됐다. 스코틀랜드에 신진 노동계급이 대규모로 출현했음은 물론이다. 거대한 조선소들이 클라이드(Clyde) 강 연안에 포진했다. 민족주의는, 어니스트 겔너(Ernest Gellner)와 마찬가지로 내언에게도, 자본주의의 불균등 팽창 및 후발 주자들의 산업 개발 노력—그들은 분명 외부에서 강력한 힘이 작용한다고 느꼈다—과 긴밀히 결부된 사안이었

---

2) Tom Nairn, "Scotland and Europe", NLR I/83, p. 71, T. C. Smout, *A History of the Scottish People, 1560~1830*, London 1969, p. 33에서 인용. 이 글은 Tom Nairn, *The Break-Up of Britain: Crisis and Neo-Nationalism*, London 1981, 2nd ed., pp. 92~125에 재수록되었다.

다. 하지만 스코틀랜드 부르주아지는 이미 산업화를 완료한 상황으로, 국가적·민족적 프로젝트를 토대로 노동계급을 동원할 이유가 전혀 없었다. 스코틀랜드 정치체는 경제 토대의 역동성을 온전히 반영하는 것은 고사하고, 내언의 말마따나, 그냥 붕괴해버렸다. 하위 민족이 이제 그냥 지방으로 전락한 것이었다.[3]

1960년대와 1970년대의 상황을 보자. 대영제국이 종말을 고했고, 경제 위기가 심화되었다. 고색창연한 다민족국가 영국―"대구잡이와 봉토 수익을 기록한 윌리엄과 메어리 시대의 아취 있는 양피지, 근세 초의 상처들, '전통'의 재고안"이란 구절로 대변될 수 있겠다―의 각종 문제가 불거졌다.[4] 내언의 말을 들어본다. 이런 상황에서, '하위 민족'이란 스코틀랜드의 문화 정체성이 스코틀랜드 국민당이 정치적 동원을 단행한 불쏘시개 역할을 했다. 극북 지역에서 새 에너지원이 발견된 정황을 거기다 보태야 한다. 내언은 1974년 선거에서 스코틀랜드 국민당이 승리를 거머쥐었고, 바로 그 시점부터 스코틀랜드 민족주의가 정치적으로 조직되었다고 본다. 당시의 선거 구호가 의미심장하다. "그 석유는 스코틀랜드 거다!" 내언의 추리가 흥미롭다. '새로운 민족주의'라고 할 수 있는 이 분리주의 경향은 카탈루냐, 바스크, 스코틀랜드처럼 선진 경제의 하위 민족들한테서 비교적 늦은 시기에 출현했다. 이런 사실과 현상을 어떻게 보아야 할까? [내언은] 자본주의의 불균등 동역학에 대한 또 다른 형태의 대응이라고 읽었다. 상기한 예들에서는, 해당 지역의 발전이 비교적 충분히 이루어졌다고 할 수 있다는 것이다. 새로운 민족주의가 거기서 재부상한 맥락을 보자. 자기네들이 소속된 '위대한 국가'의 지위가 몰락하고 말았다. 이제 맹주는 미국이고, 자본은 국제화되었다. 게다가 이렇다 할 사회(주의)적 대안도 전혀 보

---

3) Nairn, "Scotland and Europe", p. 73

4) Tom Nairn, "Ukania under Blair", NLR I, Jan~Feb 2000, p. 76.

이지 않는다. 내언의 제언은 무척 낙관적이다. 그 새로운 민족주의가 "영국에서 구닥다리 국가의 사토장이(gravedigger)" 역할을 수행하고 있다고 보는 것이다. 새로운 민족주의는, 그 자체로, "잉글랜드는 물론이고 작은 규모의 국가들에서 모종의 정치혁명이 일어날 수 있는 가장 중요한 원인 요소"이다.[5)

내언의 역사 비평을 크게 세 가지 이유를 들면서 비판할 수 있다. 스코틀랜드 민족 통일이란 과제는 중세 때 부상하지 않았다. 1707년 국가연합 조약이 맺어지고**서야** 비로소 생각해볼 수 있는 프로젝트였다. 1746년 재코바이트(Jacobite)가 반란을 일으켰으나 대패했고, 그 패배는 돌이킬 수 없는 것이었다. 스코틀랜드 북부의 황무지 컬로든(Culloden)에서 완패한 그 스튜어트 왕가 지지자들의 정치 이념은 봉건주의−절대왕권이었다. 무려 400년간 유지돼오던 고지−저지 분리 상태가 종식되었다. 그 두 지역의 분리 분할로 이전에는 스코틀랜드 민족의 통일이란 걸 도저히 상상할 수 없었다. 과정으로서의 '스코틀랜드 민족화'가 '영국 민족화(브리튼족화)'에 기여했다는 것은 틀림없는 사실이다. 당연히 그 정반대도 사실일 것이다. 이렇게 근대적인 스코틀랜드 민족의식은 영국과의 상호 관계 맥락 속에서 형성되며, 구축된 영토 전역으로 확장됐다. 대표적인 사회 부문이 노동계급이었다. 영국의 제국주의 활동에 가담하고 지지하는 일과 영국의 노동운동 세력에 편입되면서 이를 지지하는 활동 사이에서 긴장이 조성되었고, 그들은 이 압력 속에서 스코틀랜드 민족이란 의식을 수용했다. 요컨대 스코틀랜드의 양대 계급은 근본적 정치 영역에서 비교적 최근까지도 스코틀랜드 차원이 아니라 영국 차원에서 충성했다. 스코틀랜드 민족이란 의식은

---

5) Nairn, *The Break-Up of Britain*, pp. 178~79; Nairn, "The Twilight of the British State", NLR I/101~02, Feb~April 1977, pp. 59~60, *The Break-Up of Britain*, pp. 11~91에 재수록, 여기에서의 인용은 pp. 89~90.

강력했다. 하지만 스코틀랜드 민족주의는 허약했다. 이유는 단순했다. 정치적 필요와 요구에 전혀 부응하지 못하는 수단이었으니까.[6]

두 번째도 보자. 스코틀랜드 국민당이 부상하고, 독립 문제가 제기된 것은 '발달이 지나쳐서'가 아니다. 토리당이었든 노동당이었든 연합 정부였든, 웨스트민스터를 기반으로 한 정부가 끊임없이 신자유주의 구조 조정 정책을 확고하게 밀어붙인 게 진정한 원인이다. 스코틀랜드 국민당은 말이야 사회민주주의 정당이지만, 색깔로 치면 물이 빠질 대로 빠진 분홍색이다. 그네들은 신노동당보다는 왼쪽이라고 자기를 자리매김하기 위해 별다른 노력을 기울이지 않으며, 관심도 없다. 물론 블레어-브라운 정부와 대비되는 점이 있다. 스코틀랜드 국민당은 노년층 무료 돌봄, 처방약 무료 제공, 저비용의 대학 교육을 지켜냈다. 물을 사유화하고, 국민 보건 서비스(NHS)를 누더기로 만들려는 시도―결국 은밀한 시장화다―에도 저항했다. 스코틀랜드 국민당 지도부는 기본적으로 신자유주의 정책 의제를 수용한다. 법인세를 삭감했고, 도널드 트럼프(Donald Trump)에게 알랑방귀도 뀌었다. 하지만 그러면서도 그들은 스코틀랜드 사회민주주의 전통의 계승자를 자임하며, 꽤나 성공한 듯하다.

하지만 그들이 외통수에 몰려 있음이 밝히 드러났다. 스코틀랜드 국민당이 슈퍼마켓의 소득에 세금을 부과하는 법안을 도입하면서였다. 공공 지출 담보금이 필요했던 것인데, 일정 요율 이상이라는 것이 문제였다. 스코틀랜드 노동당과 토리당이 동맹했고, 그들은 이 법안을 저지했다. '〔건전한―옮긴이〕 사업 활동을 방해하고', '일자리가 없어진다' 등등이 이유로 제시됐다. 새먼드가 '대서양 합의'에 도전할 수 있는 영국에서도 몇 안 되

---

6) Neil Davidson, *The Origin of Scottish Nationhood*, London 2000 참조. 보다 일반적인 비판을 보려면, "Tom Nairn and the Inevitability of Nationalism", in *Holding Fast to an Image of the Past: Explorations in the Marxist Tradition*, Chicago 2014 참조.

는 정치인이란 사실을 여기에 보태야겠다. 그러니까 그가 영국과 미국의 제국주의 전쟁에 반기를 들 수 있다는 말이다. 스코틀랜드 의회를 경연장으로 해서, 다음의 사실도 확연히 드러났다. 스코틀랜드 국민당이 스코틀랜드 노동당보다 더 효율적이며 유력한 정치체임이 말이다. 니컬러 스터전, 피오너 히슬럽(Fiona Hyslop), 케니 매캐스킬(Kenny MacAskill), 마이크 러설(Mike Russell), 존 스위니(John Swinney), 샌드러 화이트(Sandra White) 같은 거물들을 떠올려보라. 정말이지 노동당의 처지와는 확연하게 대비된다. 스코틀랜드 노동당의 초점은 웨스트민스터에 머물 뿐이다. 그들은 거의 예외 없이 웨스트민스터에서 홀리루드를 대변하는 일에만 몰두해왔는데, 그 결과는 다음과 같다. 의뭉스러워서 믿을 수 없는 선거운동원, 퇴직해서 노후연금이나 수령하는 노조 상근 관료 출신자, 일에 치여 초주검이 된 지방의회 의원들 정도가 그들의 지지 부대로 남아 있을 뿐이다.

독립 찬성은 사회운동이다

내언의 견해에 반대하는 세 번째 이유다. (사실 강조하고 싶은 요점도 이거다.) 독립에 찬성하며 그 지지 운동에 매달리고 있는 압도적 다수한테는, 이 활동이 스코틀랜드 국민당 지지와 별로 상관이 없다. 더 크게 봐서, 스코틀랜드 민족주의와도 상관이 없다. 민족주의는 정치 이데올로기로서 다음의 두 가지 원리를 수반한다. 첫째, 민족 집단은 사회 상황이 어떻든지 독자적 국가로 조직돼야 한다. 둘째, 민족 집단을 묶어주는 것이 그것을 나누는 것―대표적으로 계급―보다 더 중요하다. (민족주의는 **제아무리** 용을 써도, 상대적으로 진보적이거나, 그게 아니면 절대적으로 반동적이다.) 그런데 스코틀랜드에서 벌어진 독립 찬성 캠페인의 주된 동력은 민족주의가 아니라, 민족 자결 요구로 표출된 사회 변화의 열망이었다. 사회주의자, 환경

운동가, 여성주의자 등이 광범위하게 참여하며, 독립 의제를 떠안은 것이
바로 이런 이유에서였다.[7] 노동조합주의가 쇠락하는 시대에는 내핍을 강
요하는 정책에 맞선 대중의 저항이 흔히 다르게 표출된다. 고인이 된 다니
엘 벵사이드(Daniel Bensaïd)가 어떻게 썼는지 보자. "[지배계급이—옮긴
이] 특별히 주의를 기울여 출구 가운데 하나를 막아도, 흔히는 다른 데서
배출 및 확산되기 마련이다. 정말이지 뜻밖의 곳일 때가 종종 있다."[8] 스코
틀랜드 국민투표 캠페인이 그런 배출구였다. 찬성 지지자들은 스코틀랜드
국가를, 무슨 일이 있어도 달성해야 하는 영원한 목표가 아니라 신자유주
의가 강요하는 현하의 내핍 상황에서 사회정의와 평등을 달성할 기회이자
가능성으로 보았다.

'스코틀랜드 독립(국가) 찬성' 캠페인이 공식 출범한 게 2012년 5월
25일이었다. '디보 맥스', 곧 최대 자치안이 투표용지에서 빠지기는 했어
도, 스코틀랜드 국민당이 변경 발동한 독립안이 최대 자치안과 상당히 유
사했다. 보면, 새롭게 구성될 스코틀랜드 국가는 군주제를 유지하고, 나토
회원국으로 계속 남으며, 나머지 연합왕국과의 통화 연합을 통해 파운드화
도 계속 사용할 것이라는 내용이었다.[9] 요컨대 실질적인 분리 독립이면서
도 동시에 이렇다 할 변화가 거의 없는 안(案)을 내놓음으로써 확신이 없는

---

7) 각각의 예를 보려면, James Foley and Pete Ramand, *Yes: the Radical Case for Scottish
Independence*, London 2014; Peter McColl, "The Green Activist", *Scottish Left Review*
73, November/December 2012; Cat Boyd and Jenny Morrison, *Scottish Independence:
a Feminist Response*, Edinburgh 2014 참조.

8) Daniel Bensaïd, "Leaps! Leaps! Leaps!", in Sebastian Budgen, Stathis Kouvelakis and
Slavoj Žižik, eds., *Lenin Re-Loaded: Towards a Politics of Truth*, Durham, NC 2007, p.
153.

9) 스코틀랜드 국민당 지도부는 2012년의 한 대회에서 나토 탈퇴라는 오랜 정강을 뒤집었다. 당원
들에게 한 변명은, 국민투표에서 승리하려면 '어쩔 수 없다'였다. 새먼드와 스터전은 그러면서도
영국의 핵잠수함 트라이던트를 클라이드 강 연안 기지에서 퇴거시키겠다고 주장했다. 기존 정강
과 변경된 정책이 앞뒤가 맞지 않는 것은 분명한 사실이다.

사람들도 독립이 최대한 구미가 당기도록 하겠다는 것이었다. 하지만 캠페인이 전개되면서 분명해졌듯이, 독립 찬성에 투표한 스코틀랜드 사람 대다수는 새로운 스코틀랜드 국가가 현실의 연합왕국과 달라야 **한다**고 생각했다. '독립을 지지하는 급진 세력'(Radical Independence Campaign)이 스코틀랜드 국민당 당원 수만 명과 함께 캠페인을 벌였다. 후자의 다수가 노동당 활동가 출신이었다. '독립을 지지하는 급진 세력'은 수천 명 규모로, 여기에는 여러 좌파 단체와 녹색당, 스코틀랜드 국민당 내 좌파가 참여했다. 노동계급 거주 지구에서 유권자 등록에 혁혁한 공을 세운 것이 바로 그들이다.

우리는 깨달았다, 가장 가난한 사람들이 사는 동네, 거기다가 인구밀도까지 가장 높은 지구가 투표자 수가 가장 많을뿐더러, 중요한 정치·사회 변화를 지지할 마음 자세도 가장 튼실하다는 것을 말이다. 그래서였다. 우리는 이 지역을 서캐 훑듯 유세했다. …… 우리는 일찌감치 깨달았다. 여론조사원들에게 속마음을 털어놓지 않고, 정치인이라면 학을 떼는 그 유권자들이 이른바 '동향'이란 것을 뒤엎어버릴 것임을 말이다. 그 유권자들이 우리 활동가들에게 이렇게 말했다. "정치와 정치판에 대한 내 생각을 제대로 물어온 사람은 당신들이 유일하오."[10]

『선데이 헤럴드』(*Sunday Herald*)의 한 기사는 "캠페인이 두 가지"라고 설명했다. 하나는 전통적인 것으로, 양복을 곱게 차려입은 사람들이 이끄는데, 정형화된 기성 형식의 미디어 토론을 벌인다. 다른 하나는 '지상 전투'다. "가가호호 방문하는 일대일의 육탄전인데, 그들은 일부러 미디어

---

10) Suki Sangha and David Jameson, "The Radical Independence Campaign", *RS212*, autumn 2014, p. 29.

를 우회하는 중이다."[11] 뒤엣것의 바로 그 '다른' 캠페인이 변방으로 밀려나 주변화된 노동계급 지구를 정치 무대로 인입했다. 놀라운 일이 일어났다. 여름이 경과하면서 그 운동이 별안간 폭발적으로 성장하더니, 스스로를 조직하는 단계에까지 이른 것이다. 3백 개가 넘는 동네에서 단체가 결성됐다. 다른 자생적 단체도 수십 개 만들어졌다. 독립 찬성 식당과 카페, 청소년회관, 음악인·화가·작가로 이루어진 '전국 연대', '독립을 지지하는 여성들'(Women for Independence), '독립 찬성 세대'(Generation Yes)가 이런 진취성과 주도력이 발휘된 단체들이다. 여기에 벨라 칼레도니아(Bella Caledonia) 같은 운동 지향 웹사이트를 보태야 한다. 알다시피, 벨라 칼레도니아는 신자유주의에 반대하는 싱크탱크인 커먼윌(CommonWeal)과 느슨하게 결연하고 있다.[12] 『선데이 헤럴드』의 그 기사가 상황을 어떻게 정리했는지 보자. "찬성 운동원들은 풀뿌리 기층 캠페인이 효과적임을 깨달았다. 존재한다고는 생각지도 못했던 지역단체들이 운영하는 토론과 논쟁이 무척 많음을 알았던 것이다. 그들이 과거에 이런 모임을 조직하지 않았음은 물론이다." 런던 언론계에 똬리를 튼 채 연합왕국 고수를 설파하던 여론 선도자들조차 사람들이 바글거리는 공청회, 술집과 노상에서 벌어지는 각종 모임, 요컨대 시민의 활력이 되살아난 사태를 보

---

11) Paul Hutcheon, "The Growth of the Yes Movement", *Sunday Harold*, 21 September 2014.

12) 커먼윌 프로젝트는 『스코틀랜드 좌파 평론』(*Scottish Left Review*)을 창간하고 편집하는 로빈 매캘파인(Robin McAlpine)이 창립했다(물론 둘은 전혀 관계가 없다). 커먼윌 프로젝트의 목표는 사회민주주의 정책을 폭넓게 개발하는 것이다. 요컨대 그들은 이렇게 개발한 정책을 노동당이나 스코틀랜드 국민당이 채택 실행해주었으면 하고 바라는 것이다. 매캘파인이 이끄는 『스코틀랜드 좌파 평론』도 독립과 관련해 커먼윌과 비슷하게 불가지론적인 태도를 취했다. 새로 선임된 해당 잡지 편집자 그레고어 갈(Gregor Gall)은 스코틀랜드 사회당원으로, 독립에 찬성한다. SLR 83, October 2014에 실린 편집자의 글을 보면 이를 알 수 있다.

도하지 않을 수 없다고 느낄 지경이었다.[13] 글래스고의 조지 광장에서 하루가 멀다 하고 대중 집회가 열렸다. 독립 지지자들이 모여서 토론하고 노래했다. 찬성 운동 세력의 규모와 다양성을 또렷하게 확인할 수 있는 현장 무대였다. 전단을 나눠주고 포스터를 붙이는 유세 운동원들이 오히려 조지 광장에 들러 심신 상태와 투지를 재충전해야만 할 듯했다. (이런 활동은 소집단 규모로 수행되는 경향이 있기 때문이다.) 2014년 여름의 글래스고는 광장 점거(Occupy) 운동이 벌어진 그리스 및 에스파냐의 도시들과 흡사한 모습이었다. 물론 스코틀랜드판 점거하라 시위는 그것들과 견주면 비교적 작은 규모였다. 아무튼 조지 케러번(George Kerevan)의 말을 들어보자. "독립 찬성 캠페인은 진정으로 민중이 참여하는 내핍 반대 운동으로 얼마간 진화했다."[14]

공포가 조장되다

독립 반대 캠페인 '베터 터게더'(Better Together, 연합왕국을 유지하며 그대로 있는 게 낫다)는 노동당이 주도했다. 선별된 전문가 집단이 동원돼 신중하게 안출된 구호가 '노 땡스'(No Thanks, 고맙지만 그대로 있겠다)였다. 노동당 의장 앨리스테어 달링(Alistair Darling)은 재무부 장관 시절 브라운과 함께 영국 은행들에 대한 규제를 철폐했다. 당수 블레어 맥두걸(Blair McDougall)도 보면, 그는 데이비드 밀리번드(David Miliband)를 내세워 노동당의 지도부를 장악하려 했던 자다(알다시피 잘 안됐다). 스코틀

13) 사례를 보려면, Jonathan Freedland, "If Britain loses Scotland it will feel like an amputation", *Guardian*, 5 September 2014.

14) George Kerevan, "Vote's Biggest Loser is Scottish Labour", *The Scotsman*, 20 September 2014.

랜드 토리당과 자유민주당이 참여한 이 반대 정강에 다수의 노동당원이 당황했다. 그들은 국민투표라는 정치 일정 자체가 시간 낭비일 뿐이라고 주장하는 상황이었다. [15] 『이코노미스트』(Economist)가 연합왕국을 통치하는 지배계급의 주된 걱정을 압축해서 보여줬다. "스코틀랜드가 떨어져 나가면 국제사회의 모든 무대에서 영국의 영향력이 쇠퇴하고 말 것이다. 자국민이 기피해 거부한 나라를 누가, 뭐가 좋다고 마음에 담아두고 관심을 기울이겠는가? 영국이 자유무역과 국제 질서 유지를 포괄적인 측면에서 지지하므로, 이런 일이 벌어진다면 세계인들에게 결코 바람직하다고 할 수 없다." 조지 로버트슨(George Robertson)이 워싱턴한테 들으라고 이 요점을 더 자세히 진술했다. 그는 대(對)유고슬라비아 전쟁 때 블레어 밑에서 국방부 장관을 지냈고, 이어서 나토 사무총장까지 했던 자다. 스코틀랜드가 독립해버리면 "영국은 크게 약해지고 말 것이다. 사람들이 연합왕국의 세계 위상에 의문을 던질 것은 불을 보듯 뻔하다." 그런 사태는 "지정학적 차원에서 격변"이라 할 만하다. [16]

---

15) The Red Paper Collective, "The Question Isn't Yes or No", *Scottish Left Review* 73, Nov~Dec 2012. '레드 페이퍼 컬렉티브'는 공산당과 노동당 산하 노조 관료, 학자들의 싱크탱크로 연합왕국을 지지한다. 공산당에서 국제 서기를 맡고 있는 존 포스터(John Foster)가 단연 압도적인 인물이다. 조지 갤러웨이(George Galloway)도 독립 반대 캠페인을 지지했다. 글래스고 지역구에서 당선된 노동당 의회의원인 갤러웨이는 이라크 전쟁에 반대하며 당을 뛰쳐나와, 좌파 선거연합 리스펙트(Respect)의 전위로 혼자서 활약했었다. 그가 연합왕국을 유지해야 한다며 순회 연설을 했다. 경제를 더 한층의 파국으로 몰고 갈 달링의 엉터리 처방약을 팔고 다녔던 것이다. 그가 어떻게 떠들었는지 보라. "보수당 정부가 법인세를 확실히 감면해줬고, 규제를 완화했으며, 저임금의 자본주의 친화적 환경을 마침내 조성해냈습니다. 우리 솔직해집시다. 이런 마당에 영국에 들어오는 기업이 더 사회주의적인 스코틀랜드에 자리를 잡을 거라고 생각합니까?" 이 이야기의 논리는 다음과 같다. 좌파는 이제 제발 찌그러져서 죽어버려라. 갤러웨이는 이렇게 말하고 싶은 것 같은데, 그 신노동당으로 들어가는 전략 역시 별로 다를 게 없다.

16) "UK RIP?", *The Economist*, 13 September 2014; Fred Dews, "Lord George Robertson: 'Forces of Darkness Would Love Scottish Split from United Kingdom'", *Brookings Now*, 7 April 2014.

물론 '베터 터게더' 캠페인이 국제 위상에 대한 영국 지배계급의 걱정을 전면에 내세우지는 않았다. 이는 반대 캠페인 운영자들이 자기네들 전략을 '공포 조성 프로젝트'(Project Fear)라고 부른 것만 봐도 알 수 있다.[17] 독립 반대 캠페인이 출범 직후 개골창에 빠져버렸지만―압도적이기는 고사하고 그 어떤 감동도 주지 못했다(달링의 활동은 멍하고 활기가 없었으며, 브라운은 삐져서 하지 않겠다고 버텼다)―이건 별로 중요하지 않았다. 그도 그럴 것이 반대 운동의 핵심은 미디어, 그중에서도 BBC였기 때문이다. 유세가 중반쯤에 이르렀을 때 그간의 언론 보도를 분석해보았더니, STV의 〈6시 뉴스〉와 BBC의 〈스코틀랜드 리포트〉가 주도가 돼, 반대 운동 진영의 공보 자료를 내보냈다. 유언비어를 퍼뜨려 대중의 불안감을 조성하는 내용이 마치 뉴스 보도인 것처럼 포장됐다. 헤드라인을 몇 개 보자. "스코틀랜드가 독립에 찬성해버리면 해당 지역 예금자들과 금융기관이 위험에 처할 수도 있다", "독립 안건으로 소란이 계속되면 납입해야 하는 전기요금도 늘어날 것이다." 〈스코틀랜드 리포트〉가 내보낸 그 '보도'물의 배치 순서도 보면, 독립에 '부정적인 소식'이 첫 순서를 장식하고, 이어서 독립에 찬성하는 견해를 가진 사람의 반응을 따는 방식이 전형적이었다. 진행자들이 찬성 의견을 가진 이들에게 혹독한 질문 공세를 퍼부었다. 그들이 독립 반대 의견을 가진 이들에게 하나 마나 한 질문을 던졌음은 물론이다. 독립을 찬성하는 사람들은 시종일관 '분리주의자'와 '민족주의자'로 언급됐다. 그들이 분명한 언어로 그렇게 호명하지 말라고 요구했을 때조차 그랬다. 스코틀랜드 녹색당의 패트릭 하비(Patrick Harvie)를 예로 들 수 있다. 영국 정부를 편드는 예산책임위원회, 회계연구원, 웨스트민스터의 각종 위원회의 이른바 '전문가 의견'은 정치적으로 중립인 양 취급됐다. 반면 홀리루드의 비슷한

---

17) Tom Gordon, "One Year on: Will Better Together Change Their Tactics?", *Sunday Herald*, 23 June 2013.

기관들은 항용 스코틀랜드 국민당 편으로 불렸다. 독립 찬성 캠페인이 거듭해서 알렉스 새먼드 개인의 야망으로 치부됐다. '새먼드의 희원(希願)'이란 얘기를 무시로 들을 수 있었다. 다른 어떤 인물에 대해서도 이런 정식화는 없었다. 새먼드가 무슨 얘기라도 할라치면 연합왕국 유지로 단결한 세 정당이 일제히 반박 성명을 발표했고, 독립 반대 진영이 방송되는 시간이 그만큼 늘어났다.

텔레비전 뉴스는 풍파를 일으킬 만한 내용을 근거도 확인하지 않은 채 내보낸 다음 마무리되기 일쑤였다. 이런 것들 말이다. 지역 보건의와 환자가 잉글랜드로 가버릴 태세다(〈스코틀랜드 리포트〉), 스코틀랜드 국민당의 반핵 정책으로 경제에 재앙이 일어나고 말 것이다(STV), 보험사들이 수십 억의 손실을 예상하고 있으며, 직장을 폐쇄할 수도 있다(〈스코틀랜드 리포트〉).[18] 독립 찬성 운동원들의 미디어 이해가 급진화되었다. 자신의 눈과 귀로 한 경험이 텔레비전에 나오는 내용과 아주 달랐고, 크게 부딪혔던 것이다. 하나만 예를 들어보겠다. BBC에서는 9월 13일 글래스고 부캐넌가(街) 한쪽에서 1만 명이 모여 벌인 독립 찬성 시위를 외면했다. 그러면서 촬영한 것이 노동당의 독립 반대 활동가 짐 머피(Jim Murphy)와 존 리드(John Reid)였다. 같은 부캐넌가의 다른 쪽에 모인 지지자들의 규모는 약 30명이었다.

인쇄 매체는 방송 미디어보다는 덜 일치단결한 편이다. 스코틀랜드판을 내는 런던 언론, 곧 『가디언』(Guardian), 『인디펜던트』(Independent), 『텔리그래프』(Telegraph), 『메일』(Mail), 『익스프레스』(Express), 머독(Murdoch) 소유 신문들 말고도, 스코틀랜드 기반의 지역지 『스코츠먼』

---

18) John Robertson, "Fairness in the First Year? BBC and ITV Coverage of the Scottish Independence Campaign from September 2012 to September 2013", Creative Futures, the University of the West of Scotland.

(*Scotsman*), 『헤럴드』(*Herald*), 『데일리 레코드』(*Daily Record*)와 이것들의 별도 일요판을 상기해보자. 찬성투표를 호소한 것은 『선데이 헤럴드』뿐이었다. (물론 다 늦게였다.) 비교적 중립적으로 보도한 것은 『헤럴드』와 『데일리 레코드』였다(뒤엣것이 덜 균형적이었다). 가령 달링과 새먼드 두 사람 다 『데일리 레코드』의 특별판을 편집했다. 하지만 비록 그렇다 할지라도 신문들이 압도적으로 주목한 것은 독립 반대였다. 집중 조명된 관련 주제를 써놓는다.

통화, 기업들이 남쪽으로 떠나는 데 따른 일자리 증발, 재정 적자로 인한 국민 보건 서비스 축소(『데일리 레코드』가 뻔질나게 들먹인 아이템), 불안한 연금(이 주제는 독자층의 거개가 65세 이상인 『익스프레스』의 단골 메뉴였다), 세금 인상(『스코틀랜드 데일리 메일』*Scottish Daily Mail*), 슈퍼마켓 생필품 가격 상승. 이것들에 비해 중요도는 떨어지지만 안보도 논란거리였다. 나토가 여전히 우리를 원할까? 러시아의 침략은? 아이시스(ISIS, 이슬람 국가)가 석유 굴착 플랫폼을 날려버릴까? '스코틀랜드의 자부심' 사안도 빼놓을 수 없었다. 당신은 여전히 스코틀랜드에 충성하면서도 독립 반대에 투표할 수 있습니다.

스코틀랜드 언론의 공포 분위기 선동은 정말이지 무자비한 북소리였다. 런던에 똬리를 튼 채 연합왕국을 지지한 리버럴 좌파(left-liberal)는 독립 찬성 캠페인을 강토를 어둠으로 물들이는 준(準)나치세력으로 채색했다. 윌 허튼(Will Hutton)은 스코틀랜드가 독립하면 "민족주의와 민족성이라는 원시적 충동 앞에 계몽적 자유주의가 무릎을 꿇고 죽는다"고 보았다. "그것이야말로 21세기를 드리운 암울한 조짐이 아니던가? 이상으로서의 영국이 포기되는 것이다. 우리 모두가 무력해지고 말 것이다."『뉴 스테이츠먼』(*New Statesman*)의 편집자한테는 "21세기의 징후가 암울하기만" 했다. 마틴 케틀(Martin Kettle)에게는 독립 찬성 캠페인의 "어두운 면"이 결코 무시할 수 없는 사안이었다. "분열적이고 불온하다." 필립 스티븐스

(Philip Stephens)는 새먼드란 인간 때문에 "부족적 충성심이 되살아났다"고 비난했다.[19] 『가디언』은 노동당의 연합왕국 지지 방침을 다양한 방식으로 독자들에게 주입했다. 가령 폴리 토인비(Polly Toynbee)는 뭐가 그렇게 즐거운지 이렇게 말했다. "사회민주주의로 운영되는 영국의 미래를 포기할 때가 아니다." 수머스 밀너(Seumas Milne)의 발언은 파멸을 피할 수 없다는 저주에 가깝다. "스코틀랜드의 좌파와 노동운동 진영은 수십 년간 계속된 산업 폐쇄와 패배로 현재 크게 약화된 상태다. 새로운 스코틀랜드 국가라고? 꿈 깨시라." 내언이 바로 이 주장을 수십 년 전에 풍자했다. "전 영국의 노동계급이 준비될 때까지는 연합왕국의 단결과 통일이 반드시 유지돼야 한다."[20]

달링과 맥두걸은 일찌감치 스코틀랜드 국민당의 약점을 알아봤다. 파운드화에 대한 입장이 바로 그것이었다. 조지 오스번(George Osborne)이 2014년 2월 에든버러를 찾았는데, 토리당 정부 각료로서는 참 희귀한 일이었다. 자신들이 나타나면 분위기가 안 좋아진다는 걸 스스로도 잘 알았기 때문이다. 아무튼 와서 그가 발표한 내용을 보자. 연합왕국을 유지하자는 데 동의한 세 정당은 만장일치로, 스코틀랜드가 파운드화 통화 연합에 끼겠다는 것을 거부한다.[21] 스코틀랜드 국민당은 내놓고 말을 안 해서 그렇

19) Will Hutton, "We have 10 days to find a settlement to save the union", *Observer*, 7 September 2014; Jason Cowley, "A shattered union", *New Statesman*, 13 September 2014; Martin Kettle, "Don't let Alex Salmond blind you to the Yes campaign's dark side", *Guardian*, 17 September 2014; Philip Stephens, "The World is saying No to Scottish separation", *FT*, 12 September 2014. '민족 캠페인'이 헛소리란 걸 결정적으로 반박하는 글은 Foley and Ramand, *Yes*, pp. 38~40 참조.

20) Polly Toynbee, "Scottish referendum: shared values matter more than where the border lies", *Guardian*, 19 August 2014; Seumas Milne, "Salmond's Scotland won't be an escape from Tory Britain", NLR I/101~02, February~April 1977, *The Break-Up of Britain: Crisis and Neo-Nationalism*, London 1981, 2nd ed., pp. 92~125에 재수록.

21) 유럽연합 집행위원장도 펌프질을 받았고, 이렇게 말했다. 스코틀랜드가 독립하면, 유럽연합 회

지 디보 맥스 안을 선호했는데, 바로 여기서 크게 불리해졌다. 정말로 작심하고 새로운 독립국가를 굳건하게 밀어붙였다면, 통화 자치 계획안을 개발하고 그에 따른 손실을 감안했을 터이기 때문이다. 독립 반대 진영이 새먼드의 불철저함을 물고 늘어졌다. 8월 5일 방송된 달링과의 첫 번째 텔레비전 토론을 보자. 런던이 통화 연합 합류를 거부하면 플랜 B를 가동할 수밖에 없을 텐데, 새먼드 당신의 그 비상 계획은 혼란을 초래할 수밖에 없다. 여기에 새먼드가 내놓은 반박이라는 것은 고작 다음에 불과했다. 런던이 거부한다고? 나머지 연합왕국의 그 자해적 수단은 말이 안 된다. 새먼드가 이후에 밝혔고, 어쩌면 스터전이 토론 직후 당장에 말했을 텐데, 여기에는 적어도 세 가지 다른 선택지가 있었다. 첫째, 파운드를 변동환율제 통화로 지정해 사용하기, 둘째, 유로 채택, 셋째, 새로이 스코틀랜드 통화 만들기. 새먼드의 입장은 런던이 통화 연합 가입을 허용해줄 때 정말로 위험해진다는 것이 문제였다. 생각해보라. 스코틀랜드가 명목상 독립했음에도 영국은행과 재무부의 보호 감독을 받게 되면, 놈들이 유럽중앙은행식 재정 협약을 시행 강제했을 것 아닌가. 유럽중앙은행의 재정 협약은 대상 국가를 신자유주의 체제에 항구적으로 복속시키는 처방이다.

공황

8월 말이 되자 독립 지지 분위기가 고조되었다. 여론조사 결과를 통해서도 느낄 수 있을 정도였다. 9월 7일 『선데이 타임스』(*Sunday Times*)가 발표한 유고브(YouGov) 여론조사에 따르면, 독립 찬성이 처음으로 우위를 점했다. 이때가 51퍼센트였다. 이틀 후 발표된 TNS의 여론조사에서

원국 자격을 다시 신청해야만 할 거다. 물론 여기에는 아무런 법적 근거가 없다.

는 독립 찬성이 불과 1퍼센트포인트 뒤진 것으로 나왔다. 『파이낸셜 타임스』(*Financial Times*)의 헤드라인이 이 상황을 집약해 보여줬는데, 정말이지 근사했다. "단결 대오가 흔들리자 지배 엘리트가 경악하다."[22] 독립 반대 진영을 이끌던 달링 지도부가 비판의 십자포화를 얻어맞았다. 다우닝가(街)의 총사령부가 공포 분위기 조성 프로젝트를 풀가동했다.[23] 여왕의 근심 걱정이 이만저만 아니라는 내용을 언론이 흘렸다. 대기업들이 스코틀랜드 출신 직원들을 겁박했다. 독립? 너네들이 독립하면 일자리가 남아날 것 같으냐? 셸과 영국석유가 애버딘 및 셰틀런드에서 감원 조치가 있을 수도 있다고 발표했다. 왕립 스코틀랜드 은행, 로이드, 스탠더드 라이프, 테스코 은행이 에든버러에서 런던으로 거점을 옮길 수도 있다고 발표했다. 애스더와 존 루이스, 마크스 앤 스펜서가 제품 가격이 인상될 수도 있다고 경고했다. 개별 직원에게 편지를 보낸 기업까지 있었다. 고용 상태가 위험해질 수도 있음을 강조하는 내용이었다. 사람들은 자기들이 기표소에서 어느 난에 표시해야 할지 똑똑히 깨달았다.

BBC가 역시나 제몫을 다했다. 왕립 스코틀랜드 은행이 등기 소재지를 런던으로 옮기기로 결정했다는 소식이 9월 10일 저녁 BBC의 방송 전파를 탔다. 재무부에 근무하는 오스번 쫄따구들의 메일 하나가 근거로 제시됐다. 왕립 스코틀랜드 은행은 다음 날 오전 그 내용을 공식 발표했다.[24] 스

---

22) Sarah Neville and Clive Cookson, "Ruling elite against as union wobbles", *FT*, 12 September 2014.

23) Kiran Stacey, George Parker, Mure Dickie and Beth Rigby, "Scottish Referendum: How Complacency Nearly Lost a United Kingdom", *FT*, 19 September 2014.

24) Judith Duffy, "An Explosive Breach of the Rules: Salmond Blasts Treasury as its BBC Email is Exposed", *Sunday Herald*, 14 September 2014. 이 일 직후 에든버러에서 기자 간담회가 열렸는데, BBC의 정치 담당 에디터 닉 로빈슨(Nick Robinson)이 새먼드에게 공세를 취했다. 왕립 스코틀랜드 은행이 런던으로 옮겨가면 세수 손실이 예상된다는 게 요지였다. "당신은 한 명의 정치인에 불과하고, 수십억 파운드의 수익을 책임지는 사람들과 대립 중이다. 이런 상

코틀랜드의 노동조합 관료들도 전심전력 독립에 반대했다. 상근직 관료일수록 독립에 더 적대적이었다. 물론 조합원의 의견을 묻지도 않고서 공개적으로 독립 반대를 천명한 노동조합은 거의 없었다. 평범한 조합원 다수가 2011년 총선에서 스코틀랜드 국민당에 표를 줬기 때문이다.[25] 지부 수준에서는 사정이 달랐다. 운수 및 잡역공 노조인 유나이트(Unite)의 경우는, 가령 항공 및 조선 업종의 노조 관료들이 토리당 각료들과 노동당의 독립 반대 의원들을 초청해, '방위 산업 보호'를 촉구하는 간담회를 적극 열었다. 몇몇 작업장에서는 최고 경영자와 관리자들이 이른바 '직원 간담회'를 개최했다. 독립 반대투표를 선동하는 사실상의 대중 집회였고, 노조 대표가 고용주를 도왔음은 물론이다.

고든 브라운이 화려한 취주와 함께 독립 반대 캠페인에 합류했다. 글래스고의 한 지구인 메어리힐에서 집회가 열렸고, 그가 거기서 논리라고는 도무지 찾을 수 없는 장황한 연설을 했다. 아무튼 의도는 분명했다. 독립 찬성으로 유입되던 노동당 지지자들의 순류를 역류시키겠다는 거였다. 브라운이 어떤 자인가? 재임 13년 동안 다섯 개의 전쟁을 지지했고, 생산자 물가지수 유인물이란 걸 나눠주기 시작했으며, 그 과정에서 사회의 불

황에서 스코틀랜드 유권자가 당신 말을 믿어야 하는 이유가 뭔가?" 그는 캐머런을 상대하면서 단한 번도 이런 유의 어휘와 말법을 동원하지 않았다. BBC 뉴스가 나온 그날 저녁 로빈슨은 새먼드가 아무 대꾸도 하지 못했다고 주장했다. 그러나 기자 간담회를 촬영한 동영상을 보면, 새먼드가 관련해서, 또 로빈슨이 제기한 다른 사안을 비롯해, 주거니 받거니 하면서 무려 6분 동안 답변하는 것을 확인할 수 있다(해당 동영상이 순식간에 인터넷에 퍼졌다). 이런 이유로 독립 찬성 진영이 BBC 앞에서 항의 시위를 벌였던 것이다. 이를 두고, 독립을 반대하며 연합왕국을 유지해야 한다고 주장하는 미디어에서 언론의 자유가 공격당했다며 호들갑을 떨었음은 물론이다.

25) 공개적으로 독립 반대를 표명한 주요 노조는 다음과 같다. ASLEF(철도 노조), 전국 CWU(우편 노동자), USDAW(가게 종업원 노조), NUM(광원 노조)의 처량한 잔재가 우파 성향으로 악명이 높고, 독립에 반대했다. 독립 찬성을 지지 성명한 노조는 다음뿐이었다. 스코틀랜드 RMT(운수 노조), 교도 행정관 협회(Prison Officers' Association), CWU 산하에서 반골 기질이 다분한 에든버러, 스털링, 파이프, 팔커크 지회.

평등이 급격하게 증가했다. 그런 작자가 연합왕국의 특징으로 '연대와 나눔'을 떠벌렸던 것이다.[26] 브라운은 세상을 구할 수 있는 것은 오직 자기뿐이라고 생각하는 경향이 있다. 2008년 10월 그가 시티 오브 런던(City of London, 영국의 월스트리트에 해당한다 — 옮긴이)의 금융계 친구들을 구제하기 위해 필요하다면 영국의 GDP를 전부 담보로 맡기겠다고 호언했을 때 그 사실이 밝히 드러났다. 브라운은 현재 야당의 의원일 뿐으로 이렇다 할 권한이 전혀 없다. 그런 그가 독립 반대 진영에 보상을 제공하겠다며 신속한 자치 확대 일정표를 발표했다. 9월 7일 여론조사 결과로 독립 찬성 세력이 반대를 앞질렀다는 게 드러나자, 연합왕국 유지로 단결한 3당 지도자들이 황급히 자치 확대를 약속했고, 실상 고든 브라운의 그 발언은 이를 재탕한 것에 불과했다.

투표 이틀 전에 캐머런, 닉 클레그, 밀리번드가 스코틀랜드에서 발행되는 노동당 계열의 타블로이드판 『데일리 레코드』 1면에 등장했다. 양피지를 흉내 내 누리끼리하게 만든 종이에 세 사람의 서명이 적혀 있고, 그 맨 위에 '서약'이라고 찍힌 문서도 함께 실렸다. 요컨대 스코틀랜드 주민이 연합왕국에 계속 남기로 동의하기만 하면 스코틀랜드 의회가 추가로 권력을 양여받을 것이라는 내용이었다.[27] 캐머런은 투표용지에서 최대 자치안을

---

26) 조지 몬비오(George Monbiot)가 노동당이 새롭게 정의해 나가는 어휘 사전에 '새로운 교언(巧言)'이 추가되었다고 비꼬았다. 그들이 쓰는 말 '개혁'(reform)은 사유화(민영화, privatization)이고, '동반자 관계나 동업'(partnership)은 대기업한테 매각한다는 뜻이었다. "과거에는 연대(solidarity)가 피착취자들과 협력해 공동으로 노력한다는 뜻이었다." 이제 그 말은 이런 뜻이다. "은행, 언론 기업, 삭감, 끝없이 비용을 징수해대는 경제, 시장근본주의를 저버리지 않는다는 것." "A Yes Vote in Scotland would unleash the most dangerous thing of all—Hope", *Guardian*, 9 September 2014 참조.

27) 3당은 제안이 겹치면서도 서로 달랐다. 보면, 노동당은 소득세를 화폐 1파운드당 최대 15페니까지 정해서 관리할 수 있게 하겠다고 한 반면, 보수당과 자유민주당은 스코틀랜드의 모든 소득세를 이관하겠다고 약속했다. 또, 노동당과 보수당은 주택수당(주거 보조비) 관할권을 넘기겠다고 약속했다. 자유민주당은 자본소득세와 상속세 관할권을 약속했다.

빼버리겠다는 의지가 확고했고, 다른 모든 것을 스코틀랜드 국민당에 양보했다. 그랬던 연합왕국 지배자들이 사안의 쟁점을 일방적으로 바꿔버린 것이다. 현상 유지와 독립 사이에서 선택하면 되는 일이었던 쟁점이, 딱히 명시되지 않은 모종의 최대 자치안과 독립 중에서 하나를 선택하는 일로 변했다는 말이다. 출구 조사를 보면, 그 '서약' 문서가 별로 효과가 없었던 것같다. 애시크로프트(Ashcroft)에 따르면, 반대투표자 가운데 최종 유세 주에 마음을 정한 비율이 9퍼센트에 불과했다. 찬성 투표자 가운데서는 그 비율이 21퍼센트였다. 부동층의 경우 유세 막판에 2:1의 비율로 독립 찬성으로 태도를 정했다. 물론 그렇다고 해서 연합왕국 지지안이 누리던 애당초의 거대한 지반이 잠식되지는 않았지만 말이다.[28] 브라운의 개입에 관해 말하자면, 노동당 지지자의 최대 약 40퍼센트가 그의 말을 외면했다.

투표 결과

2014년 9월 2일 선거인명부 등록이 종료되었고, 스코틀랜드 주민 약 97퍼센트가 투표하겠다고 나섰다. 그 428만 5,323명 가운데 10만 9천 명이 16~17세로, 이 특별한 정치 일정에 맞춰 특별히 선거권을 부여받았다. 97퍼센트라는 수치도 의미심장하다. 스코틀랜드와 영국 역사에서 보통선거 제도가 도입된 이래 유권자 등록률이 가장 높은 것이다. 9월 18일 오후 10시에 투표가 마감되었고, 361만 9,915명이 투표했다. 이 85퍼센트 투표율은 2010년 영국 총선 당시의 투표율 65퍼센트와 비교된다. 200만 1,926명이 독립에 반대했고, 161만 7,989명이 독립에 찬성했다. 55퍼센트 대 45퍼센트의 지지율로, 스코틀랜드는 독립을 달성할 수 없게 됐다. 인구

28) Lord Ashcroft Polls, Post Referendum Scotland Poll, 18~19 September 2014.

통계 및 지리학적 사실이 시사하는 바가 많다. 독립 반대투표는 주로 노인들 몫이었다. 55세 이상의 과반수는 확실히 독립에 반대했다. 65세 이상은 거의 4분의 3이 그랬다. 많은 이가 예금과 통화 운영 상태에 대한 두려움이나 연금을 주된 이유로 제시했다. 여성이 남성보다 반대표를 조금 더 많이 던졌다. 물론 이 결과는 여성이 고령 집단에 더 많기 때문일지도 모르겠다. 하지만 40대 이하를 보면, 확실히 과반이 독립을 찬성했다. 25~34세 연령대의 지지율이 가장 높았는데, 무려 59퍼센트가 독립에 찬성했다.[29] 투표가 있기 전 실시된 여론조사 결과를 보면, 아시아계 스코틀랜드인 상당수, 그러니까 절반을 훨씬 넘는 수가 독립을 찬성했다. 일반적으로 독립 반대투표 행위는 고소득 및 높은 계급 지위와 상관이 있었다. 빈한한 동네들과 주변화된 공영주택 지구들에서는 독립을 지지한 비율이 65퍼센트였다. 신생 투표자의 거개가 바로 이 집단에서 튀어나왔다. 한 가지 놀라운 특징을 얘기해볼 수 있을 텐데, 총투표 결과와 당적 및 소속 당에 대한 충성심이 도대체가 아귀가 맞지 않는다는 사실이 바로 그것이었다. 과거 한때 노동당을 지지하던 핵심 지역에서 노동계급의 찬성이 몰표로 나왔다. 던디가 57퍼센트, 글래스고가 54퍼센트였다. 노스 래너크셔와 웨스트 던바튼셔도 결과가 비슷했다. 인버클라이드의 경우 독립 찬성이 무려 88퍼센트였다. 반면 '스코틀랜드의 텍사스'란 별명이 붙어 있는 애버딘셔는 스코틀랜드 국민당의 거점으로 새먼드가 이끄는 홀리루드 체제의 주춧돌임에도 불구하고, 독립에 반대했다.

어찌 보면 가장 유사한 비교 대상으로 2012년 6월 치러진 그리스 총선을 떠올려볼 수 있겠다. 신민주당(New Democracy), 파소크(Pasok), 디마르(Dimar)가 2퍼센트포인트 차로 시리자(Syriza)를 눌렀는데, 3자 연대가 사용한 무기는 연금 생활자, 주부, 농민의 금융 불안 심리였다. 물론 청년

---

29) Ashcroft and YouGov polls, Curtice를 통해 접속.

과 도시민은 이 트로이카에 맞서는 투표 행위를 했다.[30] 스코틀랜드의 경우 역사를 헤쳐온 경험 속에서 '공식' 노동계급 규모가 더 크다는 것이 한 가지 다른 점이다. 중늙은이가 되어서까지 융자금을 상환 중인 그들이 경제 위기와 내핍 상황에서 일자리와 연금이 날아갈까 봐 두려워하는 작금의 사태는 충분히 이해할 만하다. 바로 이런 이유로 노동계급의 투표가—스코틀랜드인 대다수가 여전히 노동계급이다—극단적으로 갈린 것이다. 에든버러의 한 독립 찬성 운동원이 투표 당일 한 말을 들어보면, 이 사실을 절절히 깨달을 수 있다.

찬성 투표를 끌어내기 위해 두 곳을 찾았습니다. 처음 간 곳이 (리스 (Leith)의) 드라이든 가든스(Dryden Gardens)였어요. 벌이가 괜찮은 노동자와 연금 생활자들이 주로 사는 곳이죠. 집들에 테라스가 있을 정도니까요. 그 지구를 가가호호 방문한 결과는 다음과 같았습니다. 절반 정도가 마음을 바꿨더군요. 나랑 얘기도 안 나누려고 했죠. …… 계속해서 모퉁이를 돌았더니 드라이든 게이트(Dryden Gate)가 나왔습니다. 공영주택 지구로, 주거 방식이 압도적으로 임대인 곳이죠. 드라이든 가든스보다 더 블루칼라적이었습니다. 이민자 가구도 꽤 많았고요. 나랑 대화한 찬성투표자는 태도가 전부 확고했습니다. 이미 투표를 마쳤거나, 함께 투표하러 가려고 다른 가족을 기다리는 중이었습니다.[31]

투표의 사회지리적 분포를 통해서도 이 사실이 증명되었다. 농촌 지역이 독립 반대를 주도했다. 보면, 덤프리스-갤러웨이(Dumfries and Galloway)가 66퍼센트, 애버딘셔가 60퍼센트였다. 보수주의 전통이 강한

---

30) 분석을 보려면 Yiannis Mavris, "Greece's Austerity Election", NLR 76, July~Aug 2012.

31) Personal communication, 9 October 2014.

에든버러가 61퍼센트였다(물론 여기는 도시다). 덤프리스-갤러웨이에서 조금이라도 의미 있는 규모의 도시는 덤프리스뿐이다(인구가 3만에 불과하다). 이곳 경제의 대종은 농업이다. 임업이 그 뒤를 잇고, 다시 관광업이 그 뒤를 따른다. 두 가지가 결정적이었다. 유럽연합의 공동 농업정책이 그 하나다. 그러니 비록 한시적일지라도 유럽연합에서 배제될지 모른다는 시나리오는 확실히 농민들에게 위협적이었다. 나머지 하나는 잉글랜드와의 관계였다. 잉글랜드 북부의 도시 칼라일(Carlisle)이 스코틀랜드의 어떤 도시보다 더 가깝고, 다수의 가족 및 사업 연계가 스코틀랜드의 다른 지역보다 〔칼라일이 주도인〕 컴브리아(Cumbria) 주와 더 가까운 스코틀랜드 지방 말이다. 애버딘셔도 보수적인 농촌 지역으로, 이렇다 할 대도시는 없고 소읍들뿐이다. 이곳에서는 스코틀랜드 국민당이 부상하기 전까지 토리당이 주요 정치 세력이었다. (지금도 지방의회에서는 보수당이 제2당이다.) 애버딘셔에서 고용이 발생하는 주된 영역은 공공 부문(지방의회, 교육과 보건)이지만, 그다음 영역은 에너지다. 북해의 원유와 관련된 일자리가 대다수인 것이다. 피터헤드(Peterhead) 인근 세인트퍼거스(St. Fergus)의 가스 터미널이 연합왕국이 사용하는 천연가스의 약 15퍼센트를 처리한다. 석유회사들이 거점을 옮기겠다고 위협하자, 거기서 논쟁이 비화하며 쟁점화된 것은 충분히 이해할 만하다. 그건 애버딘도 마찬가지였다. 이곳에서 고용 부문 3위를 차지하는 농업과 어업은 유럽연합과의 관계가 복잡하다. 하지만 덤프리스-갤러웨이와 마찬가지로 보조금을 수령하는 농민들의 경우라면, 유럽연합 회원국 자격이 계속 유지될지 불안한 정황이 확실히 영향을 끼쳤을 것이다. 애버딘셔가 스코틀랜드에서 경제성장률이 가장 높은 지자체로, 인구까지 급속히 증가 중임을 여기에 보태야 할 것이다. 주민들은 이런 사태를 보면서 현행 제도와 체제를 정당한 것으로 여겼을 수 있다.

스코틀랜드의 역사적 수도인 에든버러는 보수주의의 오랜 전통을 자랑한다. 무려 1984년에야 처음으로 노동당이 시의회에서 과반을 차지했을 정도이니 말 다했다(현재는 노동당과 스코틀랜드 국민당 연합이 이끌고 있다). 런던을 제외할 경우 연합왕국에서 도시 주민 1인당 연간 총소득이 가장 높은 곳이 바로 에든버러이다. 에든버러는 구직자 용돈(Jobseeker's Allowance)을 달라고 주장하는 사람의 비율도 가장 낮은 도시다('구직자 용돈'은 실업수당을 가리키는 신노동당의 신조어다). 에든버러에는 중간 계급이 유난히 많고, 독립이 달성되면 위기에 처할 것으로 여겨지는 부문들에 고용된 노동계급도 상당수다. 금융과 고등교육 부문이 그러한데, 가령 에든버러 대학의 경우 이 도시에서 고용 인원수가 세 번째로 많다. 왕립 스코틀랜드 은행, 로이드, 스탠더드 라이프가 각각 4, 5, 6위를 차지한다. 에든버러에서 독립 지지가 과반에 육박한 선거구는 에든버러 이스트(Edinburgh East, 47퍼센트)뿐으로, 가령 덤비다이크스(Dumbiedykes)처럼 시에서 가장 빈한한 공영주택 지구들이 포진한다.

반면에 독립 찬성투표가 가장 많이 나온 곳은 던디(57퍼센트)였다. 글래스고, 에든버러, 애버딘의 뒤를 이어 스코틀랜드 제4의 도시인 던디는, 이 넷을 비교할 때 평균 소득이 가장 낮고 실업률이 가장 높은 편이다. 기간산업이던 조선, 카펫 제조, 황마 수출이 1980년대에 다 폐쇄되었다. 이 탈산업화에 맞서 영국에서 벌어진 가장 중요한 투쟁 가운데 하나가 바로 티멕스(Timex) 파업이다. 1993년 티멕스 공장 폐쇄를 저지하려던 장장 6개월간의 파업 투쟁이 패배했다. 던디에서는 시 자치체와 NHS에 가장 많은 사람이 고용돼 있다(스코틀랜드 도시 대부분이 사실 그렇다). (노동조합을 절대 허용하지 않는) 출판사 D. C. 톰슨(D. C. Thompson)과 던디 대학 및 애버테이(Abertay) 대학도 물론 중요하다. (애버테이 대학교가 비디오게임 분야의 틈새시장을 개척했다. 그랜드 세프트 오토[Grand Theft Auto, 자동차 절도가 테마인 게임이다—옮긴이]를 개발한 록스타 노스[Rockstar North]는 원래 애버테이 대학 졸업생 데이비드 존스[David Jones]가 DMA 디자인[DMA Design]이란 이름으로 던디에 세운 회사다.) 제조업이 몰락했지만,

내셔널 캐시 레지스터(National Cash Register)나 미슐랭(Michelin) 같은 기업들은 여전히 주목해야 한다. 던디도 한때는 노동당의 강력한 거점이었다. 하지만 2005년부터는 웨스트민스터로 향발하는 의원의 소속이 스코틀랜드 국민당으로 바뀌었다. 총투표가 끝나고, 케어드 홀(Caird Hall, 던디 중심가의 행사장 겸 콘서트홀—옮긴이) 바깥에서 성난 시민들이 시위를 벌였다. 얼핏 보면 재투표를 요구하는 것 같았는데, 시간이 좀 흐르자 자유 성토 대회장 같아지더니, 결국 과반이 넘는 던디 시민이 독립에 찬성하게 된 각종 상황에 대한 분노가 다각도로 표출되었던 것이다.

글래스고, 노스 래너크셔, 웨스트 던바튼셔를 쭉 가로지르는 클라이드 강 주변은 한때 빨갱이들의 거점이었는바, 그 핵심이라 할 스트래스클라이드(Strathclyde)의 찬성 우세 결과가 노동당한테는 핵펀치였다. 주지하듯이, 노동당 지지가 부식되는 조짐이 맨 처음 감지된 것은 2003년 이라크 침공 이후였다. 좌 성향의 항의 투표로, 녹색당이 7명, 스코틀랜드 사회당이 6명, 무소속 급진파 4명—가령 데니스 캐너번(Dennis Canavan)과 마고 맥도널드(Margo MacDonald)—이 홀리루드에 입성할 수 있었다. 스코틀랜드 국민당이 글래스고에서 노동당 표를 잠식해 들어간 것은 사실상 2011년부터였다. 브라운이 런던의 금융 위기를 해소하기 위해 각종 정책을 밀어붙였고, 해당 지자체가 그에 부응해 폐쇄와 삭감과 동결을 단행했던 것이다. 지지층이 이반한 사태와 이유는 누가 보더라도 뻔했다. 리버풀과 맨체스터도 비슷한 수준으로 삭감과 박탈이 추진되었지만, 글래스고의 조기 사망자 수가 30퍼센트 이상 더 많았다. 글래스고는 유럽 최악의 사망률을 자랑한다. 남성의 경우 출생 시 평균 기대 수명이 전국 평균보다 약 7년 짧다. 셰틀스턴(Shettleston)은 14년, 칼튼(Calton)은 24년 더 짧다. 아, 이번의 비교 대상은 전국 평균이 아니라 이라크와 방글라데시 평균이다. 클라이드 강가는 과거 한때 유럽에서 가장 막강한 중공업 지대였다. 그곳을 이제 서비스업 기반의 경제가 굴린다. 지방자치단체와 NHS가 등골이라는 그 흔한 얘기 말이다. 하지만 거기에는 소매업 및 '사업 서비스', 다시 말해 콜센터에 고용된 상당수 저임금 노동자도 포함돼 있다. 글래스고는 다시 성장하는 중이다. 하지만 발전이 대단히 불균등하게 이루어지고 있다.

이는 클라이드 워크웨이(Clyde Walkway, 글래스고에서부터 유네스코가 세계문화유산으로 지정한 뉴 래너크[New Lanark]에 이르는 도보 및 산악자전거 길. 대부분의 구간이 클라이드 강과 인접해 있다—옮긴이)와 머천트 시티(Merchant City, 글래스고 시 중심가로, 상업 거래가 활발했다—옮긴이)를 후대에 물려줘야 할 유산이랍시고 단장하는 꼬락서니만 봐도 또렷하게 알수 있는 사실이다.

노동당의 새벽은 추레하기만 하다

스코틀랜드 독립을 내걸고 이루어진 국민투표 일정은 분수령이 되는 사건이었다. 그 사태와 여파를 온전히 측정해 파악하기에는 때가 너무 이른 듯하다. 하지만 그럼에도 불구하고 하나의 역설이 도드라졌다. 스코틀랜드 노동당은 승리했음에도 불구하고 위상이 크게 추락하고 말았다. 반면 스코틀랜드 국민당과 독립운동을 전개한 급진파는 패배 속에서도 위세를 떨쳤다. 당 차원에서는 이 사실이 당장에 확인되었다. 총투표가 끝나고 열흘 만에 스코틀랜드 국민당의 당원 수가 2만 5,642명에서 무려 6만 8,200명으로 대폭 늘어났다. 녹색당 당원 수가 1,720명에서 6,235명으로 세 배 이상 폭증했다. '독립을 지지하는 급진 세력'이 11월 22일 글래스고에서 '현 시기 우리의 좌표는?'(Where Now?)이란 대회를 개최하겠다고 발표하자, 당장에 7천 명이 페이스북으로 참가를 신청했고, 그래서 그들은 대회장을 클라이드 오디토리움(Clyde Auditorium)으로 옮겨야 했다. 토미 셰리던(Tommy Sheridan)이 이끄는 '두려움을 넘어 희망으로'(Hope

Not Fear)가 독립을 지지하며 호소해, 조지 광장에서 열린 한 집회를 보자. 10월 12일 열린 그 집회에 약 7천 명이 모였다. 총투표 이후 실시된 여론조사를 보면 스코틀랜드 국민당으로의 쏠림 현상이 심상치 않다. 웨스트민스터에 파견하기 위해 2015년 치러질 총선에서 노동당 의석수가 심각하게 감소할 수도 있는 것이다. 스코틀랜드 노동당은 지도자 조언 래먼트(Johann Lamont)가 사임하고 나서 골육상쟁을 벌이며 무너졌다. 래먼트는 밀리번드와 그의 박수 부대를 스코틀랜드의 정치 지형이 어떻게 바뀌었는지를 전혀 모르는 '공룡들'이라며 비난했다. 그들이 잉글랜드 경계 너머의 북쪽 정당을 무슨 '지회나 출장소'쯤으로 여긴다는 것이었다. 래먼트가 나열한 고충과 불만의 목록은 길었다. 밀리번드가 2013년 팔커크 지구 의원 후보 선정 과정에 베리아(Beria, 옛 소련의 비밀경찰 총수─옮긴이)처럼 끼어들어 사태를 장악한 일,[32] 자신의 총괄 비서를 런던 본부에서 해고해버린 일, 극도의 반감을 사던 침실세(Bedroom Tax, 가족 수보다 더 많은 침실을 가지게 되면 주거 수당을 줄이는 조치로, 2013년 영국 옥스퍼드 영어사전에서 선정한 올해의 단어였다─옮긴이)와 관련해 밀리번드의 결심이 서기까지는 입도 뻥긋하지 말라는 함구령(장황하고 지루한 과정으로 악명이 자자했다). 그 밖에도 스코틀랜드 노동당을 떠난 사람이 많았다. 대표적인 사례가 앨런 그로건(Allan Grogan)으로, 노동당 내에서 독립을 지지하는 그룹을 이끌다가 지도부의 십자포화를 얻어맞았다. 그가 진단한 당의 현황은 의미심장하다. "당은 퇴조 중이며, 크게 몰락했다. 이 사태가 항구적인 것은 아닌

---

32) 팔커크 지구에서 새 하원의원 후보를 선정하게 된 경위는 다음과 같다. 현직 의원 에릭 조이스 (Eric Joyce)가 술을 처먹고 동료 하원의원들과 다퉜다. 박치기 따위의 물리적 공격이 있었던 것으로 전해진다. 이게 거기서 끝나지 않고 파벌 다툼으로 비화했다. 맨들슨(Mandelson)파와 지역 노조 관료 양측 모두가 야바위와 속임수를 동원했다. 밀리번드가 당원 동지들을 조사해달라며 경찰을 부르는 촌극 속에 이 사태가 절정으로 치닫는다. 경찰은 범죄 혐의 조사를 개시할 만큼 증거가 충분한 것은 아니라며 사건을 일단락했다.

지 걱정스럽다. "[33]

　스코틀랜드 국민당이 제출한 42쪽짜리 문서는 스코틀랜드 의회의 권리와 관련해 다음을 요구했다. 스코틀랜드의 모든 세금을 정하고, 세수를 보유 관리한다. 역내의 모든 지출, 고용, 복지정책을 정하고 통어한다(최저임금 정책도 포함한다). 스코틀랜드 역내의 입헌적 체제를 규정한다. 간단히 말해 디보 맥스를 하겠다는 것이다. 연합왕국 유지파 정당들의 제안은 여기에 한참 미치지 못한다. 그리고 바로 그 간극에 위험 요소가 도사리고 있다. 독립에 찬성한 사람들은 연합왕국 유지파 정당들이 약속을 지키기를 바라며, 나아가 강력 반발할 수 있는 것이다. 요컨대 최대 자치안 자체가 위험 요소이다. 신자유주의 체제에서는 정치의 실 내용이 공허해질수록 사이비 민주주의의 기회와 절차가 폭증한다. 시민이면서 소비자로 지칭되는 사람들이 시의원, 시장, 경찰서장 등에 출마해 피선될 수 있다. 책임이 확대되는데, 사실 그 대상 기구의 정책 선택지는 법령 때문에 크게 제한된다. 거개가 재원 때문에도 중앙집권화된 국가에 종속적이란 사실을 여기에 보태야 할 것이다. 지자체 수준에서 결말은 뻔하다. 원자화된 시민들이 종료할 사회 서비스를 놓고 투표하는 처참한 상황이 비일비재했다. 스코틀랜드의 '자치 확대'가 이런 식일 거면, 당연히 거부해야 한다. 디보 맥스는, 그로 인해 스코틀랜드 사회에서 민주주의가 더욱 신장돼야만 가치 있고 소중한 것이다. 스코틀랜드란 하위 국가의 '권력'을 심각하게 제한하는 조치가 아니라 말이다.

　노동당과 보수당은, 홀리루드로 권력이 더 많이 이양된다면 "잉글랜드의 법은 잉글랜드인들의 투표로 정한다"는 캐머런의 새벽 맹세를 두고도 사이가 틀어졌다. (총투표 다음 날 오전 7시에 이렇게 발표했다.) 노동당 의

---

33)　Allan Grogan, "Out with the Old: in with the New?", *Scottish Left Review* 83, October 2014, p. 7.

원 257명 가운데 41명이 스코틀랜드 지역 선거구 출신이고, 그 말은 노동당의 표결력이 하원에서 대폭 줄어들 것이라는 얘기였다. 웨스트 로디언 (West Lothian) 문제를 딱 부러지게 해결하는 방법은 민주주의를 충분히 가동해 토론을 하고, 그렇게 해서 안출된 내용을 헌법으로 성문화하는 것이다. 웨스트 로디언 문제는 권력 이양과 자치 확대로 형성된 비대칭적 국가구조로 인해 불거지는데, 이 체제에서 잉글랜드 의원들은 스코틀랜드의 여러 정책을 더 이상 표결하지 못하나, 웨스트민스터의 스코틀랜드 의원들은 잉글랜드와 웨일스에만 적용되는 법안에 여전히 투표한다. 하지만 새로운 헌법 제정이야말로 두 정당 모두가 어떤 희생을 치르더라도 회피하려는 선택지다. 토리당이 이른바 '잉글랜드의 법'을 만들겠다며 점점 더 유치찬란한 위원회들을 제안하는 이유다. 그들은 영국독립당(UKIP)을 배제하는 데도 필사적이다. 하지만 노동당은 토론 자체를 거부하고 있다.

스코틀랜드 독립 문제로 총투표를 하는 정치 일정이 전개됐다. 결과와 상관없이 연합왕국의 미래는 불안해졌고, 오히려 독립이 필연적 의제로 상정되고 말았다. 2013년 독립 반대로 뭉친 웨스트민스터 의원단의 한 대변인은 이렇게 말했다. 그냥 패배가 아니라 "궤멸시켜야" 한다. 40퍼센트 이상의 주민이 독립 호소를 지지하면, "[우리는] 계속해서 압력을 받을 수밖에 없다."[34] 노동당 지도부는 그런 궤멸적 타격을 입힐 수 없었다. 반면 애버딘의 노스필드(Northfield), 던디의 핀트리(Fintry), 에든버러의 크레이그밀러(Craigmillar), 글래스고의 드럼샤펠(Drumchapel) 같은 공영주택 지구 주민들은 정치적으로 각성했다. 노동당 지도부는 통합의 원조 대마왕 월터 스콧 경(Sir Walter Scott)이 계관시인 로버트 사우디(Robert Southey)에게 한 다음 말을 틀림없이 되뇌고 있을 것이다. 그 발언이 있고 얼마 안

---

34) Kate Devlin, "Darling says No campaign needs to win well to avoid 'neverendum'", *The Herald*, 14 May 2013.

된 1820년에 스코틀랜드의 위대한 총파업이 벌어졌다. "이 나라가 우리 발 밑에서 무너져 내리고 있습니다."[35] 정말이지 지금 그러고 있다.

〔정병선 옮김〕

35) 1812년 6월 4일에 스콧이 사우디에게 한 말, *The Letters Of Sir Walter Scott*, ed., H. J. C. Grierson, London, 1932, vol. 3, *1811-1814*, pp. 125~26.

당신이 모르는 쿠바의 실상

에밀리 모리스(Emily Morris)

소련 진영이 붕괴한 지도 거의 4반세기, 그러니까 25년가량이 흘렀다. 작금의 시점에서 쿠바의 경제 상황을 어떻게 평결해야 할까? 흔히 들을 수 있는 얘기는 아주 간단하고, 그 메시지는 명료하다. 요컨대, 정부 정책이 교대 수열처럼 반복되었다는 것이다. 실용주의로 돌아서 자유 시장 방식을 채택하고, 뭐라도 진보를 달성하는가 싶다가도, 다시금 엄격한 이데올로기가 득세해 국가 통제가 강화되고, 경제가 갖은 어려움에 처하는 시기가 번갈아 나타났다.[1] 무역 블록인 코메콘(Comecon)이 해체되자, 미국의 쿠바 관찰자들은 자신했다. 쿠바의 국가사회주의 경제는 조만간 붕괴한다. "쿠

---

1) Carmelo Mesa-Lago, "Economic and Ideological Cycles in Cuba: Policy and Performance, 1959-2002", in Archibald Ritter, ed., *The Cuban Economy*, Pittsburgh 2004.

바한테는 자유 시장 시스템으로 신속하게 이행하는 충격요법이 필요하다"는 것이 그들의 진단이자 선언이었다. 요놈의 섬에 '필연적으로' 자본주의가 복원될 터였다. 그 이행 과정이 지연되면 경제의 활력이 위축될 뿐만 아니라 사람들이 엄청난 대가를 치를 것이고, 결국 쿠바의 사회적 역량도 불신에 처하고 말 것이다. 고집불통 피델 카스트로(Fidel Castro)가 자유화와 사유화의 일정을 거부해왔고, 바야흐로 놈의 시간도 '끝났다'.[2]

이런 설명의 문제는 예측한 내용이 실재와 완전히 다르다는 것이다. 쿠바는 정말이지 심각한 상황에 처했다. 소련 진영 구성국 가운데서도 아마 외생 충격이 최악이었을 것이다. 미국이 장기간 금수 조치를 취했고, 국제 환경이 엄청나게 적대적이었다. 하지만 그럼에도 불구하고 쿠바 경제의 실적은 과거의 그 코메콘 소속 국가들과 비슷했다. 세계은행이 자료를 갖고 있는 27개국 가운데 쿠바가 13등이다. 그림 1을 보라. 쿠바가 그린 궤적도 '경제체제를 전환한 국가'(transition economy)들과 대체로 같다. 1990년대 초에 경기가 크게 침체했다가, 이후 회복되는 것이다. 10년쯤 후면 1인당 국민소득이 실제로 1990년 수준으로 회복된다. 2013년 현재는 약 40퍼센트가 더 뛰었다.[3]

쿠바 사람들이 1990년 이래로 고난의 세월을 살아왔다는 것은 틀림없는 사실이다. 하지만 사회적 결과란 측면에서 보면 다른 코메콘 후신국들의 상황이 더 나빴다. 가령 그림 2를 보면, 쿠바의 1990년 유아사망률이

---

2) Eliana Cardoso and Ann Helwege, *Cuba after Communism*, Cambridge, MA 1992, pp. 51, 1, 11; Andrés Oppenheimer, *Castro's Final Hour*, New York 1992.

3) 쿠바가 코메콘 또는 CMEA라고도 하는 상호경제원조협의회(Council for Mutual Economic Assistance)에 합류한 것이 1970년이다. 미국의 금수 조치로 미국 시장 접근이 완전 차단당했던 것이다. 1989년 현재 다른 정회원국으로 아홉 개 나라, 곧 소련, 동독, 폴란드, 체코슬로바키아, 헝가리, 루마니아, 불가리아, 몽골, 베트남이 있었다. 여기서 '경제체제를 전환한 국가'(transition economy)는 몽골과 베트남을 제외한 코메콘 정회원국 여덟 개의 후신을 가리킨다. 몽골과 베트남의 경우, 중화인민공화국 경제와 인접해 있었고 그 자장 안에서 영향을 받았다.

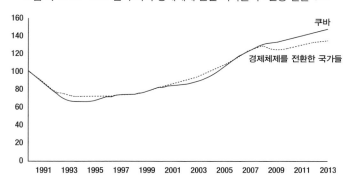

그림 1. 1990~2013년 쿠바와 경제체제 전환 국가들의 1인당 실질 GDP

* 1990년 지수=100. 경제체제를 전환한 국가들(코메콘 성원국 후신, 베트남과 몽골 제외)의 자료는
유럽부흥개발은행(EBRD)의 이행 상황 보고서(Transition Report) 및 국가통계 경제정보유닛 (Economist
Intelligence Unit, Country Data)에서 취합했음. 쿠바 자료는 국가통계정보국 (Oficina Nacional
de Estadísticas e Información, ONEI)의 쿠바 통계연감(Anuario Estadística de Cuba)에서
가져왔음.

1,000명당 11명으로, 이미 코메콘 평균보다 상황이 훨씬 나았다. 쿠바의
2000년 유아사망률은 1,000명당 불과 6명으로, 유럽연합의 날개 아래로
들어간 제 중유럽 국가들보다 더 빠르게 호전된 것을 알 수 있다. 현재 쿠
바의 유아사망률은 1,000명당 5명인데, 이는 유엔의 추정에 따를 때 미국
보다 더 낮고, 라틴아메리카 평균을 크게 웃도는 성적이다. 그림 3에서 평
균수명 자료를 볼 수 있는데, 양상이 비슷하다. 쿠바는 평균수명이 1990년
대에 74세에서 78세로 늘었다. 가장 혹독했던 연간에 취약 계층의 사망률
이 소폭 증가하기는 했지만 말이다.[4] 다른 코메콘 후신국들의 경우 빈곤

---

4) Manuel Franco et al., "Impact of Energy Intake, Physical Activity and Population-wide
    Weight Loss on Cardiovascular Disease and Diabetes Mortality in Cuba, 1980-2005",
    American Journal of Epidemiology, vol. 166, no. 12, September 2007 참조.

그림 2. 1990~2010년 각국의 유아사망률

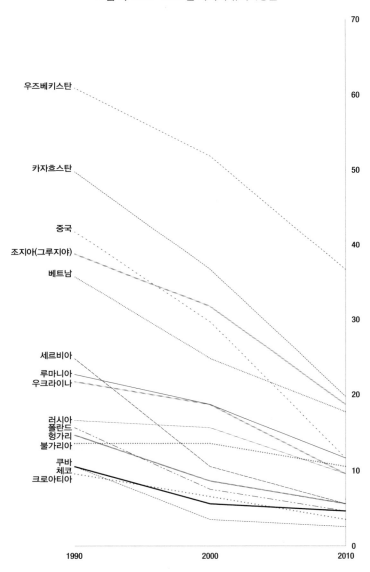

* 세계보건기구(World Health Organization).

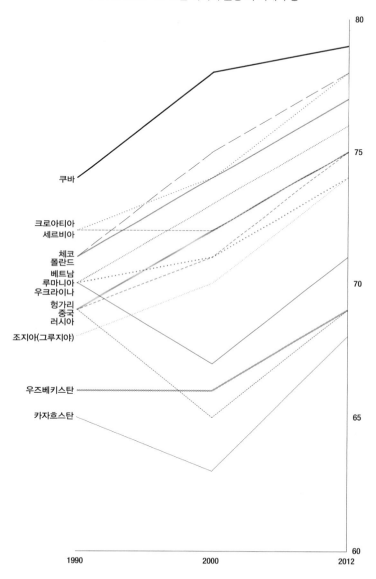

그림 3. 1990~2012년 각국의 출생 시 기대 수명

쿠바

크로아티아
세르비아

체코
폴란드
베트남
루마니아
우크라이나
헝가리
중국
러시아
조지아(그루지야)

우즈베키스탄

카자흐스탄

80

75

70

65

60

1990   2000   2012

* 세계보건기구.

이 중대했고, 1990년대의 평균을 내보면 기대 수명이 69세에서 68세로 하락했다. 정리해보자. 현재 쿠바는 과거 소련 진영 국가들 가운데서 평균수명이 가장 높은 나라 가운데 하나이고, 라틴아메리카에서도 최상위 집단에 속한다.

마이애미의 시각

쿠바 바깥에서 주류를 자처하는 전문가들은 거개가 이런 사실을 무시한다. 이른바 망명 '쿠바학 전문가'인 그들은 주로 미국에 살며 돈을 받고, 아바나 정권에 극히 적대적이다.[5] 1970년대부터 활약한 그 주요 지도자들을 보면, 카르멜로 메사-라고(Carmelo Mesa-Lago)는 피츠버그 대학에서 '쿠바학 학장' 직함을 달고서, 서른 권이 넘는 책을 펴냈다. 공저자로 빈번하게 책 표지를 장식하는 호르헤 페레스-로페스(Jorge Pérez-López)도 빼놓을 수 없는데, 간판이 무척이나 화려하다. 미 노동부 국제경제국장 겸 북미자유무역협정(NAFTA)의 주요 교섭 담당자에다가, 오랫동안 쿠바경제학회를 이끌고도 있는 것이다. 쿠바경제학회가 마이애미에서 매년 발행하는 연차 보고서인 『쿠바의 이행(移行)』(Cuba in Transition)은 자본주의 노선에 따라 쿠바 경제를 재조직하겠다는 일련의 청사진이었다. 그 간행물의 제목에서 알 수 있듯, 쿠바학 전문가들의 활동은 이른바 '이행 경제'를 가정했다. 기실, 이행경제학(transition economics)이 1990년대 초에 발전경제학의 하위 분과로 출현한 것은 서방 자본에 문호를 개방하는 코메콘 후

---

5) 이른바 '쿠바학'(Cubanology)이란 용어는 1970년에 개발됐다. 냉전기 '크레믈린학'(Kremlinology)과 비슷한 형국이다. Helen Yaffe, *Che Guevara: The Economics of Revolution*, Basingstoke 2009, p. 4. 골칫거리 사건 및 사태 해결의 관점에서 쿠바학을 수임한 기관으로 야페(Yaffe)가 명세를 작성한 곳은 다음과 같다. 펜타곤의 특수작전연구국(Special Operations Research Office), 미 중앙정보국(CIA)의 국가방위교육(National Defence Education), 망명가들의 강력한 로비 단체인 '쿠바-미국 전국 재단'(Cuban-American National Foundation).

신국들을 통어(統御)하기 위해서였다. 이 모델의 토대가 워싱턴 컨센서스(Washington Consensus)였고, 워싱턴 컨센서스 체제는 이미 1980년대에 IMF와 세계은행이 라틴아메리카의 부채국들에 부과한 신자유주의 경제개혁으로 구체화된 상태였다.[6] 이행 경제 모델의 주요 정책 처방은 다음과 같다. 국제 자본에 경제를 개방하기, 국유 자산 사유화, 임금과 물가 통제 폐지, 사회복지 지출 대폭 삭감. IMF, 세계은행, 유럽부흥개발은행, 미국 국제개발처 및 그 밖의 국제기구들의 기술 관료와 고문들이 구소련의 상당 지역과 중부 및 동부 유럽 전역에서 이 정책 프로그램을 시행했다. 이쪽으로 첫손에 꼽히는 저작이 하이에크주의자임을 공언한 야노시 코르나이(János Kornai)의 『자유경제로 가는 길』(The Road to a Free Economy, 1990)이었다. 몇 년 동안 '이행' 관련 테마가 번창했는데, 밟아야 할 길은 하나뿐이라는 게 자명한 공리처럼 주장됐다. 국가사회주의 계획경제에서 자유 시장 자본주의로 나아갈 것! 여기에 저항하는 것은 소용없는 짓일 뿐만 아니라 대가까지 톡톡히 치러야 했다. 왜냐하면 부분적으로 불완전하게 개혁했다가는 '필연적으로 실패할' 터였기 때문이다.[7] 1990년 이후 '이행 국가'들의 경제가 크게 침체하자, 그들이 겪는 곤경은 정치 엘리트들의 태도가 무성의했기 때문이라는 비난이 빗발쳤다. '속도와 규모'가 사활적이다, 당해 시기의 '특별한 정치 상황'을 기회로 활용하는 것이 긴요한데 등등.[8]

---

6) John Williamson, "What Washington Means by Policy Reform", in John Williamson, ed., *Latin American Adjustment: How Much Has Happened?*, Washington, DC 1990 참조.

7) János Kornai, *The Road to a Free Economy*, New York 1990, p. 31.

8) Anders Åslund, "Principles of privatization for formerly socialist countries", Stockholm Institute of Soviet and East European Economics Working Paper 18, 1991; Leszek Balcerowicz, "Common fallacies in the debate on the transition to a market economy", *Economic Policy*, vol. 9, no. 19, December 1994.

1990년대 후반쯤에는 몇 가지 원인으로 이른바 '이행' 도그마가 수정되었다. 우선 첫째로, 구소련 진영 상당 지역에서 친서방 정권이 안정화되면서, 정치적으로 급박하다는 생각이 완화됐다. 둘째는, 사유화된 코메콘 후신국 경제가 혹독하게 수축해버린 상황과, 중국 및 동아시아의 신흥 산업국들에서 전개된 국가 주도 개발과 호황의 대비였다. 무시해버리기에는 너무나 또렷한 대비였고, 라틴아메리카와 아프리카에서 구조 조정 프로그램들이 야기한 결과가 실망스러웠다는 정황이 거기 가세했다. 워싱턴 컨센서스 이후 틀(Post-Washington Consensus)이 부상했고, 제도와 '양질의 관리'(good governance)가 강조되기에 이르렀다. 동료 발전경제학자들이 이런 변화를 주도했고, 이행경제학자들은 뒷북을 쳤다. 요컨대, 새 천년으로 넘어가고서야 어떤 유력한 교과서가 예측과 실제 결과 사이의 '면구스러운' 차이를 인정한 것이다. 이행경제학은 독자적으로 워싱턴 컨센서스 이후 틀을 개발해 나갔다.[9] 그러나 개혁의 속도가 덜 강조되었음에도 불구하고 경제가 성공하려면 '진보적 이행'이 여전히 가장 필요하다는 신념이 고수되었고, 각종 문제는 걸핏하면 불충분한 자유화 때문이라는 타박이 계속되었다.

쿠바학 전문가들은 상당수가 워싱턴 컨센서스를 고수했다. 그들은 "시장을 적대시하는" 쿠바의 정책이 1990~93년의 대불황과 궁핍했던 특수시기(período especial)의 원인이라고 주장했다. 외인(外因)들은 부차적이었다는 것이다. 메사-라고는 쿠바의 1994년 조치가 "불충분하고 성의도 없다"고 공격했는데, 이는 결국 부분적 개혁을 비판한 것이다.[10] 쿠바의 정

---

9) Gérard Roland, *Transition and Economics: Politics, Markets and Firms*, Cambridge, MA 2000, p. 14.

10) "시장을 적대시하는"이라는 표현은 Mesa-Lago, "The Economic Effects on Cuba of the Downfall of Socialism in the USSR and Eastern Europe", in Mesa-Lago, ed., *Cuba after the Cold War*, Pittsburgh 1993, p. 176에서, "불충분하고 성의도 없다"는 표현은 Mesa-Lago,

책 방침에 대한 예(例)의 설명은 아주 간단하다. 국가원수가 "고집불통에 독단적이다". 그는 "시장 개혁을 싫어하고, 야당 세력을 탄압하는 데 혈안이며, 그래서 전 국민이 그를 반대한다". 주석가와 논평가들이 이 비난 내용을 더 광범위하게 유포했다. 루벤 베리오스(Rubén Berrios)가 낡은 습성에 젖어 있는 다 늙은 지도자와 경직된 관료들을 혹평했고, 마우리시오 데 미란다 파론도(Mauricio de Miranda Parrondo)가 지배층 전반의 개혁 거부를 책망했다.[11] 쿠바 경제는 각종 '이행' 정책을 외면해 파산했고, 더 최근에는 베네수엘라에 종속되고 말았다.

아바나의 견해

피츠버그와 마이애미를 잇는 축선의 전문가들은 두 가지 중요한 사실을 간과한다. 일단은 쿠바인들이 중유럽의 코메콘 후신국 주민들과는 경험이 판이했다는 걸 짚어야 한다. 그래서 첫째, 쿠바인들은 공산주의를 시행하기 전의 체제에서 극도의 빈곤과 박탈을 경험했고, 1989년 이전까지 쿠바가 이룩한 보건과 교육 부문의 성과가 비교적 강력했던바, 그 대비의 기억이 선연해 자유 시장 개혁을 급속히 추진하는 일에 미온적이었다. 둘째, 중유럽에서는 민족주의 정서가 득세하며 러시아 지배에서 벗어나는 과제를 '이행'과 겹쳐서 이해했지만, 쿠바의 인민은 '이행'을 역사적 압제자 미국이 쿠바의 국가주권을 위협하는 것으로 인식했다. 쿠바 내 경제 전문가들과 정책 결정자들이 바로 이런 견해를 바탕으로 거동한다.[12] 고문들과

Are Economic Reforms Propelling Cuba to the Market?, Miami 1994, pp. 70~71 참조.

11)   Mesa-Lago, *Cuba after the Cold War*, pp. 246~47; Rubén Berríos, "Cuba's Economic Restructuring, 1990-1995", *Communist Economies and Economic Transformation*, vol. 9, no. 1, 1997, p. 117; Mauricio de Miranda Parrondo, "The Cuban Economy: Amid Economic Stagnation and Reversal of Reforms", Canadian Foundation for the Americas, Ontario 2005.

관리들은 '이행'(transition, 체제 전환)이란 말을 하지 않고, '조정 또는 적응'(adjustment)이라고 한다. 외부 환경의 급격한 변화에 대응하는 것인데, 그 조치가 민족주의 및 사회주의 이데올로기가 정한 한도 내에서 이루어진다는 얘기인 셈이다. 쿠바학 전문가들이 얘기한 것과는 달리, 쿠바는 경직된 이데올로기에 입각해 개혁을 거부하지 않았다. 정책 기조가 유연했던 것이다. 경제 전문가들과 정책 입안자들 모두 그 한계를 마르크스-레닌주의나 '당 노선'이 아니라 원칙(principio)이라고 말했다. 그렇다면 그 원칙이란 무엇인가? 국가주권을 유지하고, 혁명의 성과(logros de la revolución)―보건과 교육 부문의 업적, 사회적 평등, 완전고용―를 보전하는 것 그리고 '혁명의 윤리'를 고수하는 것이 반드시 들어갔다. 세 번째인 혁명의 윤리란 공직 사회의 부패를 엄단하고, 과시와 허식을 배격한다는 의미이다.[13] 이런 원칙들이 정책 결정의 한계선 역할을 한다.

　해외의 관찰자들은 경제정책을 놓고 쿠바 내부에서 벌어진 토론과 논쟁을 거의 모른다. 이건 미국의 쿠바학 전문가들도 마찬가지다. 쿠바의 정치

---

12) 이하의 내용은 1995년부터 간헐적으로 쿠바를 찾으며 수행한 면접 대화를 바탕으로 썼다. 면담자들의 면면을 소개하면, 관료들은 해외투자부(Ministry of Foreign Investment, Minvec), 관광부(Ministry of Tourism, Mintur), 상공회의소(Chamber of Commerce), 기초산업부(Ministry of Basic Industry), 대외무역부(Ministry of Foreign Trade), 쿠바 중앙은행(Central Bank of Cuba) 소속이다. 아바나 대학(University of Havana)의 학자들 및 타바헤스트(Tabagest)와 쿠바니켈(Cubaniquel)의 관리자들과도 인터뷰했다.

13) 쿠바에도 연줄 행사와 알선수뢰, 불법 축재가 있는 것은 사실이다. 허나 그럼에도 불구하고 윤리적 기준을 높게 유지하려는 노력과 활동이 꾸준히 지속돼왔다. 관리들과 당원들의 행위를 규제하는 공식 규칙은 물론이고, 대다수 관리의 행동과 행색을 보더라도 이는 분명한 사실이다(부패혐의 유죄가 확정되면 혹독한 처벌을 받는다). 쿠바가 엄청나게 부패했음을 입증하겠노라며 패기만만하게 착수된 한 연구는 그 정반대의 결과를 드러낸 채 나가떨어지고 말았다. 쿠바의 부패상을 싣기 위해 그들이 얼마나 용을 써야 했는지만 백일하에 드러난 것이다. Sergio Díaz-Briquets and Jorge Pérez-López, *Corruption in Cuba: Castro and Beyond*, Austin 2006. 쿠바는 세계은행과 국제투명성기구(Transparency International)의 부패지수 모두에서 상당히 양호한 성적을 보인다.

과정이 폐쇄적이고, 국가가 언론을 통제한다는 것이 일부 원인으로 작용한다. 외부의 논평가 다수가 소문에 의존하는 것도 이 때문이다. 미국에서 들을 수 있는 소식의 상당수가 반체제 집단이 선택적으로 전하는 내용이다. (이들에게 돈을 대주는 곳은 망명자 단체 아니면 미국의 지원 프로그램이다.) 그리고 그렇게 전달된 소식이 하는 주된 역할은 이미 합의 도출된 선입견을 강화하는 것이다. 쿠바에서는 토론, 정책 결정, 실행으로 이어지는 일련의 과정이 복잡할 뿐만 아니라, 지도자들이 기호(嗜好)하고 편애하는 내용이 꼭 우위를 점하지도 않는다. 동네, 지역, 국가 차원으로 조직된 인민의 힘(Poder Popular) 시스템 속에서 꾸준히 집회와 회합이 열릴 뿐만 아니라, 여기에 경제 전문가들의 논쟁이 가세해 정책 토론과 생산으로 되먹임된다.

쿠바경제연구소(Centro de Estudios de la Economía Cubana, CEEC), 국제경제연구소(Centro de Investigaciones sobre la Economía Internacional, CIEI), 세계경제조사센터(Centro de Investigaciones de la Economía Mundial, CIEM), 경제기획부 산하 경제조사연구소(Instituto Nacional de Investigaciones Económicas, INIE) 그리고 1996년까지 존속한 미주연구센터(Centro de Estudias de las Americas, CEA) 학자들이 정책 결정자들과 지속적으로 세미나를 했고, 거기서 기존 체제의 취약점들이 드러나면 대책을 강구해왔다. 아바나 대학의 한 연구 프로그램에는 여러 집단이 소속돼, 여러 사회주의 모델과 그것들의 쿠바 적용을 조사하기도 했다. 요컨대 경제 부문들의 제 사안, 기업 운영 개선안, 소련 진영이 해체된 사태가 정치적 및 철학적으로 어떤 의미인가를 연구한 것이다. CIEM의 『쿠바 경제: 정보 보고』(*Economía Cubana: Boletín Informativo*), INIE의 『쿠바: 경제 조사』(*Cuba: Investigación Económica*) 등등이 그 연구 성과를 출판한 것이다. 이들 글은 공식 담론을 고수하고, 그래서 외부의 관찰자들은 그 중요성을 놓친다. 역사를 장황하게 서술하는 데다 그

간의 업적을 찬양하는 지도자들의 연설에서 수시로 인용하기 때문에, 중요한 분석과 통찰을 간과하는 것이다. 게다가 사용된 어휘도 낯설다. 쿠바 경제학자들은 IMF의 짜증나는 용어가 아니라 이런 말을 쓰고 있다. '적응'(adaptation), '갱신'(updating), '시장 기제 활용'(use of market mechanism), 물가의 관리 및 '조정'(adjustment), '탈집중(화)'(decentralizing), '새롭게 부상하는'(emergent) 경제 과정. 쿠바학 전문가들이 쓴 현란한 글, 다시 말해 "이행하라, 그러지 않으면 망한다"류의 장광설을 훑어보라. 거기에 토론과 논쟁 따위는 없다. 지도자의 기분과 변덕에 따라 정책이 결정된다는 의혹과 불신만이 가득하다.[14]

물론 쿠바를 다루는 외부 논평 중에는 주류와 동떨어진 글도 많다. 이 부류에서는 세 가지 태도 정도를 분류 특정할 수 있겠다. 첫째는 정권 동조자들이다. 쿠바학 학자들의 부정적 태도에 반발하는 체제 옹호자들은 쿠바의 실상을 긍정적으로 채색하는 데 몰두한다. 그들이 용감하게 맞서 저항하는 길과 자본주의로 이행하는 것 사이에서 선택해야 한다고 말하는 걸보면, 이런 입장임이 분명하다. 요컨대 그들은 과거의 상태를 찬양하고, 시장 개방을 "굴복이자 죽음에 이르는 길"이라고 한탄한다.[15] 둘째 부류는 비판하는 친구들이라고 부를 수 있을 것이다. 쿠바 정책 결정자들의 목표에 더 우호적이면서도, 쿠바가 당면한 문제를 기꺼이 인정하기 때문이다. 그들도 쿠바학 전문가들처럼 '이행'을 경제의 진보로 수용하며, 불충분한 '구조 개혁'이 쿠바의 문제라고 지적한다.[16] 세 번째이자 마지막은 소수의 경

---

14) 가령 Cardoso and Helwege, *Cuba after Communism*, pp. 44~46.

15) Richard Gott, *Cuba: A New History*, New Haven, CT 2004, p. 325. 또한 Isaac Saney, *Cuba: A Revolution in Motion*, London and New York 2004; Antonio Carmona Báez, *State Resistance to Globalization in Cuba*, London 2004도 참조.

16) Manuel Pastor and Andrew Zimbalist, "Waiting for Change: Adjustment and Reform in Cuba", *World Development*, vol. 23, no. 5, 1995. 또한 Jorge Domínguez and Daniel

제학자들이다. 그들은 쿠바의 사태 전개를 그 자체로, 다시 말해 있는 그대로 분석하고자 해왔다. 목적을 전제하지 않고 비교하는 시각 말이다. 호세 마르치-포케트(José March-Poquet)가 그런 조사 연구 결과를 바탕으로, 어쩌면 쿠바의 경제정책이 '이행'(체제 전환) 국가들이 채택한 정책의 대안이 될 수도 있다고 제안했다. 쿠바의 경제정책은, 그녀에 따르면, 실험적이면서도 점진적(evolutionary)이다. 클라에스 브룬데니우스(Claes Brundenius)는 쿠바의 강점과 약점을 베트남 및 중국은 물론이고 중동부 유럽 각국과 비교하는 작업을 수행했다. 쿠바에서 '쿠바 특유의 시장경제'가 출현할 수도 있다는 것이 그의 잠정적 결론이다.[17]

주류 쪽 비평이 쿠바와 다른 '이행' 경제를 대충만 비교하는 것을 보면 진정한 비교 연구가 무척 드문데, 사실 이것은 놀라운 일이다. 자료를 통약 가능하도록 획정하는 문제 때문일 수도 있지만, 쿠바학 학자들이 쿠바 본토에 배타적으로 집중하는 경향도 언급하지 않을 수 없다.[18] 비교 연구를 폭넓게 수행하는 주류 쪽의 '이행'경제학자들이 중동부 유럽, 구소련, 또 러시아와 중국을 비교 대조하는 일에 집중하는 경향도 있다. 요컨대 그들

Erikson, "Cuba's Economic Future: A Dozen Comparative Lessons", in Shahid Javed Burki and Daniel Erikson, eds., *Transforming Socialist Economies: Lessons for Cuba and Beyond*, Basingstoke 2005; Susan Eckstein, *Back from the Future: Cuba under Castro*, New Brunswick 1994도 참조.

17) José March-Poquet, "What Type of Transition Is Cuba Undergoing?", *Post-Communist Economies*, vol. 12, no. 1, 2000; Claes Brundenius, "Whither the Cuban Economy after Recovery?", *Journal of Latin American Studies*, vol. 34, no. 2, May 2002.

18) 쿠바와 이행 경제를 대충 비교하는 책이 한 권 있기는 하다. Mesa-Lago and Pérez López, *Cuba's Aborted Reform: Socioeconomic Effects, International Comparisons, and Transition Policies*, Gainsville, FL 2005, pp. 158~64. 그들의 자료를 보면, 쿠바의 GDP 변동 추세가 이행 경제들의 평균과 유사한 것으로 나온다. 하지만 이 얘기를 통해 그들의 의도를 알 수 있다. 요컨대 두 사람은 성적이 가장 좋은 국가들과 비교해 쿠바가 형편없다는 사실에만 주목하면서, 쿠바의 정책이 뭐라도 성과를 냈을 가능성을 아예 차단해버리는 것이다.

은 쿠바가 밟아온 독특한 경로를 참조할 수 있음에도 이를 외면하는 것이다. 이하의 내용은 일종의 분석서사(analytical narrative)다. 쿠바의 조정 정책이 어떻게 전개되었는지를 비교의 관점에서 훑는데, 초기의 위기 상황과 그 관리, 안정화, 재조정 그리고 라울 카스트로(Raúl Castro) 아래서 이뤄진 가장 최근의 개혁까지를 다루겠다.[19] 이 글을 통해 기존 해석의 문제점들이 밝히 드러나기를 희망하며, 쿠바의 이행 경로가 더 알차게 토론되었으면도 싶다. 더 포괄적으로 얘기해, 경제가 세계화된 지구촌에서 자그마한 국가들이 어떻게 하면 더 나은 발전 전략을 취할 수 있을 것인지의 사안이 토론되도록 하는 것도 이 논설의 목표다.

1. 위기

소련 진영 국가 중에서 쿠바는 단연코 가장 취약했다. 소련 붕괴에 말이다. 쿠바는 과거 코메콘과 관계를 맺지 않을 수 없었고, 1970년 거기 가입했다. 미국의 금수 조치 때문이었는바, 이 무역 제재는 1961년 CIA가 배후 조종한 군사 침략이 실패한 후 케네디가 부과 발효했다(1962년). 미국과의 오랜 무역 관계가 그렇게 결딴났다. 1970년대와 1980년대에 이뤄진 쿠바의 성장은 소련과의 무역 및 금융에 더욱더 많이 의존하는 과정이었다. 쿠바 경제의 대종은 설탕 수출이었다. 그도 그럴 것이 쿠바는 설탕을 건네면서 특혜 가격을 받았기 때문이다. 무슨 말인가? 1990년대 초를 예로 들어

---

19) 대니 로드릭(Dani Rodrik) 등이 '분석서사'법을 시도했다. 대표적인 글은 Yingyi Qian, "How Reform Worked in China", in Rodrik, ed., *In Search of Prosperity: Analytic Narratives on Economic Growth*, Princeton and Oxford 2003이다. 분석서사법은 각각의 사례에서 구체적 조건과 상황이 정책의 결과를 어떻게 특정해내는지를 조사·검토하며, 이 작업을 통해 이행 변화의 다양한 경로가 드러난다.

보면, 소련이 파운드당 0.42달러를 쳐줬는데, 실제 시장가격은 0.09달러였던 것이다. 그렇게 획득한 GDP의 약 40퍼센트가 수입으로 다시 지출됐다. 면면을 보면, 쿠바 식량의 50퍼센트, 원유의 90퍼센트, 농업과 제조업 활동을 유지하는 데 반드시 필요한 소요분 등이 수입된 것이다. 소련이 무역수지 적자액 30억 달러를 활수하게 융통해줬다. 1990년 1월 코메콘의 각종 협정이 경화(硬貨) 거래 방식으로 전환되는가 싶더니, 소련과의 제 쌍무 협의가 결국 1991년 일거에 와해되고 말았다.[20] 식량, 원유, 각종 필수 중간재가 더 이상 도착하지 않았다. 수출입, 국외 신용, 수입 능력을 비교 분석해보면, 쿠바가 이때 받은 외생 충격이 얼마나 막심했는지를 또렷하게 알수 있다.

쿠바의 수출입이 받은 타격은 엄청났다. 설탕을 특혜 가격으로 판 데다가, 거래 상대를 다각화할 기회가 거의 없었기 때문이다. 대개의 코메콘 후신국은 1993년에 수출입액이 예전 1990년 수준으로 회복됐다. 하지만 쿠바의 경우는 동년 대비 수출입이 54억 달러에서 12억 달러로 79퍼센트 하락했다. 아바나의 해외 자금 조달 상황은 더 처참했다. 해외 신용이 급작스럽게 붕괴하며 재원을 새롭게 마련할 수 없게 되자 충격의 강도가 배가되었다. '이행'(체제 전환) 국가들은 IMF, 세계은행, 유럽부흥개발은행의 지원을 한껏 누렸다. 그러나 쿠바에는 미국의 제재가 가동 중이었고, 코메콘 후신국 조정 지원 정책 따위는 전혀 기대할 수 없었다. 1991년부터 1996년까지 '이행' 경제의 국가들에 공식 제공된 순 총차관액은 1인당 112달러였다. 쿠바는? 26달러였다.[21] 미국의 역외자산통제국이 제3세계 금융기관들에 아바나와 거래하면 가만두지 않겠다고도 겁박했다. 위기의 시대에 쿠바

---

20) 호세 루이스 로드리게스 가르시아(José Luis Rodríguez García)의 보고서 "La Economía de Cuba ante la cambiante coyuntura internacional", in *Economía Cubana*, vol. 1, nos. 1 and 2, 1991 and 1992 참조.

21) OECD, *Geographical Distribution of Financial Flows to Developing Countries*, 1998.

는 해외의 상업금융을 거의 이용하지 못했다.

수출입 및 해외 차관이 붕괴해버리자, 쿠바의 수입 역량이 급격히 쪼그라들었다. 이런 상황은 다른 어떤 코메콘 후신국도 쿠바에 필적할 수 없었다. 유럽부흥개발은행 자료로 예를 들어보겠다. 1990년부터 1993년 사이에 수입 지출이 70퍼센트 하락했다. 쿠바의 GDP 대비 수입 비율이 그룹 최고 수준인 약 40퍼센트에서 최하 수준인 15퍼센트로 폭락했다. 쿠바는 1993년 가용한 화폐를 총동원해 수입 소요를 충당했는데, 그 액수가 1990년 식량과 연료 비용으로 지출한 양보다 더 적었다. 쿠바가 외화를 확충하기 위해 다양한 노력을 강구했지만, 여전히 미국의 제재가 버티고 있었다. 미국 시장에 접근하는 것은 언감생심이요, 다자 협정으로 구축된 거개 기관의 차관이나 개발원조도 전혀 기대할 수 없었다. 상업 융자를 얻기가 하늘의 별 따기였다. 쿠바는 코메콘 후신국 가운데서 외화 수급 상황이 최악이었다. 투자와 성장이 더뎠고, 쿠바 경제는 무역 거래와 농작물 작황의 변동 사태에 극도로 취약해졌다.

비상사태 조치

쿠바학 학자들은 1990~93년의 심각한 경제 수축이 내부 요인 때문이라고 말하지만, 이들의 주장은 코메콘이 붕괴했고 그 영향이 엄청났다는 사실을 외면하는 것이다. 그들은 1990년 이후의 정부 정책을, 1986년 '시장 거부'를 천명하며 채택된 수정(rectificación) 전략의 연장일 뿐이라고 규정하는데, 이는 그들이 쿠바의 선택지를 '이행'(체제 전환) 아니면 버티기(고수)뿐이라고 본다는 얘기다. 여기서 1986년의 수정 전략을 간략히 짚고 넘어가자. 1980년대에 코메콘 국가들의 경기는 부진했고, 이를 해결할 요량으로 쿠바도 일련의 조치를 취했다. 보면, 부패 척결 운동, 농산물 시장 억제, 관광 투자, 합작 경영 등이었다. 아무튼 그래서 '심각한 경제 위기를 해결하'지 못했으므로, 아바나가 비난의 표적이 되었다.[22] 하지만 쿠바가 1990~91년의 외생 충격에 대응해 아무것도 안한 게 아니다. 비상 대응책이 신속하게 가동됐고, 그것은 부족한(더불어서 빠르게 부족해지는) 자원의 사회적·경제적 우선순위를 할당 통어하는 내용이었다. 정말이지 충격이 엄청났고, 도무지 연속성이란 걸 기대할 수 없는 상황이었다. 도대체가 섬으로 유입되는 것이 없었고, 경제계획이란 게 아무짝에도 쓸모없어졌다. 하지만 쿠바는 달랐다. 코메콘 후신국들처럼 자유화 및 사유화를 단행한 것이 아니라 기존의 제도와 기관을 유지 보전했다. 그것들을 자산 삼아 다시 우뚝 서겠다는 태도를 견지한 것이다. 복지국가, 물가통제(관리), 외국환 독점과 생산수단의 국가 소유 정책을 포기할 수는 없었다. 국가가 주도하는 집단적 대응 능력과 정책 과정도 소중한 자산이었다. 앞엣것의 경우, 쿠바에서는 자발성을 촉발해 대중을 동원하는 오랜 전통이 미덕이었고, 뒤엣것도 공중의 참여와 토론을 유도하는 메커니즘과 기구들이 탄탄했으니까 말이다.

피델 카스트로가 그 위기 연간을 '페리오도 에스페시알 엔 티엠포 데 파스'(período especial en tiempo de paz), 다시 말해 '평화 시임에도 불구하고 특수(한) 시기'라고 규정했는데, 외부의 관찰자들은 그 말을 완곡한 은유법 정도로 이해했다. 하지만 쿠바 섬에서 사는 사람들은 이 말뜻이 뭔지 단박에 알아차렸다. 미국이 공격하거나 자연재해라도 발생한 것처럼 민방위 체제와 절차를 가동해야 한다는 바른 의미로 말이다. 1990년 경제방위훈련이란 게 실시되었다. 짧은 동안이나마 단전과 단수가 이루어졌는데, 이는 비상시의 집합적 대응을 연습하는 일환이었고, 거기에는 공장, 사

---

22) 수정(rectificación)을 위기 탈출 전략으로 읽는 관점은 메사-라고의 『냉전 이후의 쿠바』 (*Cuba after the Cold War*)에 실린 메사-라고, 스베이나르(Svejnar), 페레스 로페스의 기고문들; Jorge Pérez López, "Castro Tries Survival Strategy", *Transition*, World Bank 1995 참조. 위기 해소의 실패 과정은 Marifeli Pérez-Stable, *The Cuban Revolution: Origins, Course and Legacy*, Oxford 1999, p. 176 참조.

무소, 가정, 학교, 병원이 모두 참여했다. 이 훈련에 적용된 집단적 조직화 및 다(多)주체를 상정한 협력 등의 방법은 허리케인 대비 및 군사 방어 훈련 방법들과 유사했다. 1991년 초의 식량계획에서도 비슷한 유형의 동원을 볼 수 있다. 농민과 도시 주민들이 호출돼, 식량 생산 활동에 투입되었다. 1991년 12월의 예비품 포럼은 기계류 재활용 및 수입 대체를 토론했고, 1992년 1월의 에너지 계획에서는 가정과 기업과 지역 당국이 연료 소모를 줄일 수 있는 각종 방법을 토론했다.

쿠바는 위기의 시대에 고용과 복지를 유지하기 위해, 또 기본적 필요를 충족하기 위해 배전의 노력을 다했고, 이는 '이행' 국가들과 현격히 대비되는 지점이다. 주지하다시피, '이행' 국가들의 공식 실업률은 1990년대 초에 평균 20퍼센트까지 치솟았다.[23] 반면 쿠바에서는 국가가 노동인구의 98퍼센트를 고용했고, 1990~93년 사이에 일자리 개수가 다 합해서 4만 개 늘어났으며, 공식 실업률이 5.4퍼센트에서 4.3퍼센트로 떨어지기까지 했다.[24] 쿠바의 경제가 3분의 1이나 수축해버렸고, 각종 투자 계획이 철회되었고, 연료 배급량이 삭감되었고, 공공 운송이 축소되었고, 주당 노동시간이 5.5일에서 5일로 단축되었고, 공장이 문을 닫거나 가동 시간이 대폭 줄었음을 상기하라. 노동 및 사회보장부가 1991년 4월에 법령을 발표해 일자리가 느닷없이 날아가버리는 일은 없을 것임을 공식으로 보장했다. 자원이 없어서 일시 해고되는 노동자들일지라도 급여 대상자 명단에서 빠지는 일은 없을 것임을 명기한 것이다. 한시 해고 노동자들은 재배치될 때까지 봉급의 3분의 2를 수령할 수 있었다. 아울러서 국가가 기본적 필요를 보장

23) Nauro Campos and Fabrizio Coricelli, "Growth in Transition: What We Know, What We Don't and What We Should", *Journal of Economic Literature*, vol. 40, no. 3, September 2002, Table 6.

24) *Economía Cubana: Boletín Informativo*, vol. 1, no. 2, p. 21 and vol. 1, no. 7, p. 22, 1992.

하는 책임을 졌는데, 그로 인해 노동자들의 고용을 이런 식으로 유지하는 비용이 실업수당 지급 방식보다 더 적게 들었다.

1990년대 초는 정말이지 상황이 너무나 안 좋았지만, 그래도 기초적인 식량 안보가 달성됐다. 국영 분배 기구인 아코피오(acopio)가 수입 물류 창고와 쿠바의 농장 둘을 기반으로 해서 식량을 조달했고, 배급 체계와 그 밖의 네트워크를 통해 이를 나눠줬다. 작업장, 학교, 보건소에서 식사를 무료 또는 정부 보조금 지원을 바탕으로 저렴하게 제공한 비아스 소시알레스(vías sociales)를 예로 들 수 있겠다. 배급 체계가 고정 가격으로 운용된 덕택에 기초적인 식량 소요를 충당하는 데 들어간 1인당 비용을 한 달 약 40페소로 맞출 수 있었다. 최소 사회보장 비용인 한 달 85페소와 비교할 때 아주 인상적인 액수라 하지 않을 수 없다.[25] 위기가 닥치기 전에 국영 상점은 배급과 별도로 식량을 팔았고, 그 자유 지향 조치(por la libre)는 가격이 아무래도 시장가격에 더 근접했다. 하지만 위기가 시작되면서 그런 국영 상점들이 문을 닫게 된다.[26] 식량 계획이 가동됐고, 지역에서 자체적으로 식량을 조달하는 소규모 실험이 격려 고무됐다. 마소 견인 경작, 유기질 비료, 생물학적 해충 구제, 불모지 경작이 그런 활동들이었다.[27]

탈집중화와 논쟁

쿠바학 학자들이 경직된 정책과 고도로 중앙 집중화된 통제를 들먹였지만, 그 비판은 쿠바란 국가가 상황이 변하면서 취한 방식들과 거의 아무런 관계가 없다. 최악의 비상 국면에조차 이는 사실이다. 복지 정책이 폭넓게

25) José Alvarez, "Overview of Cuba's Food Rationing System", Gainsville, FL 2004, p. 4.

26) Paul Collins, "Cuba's Food Distribution System", in Sandor Halebsky et al., *Cuba in Transition: Crisis and Transformation*, Boulder, CO 1992.

27) Julia Wright, *Sustainable Agriculture and Food Security in an Era of Oil Scarcity: Lessons from Cuba*, London 2008.

시행되던 이 나라에서 배급 체계와 그 밖의 비아스 소시알레스를 통한 식량 공급이 점점 더 못 미더워졌고, 의사 결정의 탈집중화와 지역 이전이 이루어졌다.[28] 사회적 약자를 보호하기 위한 조치가 지역의 다양한 국가기관으로 이전됐다. 가령 시스테마 데 비힐란시아 알리멘타리아 이 누트리시오날(Sistema de Vigilancia Alimentaria y Nutricional, '필수영양소 공급에 주의를 기울이는 자경단'쯤 된다—옮긴이)은 영양 상태를 점검해 추가 배급량을 나눠줬고, 어머니와 아기를 지원하는 네트워크를 조직해 가동했으며, 이를 유니세프(유엔 아동 기금)가 지원했다. 각 단위 공동체에서 취약한 사람들을 가장 잘 아는 인력은 보건 의료 종사자들이었다. 이 과정의 일환으로 1991년 조직된 콘세호스 포플라레스(Consejos Populares)가 이른바 '취약' 가구를 파악해 구호 활동을 전개하는 데서 중요한 역할을 맡았다.[29] 복지 기구들의 이런 적응과 탈집중화는 더 일반적으로 경제의 중앙 통제가 완화되면서 이루어졌다. 식량이 공급되지 않자, 기업 관리자들은 알아서 자체적으로 문제를 해결해야 했고, 과거 독점기업이나 다름없던 대외무역부는 원료 공급 및 판로 확보 책임을 수백 개의 기업소에 넘겼다.[30]

쿠바를 미주 유일의 '비민주국가'로 배격하는 담론에서는 다양한 대중조직을 살펴볼 겨를이 전혀 없다. 쿠바의 노력이 빚은 이들 대중조직이 바

---

28) 필수영양소를 계속 공급하려던 각종의 노력과 활동은 앙헬라 페리올 무루아가(Angela Ferriol Muruaga)의 다음 글에 자세히 나온다. "La seguridad alimentaria en Cuba", *Economía Cubana: Boletín Informativo*, vol. 2, no. 3, 1996; "Pobreza en condiciones de reforma económica: el reto a la equidad en Cuba", *Cuba: Investigación Económica* 4, no. 1, INIE, 1998; "Política social cubana: situación y transformaciones", *Temas*, 1998; "Retos de la política social", *Cuba: Investigación Económica* 11, no. 2, 2005.

29) Antoni Kapcia, *Cuba in Revolution: A History Since the Fifties*, London 2008, p. 165에서는 콘세호스 포플라레스를 이렇게 설명한다. "지구 또는 거주지 단위에서 정치가 새롭게 구현된 것이다."

30) Elena Álvarez, "Características de la Apertura Externa Cubana (I)", *Economía Cubana: Boletín Informativo*, vol. 1, no. 26, 1996.

로 '참여민주주의'의 구조인데도 말이다. 더구나 1990년 이후 시기의 이야기라면 다음의 과정을 빠뜨리고는 절대 이해할 수 없다. 이 결정적 시기들에 전 국민이 토론하고 논쟁했다. 섬 전역에서 집회와 회합이 열렸고, 누구나 참가할 수 있었다. 동유럽의 코메콘 후신국들과는 다시금 대비되는 지점이다. 위기가 전개되던 1990년에 1991년 10월의 쿠바 공산당 제4차 대회가 준비 중이었다. 경제문제가 심화되었고, 대회를 앞둔 사전 토론의 범위와 규모가 확대됐다. 쿠바 공산당 지부는 물론이고 작업장 회의체와 대중조직에서도 수천 회의 토론과 회합이 열렸다.

코메콘이 최종 해체되고 불과 3개월 뒤에 열린 그 당대회에서 18요목의 경제 관련 결의안이 통과됐다. 이는 쿠바의 새로운 정치 구조를 포괄적으로 공식 천명한 최초의 시도였다.[31] 쿠바 공산당의 결의안은 서방 세계의 고문들이 참여해 작성한 코메콘 후신국들의 이행 계획과 달랐다. 자유화의 청사진이 아니라, 포괄적 원칙과 목표의 목록이었던 것이다. 구체적 조치가 하나도 천명되지 않았고, 일정표나 차례 일람도 전혀 없었다. 하지만 쿠바학 학자들은 쿠바 공산당의 그 결의안을 '시장 거부' 조치로만 규정했고, 이는 상황과 사태를 오도시키는 행위였다. 결의안에서는 주권과 사회 보호의 핵심 원칙들을 강조했고, 국가 소유라는 전반적 틀을 유지하겠다고도 했다. 하지만 결의안에는 국가 주도 방식은 물론 자유화 조치도 섞여 있었다. 일부 내용에서 새로워진 국제 환경에 대응해 부분적인 자유화를 피력했다면, 여전히 국가의 포괄적 역할을 고수하는 내용도 볼 수 있는 것이다. 결의안의 구체적 문구로 앞엣것과 뒤엣것을 정리해둔다. '관광 개발', '수출 증대', '수입 최소화', '새로운 형태의 해외투자 모색', '국가지출과 통화량 관리'. 그리고 '식량 계획 지속', '보건, 교육, 과학 우선시', '계획을 중앙

---

31) PCC, *IV Congreso del Partido Comunista de Cuba: Discursos y Documentos*, Havana 1992.

집권화해 공중 이익을 도모', '혁명의 성과를 지킨다'. 다음 해인 1992년에 개헌이 이루어졌고, 세부 정책이 여전히 모호하기는 했어도, 사회적 · 정치적 · 경제적 우선 과제가 분명하게 확인 천명되었다. 이 두 문서를 보면 쿠바의 경제정책이 이단적이면서도 유연했다는 게 밝히 드러난다. 물론 정책 결정 과정이 복잡하기는 했다. 아무튼 섬 바깥의 논평가들은 거개가 이 두 문서를 외면했다. 당시에 미국의 연구자 가운데 딱 한 명 정도만이 쿠바의 경제정책을 자세히 보고했다.[32]

2. 불균형과 안정화

위기에 맞선 쿠바의 초기 정책 대응에는 강점과 약점이 다 있었고, 이는 회계 수지만 봐도 또렷하게 확인된다. 이행 국가들에서는 정부 지출이 크게 줄었다.[33] 반면 쿠바에서는 전체 지출이 약간 상승했다. 1990년 142억 페소에서 1991~93년 평균 145억 페소로 말이다. 보건 의료(19퍼센트 상승)와 교부금(80퍼센트 상승) 지출이 증가한 것에서 정부의 우선순위를 알 수 있다. 40퍼센트 늘어난 의료진에 봉급을 줘야 했고, 배급 식량의 보조금도 빼놓을 수 없다. 이 증가액은 국방비를 대폭 삭감하고 투자를 유도해 벌충했는데, 그래봤자 그 상쇄는 일부에 불과했다. (국방 예산이 1989년에서 1993년 사이에 43퍼센트 줄었고, 투자액은 절반 이상 하락했다.) GDP와 세수가 감소했고, 회계 적자액이 1990년 GDP의 10퍼센트에서 1993년 34퍼센트로 늘었다. 거시경제상의 대차대조표가 비상사태 초기에 우선 고려 사

32)   이 내용은 Gail Reed, *Island in the Storm: The Cuban Communist Party's Fourth Congress*, Melbourne and New York 1992 참조.

33)   Campos and Corricelli, "Growth in Transition: What We Know", Table 10.

항이 아니었던 것이다. 위기 상황에서도 적자를 감수하고 지출을 늘린 성과는 또렷했다. 요컨대 외생 충격에 따른 경제 수축이 완화됐고, 복지 희생도 최소화될 수 있었던 것이다. 하지만 그 정책이 장기적으로는 각종 문제를 낳았다. 대외 재원이 없었고 국내 금융시장도 전무했으니, 적자가 온전히 화폐 찍어내기로 벌충되었다. 이런 식이면 통화의 가치가 급격히 추락해버린다. 암시장 환율이 1990년 달러당 약 7페소에서 1993년 달러당 100페소 이상으로 떨어졌다.

코메콘 후신국들에서도 이 정도의 통화가치 하락은 대단한 일이 아니었다. 하지만 쿠바의 경우는 인플레이션을 국가가 개입해 억제했기 때문에, 상대 물가와 소득이 독특한 양상으로 바뀌었다. 다른 코메콘 후신국들의 경우 임금, 물가, 환율이 자유화됐고, 화폐의 구매력 저하→인플레이션→자본 결손 과정이 나선 하향식으로 벌어졌다. 이런 상황에서는 실질임금이 급격하게 줄어드는데, 최저임금 계층이 무지막지한 타격을 입는다. 결국 실질임금의 불평등 상황이 급격히 벌어졌다.[34] 쿠바에서는 페소화의 가치 하락이 비공식 경제의 물가와 환율에만 국한됐다. 국가가 장악한 공식 경제에서는 실질임금 불평등이 사실상 좁혀졌다. 암시장에서 수입 물품을 구매한 최상위 계층한테는 물가가 급격하게 치솟은 반면, 가격이 고정된 기본 생필품만 구매한 저임금 및 국가보조금 수혜 계층의 경우는 생활비가 초기에 비교적 안정되었기 때문이다.

상황이 그랬다고는 해도, 페소화 가치가 하락했고 경화 소지자들과 페소 소득뿐인 사람들의 격차가 커졌다. 국가 부문에 고용된 사람들은 자신들의 실질소득이 비공식적인 암시장 경제에서 활동하는 사람들과 크게 차

---

34) Joseph Stiglitz, *Globalization and Its Discontents*, London 2002, pp. 133~65. 또한 Branko Milanovic, "Income, Inequality and Poverty during the Transition from Planned to Market Economy", *World Bank Regional and Sectoral Studies*, Washington, DC 1998도 참조.

이가 남을 절실히 깨달았다. 상황이 180도 바뀌어 물질적 동기가 도덕적 열의를 눌러버렸다. 달러 대비 페소화의 가치가 붕괴한 사건은 쿠바란 국가의 자부심이 무너져버린 사태이기도 했다. 페소화로 봉급을 받는 사람들은 꾸준히 가난해졌다. 국외자—미국으로 이주한 구사노(gusano, '비열한 사람'이란 부정적 어감도 있다—옮긴이)와 새로이 밀어닥치던 관광객—는 물론 국내의 도둑 및 매춘부(jineteros, 관광객을 상대로 몸을 파는 여성을 가리킨다. 단어 자체는 완곡어인데, '부정 이득자'란 뜻이다—옮긴이)와 비교해서도 말이다. 관가에서는 통일 단결과 고난을 함께하자는 영웅주의 수사(修辭)가 비등했지만, 일상의 현실은 빈곤과 불평등으로 그 골이 깊기만 했다. '말은 쉬워도 행하기는 어렵다'(Del dicho al hecho hay un gran trecho)는 속담이 떠오르는 대목이다. 혁명의 윤리가 가장 심하게 타격을 입은 것은, 처음에는 암시장에 가담하지 않았으며 나아가 물건조차 구매하지 않던 사람들의 다수가 결국에 가서는 어쩔 수 없이 그렇게 됐다는 사실이었다. 그들이 비공식 시장에 저어하면서 참여했다는 것은 미안해하는 태도와 어휘에서도 확인할 수 있다. 그들은 상황을 타개해 어떻게든 살아남을(resolver or sobrevivir) 필요가 가장 우선함을 어쩔 수 없이 인정했다.[35] 그렇게 이중적인 체제가 지속되면서 노동 의욕과 사회연대가 약화되었다. 좀도둑질, 결근, 부패의 유혹이 커졌고, 공식 경제는 구멍이 났다.

1993~94년쯤 되자 사회·경제·정치적으로 통화를 다시금 안정시켜야 한다는 긴급한 요구가 대두되었다. 식량 사정이 정말이지 위태로웠다. 상황이 극심해지면 '뗏목 위기'나 수도에서 폭동—아바나소(habanazo)라고 한다—이 일어날 수도 있었다. 하지만 쿠바 정부는 다른 코메콘 후신국들과 달리 이른바 충격요법을 써서 통화를 안정시키려고 하지 않았다. 요

---

35) Marisa Wilson, "No Tenemos Viandas! Cultural Ideas of Scarcity and Need", *International Journal of Cuban Studies* 3, June 2009.

컨대 그들은 혁명의 성과를 지키겠다는 목표가 뚜렷했다. 쿠바학 학자들은 페소화 하락이 이런 '고집' 때문이라고 지적하며, 문제를 인정하지 않는 쿠바 정부를 비난했다. 쿠바의 공식 담론이 구매력 하락을 인플레이션이 아니라 '물자 부족 사태'라고 계속 둘러댔다고 해서(인플레이션이라면 지출 능력을 항구적으로 상실한다는 의미이기 때문이다), 정부가 관련 사실을 죄다 부인한 것은 아니다. 1993년쯤에 고난이 극심해졌고, 해외에서 송금을 받던 일부를 제외하면 모든 관리가 그 어려움을 짊어졌기 때문에, 문제를 자세히 설명할 수가 거의 없었던 것이다. 정말이지 경제 고문들은 정책 과제를 드잡이하느라고 정신이 하나도 없었다.[36] 1993~94년에 일련의 개혁 조치가 이루어졌다. 물론 쿠바학 학자들은 워싱턴 컨센서스의 처방과는 아주 달랐던 이들 정책을 부적격한 것으로 배척했다. 그런데 그 정책으로 경제 상황이 크게 호전되었다.

돌아온 달러

그 새로운 조치는 안정화 처방이 아니었고, 통화가치 하락을 막겠다는 의도로 시행되지도 않았다. 암시장을 공식 부문으로 돌려 경제활동을 진작하고, 세수 증대를 통해 회계 적자를 줄이는 조치였던 것이다. 1993년 7월 첫 번째 개혁 조치가 단행됐고, 미국달러 소지가 더 이상 위법 사항이 아니게 됐다. 사인들 간의 거래에서 달러가 쿠바페소(CUP)와 교환되었고, 그 역도 가능했다. 그 전까지만 해도 공식 경제에서는 쿠바페소가 유일한 통화였다. 디플로티엔다스(diplotiendas)라 불리는 소수의 국영 상점은 물론 제외다. 디플로티엔다스를 이용한 사람들은 외교관, 유학생 그리고 소수의 쿠바인, 주요하게는 해외에서 돈을 벌던 음악가와 운동선수 정도였다.

---

36) 1990년대 초에 발행된 *Economía Cubana: Boletín Informativo*를 보면, 그들의 생각과 대응이 어떻게 바뀌어갔는지를 알 수 있다.

그러나 상황이 바뀌었고, 점점 더 많은 쿠바인이 달러로 가족 송금을 받거나 관광업을 통해 비공식 또는 불법으로 경화를 손에 넣고 있었다. 그들은 획득한 달러를 1페소 대 1달러의 공식 환율로 바꿔야 했다. 하지만 그때까지 페소의 가치가 크게 떨어진 상황이었고, 주민 대다수가 달러를 사용한 방식은 다음 두 가지였다. 중개인을 통해 디플로티엔다스에서 장을 보거나, 암시장에서 교환하거나. 통화의 비대칭적 불균형이 확대되었고, 달러 사용 금지 정책이 실효성을 잃은 상태였다. 경찰력과 시간이 낭비되었고, 사소한 부패 행위가 늘었으며, 법을 어기면서 경화를 써야 했던 다수의 쿠바 주민이 불만을 토로했다. 이에 정부는 합법화 조치를 통해 해외 송금을 긴요한 외화의 새로운 원천으로 삼았다. (정부는 1995년 달러와 등가인 차환페소(convertible peso)를 발행하고 국영 환전소(Casas de Cambio, 카데카Cadecas)를 세우는 등 후속 조치를 취했고, 외화 교환이 더욱 용이해졌다.) 달러 취급 상점이 판매세를 내야 했기 때문에, 이 조치로 재정수입이 늘어났고 국가의 권위가 무너지는 사태도 완화할 수 있었다. 주민들의 미국달러 사용을 막는 활동은 더 이상 소용이 없었다.

이 개혁 조치는 다른 코메콘 후신국들이 서방의 지도를 받으며 실시한 통화 시장 자유화와는 거리가 한참 멀었다. 쿠바가 국내 경제의 사인 거래에만 이 정책을 썼다는 걸 알아야 한다. 다른 모든 외환 거래는 여전히 국가가 통제했다. 그 조치의 범위와 기능이 제한적이었음에도 불구하고 효과가 상당했다. 이중 화폐 체계가 공식 경제로 녹아든 것이다. 암시장과 합법 영역의 양분 사태가 종식되었다. 그러나 사인 거래 부문과 국가 영역이 분리되는 사달이 났다. 개인 거래 영역에서는 미국달러가 유통됐고, 카데카에서 '비공식' 시장 환율—당시 1달러당 약 100페소—로 교환될 수 있다. 그런데 국가 부문은 달러와 페소를 동등하게 취급하는 '공식' 환율을 썼던 것이다.

카데카로 인해 이중 화폐 체계의 양분 사태가 공식화되자, 쿠바 주민들이 실질소득 하락을 받아들이는 방식도 바뀌었다. 페소화 가치 하락을 더이상 부인할 수 없었던 것이다. 구매력 감소가 물자 부족 사태가 아니라 빈곤 문제임이 명실상부해졌고, 소수의 경화 소지자와 미소지자의 간극이 불법의 문제가 아니라 불평등 사안으로 부상했다. 실질소득과 생활수준을 회복하는 과제를 이제 다른 각도에서 접근해야 했다. 적응 및 조정에는 쿠바 페소의 시장가치 복원이 필요했는데, 이것은 회계 적자를 줄여 통화 불균형을 통제해야 한다는 말이었던 거다. 소비재, 가령 식량 생산을 증대해 페소 구매가 가능토록 하는 조치도 보태야 할 것이다.

두 번째 조치를 보자. 1993년 9월 시행된 제141호 법령으로, 자영업의 업종 범위가 확대되었다. 아르헨티나 어원의 에스파냐 말로 쿠엔타프로피스타(cuentapropista)라고 하는 자영업의 업종 수가 41개에서 158개로 늘어났다. 등록 자영업자 수가 1992년 말 약 1만 5천 명에서 1999년 15만 명이상으로 늘어났다. 쿠바학 학자들이 이를 자유화 조치로 환영했다. 아 물론, 그 범위가 제한적이라는 이유로 따끔한 비판을 하는 것도 잊지 않았다. 자영업자 규모가 전체 노동인구의 약 5퍼센트에 불과했다. 인허가 기간이 2년에 불과했기 때문에, 노동부 지방 사무소에 가서 매번 갱신해야 하는 불편도 있었다. 승인된 자영업 업종을 보면, 거개가 개인을 상대로 한 서비스업이었다. 하지만 이 개혁 조치로 해당 업체들에 과세를 할 수 있었고, 이는 신천지였다. 물론 초기에는 고정 요율을 받아갔기 때문에, 체계가 조악했고 많은 경우 역진세나 다름없었다. 하지만 다행히도 신고 및 징수가 원활해지면서 이후 상황이 지속적으로 개선되었다.

파를라멘토스 오브레로스

쿠바 정권은 법령을 통해 달러를 합법화하고 자영업 진출을 허용했다. 하지만 회계 수지 개선 과제에는 좀 더 신중해야 했다. 국회가 1993년 12월 이 과제를 해결해야 한다고 결의했다. 정부는 지출 삭감이라는 내핍 정책을 쓰지 않았다. 이번에도 전 국민 토론에 부쳐졌고, 새로운 협의체가 만들어졌다. 파를라멘토스 오브레로스(Parlamentos Obreros)가 앞으로의 변화를 토론하고 논쟁했다. 다음 몇 달 동안 소집된 회의에서 긴축안들이 검토됐다. 숙의가 완료된 1994년 5월에야 결의안이 시행됐다. 앞으로 쿠바에 와서 경제 고문 일을 하게 될 외부인들은 그 지연 사태를 이해하지 못했다. 안정화가 시급하다고 주장하던 사람들이었으니 당연했다. 하지만 협의 과정이 조정 및 적응이 성공하는 데 필수적이었다. 흠이 많았다는 것은 분명하다. 하지만 윗선에서 이미 결정이 난 삭감 조치들을 그저 승인하고 도장이나 찍어주는 절차가 아니었음을 분명히 해두자. 반대에 직면한 일부 제안은 기각되기도 했다.

원칙적으로 소득세 개념이 승인되었지만, 공무원에게는 해당 사항이 없는 걸로 했다. 담배, 알코올(주류), 석유, 전기, 일부 운송 수단의 경우 가격이 급격히 상승하더라도 보아넘기는 걸로 했지만,[37] 기본 생필품의 경우는 회계 수지와 무관하게 비용보다 한참을 낮추어 고정하기로 했다. 일자리를 축소해야 한다면 점진적으로 추진해, 감원 대상자가 준비하고 대응할 수 있도록 해야 한다는 점도 명토되었다. 노동자들이 안정화 정책을 기안하는 데 참여했다는 말은 무슨 의미인가? 고용 보장이 악화되더라도 대량 해고를 막으려는 자세와 노력이 단단히 유지되었다는 얘기다. 1994년 9월 농민 장터, 곧 아그로메르카도(agromercado)를 재개한다는 발표가 급작스럽게 나왔다. 아바나소 직후의 그 조치도 안정화에 보탬이 됐다. 물론 안정화가 농민 장터 재개의 주된 목표는 아니었지만. 정부 지도자들이 벌인 토론이 세부 내용까지 공개되지는 않았으나, 피델 카스트로가 그 결정을 거부했다고 많은 사람이 믿는다. 피델은 농민 장터를 "사악한 타락이 이

37) George Carriazo, "Cuba: Apertura y adaptación a una nueva realidad", *Economía Cubana: Boletín Informativo* 15, May 1994.

루어질 문화"라며 반대했다. 반면 라울과 소농연합(Asociación Nacional de Agricultores Pequeños)은 농민 장터 안을 지지했다. 식량이 증산되리라는 것이 그들이 내세운 이유였다.[38] 피츠버그-마이애미 축선의 쿠바 관측자들은 이번에도 그 조치가 불충분하다고 투덜거렸다. 요컨대 농산물 시장의 부분적 자유화에 지나지 않는다는 것이었다. 국가가 계속해서 기본적 필요를 보편적으로 충족하기 위해 식량 배급 활동에서 중요한 역할을 맡았다. 배급 체계가 여전했고, 농민들은 아코피오(acopio, '수집', '징발' 정도의 뜻—옮긴이) 할당량을 내야 했으며, 시장에는 나머지 잉여분만 팔 수 있었다. 잉여분이 유통되는 과정과 그 매장은 엄격하게 규제됐고, 철저한 조사와 더불어 과세되었다. 공식적으로는 물가가 공급과 수요의 법칙에 의해 자유롭게 결정되었지만, 그럼에도 불구하고 정부는 가격 신축성에 제한을 두려 했고, 국영 매장에서는 그보다 더 낮은 가격에 물건을 공급하고자 했다. 물가를 통제하려 했던 것이다.

이 네 정책이 결합되어, 재정 및 통화 상황이 크게 개선되었다. 요컨대 같은 구조 조정이라도 다른 코메콘 후신국들과 쿠바는 그 상황과 특징이 현격하게 달랐다. 첫 번째 차이점부터 보자. 소련에서 갈라져 나온 공화국들과 동유럽 나라들은 국가지출을 삭감하는 방식으로 재정 적자를 줄였다. 반면 쿠바 정부는 주로 세수를 증대하는 방식으로 이 간극을 메웠다. 1993~95년에 명목 재정수입이 37퍼센트 늘었는데, 지출은 불과 5퍼센트 하락했다. 신규 세수의 3분의 2가 국가가 운영하는 경화 취급 상점의 판매 상승분에서 나왔다. (요즘은 이 가게를 '외화벌이 상점'(Tiendas

---

38) Fidel Castro, *Por el camino correcto: Recopilación de textos*, Havana 1986, Díaz-Briquets and Pérez-López, *Corruption in Cuba*, p. 164에서 재인용. 농민 장터를 재개하자는 안은 1986년 수정(rectificación) 전략으로 마감됐고, 1991년 쿠바 공산당 대회에서도 기각됐다. 1993년 12월에도 국회가 재도입 요구안을 묵살했다. 1994년 1월부터 5월까지 파를라멘토스 오브레로스가 열렸지만, 이 안건은 의제가 아니었다.

de Recaudación de Divisas, TRD)이라고 부른다.) 나머지는 신설한 간접세와 사용자 부담금으로 확보했다. 두 번째 차이점은 쿠바의 경우 복지 예산이 삭감되지 않았다는 사실이다. 삭감 조치가 이루어진 분야는 군대, 행정부, 기업 교부금이었다.[39] 명목 지출이 고정된 가운데 GDP가 늘어났고, 쿠바 정부의 GDP 대비 재정지출 비율이 1993년 GDP의 87퍼센트로 최고 정점에서 1997년 57퍼센트로 떨어졌다. 물론 이것이 '이행 국가' 평균인 약 40퍼센트보다 훨씬 높다는 사실을 부기해놓는다.[40] 쿠바는 이런 식으로 사회를 보호하면서도 재정 적자를 빠른 속도로 줄이는 데 성공했다. 1993년 51억 페소였던 적자액이 1995년 8억 페소 이하로 감소했다. 이런 사태 호전은 다른 곳보다 훨씬 대단한 성취였다. 보자. 쿠바의 재정 적자는 1991~93년에 GDP의 약 30퍼센트였다. 코메콘 후신국들의 평균 8.8퍼센트와 비교하면 확실히 안 좋다. 그러던 것이 1995년에 5.5퍼센트로 줄었고, 이후 약 3퍼센트대로 안정됐다.[41]

1993~94년의 개혁 조치들로 페소화도 안정되었다. 달러가 합법화되자, 새롭게 돈이 유입되었다. 자영업이 허용되면서 여러 서비스가 나름으로 활기차게 공급되었다. 회계 수지 조정으로 정부 지출 적자가 감소했다. 아그로메르카도로 식량 부족 사태가 완화됐고,[42] 물가도 하락했다.[43] 1994년 말쯤 되면 통화가치 하락이 중단되었을 뿐만 아니라 부분적으로

39) Carriazo, "Cuba: Apertura y adaptación a una nueva realidad".

40) Campos and Coricelli, "Growth in Transition: What We Know", Table 6.

41) ONEI; World Bank, *World Development Indicators*.

42) 평균 칼로리 섭취량이 1999년에 위기 이전 수준으로 회복됐다. Franco et al., "Impact of Energy Intake".

43) 국가통계정보국의 소비자물가지수가 1990~94년에는 발표되지 않았다. 페소의 가치가 추락하던 때였는데, 그래서 공식적인 실질임금지수도 없는 셈이다. 아무튼 식량 가격이 싸지면서 공식적인 소비자물가지수가 하락했을 것이다. 1995년과 1996년에 각각 11.5퍼센트, 4.9퍼센트를 기록했다.

역전되기까지 했다. 달러당 약 60페소의 환율이었는데, 1994년 2월에 달러당 150페소였던 것을 감안하면 그 가치가 두 배 이상 상승한 셈이다. 이후 18개월 동안 페소는 계속해서 가치가 올랐고, 1996년 중반쯤에 달러당 18페소의 환율로 거래됐다. '이행' 국가들 중에 이 정도로 통화를 안정시킨 나라는 없었다. 가치 하락을 중단시키는 데 성공했는지는 몰라도, 반등시켜 재탈환한 나라는 하나도 없다.[44] 그러나 쿠바가 인플레이션을 억제하는 데 성공하기는 했어도, 극심한 통화 불균형은 여전했다. 페소의 가치가 1990년 수준을 한참 밑돌았기 때문이다. 이런 상황이 무엇을 의미했는지 생각해볼 필요가 있다. 국가가 지급하는 봉급과 관리 통제하는 물가가 명목상으로는 안정된 것으로 비쳤을지 몰라도 경화 및 시장가격과 비교할 때 열세였다는 얘기다. 카데카가 채택한 결손 환율은 향후 10년 동안 수입 수요를 억누르면서 고난을 함께 헤쳐 나가는 수단이었고, 쿠바 정부는 다시금 최종적으로 외화를 벌어 축적해야 할 긴급한 필요성에 집중했다.

미국, 불구대천의 원수

경제가 안정되었을 때조차도 외부 환경은 꾸준히 악화되었다. 케네디가 1962년 부과한 금수 조치가 이후 수십 년 동안 행정명령으로 이어지면서 유지되었다. 그러던 것이 최악의 '특수 시기'이던 1992년 토리첼리 법

---

44) 쿠바가 공식 발표한 연평균 인플레이션율은 1997~2000년에 0퍼센트였고, 2000~12년에는 2퍼센트에 불과했다. 이행 국가 평균과도 비교해보면, 그 나라들은 1990년대 후반에 28퍼센트, 2000~12년에 약 8퍼센트였다. 쿠바의 인플레이션율과 관련해서는 논란이 많다. 실제 생활비가 가구에 따라 매우 다양하기 때문이다. 이것은 다음과 같은 복잡한 사정에서 기인한다. 가진 소득을 어떤 시장에서 얼마나 지출하느냐가 파악돼야 하는 것이다. 공식 시장인가, 비공식 시장인가? 도시 시장인가, 농촌 시장인가? 페소 시장인가, 경화 시장인가? 이런 시장 유형에 따라 물가가 매우 폭넓게 변동했던 것이다. 하지만 다음 사항 역시도 거의 의심할 여지가 없다. 구매력이 떨어졌을 수는 있겠지만, 가구의 실질 소비 전반이 1990년대 중반 이후 이행 국가들의 평균 인플레이션율로까지 떨어지지는 않은 것이다.

(Toricelli Act)으로 강화되었다. 1996년에는 클린턴이 더 한층 목을 졸라댔다. 클린턴이 서명한 헬름스-버튼 법(Helms-Burton Act)으로, 1959년 이후 몰수된 미국의 과거 자산을 이른바 '밀수'하는 제3국의 기관이나 업체가 처벌을 받게 됐고, 그런 회사에서 일한 사람들은 미국 입국이 불허됐다. 이런 금제(禁制)가 뉴욕 거래소에서 이루어지던 달러 지불로까지 확대되었다. 해당 거래가 미국의 기관과는 아무 상관이 없을 때조차 말이다. 미국과 무역을 하는 나라는 그 법으로 다음을 증명해야만 했다. 우리의 제품에는 쿠바산 원자재나 중간재가 전혀 들어 있지 않음.[45]

쿠바가 국가주권과 안보를 절박하게 인식한 것은 바로 이런 맥락에서 이해된다. 하지만 그로 인해 내부의 토론이 심각하게 제한되기도 했다. 카스트로 정부가 헬름스-버튼 법에 대응해 통과시킨 법률은 "쿠바의 존엄과 주권을 재확인했다." 그로 인해 사달이 생겼는데, 국가 안보를 해할 수도 있는, 가령 경제 관련 정보를 누설하는 쿠바인은 누구라도 법을 어기는 것이 돼버렸다. 미주 연구 센터의 중요한 연구 기획 하나가 중단된 것도 그 때문이었다. 소속 학자들이 쿠바의 조정 및 적응 과정을 본격 논의한 내용을 영어로 처음 간행 공표했던 것이다.[46] 이런 식의 방어 행위가 결국은 변화하는 상황에 창의적으로 대처하는 쿠바의 능력을 약화시키고 말았다. 학자들은 스스로를 이렇게 인식했기 때문이다. 충성스럽지만 비판을 마다치 않는

----

45) 이런 제멋대로의 역외 권력에 미국의 동맹국들조차 여러 차례 항의하고 나섰다. 그중 하나를 보면, 유럽연합이 세계무역기구(WTO)에서 헬름스-버튼 법의 여러 조항에 항의했다. 미국이 유럽연합 국가들은 처벌하지 않겠다고 약속했고, 그제야 소송은 없던 일로 됐다. 캐나다, 멕시코, 에스파냐, 프랑스, 이탈리아, 네덜란드가 쿠바와 계속 무역 거래를 했다. 캐나다의 광업 회사인 셰릿 인터내셔널(Sherritt International)의 경영진이 미국 입국을 불허당했다.

46) Julio Carranza Valdés, Luis Gutiérrez Urdaneta, and Pedro Monreal González, *Cuba: Restructuring the Economy: A Contribution to the Debate*, London 1996. 일련의 사태는 Mauricio Guilliano, *El Caso de CEA: Intelectuales e Inquisidores en Cuba. ¿Perestroika en la Isla?*, Miami 1998에 자세히 나온다.

혁명가.

3. 구조 개혁

쿠바는 다른 코메콘 후신국들에는 쏟아져 들어간 융자를 미국의 금수로
차단당했고, 자원이 거의 없는 상태에서 새롭게 산업 전체를 일으켜 세워
야 했다. 투자 총액이 1990년에서 1993년 사이에 85퍼센트 이상 떨어졌고,
이렇게 극단적으로 낮은 수준이 계속 유지되었다. 공식 국가 수입 통계를
보면, 2012년 상황도 1990년 수준의 절반에 불과했다. GDP 대비 투자액
비율이 약 10퍼센트인데, 이는 코메콘 후신국들의 평균인 20~25퍼센트와
대비된다.[47] 투자 총액의 비율이 이렇게 낮은데도, 쿠바의 GDP 회복과 성
장이 '이행 국가' 평균과 엇비슷했다는 사실은 정말이지 놀랍다. 쿠바가 어
떤 정책을 썼는지 보자. 그들은 수출산업을 새로이 개발했고, 식량과 에너
지 수입을 줄이려고 노력했으며, 시장을 개척했고, 어떻게든 해외 융자를
받기 위해 애썼다. 집중점은 외환 보유고를 늘리는 것이었다. 미국이 각종
경제제재와 압박을 가하는 상황에서 그 모든 노력과 활동이 이루어졌다.
조달할 수 있던 재정을 생각한다면, 그들이 거둔 구조 개혁의 성과는 대단
한 것이라 할 수 있을 것이다. 이 양호한 성과는 국가가 '기회에 편승해 승
리한 자들을 골라냈기' 때문이다.

---

47) 1990년대의 투자액 추이는 Campos and Coricelli, "Growth in Transition: What We
Know"에서 볼 수 있다. 이후 자료는 UNDP and World Bank, *World Development Indica-
tors*에서 확인했다.

투자 유치

각종 제재 때문에 쿠바가 경화를 확보할 수 있는 가장 손쉬운 방법은 해외직접투자뿐이었다. 쿠바의 관리들이 이 방식을 쓰면 해외 협력자들과 비밀리에 논의할 수 있고, 미국 역외자산통제국의 감시까지 피할 수 있다. 투자자들이 의혹과 불신을 던지는 가운데, 쿠바 정부도 저어하는 태도를 보였고—피델이 1997년 쿠바 공산당 대회에서 우거지상을 하고 이렇게 말했다. "라 인베르시온 엑스트란헤라 노 노스 구스타바 무초"(La inversión extranjera no nos gustaba mucho, 우리는 해외투자자들을 별로 좋아하지 않는다—옮긴이). 하지만 계속해서 해외투자가 불가피하다고 설명했다—쿠바 내에서 법률적·재정적·기술적 제반 구조와 절차가 개정돼야 했다. 사실상 1990년 이래 해외직접투자 유치 정책이 펼쳐졌고, 상기한 제약들을 수정 개정했다.[48] 마음가짐, 각종 규제, 회계, 중재 조정, 보험, 노동규율이 바뀌고, 또 바꾸는 과정은 쿠바가 코메콘 협력국들을 잃는 순간부터 시작됐다. 외국 사기업과의 합작 사업이 1982년 합법화되기는 했지만, 최초의 시범 사업이 개시된 게 겨우 1988년이었다. 하지만 이제 새로운 협약을 시급히 처리해야 했고, 1991년 말쯤에는 50건이 성사됐다. 1992년 7월 헌법이 개정되었고, 국가는 '근본적인' 생산수단만 보유하는 것으로 내용이 바뀌었다. 1995년에 외국 투자 관련 법이 하나 통과되었고, 규제의 대강과 틀이 보다 명료해졌다.

하지만 합작 사업의 목표가 신규 투자를 유치하는 것이었음에도 불구하고, 쿠바 국가는 통제권을 포기하지 않았다. 정권이 계속해서 해외직접투자의 범위를 제한했다. 요컨대 국가 자산의 소유권을 뭐라도 외국자본에

---

48) 해외직접투자 유치 정책은 Emily Morris, "Cuba's New Relationship with Foreign Capital: Economic Policy-Making since 1990", *Journal of Latin American Studies*, vol. 40, no. 4, 2008에 더 자세히 써놨다.

넘기게 되면, 그 이전이 "쿠바 경제의 활력과 지속 가능한 발전에 이바지해야" 한다는 전제에서 각료협의회 집행위원회가 해당 사안을 승인해야 한다고 선을 그은 것이다. "국가의 주권과 독립성을 존중하는 것을 기본으로 하"며, 그 이전에는 자본과 시장 및 경영 지식 등의 기술과 관련 노하우도 제공돼야 한다. 이랬기 때문에 사안마다 개별적으로 승인이 났고, 여러 해가 흘렀지만 다수의 의뢰와 제안이 기각 반려됐다. 물론 해당 정책이 지속적으로 검토되었다. 따라서 그렇게 살아남아 적용된 규칙과 법규들을 보건대, 쿠바가 해외직접투자에 문호를 개방했다고는 해도 국가사회주의 체제로 경제를 운용했음은 틀림없는 사실이다.

해외직접투자 유치 정책은 상황이 변화하면서 바뀌었고, 점차 나아졌다. 1990년대 초에는 실기하는 일도 몇 번 있었다. 일이 지연되거나 사태를 오해했던 것이다. 하지만 일단 그런 문제점들이 파악되자, 당국은 번거롭던 절차를 간소화하려고 애썼다. 1997년쯤 되자 수입 능력이 회복됐고, 시급한 외화 수요가 많이 줄었다. 헬름스-버튼 법으로 인해 투자자들이 겁을 먹고 단념했음에도 불구하고 말이다. 1997년 쿠바 공산당 당대회가 열렸고, 해외직접투자 유치라는 정책 방침은 더 이상 확대되지 않았다. 기존의 기조를 유지하는 것으로 족하다는 결의였다. 요컨대 사회 기반 시설, 광업, 에너지 개발 부문에서만 자본 투자를 구한다는 내용이었다. 더 거대한 사업 방침이 뒤를 이었다. 소규모 투자자들과 맺은 계약의 신규 갱신이 불허됐다. 쿠바학 학자들이 정책 역전 사태를 통탄했지만, 해외직접투자 유치 전략의 기본 성격이 바뀐 게 아니었다. 합작 협약의 연간 건수가 1991~97년 약 40건에서 1999~2000년 평균 25건으로 줄기는 했지만, 계약의 덩어리 자체가 컸다. 해외 자본의 연평균 순유입액이 1993~96년 1억 8천만 달러에서 1997~2000년 3억 2천만 달러로 상승했던 것이다.

그 시기에 쿠바의 자산이 최초로 부분적으로 사유화됐다. 1999년 프랑스 기업 알타디(Altadis)가 5억 달러를 내고 아바노스(Habanos) 지분 50퍼센트를 가져갔다. (아바노스는 쿠바산 시가를 전 세계에 공급하는 회사다.) 외국자본이 지분을 다 가진 합작 기업도 최초로 출현했다. 어느 파나마계 기업이 건설한 1,500만 달러짜리 발전소가 바로 그 주인공이다. 해외직접 투자 유치 정책이 2001~08년에 다시금 바뀌었다. 미국이 '테러와의 전쟁'을 수행 중이었고 관계가 악화되었던 게 원인으로 작용했다. 레이건 행정부가 쿠바를 '테러 지원국'으로 지정했고, 그게 살아나 추적 감시 및 기소 고발이 늘었던 것이다. 아들 부시가 쿠바 이행 프로젝트(Cuba Transition Project)란 걸 수립했는데, 이건 쿠바의 공산주의 체제를 무너뜨리려는 계획이었다. 국무부가 미국의 제재 내용을 위반하는 거동자들을 추적 기소하는 활동을 강화했음은 물론이다. 해외투자자들이 겁을 먹고 단념했을 것은 불문가지다. 워싱턴이 2004년 스위스 은행 UBS에 벌금을 1억 달러 부과했다. 쿠바로 달러 지폐를 적송했다는 게 죄목이었다. 아바나의 대응은 국내 거래에서 달러를 못 쓰도록 하는 것이었다. 뭐, 사람들이 여전히 달러를 보유했고, 차환페소로 바꿀 수도 있었지만 말이다. 추가 수수료 10퍼센트가 부과됐다. 그즈음 쿠바와 베네수엘라의 관계가 만개했다. 우고 차베스가 쿠바를 처음 찾은 게 야당 지도자 시절이던 1994년이었다. 차베스가 1998년 대선에서 승리했다. 그에게 우여곡절이 있었음은 주지의 사실이다. 차베스 정부를 겨냥해 2002년 쿠데타가 일어났고 사용자 파업까지 벌어졌지만, 그들은 결국 패배했다. 그동안 두 나라의 무역 거래가 강화됐고, 그 절정은 2004년 12월 체결된 쌍무협정이었다. 베네수엘라가 하루 약 5만 3천 배럴의 원유를 주고, 이에 상응해 쿠바가 전문 서비스 인력, 곧 보건 의료 노동자와 교사를 제공한다는 약속이었던 것이다. 쿠바는 1990년 이래 사상 처음으로 우호적인 조건에 많은 융자를 받았다. 투자와 연간 GDP 성장률을 끌어올릴 수 있었는데, 2005~07년에는 평균 10퍼센트에 육박했다. 쿠바와 베네수엘라가 주도가 돼, 알바(ALBA)라는 새로운 무역 협정을 창설했다. 알바, 그러니까 아메리카 민중을 돕는 볼리바르주의 연대(Allianza Bolivariana para los Pueblos de Nuestra América)에는 볼리비아, 에콰도르, 니카라과, 카리브해의 섬나라 4개국이 연이어 가담했다. 쿠바의 연평균 수출 소득 성장률이 2005~07년에 30퍼센트로까지 증가했다. 이전 10년간의 9퍼센트와 대비되는 수치다.

국제 자본 유량에 관한 쿠바의 통계가 부족하고 빈약한 것은 사실이지만, 이용 가능한 증거로 판단해볼 때 생산과 국제무역이 불충분하고 변변찮은 융자에도 불구하고 구조 개혁을 달성해냈음은 분명하다. 쿠바가 유치한 해외직접투자액은 1990년대 중반 이래 GDP의 약 1퍼센트에 불과했다. 이를 중동부 유럽 코메콘 후신국들의 평균인 4퍼센트와 비교해보라.[49] 아바나가 투자되는 자본에서 달러 대비로 높은 효율을 끌어내는 데 성공한 것인데, 이는 그 체제 전환의 승자 겸 수혜자들을 솎아내고 직접 거래 협상에 나섰기 때문에 가능했다. 하지만 그 결과 쿠바의 세계경제 재진입은 소수 산업 분야의 몫으로만 남았다. 아래 그림 4와 5를 보면, 쿠바가 1990년 이래로 경제를 재조직하고 회복시키는 데 성공하기는 했어도 그 토대가 매우 협소함을 알 수 있다. 그림 4는 쿠바가 1990년 이래 외화를 취득한 주요 원천 네 가지를 밝히고 있다. 우선 첫째로 1990년대에는 관광업이 주된 외화벌이 수단이었고, 이어서 니켈과 에너지가 부각되었으며, 지난 10년 동안은 전문 서비스 인력이 경제 회복을 이끌었다. 쿠바가 코메콘 소속이었을 때는 설탕이 전체 수출 소득의 73퍼센트를 차지했었다. 당시 무역 적자가 약 20억 달러였다. 2012년 상황을 보면, 설탕이 수출 소득의 3퍼센트에 불과한 반면 신규로 개발된 관광, 니켈, 석유 가공 처리, 전문 서비스 이 넷에서 벌어들인 소득이 연간 무역수지 흑자액으로 재화와 용역을 합쳐 10억 달러를 상회했다. 관광업과 니켈 채굴은 해외직접투자를 유치해 자본구성을 재편했다. 석유 가공 처리와 전문 서비스 분야는 2004년 쿠바와 베네수

---

49) 세계은행의 중동부 유럽에 대한 자료.

엘라가 맺은 협정을 통해 증자 및 구조 개편되었다. 사회보장 서비스 전문 인력이 외화벌이에서 한 기여가 엄청났다. 의사와 교사 등을 베네수엘라로 파견해 벌어들인 소득이 2005년 이래 재화 수출 총액을 능가했다. 아 물론, 2008년 이래로는 가장 중요한 성장 동력이 시엔푸에고스(Cienfuegos, 쿠바와 베네수엘라 국영 석유 회사들 간의 합작 기업)라는 정유 회사이기는 했다. 희망과 기대가 집중된 생물공학 분야도 언급해놓는다. 최근의 성장세가 매우 건실한데, 2008년부터 2012년 사이에 수출이 두 배로 늘었다. 물론 국가 경제 전체를 견인할 만큼 충분히 성장한 것은 아직 아니고, 수출 총소득의 약 3퍼센트를 차지하는 정도다. 2012년 현재 (재화와 용역을 더한) 무역수지 흑자에 해외 송금을 합한 쿠바의 외환 보유고는 약 20억 달러

그림 4. 1990~2012년 외국환 유량의 구조

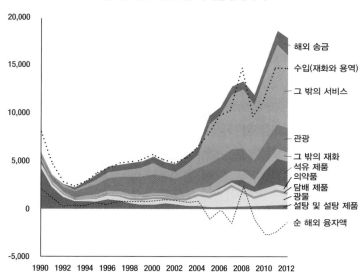

* 국가통계정보국과 글쓴이가 취합 추정한 자료. 국가통계정보국은 순 해외 융자액 자료를 공개하지 않으며, 해외 송금의 시계열 자료도 1997~2000년치만 발표했다. 따라서 이 그림은 가용한 정보를 토대로 글쓴이가 추정한 것이다.

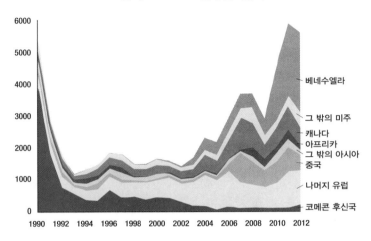

그림 5. 1990~2012년 수출 대상국

＊국가통계정보국.

로 추산된다. 그들이 국제 준비금을 쌓아둬도 되겠다고 판단할 만큼 충분한 액수인 것 같다. 그림 4에서 '순 해외 융자액' 추정치가 역조 수지인 걸 보면 이를 알 수 있다.

수출이 어디로 향했는지를 보여주는 그림 5를 통해서는 쿠바의 무역 상대가 크게 재편되었음을 알 수 있다. 1990년에는 수출의 약 75퍼센트가 코메콘 후신국들을 대상으로 했지만, 2012년쯤에는 이 나라들이 5퍼센트 미만을 차지했다. 쿠바는 2000년경에 수출 상대국을 전례 없는 규모로 다각화해냈다. 서유럽이 전체의 32퍼센트, 코메콘 후신국이 27퍼센트, 캐나다가 17퍼센트, 아시아가 12퍼센트, 그 밖의 미주 대륙이 10퍼센트였다(미국은 여전히 닫혀 있었다). 그런데 이후로 다시금 한 상대국에 대한 의존도가 커졌다. 2012년쯤에 베네수엘라가 쿠바 수출의 45퍼센트—이것의 상당량은 시엔푸에고스 정유 공장의 석유 제품이었다—를 차지했을 뿐만 아니라 비관광 서비스의 거개도 베네수엘라의 몫이었다.

4. 라울의 개혁

2005~07년에 베네수엘라와 거래를 하면서 외환 보유액이 크게 증가하자, 쿠바는 한시름 덜게 됐다. 하지만 라울 카스트로 정부가 공식 집권한 2008년 그 기세가 꺾였다. 금융 위기가 세계를 덮쳤다. 허리케인이 세 개 들이닥쳤는데 파괴력이 엄청났다. 니켈 가격이 떨어졌다. 더는 무역 흑자를 기대할 수 없었고, 외화 준비금이 빠져나갔다. 쿠바가 채무 약정을 이행할 수가 없게 됐다. 사회 보호 노력을 유지하고 통화를 안정시키고 재정 규율의 고삐를 단단히 잡아 맸음에도 불구하고, 쿠바페소가 임금과 수당과 물가의 실질 가치를 이전 수준으로 회복하려면 외화 획득량을 늘리는 것 이상이 필요하리라는 것이 분명하게 인지됐다. 통화 불균형 사태가 단단히 자리를 잡고 쿠바를 옥죄어왔다. 물가, 소득, 환율이 두 부류로 공존했다. 국가가 관할 통제하는 것이 하나요, 시장에 따르는 것이 다른 하나였다. 이런 상황에서 국내 경제와 해외 경제가 통합될 수는 없었다. 생산 체계와 구조가 비대칭적으로 왜곡되는 사태가 불문가지였다. 쿠바 국가가 지급하는 봉급이 여러 해 동안 1990년 수준 이하로 유지됐다. 그런데 카데카의 환율이 달러당 24페소였다. 1990년의 암시장 환율인 7페소와 비교해보더라도 엄청난 차이다(그림 6과 7). 불평등이 여전했고, 유인과 의욕이 삐딱해져 버렸다. 자유 시장에서 일상으로 장을 볼 수 있는 사람은 경화를 쥔 소수의 특권층뿐이었다. 신설된 비국영 부문의 이른바 '낙수' 효과란 것이 다른 계층에는 미약하고, 또한 간접적이었다. 복지 비용을 충당하기 위해 과세 방식을 주로 썼는데 잘될 턱이 없었다.

불평등이 확대됐고 경제가 두 갈래로 분지해버리자, 기생적인 비공식 부문을 키워서 이룩하려던 발전이 저해됐다. 비공식 부문의 기생성에 대해서는 좀 얘기해야 할 것 같다. 교사 같은 숙련노동자들이 차환페소를 입수하려고 저숙련 일자리를 찾아 나서고, 국가의 설비가 좀도둑질당해 암시장에

그림 6. 평균 월급의 배수로 표현한 100달러의 가치

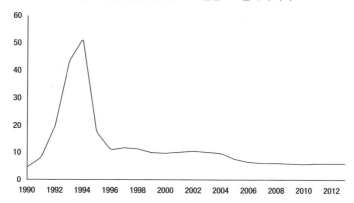

* 국가통계국(Oficina Nacional de Estadísticas, ONE)의 평균 월급 자료를 바탕으로 글쓴이가 계산함. 1993년까지는 암시장 환율을 썼고, 이후로는 '비공식적'이지만 합법적인 카데카 환율 적용(차환페소로 교환된 페소가 당시에 경화로 교환됐다). 카데카 환율은 개인 거래 및 비국가 부문 거래에만 적용된다는 걸 잊지 말 것.

그림 7. 1990~2013년 쿠바페소와 미국달러 간의 시장 환율

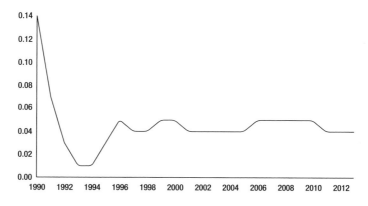

* 1993년까지는 암시장 환율, 이후부터는 카데카 환율을 바탕으로 글쓴이가 계산함.

서 고가에 거래되는 등속으로 공식 경제의 자원이 유출되었던 것이다. 부정부패가 판치고 소득 불평등이 확대되자, 평등주의 윤리와 사회주의 언사의 신용이 서서히 추락한 상황이었다. 거기에 부자들이 정실과 연줄을 통해 특권층을 매수함으로써 일자리와 교육 기회와 보건 서비스에서까지 차별적으로 특혜를 받아가자 사태가 점입가경으로 치달았다. 이 와중에도 보조금은 나가야 했고, 투자로 돌릴 수도 있었을 자금이 소진됐다.

방침 문서

라울 카스트로의 새 내각을 이끈 것은 경제부 장관 마리노 무리요 (Marino Murillo)였다. 그들이 해결해야 할 첫 번째 과제는 국제수지를 개선하는 것이었다. 2008년의 충격이 엄청났다. 그 과제는 수입을 대폭 줄여서 해결됐다. 그러자 GDP의 공식 성장률이 1.4퍼센트로 추락했다.[50] 이후로 쿠바의 경제 전략은 중국 방식을 채택하는 것이 아니라 다음의 모형을 '갱신'하는 것으로 규정돼왔다. 중국 방식이란 공산당의 지도 아래 자본주의적 축적을 단행하는 과정을 가리키며, 쿠바가 갱신하겠다는 모형이란 생산 다각화, 자본이 잠식된 국내 경제의 재활성화, 물가·환율·소득의 재조정이다. 라울은 통치 방식이 형과 판이함에도 불구하고, 이런 기조에서 조심스럽고 신중하게 형의 정책을 재정비했다. 그러면서 피델의 연설이 자주 인용됐는데, 라울은 다음의 문구를 가장 좋아했다. "레볼루시온 에스 센티도 델 모멘토 이스토리코. 에스 캄비아르 토도 로 케 데베 세르 캄

---

50) 쿠바 실질 GDP의 공식 시계열 자료는 1997년 물가와 여러 가중치를 토대로 했다. 따라서 연간 성장률이 약간 왜곡되었을 수도 있다. 그렇다고 전반적 추세가 달라지는 것은 아니다. 호르헤 페레스-로페스와 카르멜로 메사-라고는 2005~08년에 쿠바가 크게 성장했다는 사실 자체를 의심했다. "단절, 데이터 조작" 때문이며, 도대체가 "알 수 없다"고 투덜댔다. "Cuban GDP statistics under the special period", *Cuba in Transition 2009*, ASCE, pp. 153~66 참조. 그런데 GDP 성장률 공식 통계가 정체와 부진을 알리는가 싶으니까, 당장에 그 수치들을 인정·인용하고 나섰다.

제3부 각 지역의 쟁점들

비아도"(Revolución es sentido del momento histórico; es cambiar todo lo que debe ser cambiado, 혁명은 역사적 순간을 감식, 분별한다. 바뀌어야 하는 모든 게 바뀌는 것이 바로 혁명이다—옮긴이).[51] 라울의 초기 개혁 몇몇은 온건하고 수수한 편이었다. 이를 발판으로 보다 발본적인 활동이 개시됐다. 다시 한 번 전 국민 토론이 벌어졌고, 이는 2011년 4월 예정의 쿠바 공산당 제6차 당대회의 도움닫기였다. 다음처럼 제목이 무척 긴 문서 초안이 2010년 11월 전국에서 회람됐다. '리네아미엔토스 데 라 폴리티카 에코노미카 이 소시알 델 파르티도 이 라 레볼루시온'(Lineamientos de la Política Económica y Social del Partido y la Revolución, 당과 혁명의 정치·경제·사회 방침—옮긴이). 거기에 각종 평가와 제안이 담겨 있었다. 6차 당대회에는 그 초안이 수정되어 제출됐고, 재차 검토 수정돼 2011년 5월 발표 발간됐다.[52] 쿠바 공산당이 이 '지도 방침'을 가지고서 2016년까지의 정책을 진두지휘하고자 한 것은 사실이다. 하지만 그렇다고 그 문서가 무슨 5개년 계획 따위는 아니었다. 쿠바 공산당의 1991년 경제 결의안처럼 이것도 한 묶음의 원칙과 목표를 개략적으로 제시했을 따름인 것이다. 거듭 말하지만, 무슨 개혁 프로그램으로 제시되지 않았다.

쿠바의 참여 체계는 단점이 많았지만, 그래도 계속해서 다음 두 가지 역할을 수행했다. 공식 정책을 제약함과 동시에 구동했다는 것이 그 둘이다. 다음을 통해 그 점을 똑똑히 알 수 있다. 공공 부문에서 대규모 해고가 단행되려고 했는데, 그 지령이 검토 후 변경되었다. 직원들이 시행 방식이 가당찮고 불공정하며 과정 자체가 일사천리로 서둘러진다고 반발하자, 노동조합이 나섰던 것이다. 일련의 사태로 다음이 밝히 드러났다. 쿠바 노동조

---

51) Fidel Castro, 1 May 2000.

52) Partido Comunista de Cuba, "Proyecto de Lineamientos de la Política Económica y Social del Partido y la Revolución", 2011.

합은 '독립' 노조가 아니다. 하지만 그래도 정책을 제한하고 이른바 '합리화'나 기업 폐쇄도 어느 정도는 막아낸다.[53] '지도 방침' 토론 과정도 대중이 관련 내용을 철저히 조사 검토할 수 있는 기회였고, 최종안이 일부 크게 수정됐다. 2011년 5월 이후 무리요가 이끄는 어느 위원회가 중앙에서 중심적으로 '지도 방침' 시행을 관할 조율하기는 했지만, 훨씬 광범위한 기관과 기구가 거기 참여했음도 보태야 한다. 무리요의 위원회는 실행 과정을 당과 국회에 정기적으로 보고할 의무가 있었고, 당, 정부, 각종 전문가 위원회가 복잡하게 상호 작용했다. 각종 시험과 실험, 재교육, 조사 연구, 점검 개선이 이루어졌다.

'지도 방침'과 공식 연설을 보면, 시장의 "여러 메커니즘을 활용한다"는 말이 많이 나온다. 하지만 그것은 국가가 지휘 통제하는 정책의 일부 요소로 간주된다. 다른 나라들의 '이행' 전략에서 핵심을 차지한 신자유주의 논리와 확연히 대비되는 지점이다. 쿠바가 지금까지 취한 조치를 살펴본다. 비국영 부문의 확대 같은 각종 자유화, 해외투자 범위 확대, 특수 개발 지대의 세금 감면, 주택 및 중고차 시장의 규제 완화가 그것들이다. 하지만 정부는 민·사영 부문이 경제를 지배하도록 내버려두지 않았다. 이런 방향의 각종 조치가 국가의 관리 감독 능력을 강화하기 위한 것임을 분명하게 천명한 것이다. 라울은 국가원수직을 바탕으로, 감사원장인 글라디스 베헤라노(Gladys Bejerano)의 권위와 역량을 강화해줬다. (외부 논평가들은 한사코 그를 무시하거나 간과했다.) 베헤라노는 부패 척결—가장 유해하고 치

---

53) 노동조합의 역할은 Steve Ludlam, "Cuban Labour at 50: What About the Workers?", *Bulletin of Latin American Research*, vol. 28, no. 4, 2009; "Aspects of Cuba's Strategy to Revive Socialist Values", *Science and Society*, vol. 76, no. 1, 2012, pp. 41~65 참조. 정부와 노조가 토론해 내놓은 가장 최근의 결과물은 노동법이라고 하는 제116호 법률이다. 심의 과정을 거쳐, 2013년 12월 국회가 이를 승인했다. 전하기로는 노동자 280만 명이 그 심의 토론에 참여했다고 한다.

명적인 고위급의 독직과 수뢰를 파헤쳤고, 일부 관리가 장기 금고형을 언도받았다—에만 집중하지 않았다. 조세 정의를 확립하게 위해서도 불철주야 노력한 것이다. 베헤라노는 정보를 공개했고, 전국의 공무원, 사업체 경영자, 회계원, 자영업자를 교육했다. 요컨대 국가의 제도적 자산을 활용해, 공식 부문의 효율과 공정을 강화 개선할 요량으로 체계와 기풍을 진작한 것이다. 공식 부문에서 시장이 전보다 더 커다란 역할을 맡고 있었음을 지적해두자.

쿠바의 경제 성적은 세계 금융 위기로 인해 기대에 미치지 못했다. 연평균 GDP 성장률이 3퍼센트 미만이었는데, 거듭 목표 달성에 실패한 것이다. 베네수엘라가 계속 지원을 해주고는 있지만, 그 초기의 기세가 2008년 이후 꺾여서 잠잠한 상태다. 쿠바는 거듭해서 미국 시장에서 배제당했고, 해외 차입 상황 역시 지지부진하다. 국영 부문의 실질임금은 거의 개선되지 않았다. 예외가 하나 있다면 보건 의료 인력인데, 2014년 초에 임금이 인상됐다. 농업 생산물이 뭐라도 증산되지 못했다는 사실이 무척이나 실망스럽다. 땅을 사영 농민들에게 나눠주고, 일련의 조치—농민들의 동기와 열의 고취, 배급망 개선, 각종 지원, 융자—를 취했음에도 불구하고 그랬다. 크게 보면, 2008년 이후 쿠바의 GDP 성장률이 '이행' 국가들 평균보다 더 나쁘지는 않았다. 공공 부문 종사자 수가 크게 줄었음에도 불구하고 말이다. 조정 및 적응 과정은 실업이 급증해 상품과 서비스 수요가 갑작스럽게 줄어버리는, 이른바 수요 충격(demand shock)을 차단하기 위해 무척 느리게 이루어졌다. 하지만 2011년의 개혁으로 기대했던 개선과 개량은 무척 미흡했다. 신규 시장의 효율을 도모하는 각종 정책을 만지작거리는 걸 넘어, 더 과감한 조치들이 현재 고려되는 중이다. 해외투자를 증대하고, 이중 통화 체계가 지속되면서 발생한 각종 난경을 타개하려면 말이다.

최근의 가장 중요한 정책은 아바나에서 서쪽으로 45킬로미터 떨어진 마리엘 항구를 재단장하는 것이었다. 이 프로젝트는 2009년 출범한 합작 사업으로, 브라질의 투자은행 BNDES가 10억 달러의 차관을 융자해줬다. 1990년 이래 시행된 것 중 가장 큰 규모의 사회 기반 시설 투자란 사실을 부기해둔다. 마리엘 항구는 이제 흘수가 18미터인 배까지 정박할 수 있다. 흘수가 18미터면 '파나맥스'(Panamax, 파나마 운하를 통과할 수 있는 최대 규모의 선박—옮긴이)급 이상의 대형 컨테이너선을 수용할 수 있을 만큼 충분히 깊은 수심이다. 2015년 항구 정비가 끝나면 각종 선박이 파나마 운하를 통과해 이 항구에 정박할 것이다. 현재 미국의 금수가 계속되고 있으며, 쿠바는 미국으로 어떤 물건도 수출할 수 없을 뿐만 아니라 쿠바에 들른 배는 6개월 동안 미국 항구에 입항할 수 없다. 이런 제재 조치가 조금이라도 완화되면 마리엘의 역할이 배가될 것이 명약관화하다. 사실 쿠바 정부는 이 프로젝트로 얼마간 신호를 보낸 것이기도 하다. 양국 관계 개선에 관심이 있음, 말이다. 하지만 미국이 꿈쩍하지 않아도, 마리엘의 정비된 항구 시설은 무척 유용할 것이다. 왜냐? 중국, 브라질, 유럽과의 교역이 증대하고 있기 때문이다. 지역의 여러 소규모 항구로 화물을 적송하려면 더 작은 배로 컨테이너를 옮겨 실어야 하는데, 그 허브 역할을 할 수 있다는 사실도 매우 중요하다.

두 번째 정책은 2013년 말 마리엘에 특수 개발 지구를 연 것이다. 신규 철도가 부설돼, 이곳과 아바나를 연결해준다. 항구 주변으로 수출품을 가공 처리하는 산업 단지를 개발하고, 쿠바와 외국의 기업을 유치해 그들이 국내 시장을 겨냥해 생산 활동을 조직하도록 하는 것이 이 두 번째 정책의 목표다. 여러 해 동안 토의가 거듭됐고, 마침내 2014년 6월 말 신규 해외투자법이 발효되면서, 이게 가능해졌다. 그런데 다시 한 번 쿠바학 학자들한테는 실망스럽게도, 이 사태 전개는 1995년의 입법 조치를 약간 개정한 것에 불과하다. 어떤 차이가 있는지 보자. 세제와 다른 유인책들이 바뀌었고, 미국 투자자들도 더 명시적인 형태로 받아들이겠다고 천명했다. 하지만 중요한 원칙들은 여전히 유지되고 있다. 쿠바 국가가 문지기 역할을 맡을 것이다. 해외투자 자본은 애초의 개발 목표에 이바지해야 한다.

기산일

하지만 해외투자 유치에 성공하더라도 기형적인 성장 모델이 영속화될 수가 있다. 환율 격차―'공식' 환율에 따르면, 페소와 차환페소와 달러가 동등하다. 그런데 합법적이지만 '비공식적인' 카데카 환율은 차환페소나 달러당 24페소이다―로 인해, 달러와 불차환페소의 공식·비공식 가격체계가 광범위하게 형성된다면 말이다. 이런 식이면 국내 경제와 해외 경제가 통합될 수 없다. 비국영 부문이 개발되었고, 다음이 점점 더 분명해졌다. 효율이 떨어지는 사영 기업들이 국내 경제에서 번창해버렸다. 카데카의 차환페소 환율로 거래를 하기 때문에 노동력을 포함해 페소 비용이 싸게 치러지는 것이다. 요컨대 쿠바 국가가 신규 비국영 부문에 저평가된 카데카 환율로 보조금을 지급하고 있는 셈이다. 그런데 국영기업들은 과대평가된 공식 환율을 채택해야 한다. 둘이 경쟁한다고 생각해보면, 이는 매우 불리한 조건이다. 일종의 '통화 환각 및 오해' 현상이 펼쳐지고 있는 것인데, 그 의미와 결과는 뻔하다. 효율적인 국영기업들이 손실을 기록하고, 당연히 투자 자본을 비축할 수가 없다. 반면 민간 기업가들은 생산성이 매우 낮음에도 불구하고 은폐된 형태로 국가 보조금을 두둑하게 챙기는 것이다. 그런데도 그들은 세금이 많다고 불평해댄다.

2011년의 '리네아미엔토' 제55번 방침에서 이중 통화 체계를 손볼 것이라고 천명했다. 하지만 일단 방침의 자구가 뜬구름 잡는 식이고, 변화는 느리기만 하다.[54] 이런 지연 사태는 위험한 상황이 벌어질 게 얼마간 두렵기

---

54) 조문을 자구 그대로 해석해보면 다음과 같다. "통화 통합이 이루어질 것이다. 노동생산성과 분배 및 재분배 체계의 효율성이 고려될 것이다. 통화 통합은 매우 복잡한 일이기 때문에, 주관적·객관적 수준 모두에서 철저한 준비와 실행 과정이 요구된다."

때문이다. 어떤 식이 됐든 통화를 재정비하려면 가치를 재평가해야 하는데, 그러면 단절이 일어나는 게 필연적이다. 하지만 1990년대 초에 페소 가치가 폭락한 사태는 정말이지 세상이 무너지는 경험이었고, 쿠바 중앙은행의 최대 기조는 안정을 유지하는 것이다. 다시금 곤경에 처하는 것이 두렵고, 그들은 조심하고자 한다. 이런 심리 상태와 태도를 보이는 것은 정부와 관료 조직은 물론 국민 전체도 마찬가지다. 많은 가구가 왜곡된 기형적 물가체계에 적응한 상태고, 나아가 기대고 의지하는 지경이다. 1990년대 중반부터 2008년 사이에 조정 및 적응을 통해 점진적 개선이 이루어졌고, 그걸 알기 때문에 통화 체계를 균형적으로 복원해야 한다는 명령은 그리 시급한 과제로 인식되지 않았다. 그러나 사태가 그런 식으로 전개되면서 경기가 부진해지자, 이 사안이 다시 대두됐다.

결국 2013년 초에 첫 단계 조치들이 취해졌다. 2년간의 조사 연구 끝에 시범 조치가 시행됐다. 일부 국영기업이 1차환페소당 약 10페소인 쿠바페소-차환페소 환율을 적용받아 국내 사업자—국가든 협동조합이든 민간 업자든—한테서 구매를 할 수 있게 됐다. 정부가 2013년 10월 통화 개혁의 시간표를 기안했다고 발표했다. 2014년 3월에는 세부 내용이 발표됐다. 차환페소를 폐지하는 새 출발의 '기산일'(Dia Cero, Day Zero)에 물가를 어떻게 정하고 또 장부 거래는 어떻게 해소할지 설명한 것이다.[55] 그 기산일부터는 쿠바페소가 외화와 직접 태환된다. 물론 세부적인 외환 관리 계획은 아직 공개되지 않은 상태지만. 쿠바 국가는 충격을 최소화할 필요가 있고, 그래서 쿠바페소의 새 가치 한도를 정할 것이며, 초기 손실을 벌충하기 위해 교부금도 지급할 것이다. 단일 통화로 가치가 새로 매겨지면, 1990년 이래 유지돼온 페소화의 국제시장 구매력이 줄어들 것이고, 민·사영 부문으로 이전되던 '은폐된 형태의 보조금'이 없어질 것이다.

---

55) *Gaceta Oficial*, 6 March 2014.

새로운 단일환율이 어떠해야 하는지는 매우 중요한 쟁점임에도 불구하고, 아직 충분히 설명되지 않고 있다. 달러당 24페소인 기존 카데카 환율은, 페소가 저평가된 것이다. 어쨌거나 이 정도면 혼란이 최소화될 것 같다. 또 공식 환율이 대폭 평가절하되면 기업 부문의 경쟁력이 크게 개선될 것이다. 하지만 그렇게 되면 쿠바 경제가 초저임금 생산국으로 세계시장에 편입될 테고, 과거의 차환페소 소득과 쿠바페소 급여 체계의 간극을 크게 키우고 말 것이다. 차환페소/달러 대 페소가 20, 15, 아니 심지어 10 정도 환율이라면 상대적 실질소득이 어느 정도는 바로잡힐 테고, 경쟁력도 향상될 것이며, 사태가 일단 진정돼 자신감이 회복될 경우 그 이상의 조정과 적응도 가능하기는 할 것이다.[56]

내가 글을 쓰고 있는 현재 기산일 날짜는 잡히지 않은 상태다. 페소 재평가 작업이 어떻게 이뤄질지와 관련해 확실한 게 하나도 없다. 정부는 확실히 조심스럽게 통화를 통합하려 하며, 재편성 비용을 최소화할 수 있을 것으로 기대하는 중이다. 쿠바와 직접 비교할 만한 사례가 전혀 없다. 왜냐하면 통화 통합이 수행된 다른 나라들은, 무역수지가 흑자여서 외화가 많을 때였거나 외부의 지원을 받아 그 과제를 단행했기 때문이다. 게다가 쿠바처럼 구조가 특별한 나라도 없다. 쿠바는 시장과 물가가 산산이 조각나 있는 경제구조다. 쿠바의 상황을 종합 판단하려면 통화 관련 자료가 필요한데, 없다. 이런 처지이니 통화 통합으로 발생할 결과를 우리는 다만 추측만 해볼 수 있을 따름이다. 그래도 이 개혁이 향후 여러 해에 걸쳐 지대한 영향을 끼칠 것은 틀림없다. 상대 물가와 소득분배는 물론이고, 쿠바 경제의 성장을 추동하는 역학 관계도 마찬가지이다.

---

56) 더 자세한 설명은 "Cuba prepares for exchange-rate reform", Economist Intelligence Unit, 12 March 2014 참조.

사회 분열

어떤 주민이 차환폐소와 외화를 지니고 있는지, 또 얼마나 갖고 있는지 파악하는 것은 쉬운 일이 아니다. 어떤 추계에 따르면 국민 절반이 차환폐소를 지니고 있는 듯하다. 하지만 대부분 그 액수는 아주 적을 것이다. 은행 계좌에 쌓인 예금액이 아주 많다. 하지만 가령 암시장 사업에 성공한 사람들은 돈을 다른 데 둔다. 조금이라도 확실하게 파악할 수 있는 것은 차환폐소를 많이 가진 사회집단과 하나도 가지지 못한 사회집단 정도다. 가족의 도움을 받지 못한 채 국가 연금이나 사회 보조로만 사는 사람들이 극빈층을 구성한다. 연금만으로는 최저 생활을 하기에도 빠듯하다. 가족이 없거나 가족이 가난한 경우, 사회보장 서비스가 그래서 연금을 보충해줘야 한다. 아바나에 돈이 더 돌고, 그래서 능력 있는 청년들이라면 뭔가를 벌면서 도모할 기회가 많은 것이 사실이다. 하지만 노인들은 아바나 근처로 이사할 수 없고, 어쩌면 아바나는 그들에게 최악의 거주지 가운데 하나일 것이다. 왜냐? 시장 물가가 가장 높기 때문이다. 국가가 제공하는 저임금 일자리에 종사하는 사람들은, 보너스는 언감생심이며 좀도둑질이나 부업, 해외 송금도 전혀 기대할 수 없는 실정이다. 이들도 최저 생계 수준에 근접해 근근이 살아간다.

그다음으로 형편이 안 좋은 사람들(차상위 계층)이 그럭저럭 먹고는 사는 사람들인데, 아마 국민의 절반 이상이 여기에 속할 것이다. 그들이 모종의 방식으로 국가로부터 받는 소득을 보충할 수 있기 때문인데, 그렇다고는 해도 입에 풀칠하기 바쁘며, 저축할 돈도 거의 없다. 정부 관리들이 이 범주에 들어가고, 해외 송금이 좀 들어오거나 합법이든 불법이든 소규모로 사영 활동을 하는 사람들도 그렇다. 임금격차가 크지만, 실질 소비가 여기에 좌우되지는 않는다. 차환폐소 소지 여부가 소비 활동을 결정하는 것이다. 타격이 가장 심한 국가공무원은 공산당원과 관리들이었다. 그들은 비공식적 활동을 일절 해서는 안 되기 때문이다. 그들이 현물 특권을 누릴지는 모르겠지만, 소득은 확실히 아니다. 일부 전문가는 해외 출장을 갈 기회가 있고, 가령 가옥 수리처럼 큰일을 벌일 가외 소득을 챙기기도 한다. 시간이 경과하면서, 모종의 상여금을 받는 국가 부문 노동자의 비율이 증가했다. 우선 첫째로, 매달 하바스(javas)가 나왔다. 생필품, 그러니까 세탁비누나 치약 같은 걸 담은 주머니를 하바스라고 한다. 현재는 10~25차환페소 이상의 상여금이 일반적이다. 과거 10년 동안 점점 더 많은 가계의 소득이 증가했는데, 어느 정도냐면 이동전화를 휴대하고 가옥을 수리하거나 중고차를 구매하는 수준이다. 하지만 국가가 통제하는 명목소득이 생활비와 연동해 오르지는 않았고, 그래서 페소 봉급만으로 사는 사람은 여전히 돈에 쪼들린다.

소수 부자는 별도의 동떨어진 집단이다. 보면, 해외 송금이 활수한 소수, 일부 사영 농민, 합법이든 불법이든 비국영 사업체를 보유한 채 성공 가도를 달리는 소수, 국제 무대에서 활약 중인 스포츠 및 문화계 인사, 부패한 기업체 관리들, 독직과 수뢰를 일삼는 공무원이 그들이다. 요컨대 그들이 누리는 특권은 국가가 지급하는 페소 소득에서 나오는 것이 아니다. 그들은 국민 대다수와는 다른 세계에 산다. 이들 집단의 경우는 경제사범을 적발해 처벌하고 세제를 강화하기 위해 노력해야 할 것이다. 고소득자라면 소득세와 소비세 모두를 통해 세금을 많이 내는 게 당연하다. 정부가 합법활동의 고소득을 차단하려는 노력도 완전히 외면한 채 방기 중이다. 야구선수의 해외 진출 제한이 풀리고 있는 것이 그 예다. 쿠바인들은 이제 더 자유롭게 외국으로 나가 일하고 또 귀국하는 것이 가능하다.

하지만 다수 대중의 생활수준의 개선은 미미할 뿐만 아니라 지독히도 느리게 진행되었다. 남들이 안락함을 만끽하는 것을 목도하는 상황이니, 가령 아바나 같은 경우는 그런 현실을 참아내기가 더욱더 어려워졌다. 더구나 그 안락함과 편리가 정직한 노력으로 얻은 것이 아님은 모두가 안다. 일용품에는 여전히 보조금이 지급된다. 하지만 일부 생필품은 배급 대상에서 제외됐고, 결국 농산물 시장에서 구매해야만 하는 상황이다. 그 점진적 과정과 더불어 명목임금이 느리게 상승했고 뇌물이 확대됐다. 전력 공급 상황이 개선되었다. 하지만 물과 전기 따위의 생활 요금이 비싸졌고, 임금 상승분이 그런 식으로 말소된다. 다수 대중이 생활수준 향상을 거의 느끼지 못하는 이유다. 그래도 사회 안전망이 여전하다. 기반 시설과 공공 서비스가 확실히 예전보다 나아졌다. 정부가 전문 기술 인력 수출과 세제를 통해 확보한 수입을 우선적으로 어디 지출했는지 알 수 있는 것이다.

대안?

라울 카스트로의 두 번째이자 마지막 대통령 임기가 늦어도 2018년에는 끝난다. 2016년이면 현하의 지도 방침이 5년간의 '갱신' 과정을 끝내게 된다. 쿠바 경제가 각종 생산의 토대를 넓히고 민·사영 부문을 확대하면서도 동시에 보건, 교육 등의 보편 복지를 유지하겠다는 것이 리네아미엔토스의 목표다. 이 목표를 달성하려면 투자가 늘어나야 한다. 쿠바는 가령 중국, 브라질, 러시아 등 신규 협력국과 성공적으로 관계를 맺었고, 이런 상황을 고려하면 해외투자 증대는 실현 가능해 보인다. 오히려 국내 경제의 역동성과 효율을 높이면서, 동시에―국가사회주의 프로젝트를 위협하는―소득 격차 확대 및 사회 분열을 막는 일이 더 힘들고 까다로우리라.

쿠바를 기력이 다한 나라라면서 실패 사례로 단정하기 쉽겠지만, 이 나라가 오늘날까지 얼마나 대단한 성취를 이루었는지 먼저 인정해야 한다. 쿠바의 정책 결정자들은 시장 메커니즘을 통해서 경제가 역동적으로 다각화될 수 있도록 승인했다. 그렇다고 그들이 전폭적인 사유화 및 자유화를 받아들이지는 않았다. 사회가 치러야 할 비용과 대가를 항상 경계해온 것이다. 국제사회의 환경이 비상하게 힘겨운 상황에서 이런 태도와 방법이 벼려졌다. 경제성장과 사회 보호 둘 다에서 쿠바식 접근법이 워싱턴 컨센서스 모형보다 더 효율적이었다. 쿠바의 대장정을 동유럽의 코메콘 후신국들이나 나아가 중국 및 베트남과 비교해보면, 몇 가지 독특한 특징을 확인할 수 있다.

첫째, 쿠바는 경제 위기가 닥쳐왔음에도 불구하고 사회 안전망을 유지해냈다. 정말이지 다른 나라들과 확연히 대비되는 지점이다. 쿠바를 강타한 외인성 충격은 심대했고, 외부 환경도 무척이나 적대적이었다. 보편 복지를 유지해야만 사회적 난경을 극복할 수 있다는 것이 분명했다. 여기에 광범위한 민중 토론이 보태졌다. 구체적으로 세 번 결정적 시기가 있었다. 위기가 시작되었을 때, 안정화 과정, 라울이 신규 조정을 단행하기에 앞서 실시한 예비 단계 때 전 국민이 토론하고 협의했다. 충격을 받고 비틀거리다가 회복한 초기에 임금과 물가를 통제함으로써 끝없는 인플레이션의 악순환을 차단해 비교적 신속하게 경제를 안정시킬 수 있었다는 것이 세 번째이다. 임금과 물가를 묶어둠으로써 비공식 경제가 창궐하기는 했지만, 그럼에도 불구하고 공식 경제의 혼란이 최소화됐고 소득 격차가 벌어지는 것도 막을 수 있었다. 계획과 시장은 뚜렷이 구분되는 별개지만, 쿠바의 이 전략은 중국의 '이중 경로' 시스템과 비슷하다. 중국도 '계획' 영역을 유지하면서 동시에 '시장' 부문을 함께 발전시켰다. 쿠바 주민은 그 기회를 통해 실험하고, 또 배울 수 있었다. '두 갈래 길'과 '제2경제'는 비효율과 혼란에도 불구하고, 쿠바가 새로운 상황과 조건에 적응해 나가는 데서 일정한 역할을 맡았다.

넷째, 쿠바는 경제의 구조 개혁 과정을 계속 통제했다. 특정 산업 분야에 부족한 경화를 투입하려면 이는 불가피한 선택이었고, 쿠바는 가용한 자본량에 비해 외화벌이 성적이 엄청났다. 쿠바의 기획가들은 선별한 사업 활동과 기업체를 통해 '학습'도 했다. 경영자와 노동자는 바뀐 국제 환경에 어떻게 적응할지를 깊이 숙고할 수 있었다. 그렇게 창출된 수출 토대가 길게 보아 쿠바의 지속 가능한 성장을 담보하기에는 협소할 수도 있다. 하지만 그래도 이 방법은 위기 이후에 쿠바의 국가 역량을 복원한 효과적인 수단이었다. 마지막 다섯째다. 쿠바는 '자본주의로의 이행'이란 주류 로드맵을 거부했고, 그로 인해 조정 및 적응의 공간이 열렸다. 한 관료는 이를 두고 '영구 혁명'이라고 설명했다.[57] 상술한 바와 같이 그렇게 뛰어든 공간에서 쿠바는 바뀌는 상황과 제약에 탄력적으로 융통성 있게 대응해왔다. 수많은 이행 전문가가 다른 코메콘 후신국들에 파견돼 자유화와 사유화를 도붓장수질했다. 쿠바의 장정은 그들의 엄격한 처방과 또렷하게 차이가 난다. 쿠바는 가난한 나라다. 하지만 그럼에도 불구하고 이 나라의 보건 의료 및 교육체계는 미주 대륙에서 등불과 같은 존재이다. 쿠바의 방법을 통해 우리는 다음을 깨달을 수 있다. 어려움과 모순이 있다 해도, 국가가 주도하는 발전 모형에 시장 메커니즘을 집어넣을 수 있다. 경제성장과 사회 보호 성적을 비교적 양호하게 끌어낼 수 있는 것이다.

그렇다면 이렇게 질문하지 않을 수 없다. 도대체 국가가 왜 경제활동에서 자신의 월등한 역할을 마다해야 하는가? 우리의 정책이 자본주의로의 이행이란 테제에 굴복해야 할 이유는 또 뭔가? "체제를 부분적으로만 손봐서"는 성공할 수 없다는 코르나이의 주장이 이행경제학의 근본 가정이다. '사회주의 계획'경제에서 '자본주의 시장'경제로 이행을 완료해야만 효율과 역동성을 최대로 끌어낼 수 있다는 것도 그런 근본 가정 중 하나다. 사회주의 계획경제는 융통성이 너무나 없어서 장기적으로 살아남을 수 없다나 어쨌다나. 하지만 코메콘 후신국들의 경험을 보면, 성공이 자동으로 보장되는 게 아닐뿐더러 사회적 비용이 막심할 수도 있음을 알게 된다. 내가 하고 싶은 말은 이거다. 편견 없이 쿠바를 보라. 쿠바의 대장정은 다른 길이 가능할 수도 있음을 증언한다.

〔정병선 옮김〕

---

57) 해외투자 및 경제협력부 장관의 인터뷰, Havana, June 1996.

제4부
문화와 예술

이중(二重)의 부재

실종자를 표현하는 방식

부루쿠아(José Emilio Burucúa)와 키아트콥스키(Nicolás Kwiatkowski)

아르헨티나의 마지막 군사독재 정권은 1976년과 1983년 사이에 수천 명의 시민이 폭력적이고 조직적으로 그리고 비밀리에 살해된 데 대한 책임이 있다.* 그것은 아르헨티나 역사에서 유례없는 사건이었다. 이런 사실은 그 시기에 실제로 무슨 일이 일어났는지 좀 더 잘 이해하려는, 다시 말해 이런 참상을 가능케 한 원인과 상황을 알아내려는 사회적 욕구를 낳았다. 아르헨티나의 사례는 고전고대 이래 그것의 서술에 내재하는 어려움 때문에 역사가들을 괴롭혀온 역사적 학살(historical massacre)이라는 좀 더 일반적인 현상의 한 예다. 지금부터 우리가 역사적 학살을 묘사하기 위해 사

---

* 베를린 고등학술연구소(Wissenschaftskolleg)와 문학과 문화 연구 센터(Zentrum für Litera-tur- und Kulturforschung)에서 이 글의 이전 버전을 발표했다. 참석해준 청중의 논평과 제안에 대해 고마운 마음을 전하고 싶다.

용해온 '정형화된 표현 방식'이라 일컫는 것을 알아보려 한다. 먼저 역사적 학살이란 무엇인지 정의하고 우리의 논의를 위한 이론적 토대를 제시한다. 두 번째로, 20세기에 이르기까지 이 정형화된 표현 방식 가운데 세 가지(사냥, 순교, 지옥)의 장기적 진화를 추적한다. 세 번째로, 가능한 새로운 표현 방식을 보여주는 많은 예를 제시한다. 실루엣과 도플갱어의 증식이 바로 그것이다. 마지막으로, 이런 유의 시도가 갖는 위험성에 대해 논의한다.

I

일상 언어에서 massacre라는 말에는 몇 가지 용법이 있다. 정상이 아닌 개인의 살해 공격에서부터 스포츠에서의 압도적인 승리에 이르는 상황에 쓰인다(massacre에는 '학살'이라는 뜻 외에 '대패', '대패시키다'라는 뜻도 있다—옮긴이). '역사적 학살'이라는 말은 완전히 다른 한 가지 현상, 즉 보통 무장하지 않아서 자신을 방어할 능력이 제한된 많은 사람들에 대한 대량 살인(mass murder)과 관련이 있다. 이 말의 어원은 16세기 프랑스로 거슬러 올라간다. 1556년 소논문 「메린돌과 카브리에르 주민에 대한 박해와 약탈에 관해 기억해야 할 역사적 사실」(Histoire mémorable de la persé-cution et saccagement du peuple de Mérindol et Cabrières)에서 학살이라는 말은 그 지역의 발도파를 일소하는 종교운동을 묘사하기 위해 사용되었다. 곧이어 프로테스탄트들은 프랑스 종교전쟁에서 벌어진 최악의 사건들을 이야기하면서 이 낱말을 선택했다. 그런 사건들에는 가장 극적인 것으로서 1572년 8월에 일어난 성 바르톨로메오 축일의 학살이 포함된다. 일반적으로 역사적 학살은 개인보다 집단에 책임이 있으며 유달리 잔혹한 방법을 이용한다.[1] 게다가 죽거나 살아남은 희생자들은 완전히 멸시받는 반면에, 가해자들은 그렇게 하면서도 그리 큰 물리적 위험에 처하지 않는다.

비록 역사적 학살은 설명하기가 어렵고 그 인과관계의 연쇄가 단속적인 것으로 보이지만, 이런 유형의 살육이 분명하게 한정된 공간과 기간에 발생하며 그 장본인들을 확인할 수가 있다.

역사적 학살과 관계가 있지만 몇 가지 면에서 다른 새로운 유형의 대량 살인이 20세기에 등장했다. 바로 집단 학살(genocide)이라는 범죄다. 1948년에 결의된 유엔의 집단학살죄 방지와 처벌에 관한 협약에서는 다음과 같이 정의한다.

전체적이거나 부분적으로 한 국가, 민족, 인종 또는 종교 집단을 말살할 의도로 저질러지는 다음과 같은 행위. (a) 해당 집단 구성원들의 살해, (b) 해당 집단 구성원들에게 심각한 신체적·정신적 피해를 초래하는 행위, (c) 전체적이거나 부분적인 물리적 파멸을 초래하도록 계획하여 해당 집단의 삶의 조건에 의도적으로 타격을 가하는 행위, (d) 해당 집단 내 출생을 막기 위한 의도적인 정책 시행, (e) 해당 집단의 아이들을 다른 집단으로 강제 이주시키는 행위.[2]

물론 집단 학살이라는 개념은 쇼아(Shoah)와 밀접한 관련이 있지만, 라

---

1) 프랑스 역사학자 자크 세믈랭(Jacques Sémelin)은 '근접성 학살'(massacre of proximity), '토끼몰이식 학살'(massacre at bay, 폭격이나 소이무기燒夷武器를 사용한), '쌍방적 학살'(대표적인 것이 내전), '일방적 학살'(국가가 자국민에게 가하는), '대규모 학살'과 '소규모 학살', '비밀 학살'과 그 반대되는 '공개 학살'로 한층 더 구분할 것을 제안한다. Sémelin, "Du massacre au processus génocidaire", *Revue internationale des sciences sociales*, 174, December 2002, pp. 483~91.

2) 전문가들 사이에 집단 학살의 정의에 관해 많은 논란이 있었다. 두 가지 쟁점이 언급되어야 한다. 첫째, 잠재적 희생자들의 목록에서 정치적 집단이 누락된 것이 격렬한 논의의 대상이었다. 몇몇 국가들은 그런 집단이 포함된다면 자국이 집단 학살로 비난받을 수 있으리라고 우려했다. 둘째, 동의된 정의의 한 가지 결과는 대량 살인이 법률적으로 집단 학살로 여겨지려면 그 같은 집단을 말살하려 한다는 분명하고 증명 가능한 의도가 있어야 한다는 것이다.

파엘 렘킨(Raphael Lemkin)이 아르메니아의 집단 학살을 조사하면서 이미 그 개념을 발전시키기 시작했음을 보여주는 강력한 증거가 있다.[3] 역사적 학살과 집단 학살 사이에는 분명 유사성이 있으나 중요한 차이점도 있다. 그 가운데 하나가 집단 학살의 경우는 대개 집단적으로 책임이 있는 범죄 국가가 존재한다는 사실이다. 게다가 형사상 책임은 가해자 개인과 살육을 명령한 사람들 몫이 된다. 몇몇 역사적 학살이 집단 학살 내에서 발생할 수는 있지만 역사적 학살의 입증이 곧 집단 학살의 발생을 의미하지는 않는다.

역사적 학살과 집단 학살은 다른 어떤 종류의 사건보다 더 한껏 사실(fact)과 진실(truth)과 서술(narration)의 관계를 시험한다. 인간 집단을 말살하려는 그 같은 의도적이고 체계적인 시도가 있을 때마다, 그것은 우리가 이용할 수 있는 모든 윤리적 · 수사적 · 분석적 범주로써는 설명할 수 없는 한정된 경험으로 여겨졌다. 가해자들은 자신의 행위를 숨기려 하는 반면 생존자들과 희생자들을 옹호하는 사람들은 집요하게 사실을 입증하고자 했다. 그러면서 그들은 사울 프리틀렌더(Saul Friedländer)가 '표현의 한계'라고 부른 것에 직면했다.[4] 1923년 아비 바르부르크(Aby Warburg)는 마술, 예술, 종교가 사유 공간(Denkraum)을 제공한다고 말했다. 이것이 우리를 가장 깊은 공포 그리고 불안(주로 죽음의 공포)에 대면시키는 대

<hr>

3) Raphael Lemkin, "The Evolution of the Genocide Convention", I, *Lemkin Papers*, New York Public Library, reel 2. 집단 학살과 구분되지만 아주 가까운 '반인륜 범죄'(crimes against humanity)라는 개념은 1915년 오스만튀르크 제국 군대가 아르메니아인들에게 저지른 학살과 관련해서 영국, 프랑스, 러시아 정부가 내놓은 공동선언에 처음으로 등장했다. Roger S. Clark, "Crimes against humanity at Nuremberg", in George Ginsburg and V. N. Kudriavtsev, eds., *The Nuremberg Trial and International Law*, The Hague 1990, p. 177.

4) Saul Friedländer, ed., *Probing the Limits of Representation*, Cambridge, MA 1992.

상에 접근할 수 있게 해준다는 것이다.[5] 여기서 우리가 주장하는 바는 학살의 표현 및 그와 관련된 수사적이고 미학적인 장치들이 비슷하게 어떤 거리나 사유 공간의 창출을 가능하게 한다는 점이다. 결국 이들 장치는 그러지 않으면 견딜 수 없을 사건을 다룰 수 있는 가능성을 열어준다.

우리는 앞서 '정형화된 표현 방식'이라는 말을 썼지만, 그것은 좀 더 엄밀한 정의를 요구한다. 이 개념은 아비 바르부르크의 파토스 형식(Pathosformeln)에 일부 빚지고 있다. 파토스 형식은 명쾌하게 정의되지는 않았지만 그의 주요 저작 대부분에 등장한다.[6] 파토스 형식은 몰역사적인 것도, 인류학적으로 불변하는 것도 아니다. 그와 달리 특정한 역사 시기와 다양한 문화는 일관성 있는 인식과 느낌(feeling)에 의해 특징지어진다. 이들의 표현은 어떤 일관성 있는 형식적 접근법, 즉 다양한 예술 영역에 나타나면서 대단히 폭넓은 문화적 관심사를 구현하는 배열 원칙(principles of configuration)을 요구한다. 결국 이 파토스 형식은 변화하고 적응할 수 있으며, 전용(轉用)과 차후의 수정이 가능한 대상이다. 정형화된 표현 방식은 파토스 형식과는 좀 다르다. 역사적으로 결정된 인류의 원시적인 경험하고만 관련지을 필요가 없다는 점에서 그렇다. 그래서 파토스 형식보다 더 많고 더 민첩하다. 우리가 알기로, 정형화된 표현 방식이란 역사적으로 형성되고 그와 동시에 비교적 안정적이어서 독자나 관람자가 손쉽게 알아보는 일련의 문화적 장치(말, 이미지, 퍼포먼스)다. 그 목적은 기성 사회가 공동의 삶과 경험의 기본 요소로 여기는 대상, 인물, 사실 그리고 그들 간의 관계를 암시하고 보여주는 것이다. 정형화된 표현 방식은 또 변화의 대상이다. 새로운(다른) 현상을 표현하고 새로운 의미를 전달하기 위해 수정될 수

---

5) Aby Warburg, *Images from the Region of the Pueblo Indians of North America* (1923), Ithaca 1995.

6) Carlo Ginzburg, "Le forbici di Warburg", in Maria Luisa Catoni, ed., *Tre figure. Achille, Meleagro, Cristo*, Milan 2013 참조.

있다는 점에서 그렇다. 비록 정형화된 표현 방식이 대개 오래된 것들과 관련이 있기는 하지만 말이다. 우리가 표현의 한계에 맞닥뜨리게 되는 것은 바로 새로운 사실과 기존의 정형화된 표현 방식 사이의 관련성을 찾기 어렵거나 그 관련성이 아주 문제가 많아지는 때다.

II

고전고대, 근대 초기, 근대 유럽에서 학살이 표현되는 방식에 대한 연구에 근거해서, 우리는 거듭 나타나는 세 가지 주요한 정형화된 표현 방식을 확인했다. 여기서는 그 종합적인 개요만을 제시할 수 있을 뿐이다. 첫 번째는 '사냥과 관련이 있는' 표현 방식이다. 이는 고대 그리스에서 정교해졌는데, 가해자와 피해자의 행동과 특질을 사냥꾼과 사냥감으로 묘사하기 위해 사용되었다. 예를 들어 고전고대의 아피아노스(Appianos, 2세기 무렵의 역사가)는 기원전 43년 제2차 삼두정치 당시의 살육에 대해 이야기하면서 그 학살의 가해자를 '사냥개'로 묘사했다.[7] 아피아노스의 글이 끼친 영향은 이들 사건에 대한 후대의 묘사에서 분명하다. 예를 들어 앙투안 카롱(Antoine Caron)이 1560년부터 1566년까지 이를 주제로 그린 그림들에서 가해자들의 잔인성, 소름 끼치는 머리들의 더미, 무방비 상태의 희생자들(이 모두가 아피아노스의 글에 나온다)이 폭군의 동물적 흉포함을 드러낸다. 1573년 위그노 교도인 프랑수아 뒤부아(François Dubois)는 성 바르톨로메오 축일의 학살을 그림으로 그렸다. 자세, 움직임, 무리 짓기, 파리의 도시 공간이 모두 카롱의 작품에 나오는 로마 시대의 그것과 두드러지게 비슷하다(그림 1, 2 참조). 두 경우에서 사냥 메타포가 가해자의 묘사에서

---

7) Appian, *Civil Wars*, Book IV, Ch. 3, §14.

그림 1. 앙투안 카롱, 「삼두정치의 학살」 (보베 소장본, 1560, 부분)

그림 2. 프랑수아 뒤부아, 「성 바르톨로메오 축일의 학살」 (1573)

다시 나타난다. 한편 1516년 페드로 마르티르 데 앙글레리아(Pedro Mártir de Anglería)는 『신세계』(De Orbe Novo)의 적어도 두 구절에서 '사냥개에게 쫓기는 토끼처럼' 정복자들로부터 달아나는 인디언들에 대해 이야기했다.[8]

중세에는 집단 순교라는 새로운 표현 방식이 등장했다. 14세기에 순교 장면은 전형적으로 절망을 묘사하는 것이 되었다. 성서의 대량 살인, 특히 영아(嬰兒) 학살이 또한 콘스탄티노플에서 터키인들이 일으킨 참상이나 오트란토(Otranto) 약탈 같은 동시대 사건을 묘사하는 데 기준으로 이용되었다(예를 들어 마테오 디 조반니Matteo di Giovanni가 1495년에 그린 「영아 학살」에서). 장 페리생(Jean Perrissin)이 도안을 그리고 자크 토르토렐(Jacques Tortorel)이 조각한 프랑스 종교전쟁에 관한 동판화 연작 24점에서 볼 수 있는 것처럼, 이 공식은 현재와 과거의 학살을 표현하는 데 본보기가 되었다(그림 3).

세 번째로, 어떤 경우에는 희생자를 악마와 동일시하기 위해, 또 어떤 경우에는 학살 경험 자체를 묘사하기 위해 지옥 메타포가 사용되었다. 이런 표현 방식은 16세기에 나타나서 곧 대량 살해를 표현하는 가장 강력한 공식의 하나가 되었다. 1572년 조르조 바사리(Giorgio Vasari)는 바티칸 귀빈 응접실(Sala Regia)의 장식을 마무리해달라는 요청을 받았다. 그는 가톨릭의 대의가 위태로운 자기 시대의 갈등을 묘사하고자 했다. 이런 이유로 레판토 전투의 전경(全景) 바로 옆에 프랑스 종교전쟁 장면으로 이루어진

---

8)　Pedro Mártir de Anglería, *De Orbe Novo*, Decade I, Book I; Decade IV, Book V. 이 구절의 번역과 해석에 대해 카를로스 엔리케 카스티야(Carlos Enrique Castilla)에게 고마운 마음을 전한다. 우리는 이 부분을 그의 박사 논문 *La versión española de* De rebus oceanicis et Novo Orbe Decades *de Pedro Mártir de Anglería: Estudio de las operaciones discursivas del traductor*, Universidad Nacional de Tucumán, February 2010, pp. 185~87에서 가져왔다.

그림 3. 자크 토르토렐과 장 페리생, 「40개 장면 가운데 바시의 학살」(1569~70)

3개의 프레스코를 포함시켰다. 이 경우에는 사냥과 관련된 표현 방식은 보이지 않고 지옥과 관련된 표현 방식이 대신 사용됐다. 콜리니(Coligny) 제독(1562년 프랑스 종교전쟁 당시 위그노파의 중심 인물로 프로테스탄트 진영을 통솔했다—옮긴이)의 암살을 묘사한 프레스코는 「사무엘서」에 나오는 천사의 몰살로 넘쳐난다. 가해자들이 동물화되는 게 아니라 희생자들이 악마로 바뀐다.[9] 하지만 지옥 공식은 희생자보다 가해자를 비난하는 또 다른 용도도 있으며, 결국 두드러지는 것은 이 용도다. 한 가지 예를 베를린 국립도서관에 걸린 1590년에 나온 대판(broadsheet) 크기의 한 신문에서 볼 수 있다. 여기에 프랑스 종교전쟁 시기에 파리에서 프로테스탄트들을 살육하는 동물 모습의 가톨릭 연맹 사람들이 묘사되어 있다(그림 4 참조).

9) Angela Böck, *Die Sala Regia im Vatikan*, Zurich 1997.

그림 4. 「1588년 파리에서 있었던 가톨릭 연맹의 학살」 (1590)

이 공식의 계보는 바르톨로메 데 라스 카사스(Bartolomé de las Casas)로 거슬러 올라갈 수 있다. 그는 1552년『인디언 말살에 관한 간단한 설명』(*Brevísima relación de la destrucción de las Indias*)에서 멕시코와 남아메리카 정복의 몇 가지 양상에 대해 이야기하면서 지옥을 언급한다. 누에바 에스파냐('새로운 에스파냐'라는 뜻으로 에스파냐 통치 시 멕시코의 이름—옮긴이)에서 발생한 살육에 관한 한 구절은 다음과 같다. "그 과정에서 아무런 이유 없이 원주민에 대한 대단히 부당한 많은 공격과 지옥 같은 학살이 이루어졌으니, 그는 대규모 학살에 대한 책임이 있었다. (이 에스파냐 사령관은) 그 지역 전체에 공포정치를 시행하기에 이르렀고. 그래서 누에바 에스파냐의 에스파냐 도살자들의 사랑을 받았다."[10] 이 도미니쿠스 수도회 수도사가 사용한 비유는 1598년『인디언 말살에 관한 간단한 설명』의

삽화가 들어간 초판을 위해 테오도르 드 브리(Theodore De Bry)가 제작한 동판화 속으로 들어갔다. 라스 카사스는 희생자들의 도덕적 흠결 탓으로 돌리는 일 없이 현세의 경험을 생지옥으로서 체계적으로 묘사한 최초의 저자인 것으로 보인다. 이는 지옥이 초자연성을 상실하고서 신학적이고 종말론적인 함축이 없는 인간의 창작물이 되어가는 과정의 시작점일 수 있는데, 이 과정은 17세기에야 완성되었다.[11]

이들 세 가지 공식이 최근 역사에서 사라진 것은 아니지만, 대규모 폭력적인 범죄의 잔악무도함을 표현하기에 점점 부적절해졌다. 사실상 앞서 말한 정형화된 표현 방식의 연이은 등장은 각 시대가 표현의 한계에 도달하면서 촉발되었다고 주장할 수 있을 것이다. 표현하기 거의 불가능한 것을 표현하는 문제에 직면한 화가, 작가, 역사가들은 새로운 메타포에 의지해서 학살을 이야기하고 묘사하는 방법을 찾으려 했다. 하지만 그들이 사용한 표현 방식은 더 나아간, 더욱더 심각한 범죄에 직면했을 때 결국 미흡한 것이 되었다. 20세기의 집단 학살과 두 차례 세계대전의 대학살은 거듭 기존의 표현 방식을 시험에 들게 했다. 사냥, 순교, 지옥이 사용되었지만 그것들은 그 학살의 양상을 제대로 전달할 수가 없었다.

두 가지 예가 이를 실증해줄 수 있다. 아르트 슈피겔만(Art Spiegelman)의 『쥐』(Maus)는 쇼아의 참상을 이야기하기 위해 우화라는 아주 오래된 장르로 돌아갔다. 동물들이 유럽에서 이루어진 유대인 집단 학살의 집단 배우가 되었다.[12] 유대인은 쥐, 나치는 고양이, 폴란드인은 돼지, 미국인은

---

10) Bartolomé de las Casas, *A Short Account of the Destruction of the Indies*, London 1992, pp. 68~69의 번역을 수정해 실었다.

11) Daniel Walker, *The Decline of Hell*, London 1964 참조.

12) Art Spiegelman, *Maus: A Survivor's Tale: I. My Father Bleeds History; II. And Here My Troubles Began*, New York 1986 and 1991. 이 만화의 첫 버전은 1972년에 나왔다. 뒤에 만화 소설(graphic novel)이 된 것은 1980~91년에 연재한 것이었다.

개 등으로 변형되었다. 물론 익숙한 우화 형식이 동물의 감정 세계를 인간의 그것과 쉽게 동일시하게 해주었다. 동물의 고통이 인간의 고통이고 그 역도 마찬가지다. 『쥐』에서 이 둘의 동화(同化)는 유대인 쥐-인간이 '이상하게' '저 개처럼' 죽을 때 기묘한 아라베스크 문양(동물-인간-동물)으로 넘쳐난다. 하지만 이 이야기에는 동물 우화가 중단되고 인간 캐릭터가 나오는 에피소드가 포함되는 순간이 두 번 있다. 슈피겔만의 어머니인 아냐의 자살 장면 그리고 아르트가 『쥐 1』의 성공에 분노를 보이는 장면이 그것이다. 이 두 경우에서는 지옥 공식이 표현을 지배하게 된다. 이쯤에서 전쟁 말미에 강제수용소를 해방한 연합군이 처음 보인 반응이 그들이 목격한 것을 '지옥'으로 묘사하는 것이었다는 점을 또한 상기해볼 만하다. 그러니까 『쥐』는 두 가지 공식([고양이가 쥐를 쫓는] 사냥과 지옥) 사이를 오가는 것으로 보인다. 하지만 바로 이런 불안정성이 둘 가운데 어느 것도 쇼아를 표현하는 데 충분하지 못함을 말해준다.

두 번째, 좀 더 최근의 예는 아리 폴만(Ari Folman)과 다비드 폴론스키(David Polonsky)의 애니메이션 영화 「바시르와 왈츠를」(Waltz with Bashir, 2008)이다. 여기서 폴만은 1982년 자신이 19세 병사로 참전한 이스라엘의 레바논 침공에 대한 기억을 되찾고자 한다. 어느 순간 현재의 한 심리학자가 직업 사진가인 한 이스라엘 병사에 대해 이야기한다. 그 병사는 스스로 카메라 렌즈를 통해 모든 것을 보고 있다고 굳게 믿음으로써, 바르부르크식으로 말하자면 사실이 자신을 해치지 못하도록 거리를 만듦으로써 그 지독한 전쟁을 간신히 견디고 있었다. 하지만 그가 베이루트 경마장에서 아라비아 말들이 불필요하게 살육되는 것을 보면서 이 구조는 무너지고 만다. 말들은 이스라엘의 동맹군으로 사브라와 샤틸라에 있는 팔레스타인 난민촌으로 가는 길이던 팔랑헤 당원 민병대에게 죽임을 당했다. 땅바닥에 드러누운 완전 결백한 짐승들은 머지않아 살해될 무고한 난민들을 상징한다. 고대 이래 사냥에 대한 언급은 흔히 사냥당하는 동물의 고통에 대한 깊은 연민을 수반했고, 이것이 사냥 공식의 매력을 일부 설명해준다. 「바시르와 왈츠를」에서 고통받는 인간과 동물의 연관이 여전히 사냥 공식의 강화로 보일 수 있겠지만, 그 압도적인 죽음 이미지는 사유 공간이나 안정된 표현의 가능성을 제공하지 않는다. 이는 이제 이 공식이 거의 그 범죄를 담아내지 못함을 말해준다.

III

완전히 새로운 표현 공식이 등장했다고 하는 것은 지나친 말일지 모른다. 하지만 다른 미학적 가능성(주로 실루엣)을 이용한 실험들이 있었다. 아르헨티나의 군사독재 정권은 비밀 조직을 만들어 사회적·정치적 반대를 무참히 탄압했다. 그 일부는 곧 데사파리시온(desaparicion, 실종)이라고 불리게 된 것을 통해 이루어졌는데, 수천 명을 납치, 감금, 고문, 살해하여 대부분의 경우 그들이 어떻게 되었는지 알려지지 않고 있다. 군사정권이 무너지기 몇 개월 전인 1983년 9월 21일 엘실루에타소(El Siluetazo)로 알려진 대규모 시위가 벌어진 이래 실루엣은 실종자(desaparecido)들의 주요 상징 가운데 하나가 되었다. 로돌포 아게레베리(Rodolfo Aguerreberry), 기예르모 켁셀(Guillermo Kexel), 훌리오 플로레스(Julio Flores), 이 세 미술가는 실종자 어머니들의 단체인 '5월 광장 어머니회'(Madres de Plaza de Mayo)와 접촉하여 실종자들을 상징하게 될 실루엣을 위한 모델로 자세를 잡아주도록 행인들을 참여시키는 퍼포먼스를 함께 조직했다.[13] 부에노스아이레스 사람들이 살아 있는 몸을 빌려주어 부재

---

13) 이 이벤트에 관한 문서와 증언, 이 이벤트가 남긴 유산에 대한 논의 모음집을 보려면 Ana Longoni and Gustavo Bruzzone, eds., *El Siluetazo*, Buenos Aires 2008 참조.

그림 5. 엘실루에타소(부에노스아이레스, 1983)

하는 사람들의 형태가 종이에 그려져 도시 곳곳에 뿌려질 수 있었다(그림 5). 이 미술가들의 말에 따르면, 이런 발상은 1978년 10월 『유네스코 쿠리에』(UNESCO Courier, 유네스코에서 발행하는 주요 잡지)에 실린 한 포스터에서 영감을 받았다. 그 포스터에서 폴란드 화가 예르지 스캅스키(Jerzy Skapski)는 아우슈비츠에서 매일 죽어간 사람들을 일련의 실루엣으로 묘사했다. 엘실루에타소는 오늘날에도 여전히 살아 있는, 실종자들을 동일한 방식으로 표현하는 긴 전통의 시작점이었다. 한 가지 예를 들자면, 부에노스아이레스 중심부에 있는 해군기술학교(Escuela de Mecènica de la Armada) 건물은 독재 정권 시기에 감금, 고문, 살해를 위한 수용소 역할을 했다. 2005년 이 건물은 '기억의 장소'(lieu de mémoire)로 바뀌었다. 이후 이 건물의 담장은 많은 실루엣들로 뒤덮였다. 이들 실루엣의 일부에는 어두운 색이 채워지고 또 일부에는 실종자들의 이름이 새겨졌다.

이 시각 장치는 이웃 나라 칠레로도 퍼져 나갔다. 2010년 산티아고에 문을 연 박물관은 인간의 권리와 피노체트의 독재에 대한 기억에 바쳐진 것이다. 브라질 건축가들은 이 박물관 아래에 지하실을 만들었다. 알프레도 하르(Alfredo Jaar)는 여기에 「양심의 기하학」(La geometría de la conciencia)이라는 설치 작품을 제작했다. 어두운 방으로 내려가면 방문객은 빛을 발하는 실루엣들의 벽을 마주하게 된다. 이들은 군사정권의 희생자와 생존자 모두를 나타낸다. 갑자기 불이 꺼지지만 그 형상은 관람자의 망막에 남는다. 빛과 어둠의 전환은 현존과 실종, 부재와 기억의 관계를 비유적으로 가리킨다. 실루엣들의 증식 그리고 빛과 어둠의 교체는 압도적이고 섬뜩한 느낌을 자아내면서 대량 학살의 규모와 그것이 칠레 사회에 입힌 손상을 넌지시 보여준다. 동시에 이 미술 작품이 위치한 장소와 거기에 희생자와 생존자가 함께 포함되어 있다는 점에서 「양심의 기하학」을 장례 의식으로 해석할 수도 있다. 실종자들의 가족이 사랑하는 사람을 알아보거나 그 시신을 묻어줄 수 없다는 사실이 그들의 바로 그런 상황을 분명하게 드러낸다.

영화는 한층 더 유의미한 예를 제공한다. 마르코 베치스(Marco Bechis)의 1999년 영화 「올림포 주차장」(Garage Olimpo)은 아르헨티나 군사정권 당시 감금과 고문이 이루어진 주요 장소 가운데 하나를 언급한다. 주인공은 정치 활동가로 군사정권에 의해 체포된다. 영화가 끝날 무렵 그녀는 군용기에서 바다로 던져질 참이다. 하지만 우리는 그녀의 몸을 보지 못하고 거의 움직임이 없는 그림자만 볼 뿐이다. 파트리시오 후스만(Patricio Guzmán)의 2010년 영화 「빛을 향한 노스탤지어」(Nostalgia de la luz)는 또 다른 예를 제공한다. 영화가 끝날 무렵 우리는 수십 명에 이르는 칠레 실종자들의 사진을 본다. 일부는 햇빛에 휩싸여 있고 일부는 바람에 흔들리는 나무들의 그림자에 덮여 있다. 후스만은 아타카마 사막에서 수십 년 동안 사랑하는 사람들, 다시 말해 1973년 '죽음의 대상(隊商)'(Caravana de la Muerte, 칠레 피노체트 정권의 군 암살단) 시기에 피노체트 독재 정권에 의해 납치된 사람들을 찾고 있는 여성들에 대해 이야기한다. 이 여성들이 찾을 수 있는 것은 친척의 뼛조각뿐이었다. 영화는 이 여성들이 사막을 끝없이 뒤지고 다니는 영상으로 끝난다. 사막 한가운데에 석양빛을 등지고 있는 이들 가운데 한 사람의 실루엣이 보이는.

우리는 특정한 일련의 사건들(실종 및 그와 관련된 살해)이 인간 몸의 윤곽선의 증식이라는 특정한 미학적 장치를 통해 체계적으로 표현되고 있음을 보았다. 하지만 실종자라는 현상의 핵심인 개인 삶과 정체성의 파괴는 지난 세기에 있었던 다른 역사적 학살의 주요 특징 가운데 하나이기도 하다. 이 공통점을 바탕으로 우리는 실루엣이 현대의 학살을 좀 더 일반적으로 표현하는 주요 공식의 하나라는 가설을 세울 수 있을까? 사실 이 장치는 쇼아와 관계가 있는 독일의 '기억의 장소'(lieux de mémoire)에서 널리 사용되고 있다. 경우에 따라서는 그것이 직접적으로 사용된다. 부헨발트(나치의 강제수용소가 있었던 독일 바이마르 부근의 마을)에서 살아남은 폴란드인 요세프 샤이나(Józef Szajna)는 1970년 베네치아 비엔날레에 설치 작품「회상의 현장」(Scenes of Reminiscence)으로 참가했다. 여기서 우리는 속이 채워진 실루엣, 텅 빈 실루엣 그리고 연한 맥주 색의 줄무늬가 칠해진 실루엣을 볼 수 있다. 1990년대 말에 샤이나는 부헨발트 기념비에 추가할 몇 가지 설치 작품을 구상했다. 여기서 판지와 나무로 만들어진 다양한 크기의 실루엣들이 군중을 이룬다.[14] 베를린 에스반(S-Bahn, 베를린의 환승 철도망)의 그룬발트 역에 바로 그 장소에서 게토, 강제수용소, 집단 학살 수용소로 보내진 희생자들을 기념하는 기념물이 있다. 「17번 선로」(Gleis Siebzehn)가 바로 그것이다. 1991년 폴란드 조각가 카롤 브로니아톱스키

---

14) Ingrid Scheurmann and Volkhard Knigge, eds., *Josef Szajna: Kunst und Theater*, Göttingen 2002.

(Karol Broniatowski)는 그 역 앞에 있는 벽을 파서 도려내진 일곱 개의 인간 형상을 만들었는데, 이는 가히 3차원의 실루엣이라 할 만하다.

하지만 엄격히 말해 베를린에서 이런 목적을 위해 사용된 것은 실루엣만이 아니다. 2003~4년 피터 아이젠먼(Peter Eisenman)과 뷰로 해펄드(Buro Happold, 건축 공법 컨설팅 회사)가 유럽에서 살해당한 유대인들을 위해 세운 기념물은 브란덴부르크 문 근처의, 회색 콘크리트로 된 석비(石碑)들이 즐비한 드넓은 야외 공간이다. 방문객들이 그 사각형 덩어리들 사이 통로를 따라 걷는 사람들을 언뜻 볼 때 그것은 유령 효과를 낳을 수 있다. 그들은 실루엣이 아니지만 그들의 순간적인 그림자는 실루엣을 연상시킨다. 우리는 그 사람들을 확인하려고, 그들의 몸을 확인하려고 하지만, 그것은 불가능하다. 이런 경험은 실루엣 공식을 확장해서 유령과 같은 존재라든지 다른 종류의 이미지들을 포함시킬 필요성을 떠올리게 한다. 한 가지 예는 메나셰 카디시만(Menashe Kadishman)이 1997년 베를린 유대인 박물관에 설치한 작품일 것이다. 그는 바닥을 다양한 크기의 금속 가면 수천 개로 덮었다. 방문객들은 삐걱거리는, 고통에 찬 소리를 내는 이 가면의 바다를 걸어서 건넌다. 여기서 우리는 실루엣의 증식은 아니지만 도플갱어 형태로 여겨질 수 있을 가면, 모형, 유령과 마주치게 된다.

실로 우리는 학살과 집단 학살을 표현하는 현대의 공식을 '도플갱어의 증식'이라 말할 수 있을지 모른다. 물론 이 공식이 이전의 것들을 완전히 대체하지는 않았지만 두드러지게 되었다. 이 개념을 확장하여 부재하는 그림자들뿐만 아니라 섬뜩한 분신(double)에 대한 논의를 분명히 할 수 있다. 지그문트 프로이트가 섬뜩함(Das Unheimliche)이라는 개념을 정교화하면서 아델베르트 폰 샤미소(Adelbert von Chamisso)의 1814년 소설 『페터 슐레밀의 기묘한 이야기』(Peter Schlemihls wundersame Geschichte)에서 네 번 인용한 사실이 아마도 여기서 특별한 의미가 있을 것이다. 이 소설에서 주인공은 자신의 그림자를 악마에게 파는데, 그림자를 잃음으로써 이 세상에서 자신이 차지하는 자리 또한 잃게 되리라는 사실을 알지 못한다. 독일 낭만주의가 또한 그림자, 실루엣, 분신 사이에 존재하는 강력한 연관성의 원천이다. 장-파울 리히터(Jean-Paul Richter)가 1796년 소설 『지벤케스』(*Siebenkäs*)에서 도플갱어(Doppelgänger)라는 말을 만든 이래, 이 모티프는 현실과 환상이 병적으로 나뉜 인물을 표현했는데, 호프만 (E. T. A. Hoffmann)은 이를 '만성적 이중성'으로 정의했다.[15]

현대의 정형화된 표현 방식의 요소로서 그림자와 도플갱어에 효력을 부여하는 것은 이렇게 진동하는 능력일까? 예를 들어 크리스티앙 볼탕스키 (Christian Boltanski)의 두 갈래 미술 작업에서 이중성이 드러난다. 손으로 만들어진 작은 인물이 빛을 받아 벽에 커다란 그림자를 드리우는 그림자극과 누구인지 알아볼 수 있는 사람들의 일련의 초상 사진이 그것이다. 이들 작품에서 사진에 찍힌 대상들은 어떤 경우에는 쇼아의 희생자들이지만, 또 어떤 경우에는 집단 학살과 무관하다. 그렇지만 네덜란드 문학 연구가인 에른스트 판 알펜(Ernst van Alphen)에 따르면 두 유형의 사진 모두에 홀로코스트가 존재한다. 왜냐하면 이들 사진은 인물들을 사물화하고 애도하는 분위기가 넘쳐흐르며 극히 불편한 정상성을 전하기 때문이다.[16] 이 설명은 다른 학살과 관련이 있는 기념비와 미술 작품에도 적용될 수 있을 것이다. 프놈펜의 투슬렝 박물관에 있는 수많은 사진과 유해는 멀리서 볼 때 정체불명의 실루엣을 대면하는 환영을 만들어낸다. 르완다에서 도플갱어는 미학적 창조물이기를 그치고 삶과 죽음의 물리적 흔적이 된다. 1994년 질 페레스(Gilles Peress)는 학살된 바로 그 자리에 있는 르완다 희생자들을 사진으로 찍었다. 그의 이미지들 가운데 하나를 보면, 살해당한 사람의

---

15) E. T. A. Hoffmann, "Chronischer Dualismus", in *Werke, Band 5: Späte Werke*, Darmstadt 1979, p. 311.

16) Ernst van Alphen, *Caught by History: Holocaust Effects in Contemporary Art, Literature and Theory*, Stanford 1997, pp. 103~09.

그림 6. 질 페레스, 「르완다」 (1994)

몸이 부패하면서 그 형태가 바닥에 자국으로 남았다(그림 6). 또 다른 이미지에서는, 수의가 시신의 개별성을 가려 그 자체가 3차원 실루엣이 된다.

우리 연구의 초점은 전쟁이 아니라 역사적 학살이다. 하지만 어떤 이례적인 경우에서는 갈등하는 양측이 가진 수단의 차이가 너무 커서 그 결과가 학살로 여겨질 수 있다. 막스 에른스트(Max Ernst)는 1920년 「무고한 이들의 학살」(Massacre of the Innocents)이라는 제목의 콜라주에서 세 개의 동일한 전신 실루엣을 사용했다. 이들은 공포로 몸이 뒤틀린 순교자를 표현한 것으로, 위쪽에서 그들을 공격하는 반은 동물이고 반은 기계인 괴물로부터 도망친다. 에른스트의 작품과 같은 제목의 고대 그리스도교도 학살에서 우리는 세계대전에서 벌어진 현대의 살육의 울림을 듣는다. 히로시마와 나가사키에 대한 핵 공격은 또 다른 분명한 예다. 히로시마에서 핵폭탄이 터지던 날, 사진기자 마츠시게 요시토(松重美人)는 계단에 앉아 있던

사람이 거기에 남긴 그림자를 찍었다. 며칠 후 또 다른 사진가 마츠모토 에이이치(松本榮一)는 비슷하게 나가사키에서 벽에 기대고 있던 사람이 남긴 흔적을 찍었다. 몇몇 일본 미술가들과 생존자들이 자신의 작품에서 이들 이미지를 되풀이했다. 히로시마 폭발 당시 28살이던 오가와 사가미(小川サガミ)는 20년 후 캔버스화를 그렸는데, 여기서 죽은 사람은 실루엣으로 보인다. 1945년 8월 13일 열세 살이었던 후카마치 리쿠오(深町陸夫)는 폭발로 인한 섬광에 노출되어 몸 가장자리에 의해 실루엣이 되어가는 소년의 이미지를 그렸다. 이들 경우에서 그림자 장치가 반복적으로 나타나는 점은 실루엣/도플갱어라는 표현 공식이 문화 간에 폭넓은 유효성을 가짐을 암시한다.

IV

이 연구의 목적은 무엇일까? 아마도 그것은 대단히 충격적인 사실과 그것을 이야기하거나 설명하려는 사람 사이에 거리, 바르부르크의 말로 하자면 사유 공간을 만들어낼 수 있다는 점이다. 이러한 분리가 표현의 한계라는 문제를 해결해주지는 않는다. 하지만 우리가 무력하게 침묵하며 이들 참혹한 경험에 대해 어떤 종류의 이해도 거부하게 되는 위험을 피할 수 있게 해준다. 학살을 묘사하는 데 사용된 역사상의 공식에 대한 연구는 또한 두 가지 중요한 점을 이해하는 데 도움을 줄 수 있다. 첫째, 우리를 학살의 맥락(그것을 둘러싼 일련의 인과관계)에 좀 더 접근시켜준다. 비록 그 핵심은 우리가 닿을 수 있는 범위 너머에 있지만 말이다. 둘째, 희생자들을 옹호하는 이들이 학살을 기억하고 이해하기 위해 이들 공식을 전용하기에 앞서 그것을 이용한 가해자들의 상징 자원을 검토하는 도구를 제공한다. .

하지만 이런 표현 공식의 연구에는 심각한 위험성이 또한 따른다. 그것은 일반화 과정을 암시하고, 이는 가해자들이 희생자들에게 강제하는 획일성을 부주의하게 재현할 수 있다. 이것이 가상적인 집단 정체성의 원천이며, 살해자들은 결국 이것을 수천 명의 목숨과 경험을 몰살시킨 일의 적법성의 원천으로 탈바꿈시켰다. 우리는 어떻게 그런 왜곡을 피할 수 있을까? 가능한 한 포괄적인 범주의 이용과 구체적이고 개별적인 사람들, 즉 그들의 구체적인 고통과 운명에 대한 천착 사이에 균형을 이루는 것으로써 그럴 수 있을 것이다. 베를린에 있는 유대인 학살 추모공원 지하의 기록 센터가 한 가지 예를 제시한다. 지상의 석비는 획일적이고 구분하기가 어려워서 어떤 상세한 설명 없이 저질러진 범죄의 극악무도함을 가리킨다. 하지만 지하에 있는 이용 가능한 기록은 돌연 그 규모가 달라진다. 방문객들은 얼굴을 알아볼 수 있는 사람들이 남긴 정밀하고 심히 감정을 자극하는 작은 증언들의 더미에 접근하게 된다. 우리는 그들의 필체를 보고, 그들의 이름을 알고, 그들의 삶을 상세히 알게 된다.

나치의 집단 학살을 보여주는 동시대의 자료가 몇 가지 있다. 예를 들어 두 명의 SS(나치 친위대) 전문 사진가인 에른스트 호프만(Ernst Hoffmann)과 베른하르트 발터(Bernhard Walter)는 아우슈비츠의 이미지들을 찍었다. 그것들은 독일군이 강제수용소를 떠날 때 폐기된 것으로 여겨졌다. 하지만 다행히 그 사진들 가운데 193점이 발견되어 생존자인 릴리 야코프(Lilly Jacob)가 대담하게 보관했다. 이 이미지들 가운데 다수가 고전고대 이후 학살을 묘사하는 데 사용된 사냥 메타포를 반전시켜 살인자들이 아니라 살해당하는 사람들을 동물화하여 희생자들을 사회의 해충으로 표현하려 하고 있다. 하지만 다른 사진들에서 희생자들의 인간애는 그것을 억압하려는 모든 시도에 저항한다. 카메라 이미지의 직접성은 그것을 조작하려는 사진가들의 노력을 좌절시킨다. 야드 바셈 홀로코스트 박물관(나치에 의해 학살된 600만 명의 유대인을 추모하기 위해 이스라엘 예루살렘에 세운 추모 박물관)의 연구자들은 이 이미지들 가운데 하나에서 적어도 여섯 명의

그림 7. 폴란드 비르케나우, 1944년 5~6월

사람들을 확인했다(그림 7). 오른쪽에서 두 번째에 선 어린 소녀는 지금은 우크라이나에 속하는 무카체베 출신의 게르티 메르멜슈테인이다. 그녀의 오른쪽, 땅바닥에 앉은 소녀는 그녀의 자매이고, 이 소녀 뒤의 여인은 이들의 어머니다. 이 여인의 왼쪽, 머리에 숄을 두른 나이 든 여인은 타우바 메르멜슈테인으로 게르티의 할머니다. 그녀 옆에 털모자를 쓴 여인은 그녀의 딸 라야 메르멜슈테인-포겔이다. 그리고 사진 왼쪽 전면에 선 두 소년은 로이벤과 게르숀으로 라야의 자식들이다. 이들 모두 1944년 5월과 6월 사이에 아우슈비츠의 가스실에서 사망했다.

　아마도 우리는 시작한 지점에서, 그러니까 개인의 독자성을 간직하려는 동일한 고투를 보여주는 아르헨티나의 예와 더불어 끝을 맺어야 한다. 빅토르 바스테라(Víctor Basterra)는 부에노스아이레스의 한 인쇄사에서 일

그림 8. 빅토르 바스테라, 「그라시엘라 알베르티와 페르난도 브로드스키의 초상 사진」 (1980)

했다. 그는 해군기술학교에 감금되었지만 살아남았다. 1980년 바스테라는 몰래 몇몇 실종자들의 사진을 찍었다. 그는 그 사진들을 수용소에서 몰래 빼내 희생자들의 가족에게 전해주고 싶었다. 1980년 3월 17일 납치된 그라시엘라 알베르티는 아주 슬퍼 보인다. 그에 반해 페르난도 브로드스키는 대담하게 미소를 짓는다. 비록 그 얼굴은 그가 겪은 고문의 흔적을 분명히 보여주지만(그림 8). 그라시엘라와 페르난도의 몸은 아마도 그들이 아직 살아 있는 동안 비행기에서 바다로 던져졌다. 그들은 여전히 실종 상태다.

〔김영선 옮김〕

문화혁명

펑크부터 뉴 프로보타리아트까지

스벤 뤼티켄(Sven Lütticken)

　　"오랫동안 구축된 사회 전반의 질서를 바꾸려는 사람들은 현실의 혼란
에 연연해서는 안 된다. 이는 문화의 영역에서도 마찬가지이다. 다른 영역
에서와 마찬가지로 문화에서는 변화하는 미래의 질서를 명확하게 드러내
려는 투쟁이 필요하다." 이는 1958년도에 출간된 기 드보르(Guy Debord)
의 '문화혁명에 관한 테제'[1]이다. 드보르의 테제는 1923년 레닌이 소련에
서의 진정한 사회주의 문화의 필요성을 주장하면서 사용했던 문화혁명이
라는 용어를 적절하게 표현한 것이다. 드보르는 단순히 국가를 바꾸는 것

---

1)　Guy Debord, "Thèses sur la rèvolution culturelle", in *Internationale situationnaiste*
　　I, June 1958, p. 21; in Ken Knabb, ed., *Situationist International Anthology*, Oakland
　　2006. 이 텍스트의 초고에 코멘트를 해준 알렉산더 갤러웨이(Alexander Galloway)에게 감사
　　한다.

에 머무는 것이 아닌 사회적 삶 자체를 완전히 사회주의적으로 바꿔야 한다는 믿음을 갖고 있었다. 문화혁명은 공산주의의 근원적인 미적 가능성의 재발견을 위한 탐색으로, 1960년대와 1967~68년의 대격변 시기에 중대한 역할을 했던 아방가르드 또한 이 용어를 유사하게 사용하기도 했다. 그때까지 문화혁명이라는 용어는 상당수의 사람들에게 마오주의의 함의를 포함하고 있다는 사실 때문에 부정적으로 해석되었으나, 또 다른 이들에게는 점차 중요한 개념으로 인식되어왔다.

문화혁명이라는 개념은 과도하게 발현되었고, 이 개념에 내포된 희망이라는 메시지는 곧잘 수포로 돌아갔다. 그러나 문제의 틀로서 문화혁명은 잠재적으로 생산적인 개념이기 때문에 조심스럽게 다시 접근하는 것이 필요하다. 문화혁명이라는 개념은 제도적 비판의 계보학이기도 하지만, 다른 한편으로는 제도권을 벗어나서 미학적 액티비즘(activism)에 빠져버린 '정치적' 예술의 주류 이론과 역사학에 대한 탈구의 가능성을 지니고 있다. 그렇다면 문화혁명이라는 개념은 문화 실천이 포드주의적 배급과 포스트-포드주의적 생산 사이—파일 공유와 방화벽, 예술 활동가의 네트워크와 대형 금속물을 전시하는 '맥구겐하임'(McGuggenheim)[2]의 건축물 사이—에 갇혀 있는 지금의 이 역사적 순간의 이율배반적 상황을 이해하는 데 도움이 될까? 문화혁명이라는 용어의 전성기인 1950년대에서부터 1970년대 초반의 맥락에서 한 걸음 더 나아가, 나는 문화혁명이라는 개념이 과도기의 급진적 실천의 역사적 논리와 역설을 확인하는 데 적절하리라고 믿는다. 하

---

2) 〔옮긴이〕'맥구겐하임'이라는 개념은 마치 맥도날드가 전 세계에 체인점을 운영하는 것처럼 미술관(예술)에도 글로벌 프랜차이즈 방식이 활용됨을 일컫는다. 즉, 이 용어는 미국의 구겐하임 재단이 '구겐하임'이라는 미술관 브랜드를 활용하여 전 세계 곳곳에 구겐하임 미술관을 건설하는 것을 일컫는 말로 쓰인다. 철저한 비밀주의와 구겐하임 특유의 톱다운(top-down) 방식의 미술관 운영, 대형 프로젝트 위주의 사업 등이 구겐하임 재단이 전 세계 주요 도시에 구겐하임 미술관을 설립 운영하는 방식이다.

지만 그 전에 1960년대의 문화혁명과 관련된 논의들을 먼저 살펴보는 것이 도움이 될 것이다.

구조 그리고 매니페스트

문화 개념의 역사를 연구한 레이먼드 윌리엄스(Raymond Williams)는 1961년에 발간한 글에서 '문화혁명'을 '커뮤니케이션의 확장'이라는 측면에서 정의하였다. 그는 산업혁명 및 '민주주의혁명'과 함께 '장구한 혁명'(the Long Revolution)의 중요성을 강조하였는데, 문화혁명은 '장구한 혁명'의 주요 징후 중 하나이다.[3] 윌리엄스는 상대적 자율성의 발현 그 자체가 순수한 이데올로기라고 믿었기 때문에 문화를 이데올로기적 재현으로 단순 환원하는 토대/상부구조 모델에 비판적이었다. 1960년대 말에 이르러서는 윌리엄스뿐만 아니라 다른 학자들도 유사한 주장을 하였다. 한스-위르겐 크랄(Hans-Jürgen Krahl)과 이탈리아 사회주의자들은 과학 권력의 성장과 뒤이은 '일반 지성'(wissen-schaftliche intelligenz)의 구성에 관한 마르크스의 주장을 재건하려고 시도하였다. 즉 그들은 이제 '일반 지성'은 생산력에 통합되었다고 주장했다.[4] 지식노동은 단순노동만큼이나 성장이 저해되고 전문화되었다. 또한 지식노동은 혁명적 활동을 위한 조건을 구성한다. 잘 알려진 1967년의 '조직 보고서'(Organisationsreferat)를 리디 두츠케(Ridi Dutschke)와 함께 작업한 크랄은 마르크스의 일반 지성

---

3) Raymond Williams, *The Long Revolution* (1961), Cardigan, 2011, pp. 9~15.

4) Hans-Jürgen Krahl, "Thesen zum allgemeinen Verhältnis von wissenschaftlicher Intelligenz und proletarischem Klassenbewusstsein" (1969), in *Konstitution und Klassenkampt. Zur historischen Dialektik von bürgerlicher Emanzipation und proleratischer Revolution*, Frankfrut 2007, pp. 336~51 참조.

과 실제적 포섭이라는 개념을 활용하여 완결된 이론적 공식을 도출하였다. 이는 현실에서의 혁명은 더 이상 전통적인 노동자계급 혹은 산업 프롤레타리아에 의해서만 가능한 것이 아니라는 주장을 담고 있다.[5]

네덜란드의 과격파가 1966~67년에 처음으로 사용한 '프로보타리아트'(provotariat)라는 용어는 중요한 의미를 지닌다. 프로보타리아트는 학생, 지식인, 예술가, 보헤미안, 실업자 등 이질적인 조합을 일컫는다. 프로보타리아트는 혁명적 행동을 위한 새로운 계급 기초의 조짐을 나타낸다. 문화혁명이라는 개념은 급진적인 사회 변화를 추구하거나 분석하고자 했던 사람들에게 환영받았다. 1969년 한스 마그누스 엔첸스베르거(Hans Magnus Enzensberger)가 편집자로 참여한 『기차 시간표』(Kursbuch)[6]라는 저널에서 이 개념을 계속되는 혁명을 분석하기 위한 이론적 수단으로 사용하였다.[7]

한편 1970년대 즈음 헤르베르트 마르쿠제(Herbert Marcuse)는 문화혁명을 다룬 에세이 초고를 완성했다. 이 글은 마르쿠제 생전에는 출판되지 못했다. 물론 이 당시의 운동이 완전한 혁명보다는 반항의 수준에 있었음에도 불구하고, 마르쿠제는 "문화혁명이 정치적 혁명(경제적 변화를 포함한)에 선행하거나 기초가 될 뿐만 아니라 …… 현 시점에서는 정치적 혁명

---

5) Hans-Jürgen Krahl, "Produktion und Klassenkampf" (1970), in *Konstitution und Klassenkampf*, pp. 392~414 참조. 크랄과 마르크스의 일반 지성에 관련한 개념은 Franco 'Bifo' Berardi, *The Soul at Work: From Alienation to Autonomy*, New York 2009, pp. 58~70 참조.

6) 〔옮긴이〕 엔첸스베르거가 편집장으로 1965년에 발간하여 지식, 노동, 문화, 미디어의 영역에서 다양한 작가들이 현대사회에 대해서 자유로운 의견을 개진한 학술지이다. 170호가 출간되었고, 오랜 기간 절판과 재출간을 반복하였지만 최근까지 1년에 네 번씩 간행되고 있다.

7) *Kursbuch*, no. 16 (1969), 특히 Peter Schneider, "Die Phantasie im Spätkapitalismus und die Kulturrevolution"; Walter Kreipe, "Spontaneität und Organisation, Lehren aus dem Mai-Juni 1968", pp. 1~37, 38~76 참조.

을 포함하고 있다"고 주장하였다.[8] 현대 자본주의 사회에서의 노동자계급
은 "중산층"(중간계급)의 대부분을 "포함하는 것(잉여가치의 자원이기 때문
에 생산적 노동이 됨)으로 그 범위가 확대되었음이 이미 밝혀졌다. 중산층
은 화이트칼라 노동자, 임금노동자, 기술자, 심지어 단순 '서비스업'을 비
롯한 모든 영역의 전문가, 광고 산업 관련자 등을 통칭하는 것으로, 대다수
인민들에 대한 착취의 확대가 객관적 조건이 되었음을 의미한다."[9] 즉 마
르쿠제는 생산 영역에서 상부구조가 점차 통합되고 있음을 인지하고 있었
다. 문화 영역에서의 혁명이 단순히 예술가와 지식인들이 노동자 대혁명에
의 동조에 머무를 경우 상부구조 혹은 이데올로기적인 것만이 남을 위험이
있다. 만약 계급투쟁이 다른 지점에서만 발생되는 것이 아니라면, 문화 생
산의 영역 그 자체가 계급적 적개심으로 가득한 장소가 된다면 문화 영역
에서의 혁명은 완전히 상이한 가치를 지니게 된다. 하지만 동시에 이러한
변화는 계급적 적대주의를 더욱 무정형적으로 만들 뿐만 아니라 파편화된
투쟁이 어떻게 절합될 수 있는지 확인하기 어렵게 한다. 생산의 영역에서
중첩된 문화와 모호한 행위 주체라는 중층의 문제는 여러 측면에서 1970년
대와 1980년대에 대항문화 운동과 비판 운동이 작동해야만 했던 구조적인
틀을 생성했다.

알렉산더 클루게(Alexander Kluge)와 오스카르 네크트(Oskar Negt)의
용어를 빌리면 매니페스트 혁명을 만들기 위한 프로젝트는 계속적으로 진
행되는 구조적 혁명에 재흡수될 위험에 노출되어 있거나, 아니면 구조적
혁명의 선봉으로 밝혀지기도 하였다. 클루게와 네크트는 생산 영역에서의
구조적인 혁명 및 산업혁명 같은 사회적 관계들과, 다른 한편으로는 구조

---

8) Herbert Marcuse, "Cultural Revolution" (n.d., c. 1970), in *Towards a Critical Theory
of Society: Collected Papers*, vol. 2, London 2001, p. 123.

9) Marcuse, "Cultural Revolution", p. 127.

적 혁명에 의해 구축된 이율배반적 상황에 대한 대응으로 전개된 집단적인 사회 행동인 매니페스트 혁명을 구분하였다.[10] 그러나 '문화혁명'의 경우 이 두 가지 혁명이 촘촘하게 뒤섞인 것이다. 즉, 구조적인 혁명은 매니페스트 프로젝트로 계속적으로 절합되거나 매니페스트 프로젝트는 구조적인 혁명에 종종 재흡수되었다. 1972년 네크트와 클루게는 사회주의적 문화혁명이 있는 것처럼 자본주의적 문화혁명이 존재한다고 밝혔다. 그들은 부르주아의 문화 생산과 소비 그리고 정동적이며 지적인 삶의 구조가 재서열화되는 것이 바로 자본주의적 문화혁명이라고 주장하였다.[11]

문화혁명에 관한 1960년대의 사상이 세계대전 전후에 경제적 성장과 번영의 끝에서 시작되었다면, 1960년대 이후의 상황은 계속된 경제적 위기와 서구 경제의 신자유주의적 리모델링으로 설명될 수 있다. 오늘날 우리는 구조적이고 자본주의적인 문화혁명에 너무나도 익숙해져 있다. 예를 들면 대학들은 기업화되고, 예술 공간은 대중의 요구나 후원자의 요청에 따라 자신들의 정책을 만든다. 다양한 정책 입안자들과 이론가들은 예술과 문화를 '창조 산업'(Creative Industry)으로 규정하려는 경향이 있다. 이는 '창조성' 그 자체가 산업이 되는 생산의 전환을 가리키는 것으로 서구가 경험하고 있는 제조업 일자리 감소를 부분적으로나마 상쇄할 수 있다는 의미이다. 하지만 바로 이 지점에서 중요한 문제는, 만약 예술적 노동이 어느 정도는 현대의 '문화화된' 노동을 가리킨다면 예술 행위가 다름을 만들어낼 가능성은 더 이상 존재하지 않는다는 것인가? 구조적인 혁명이 매니페스트 혁명을 완전히 삼켜버렸나? 다음 장에서는 몇몇 사상가, 예술가, 음악가 등

---

10) Oskar Negt and Alexander Kluge, *Geschichte und Eigensinn*, Frankfurt am Main 1981, p. 660. 이 책의 영어판인 *History and Obstinacy*는 네크트와 클루게가 함께 작업한 두 번째 책인데, 2014년 말에 출간되었다.

11) Negt and Kluge, *Öffentlichkeit und Erfahrung: Zur Organisationsanalyse von bürgerlicher und proletarischer Öffentlichkeit*, Frankfurt am Main 1972, pp. 267~68.

이 구조적 혁명의 진전에 어떻게 대응했는지 살펴보겠다. 그들이 정치적이고 문화적인 영역의 변동에 어떤 전략을 활용하였는지 그리고 이들의 전략이 지금 현재에 어떤 가르침을 줄 수 있는지 살펴보겠다.

미래 이후

1973년 장 보드리야르(Jean Baudrillard)는 『유토피아』(*Utopie*)라는 저널의 기고에서 문화혁명이라는 개념을 전통적인 마르크스주의에서 분리하려고 시도한다. 보드리야르는 "자본의 급진화된 논리의 '뿌리 깊은' 제국주의"를 밝히면서 현 상황에서 가능한 유일한 형태의 문화혁명은 '정치경제적' 혁명을 기반으로 하는 것이 아니라, 오히려 '물신주의적' 논리의 변화를 기반으로 한 실천을 의미한다고 주장한다.[12] 보드리야르는 지난 수십 년 동안 배척당해왔던 예술과 과잉된 문화적 행위의 다양한 징후를 반(反)생산, 반(反)축적의 새로운 형태 및 규범적 영역에서 프리미티비즘(primitivism)[13]적 상징 교환의 폭발적 증가로 이론화하였다. 이러한 급진적인 행위는 세상의 주목을 받았던 새롭고 강화된 '문화화된' 형태의 축적을 어렵게 하였다.

마르크스주의적 구조 틀을 폐기하고 상징과 과잉을 천착한 보드리야르는 문화혁명을 '리비도적 경제'(libidinal economies) 혹은 다른 학자들의 용어로는 미시정치를 향한 전환의 초기 징조로 보았다. 정당이 혁명적인 전위대 역할을 한다는 생각은 사회적 그리고 성적 형태들의 다양성과

---

12) Jean Baudrillard, "Marxism and the System of Political Economy" (1973), in *Utopia Deferred: Writings from* Utopie *(1967-78)*, New York 2006, p. 157.

13) 〔옮긴이〕서구에서 원시사회의 문화 형태를 차용하는 예술 형태 등을 일컫는데, 광의의 개념으로는 소박한 형태 및 사상을 가장 가치 있다고 보는 철학적·예술적·문화적 사조를 가리킨다.

생성이라는 의미로 변하였다. 즉, 혁명은 분자화되었다. 미시정치적인 전환의 징후는 1970년대 알튀세르와 1970년대 후반 푸코, 보드리야르, 리오타르, 들뢰즈와 가타리 등을 중심으로 한 신좌파 프로그램과 함께 시작된 독일 베를린의 메르베 출판사(Merve Verlag)[14]의 편집 정책의 변화에서도 잘 나타난다. 독일에서 메르베는 미국에서 발간되어 큰 반향을 일으킨 '세미오텍스트(테)'(Semiotext[e])[15] 역할을 하였다. 디드리히 디더리히센(Diedrich Diederichsen)이 강조했던 것처럼, 메르베는 철학의 전환을 만들어내는 데 일익을 담당했다. 철학은 마치 최신 레코드처럼 판매되고 소비되는 '이론'의 형태로 변모되었다.[16] 이러한 특징을 담은 책은 리오타르의 『소수의 조각보』(Patchwork of Minorities, 1977)와 『인텐서티스』(Intensities, 1978) 등이 있다. 디더리히센은 『인텐서티스』가 1970년대와 1980년대에 걸친 쾌락주의적 반문화의 "자아 개념에서 강도라는 개념의 중요성을 다룬 것으로 이해했다. 여기서 1970년대와 1980년대는 최근 우리가 목도하고 있는, 단지 생산적일 뿐만 아니라 생산성의 모델이 되는 일의 형태로서 쓸모없는 삶이 출현하게 된 중요한 시기였다."[17] 노동의 집약이 매우 중요한 이유는 당대 서구 경제의 본원적 축적의 중요한 형태이기 때문이다.

미시정치학이 문화혁명의 새로운 해석의 순간을 의미한다면, 펑크는

---

14) 〔옮긴이〕 베를린을 기반으로 하는 독일의 출판사로 철학, 예술사, 정치 등의 프로그램을 주로 다루었다.

15) 〔옮긴이〕 1974년에 발간되기 시작한 저널로 컬럼비아 대학의 기호학 리딩 그룹의 작업으로 시작되었다.

16) Diederichsen, "Intensity, Negation, Plain Language: Wilde Maler, Punk, and Theory in the German 80s", in Dominic Molong, ed., Sympathy for the Devil: Art and Rock and Roll Since 1967, Chicago and New Haven 2007, pp. 143~44.

17) Diedrich Diederichsen, "People of Intensity, People of Power: The Nietzsche Economy", e-flux journal 19, October 2010.

또 다른 해석이라고 할 수 있다. 펑크 주류 계보학이 환원주의적이라는 것이 확실하다면,[18] 문화혁명이라는 맥락에서 1976~77년의 뉴욕과 런던은 펑크의 (거짓) 역사적 (미디어) 이벤트가 신성화된 원시적 장소로서 중요한 의미가 있다. 한때 후기상황주의자 모임 '킹 몹'(King Mob) 그룹의 일원이자 '뉴욕 돌스'(New York Dolls)의 매니저였던 맬컴 맥래런(Malcolm McLaren)[19]은 음악과 과장된 행동을 성공적으로 혼합하여 허무주의적 미디어 액티비즘을 만들어냈다. 그는 언론을 향해 기괴망측한 퍼포먼스를 보여주기도 하였다. 이 시기 유럽에서는 메르베가 (후기) 펑크 씬(scene)의 플랫폼으로서 다시 한 번 중요한 연결점 역할을 하였다. 메르베는 1980년에는 마르틴 키펜베르거(Martin Kippenberger)의 책 『여성』(Frauen)을 출간하였고, 디 퇴틀리헤 도리스(Die tödliche Doris)와 아인스튀르첸데 노이바우텐(Einstürzende Neubauten)의 글을 주로 모은 『기발한 아마츄어』(Geniale Dilletanten)를 1982년에 출간하였다. 작가들은 이 책에서 딜레탕티슴[20]을 특히 추종하였다. 딜레탕티슴의 맥락에서 펑크의 '3화음'은 궁극적으로 모든 소음을 음악으로 받아들인 산업화된 케이지주의(Cageanism)[21]와 결합되었다. 뉴욕의 '노 웨이브'(No Wave)[22] 씬 중에서

---

18) 이 논점에 관련된 신랄한 비판은 Mimi Thi Nguyen and Golnar Nkpour, *Punk*, no. 4 of the *Guillotine* chapbook series, New York 2013 참조.

19) 〔옮긴이〕 1946년에 태어난 영국의 음악가, 시각예술가, 디자이너이다. 다양한 문화적 활동을 결합하여 논쟁적이고 새로운 형태의 문화 예술 작업을 하였다. 특히 1970년대의 펑크 운동을 이끌었다.

20) 〔옮긴이〕 예술이나 학문을 치열한 직업의식 없이 취미로 즐기는 것을 말한다. 원래 딜레탕트(dilettante)는 '즐기는 사람'이라는 뜻이다.

21) 〔옮긴이〕 미국의 현대 전위음악 작곡가인 존 케이지(John Cage)의 작업에서 유래하는 것으로, 그의 음악은 불확정성의 원칙 아래에서 만들어졌다. 즉 청중은 단순히 작곡가가 선택한 음을 듣는 것이 아니라 모든 음향 현상을 취하도록 하였다.

22) 〔옮긴이〕 '노 웨이브'는 1970년대 후반부터 1980년대 중반까지 뉴욕의 언더그라운드 음악, 영

도 특히 '소닉 유스'(Sonic Youth)의 음악과 퍼포먼스에서 펑크와 케이지의 비슷한 접속을 확인할 수 있다.

1970년대 후반의 예술 세계는 감각할 수 있고 무엇보다도 이윤을 만들 수 있는 예술 작업이 종전의 개념주의(Conceptualism)로부터 주도권을 빼앗았다. 최근 현대 예술 시장에서 가치 폭등의 시발점이 되었던 대부분의 작품은 이 시기에 만들어졌다. '그림의 새로운 정신'(New Spirit in Painting)은 바로 새로운 자본의 유입을 의미하는 것이었다.[23] 최근까지도 '뉴 페인팅'(New Painting)은 펑크의 시각적인 대척점으로 인식되어왔다. '뉴 페인팅'의 '열정적인' 붓놀림은 펑크의 '3화음'과 같은 것으로 여겨졌는데, 이는 둘 다 프리미티비즘에 근원을 두고 있음을 가리킨다.[24] 하지만 '뉴 페인팅'은 펑크의 이른바 길거리에서 통하는 방식과 고급 예술의 허세 사이, '진정한 예술'로의 전환을 주장하는 것과 즉흥적인 유명세를 쌓는 것 사이에서 불편한 위치에 있었다. 오히려 '뉴 페인팅'은 다양한 예술의 가장 생산적인 상호작용이 발생하는 퍼포먼스 영역에 존재했다. 펑크와 포스트 펑크(Post Punk)의 퍼포먼스는 여성/페미니스트의 자기표현을 새로운 형태로 가능하게 하는 중간 매개물일 뿐만 아니라 디 퇴틀리헤 도리스 같은 아트 프로젝트 기획자를 겸하고 있는 밴드나 소닉 유스(Sonic Youth)와 마이크 켈리(Mike Kelly)의 공동 작업(Collaboration) 혹은 더 폴(the Fall), 마이클 클럭(Michael Clark), 찰스 애틀러스(Charles Atlas) 그리고 리 보워

화, 퍼포먼스, 비디오아트, 현대 예술 씬을 의미한다. '노 웨이브'라는 용어의 의미는 상업적 뉴웨이브 장르를 펑크 하위문화로 풍자적으로 사용한 데서 시작되었다.

23) '그림의 새로운 정신'이라는 문구는 1981년 런던의 왕립 아카데미에서 열린 블록버스터 전시의 타이틀에서 인용하였다. 이는 다음 해 베를린의 마르틴 그로피우스 바우(Martin-Gropius-Bau)에서 『시대정신』(Zeitgeist)에 의해 다시 전시되었다.

24) 디드리히 디더리히센은 이 논점의 조심스러우면서도 변증법적인 논리를 증명하곤 하였다. Diederichsen, "Intensity, Negation, Plain Language", pp. 142~53 참조.

리(Leigh Bowery)의 공동 작업의 주요 형태로 활용되었다.[25]

또한 1970년대 후반은 오토노미디어(autonomedia)[26]의 시대였다. 이탈리아, 독일, 프랑스의 이론가들은 1960년대 후반의 계급적 관점을 천착했던 노동자의 개념에서 '자율성'이라는 개념을 추출해냈다. 펠릭스 가타리(Felix Guattari)는 이탈리아의 자율주의(Autonomia)와 1977년의 라디오 앨리스(Radio Alice)를 둘러싼 논쟁 등에 영향을 받아 대항적 미디어에 관한 새로운 이론을 도출하였다. 가타리는 메르베가 출간한 『라디오 앨리스』에서 텍스트 콜라주를 발표하였고, 1978년에 발표한 「대중 해적 라디오」(Popular Free Radio)라는 에세이에서는 엔첸스베르거의 「미디어 이론의 구성 성분」(Constituents of a Theory of the Media)이라는 글을 자율주의적 · 미시정치학적 접근을 통해 새롭게 구성하였다. 이 글에서 가타리는 획일적인 대중매체는 "미디어의 집합적 전용 가능성을 만들어내는 초소형 시스템 구축"이라는 동력을 만들어내고, "자유의 새로운 공간, 자아 관리 그리고 특이한 욕망의 충족"을 가능하게 한다고 주장하였다. 미디어의 집합적 전용은 "다수의 대중뿐만 아니라 모든 종류의 소수자, 소외된 자, 일탈자 그룹을 대상으로 하는 커뮤니케이션의 진정한 수단을 제공한다."[27]

---

25) 주요 프로젝트로는 마이크 켈리가 소닉 유스와 1985년에 함께 공연한 「피아노의 동굴, 로스코의 예배당, 링컨의 프로필」(Piano's Cave, Rothko's Chapel, Lincoln's Profile)이 있고, 마이클 클러과 더 폴이 공동 작업한 「나는 진지한, 오렌지」(I am Curious, Orange)는 1988년에 발표되었다. (더 폴의 사운드트랙 앨범 타이틀은 "I am Kurious Oranj"이다.)

26) [옮긴이] 오토노미디어는 급진적 이론 작업을 출간했던 북미의 출판사를 가리킨다. 오랜 기간 세미오텍스트(테)의 출판 작업과 연계되어 있었고, 다양한 주제의 글을 출간하였다. 아나키즘, 자율주의, 마르크스주의, 사이버페미니즘, 정신분석 등의 영역에서 활발한 활동을 해왔다.

27) Felix Guattari et al., "Vorwort: Millionen und Abermillionen potentieller Alices", in Kollektiv A/traverso, *Alice ist der Teufel: Praxis einer subversiven Kommunikation*, Berlin 1977, pp. 5~14; "Popular Free Radio", in Neill Strauss and Dave Mandl, eds., *Radiotext(e)*, New York 1993, pp. 85~98. 엔첸스베르거의 글은 NLR I/64, Nov~Dec 1970, pp. 13~36에 실려 있다.

라디오라는 매체의 어떤 기술적인 특성도 주류 미디어의 일방향적인 속성을 포함하지 않는다. 이제는 지금까지 간과해왔던 "기술의 '자연적' 진화"로 되돌아가야 할 시점이고, 미디어의 집합적 전용은 '집단 주체'의 형태에 따라 조정되어야 한다.[28]

그러나 이러한 발전이 신자유주의로의 위기적 이행 과정에서 토대 전환의 상부구조적 '표현'으로 여겨져서는 안 된다. 오히려 미시정치학, 펑크 그리고 오토노미디어는 경제적인 만큼 문화적인 전환에 동참하고 있다. 비포 베라르디(Bifo Berardi)가 1977년을 미래가 죽은 해라고 명명했던 것처럼,[29] '미래 이후'(After the future)라는 국면에서 문화혁명은 이제 더 이상 단수의 혁명적 역량으로 볼 수 없다. 마치 마르크스와 트로츠키의 '영속적 혁명'이라는 개념을 조롱하기라도 하듯이 자본주의의 구조적 혁명은 누그러지기는커녕 점점 더 속도를 내고 있다. 이와 같은 '영속되는 혁명'의 신자유주의적 형태에서, 명백한 급진적인 행동은 영속적인 반혁명이 된다. 급진적인 행동이 연루되어 있는 구조적인 혁명과 반대로 이러한 행동이 반발하고 있는 구조적인 혁명을 비교할 때, 이러한 징후는 변덕스럽고 불안정하며 역설적으로 보일 수 있다. 그러나 벤야민의 불꽃놀이 개념을 빌려온다면 그들은 분명한 성좌(星座)를 구축하고 있다.

---

28) Guattari, "Popular Free Radio", pp. 85~86. 이는 주목을 받았던 다른 형태의 라디오를 필요로 한다. 예를 들면 네덜란드의 대학 도시인 네이메헌(Nijmegen)의 전설적인 해적 라디오 방송국의 경우 공유지 점유자들, 게이와 레즈비언, 페미니스트 등에 의한, 그들을 대상으로 하는 다양한 프로그램을 제작 방송하였다.

29) Franco 'Bifo' Berardi, *After the Future*, Edinburgh 2011, pp. 44~50.

규율 거두기

1970년대 말부터 1980년대 초기에 대처와 레이건의 신자유주의적 전환이 본격화될 때 자본주의의 구조적 혁명은 새로운 시대를 맞이하게 된다. 더 클래시(The Clash) 같은 밴드가 옷소매에 좌파적 정치 구호를 새겨 넣었듯이 펑크의 에토스는 물론 대처주의에 반대했지만, 많은 측면에서 펑크의 DIY 윤리는 신자유주의적 유토피아에 대한 기이한 자각을 보여주었다. 후에는 이와 같은 현상이 좀 더 분명해졌는데, 1990년대 영국 예술가들이 자신들이 직접 기획하고 만든 전시를 운영하는 등 문화 기업가로 변모하는 것이 그 예이다. 레인 렐리어(Lane Relyea)는 "1990년대 중반에 런던에서 활동하던 기업가적 젊은 예술가들은 모두 '대처의 자녀들'"이라고 명명하기도 하였다.[30] 하지만 이미 그보다 훨씬 전에 근본적인 복잡함이 수면 위로 부상하였다. 더 폴은 자신들의 음악 「템포 하우스」(Tempo House, 1983)에서 '확실한 직업이 필요한 진지한 사람'을 비난하였다. 역설적이게도 이러한 사람은 사회보장제도에 기대어 살고 있고, '템포 하우스에 자신의 지원 요청서'를 접수하면서 산다(이후에 나온 더 폴에 대한 해석에 따르면 이곳은 실업수당을 받는 사무실을 지칭한다). 마크 스미스(Mark E. Smith)의 특유의 '음-'으로 끝나는 말투와 아리송한 가사 때문에, 정확한 메시지가 전달되지는 않는다. 그들의 음악은 추론적인 조롱과 언어적 지시 대상이 모호하여 장황하기만 한 내용을 주로 담고 있다(예를 들면 "부활절의 눈 / 거꾸로 된 예수님", "네덜란드인은 적어도 네 가지 언어로 운다" 등의 가사가 대표적이다).

모호함은 1980년에 발표된 노래의 이름이기도 한 '뉴 퓨리턴'(New Puritan) 운동에서도 발견되는데, 이 운동은 당시 스미스가 시도했던 기

---

30) Lane Relyea, *Your Everyday Art World*, Cambridge, MA 2013, p. 114.

이하고 자기 구성적인 노동자계급의 펑크 윤리를 요약해 보여준다. 이러한 특징은 비난받을 만하거나 광신적이라고 여겨지기도 했지만, 다른 한편으로는 펑크가 타락 퇴폐로부터 규율이 만들어낸 것임을 의미하였다. 즉더 높은 수준의 퓨리턴주의(puritanism)로의 변화를 나타내기도 하였다("모든 타락한 죄악은 규율을 거둔다"). 1986년의 방영된 TV 픽션 다큐멘터리인 「뉴 퓨리턴을 묘사한다」(Hail the New Puritan)[31]는 찰스 애틀러스가 만들었는데, 이 프로그램의 내용은 마이클 클럭 컴퍼니(Michael Clark Company)의 일상을 극화한 것이었다. 이 다큐멘터리 드라마의 도입부에서 꿈에 관한 장면이 있는데, 이 장면에서 어떤 이들이 멈춰 있거나 몸치장을 하는 시늉을 하고 있을 때, 다른 댄서들은 움직이는 시늉을 하였다. 탁월한 퀴어 공연자이자 마이클 클럭의 무대의상 디자이너인 리 보워리는 화면이 멈춘 TV를 향해 입을 열고, 그다음에 멈춰진 TV 화면은 다시 마이클 클럭의 침대 옆에 있는 TV의 화면이 된다. 우리는 클럭이 자신의 아파트에서 일어나는 것을 본다. 그리고 리허설과 인터뷰가 있는 그날이 시작된다. 클럭의 아파트 씬에는 더 폴의 음악이 깔린다. 이후에 무대는 클럭과 다른 사람들이 클럽에서 춤을 추는 것을 보여준다. 그런 다음 보그 댄스 같은 다른 종류의 춤으로 바뀌면서 끝난다. 흥미롭게도 그 드라마의 마지막 부분에서는 군중들이 클럭의 움직임을 따라하는 것이 나온다. 클럭은 무대 위에서 외견상으로는 군중을 '통제'하고 있는 것처럼 보인다. 이 씬은 미디어는 결코 멈추지 않음을 의미한다. 이뿐만 아니라 공연 예술과 보는 것의 차이가 점차 뒤섞이고 있음을 뜻하는 것이기도 하다.

이와 같은 특이한 포스트 펑크 씬으로부터 거리가 먼 미국에서는 퍼

---

31) 〔옮긴이〕 「뉴 퓨리턴을 묘사한다」는 댄서이면서 안무가인 마이클 클럭에 관한 내용을 담고 있다. 시네마 베르티적 스타일을 차용하여 마이클 클럭과 그의 회사가 뉴 퓨리턴이라는 퍼포먼스를 준비하는 과정을 담고 있다.

블릭 에너미(Public Enemy)[32)]의 척 디(Chunk D)가 조 스트러머(Joe Strummer)와 더 클래시를 중요한 롤 모델로 삼았다. 퍼블릭 에너미의 척 디는 스트러머가 팝 음악을 정치화하였던 것의 가치를 인정하였을 뿐만 아니라 그의 (예술적) 영감과 원천에 대한 음악적 절충주의와 아량을 높게 평가하였다. 「흑인의 CNN」(The CNN of the black people)이라는 잘 알려진 랩에서 척 디는 맬컴 X와 블랙 팬더스(Black Panthers)의 급진적 미학을 펑크에 잘 녹여냈다. 퍼블릭 에너미는 상당히 독자적이었는데, 실제로 그들의 공격적인 외모는 1980년대에서 1990년대 초반의 팝 문화에 단절을 만들어내었다. 무엇보다도 척 디가 바리톤으로 우스꽝스러운 리듬, 말재간과 두음 전환으로 한물간 도덕적 가치와 정치적 가르침을 읊조리는 것은 사운드와 가사 측면에서 모두 특이한 것이었다(두음법칙 등의 예로 "거짓말은 거짓말-도서관에 묻다"[Lies buried in a lie-brary]).

퍼블릭 에너미와 마이클 클럭이 만든 씬 모두 대처와 레이건의 보수의 반격에 대한 문화적 전투를 의미한다. 1980년대에 특히 미국은 '문화혁명'이라기보다는 '문화전쟁'의 주요한 장소가 되었다. 아니 어쩌면 문화전쟁이라는 외피의 문화혁명이었다. 제스 헬름스(Jesse Helms)[33)]가 기독교 근본주의적이라는 미국의 비전에 따르지 않는 사람들을 공격했던 것처럼, 모든 예술 영역에서도 이와 같은 공격이 존재했다. 특히 로버트 매플소프(Robert Mapplethorpe)와 앤드러스 세러노(Andres Serrano) 등의 작업에 대한 논쟁이 대표적이다. 이들의 작업은 사회 변화에 영향을 끼치는 방법으로 프로듀싱, 재맥락화, 대립적 이미지를 활용하는 형태의 선구적인 문화적 액티비즘이었다. 문화 평론가인 브라이언 월리스(Brian Wallis)가 말

32) 〔옮긴이〕 퍼블릭 에너미는 1982년에 미국 뉴욕에서 결성된 미국의 힙합 그룹으로, 정치 문제와 미국 미디어에 대한 비판, 미국의 인종주의 관한 랩으로 유명하다.

33) 〔옮긴이〕 미국 공화당의 정치인으로 노스캐럴라이나 상원의원에 5번 당선되었고 보수주의적 운동을 이끌었다.

했던 것처럼, "재현과 관련된 투쟁의 역설은 보수적인 정치인과 지식인들이 가장 효과적으로 문화를 이데올로기 투쟁의 장으로 식민화하였다는 사실이다. 특히 보수주의자들은 문화는 이데올로기적이어서는 안 되고 정치로부터 자유로워야 한다고 주장해왔기 때문에 더더욱 역설적이다."[34]

이러한 '액티비즘'에 대처하는 좌파—혹은 '좌파' 진영의 자리를 차지한 미시정치 그룹의 아상블라주(assemblage, 집합체)—는 순수한 문화의 상부구조적 정의로 회귀될 위험을 안고 있다. 그러나 1988~89년 디아(Dia) 재단의 마서 로슬러(Martha Rosler)의 '당신이 여기 산다면'(If You Lived Here) 프로젝트는 뉴욕 주택 대란 상황을 다루고 있고, 그룹 매터리얼(Material)의 '데모크러시'(Democracy)라는 프로젝트는 예술적 실천과 사회·정치적 맥락 사이의 관계성의 재현으로서의 개입을 추구하였다. 네 개의 '데모크러시'는 수많은 토론과 교육, 선거 정치, '문화적 참여' 그리고 에이즈 위기 등을 살펴본다. 에이즈 환자들이 고통 속에서 죽어갔던 1980년대 후반 즈음에 에이즈 환자들은 오히려 생산적인 것으로 여겨져왔다. 왜냐하면 거대 제약 회사 웰컴(Wellcome)이 최초의 에이즈 치료약 가격을 상상할 수 없을 만큼 높게 책정했고, 정치인들은 이 과정에서 동성애 공포증을 유포하면서 기여하였기 때문이다.

잘 알려진 '침묵=죽음' 슬로건/로고의 예를 볼 때 액트 업(ACT UP)과 그랜 퓨어리(Gran Fury) 같은 액티비스트 그룹에게는 그래픽아트가 중요했다. 또한 비디오 액티비즘도 동등하게 중요했다. 1987년 3월 24일, 액트 업은 제약 회사 웰컴을 겨냥한 그들 최초의 집회를 뉴욕 증권거래소 앞에서 열었다. 그렉 보도위츠(Gregg Bordowitz)라는 예술가는 집회를 비디오카메라에 담았다. 이것을 계기로 그는 「에이즈와 살아가기」(Living with

34) Brian Wallis, "Democracy and Cultural Activism", Wallis, ed., *Democracy: A Project by Group Material*, Seattle 1990, p. 8.

AIDS) 같은 케이블TV 쇼를 통해 뉴욕의 다른 액티비스트와 함께 지방 텔레비전에 본격적으로 관여하게 되었다. 레이먼드 윌리엄스의 이론이 그의 이러한 활동에 이론적 참조로 활용되었다.[35] 보도위츠와 다른 활동가에게는 이것이 바로 베라르디가 말한 미래 이후의 액티비즘이었다. 레이건주의자의 문구대로 말하자면 구조적인 혁명은 한창 진행 중이었고, 이는 실로 혁명으로 만들어낸 결과물을 무력화하고 있었다.

문화 계급

지난 20여 년을 살펴보면 문화적으로 포스트 펑크의 반혁명적 전략이 자연스럽게 예술 세계 구축 과정으로 편입되어왔다. 마크 스미스는 "이제 실험 정신은 관습적인 것이 되었다"고 노래 「뉴 퓨리턴」에서 읊조렸다. 2010~11년 마이클 클럭은 댄스 리허설과 퍼포먼스를 테이트 모던(Tate Modern)의 터빈(Turbine) 홀에서 보여줬는데, 이 프로젝트의 어느 부분에서는 '댄서가 아닌' 관객들이 프로젝트에 초대되어 참여하였다. 이 프로젝트는 펑크의 에토스인 '누구든 할 수 있다'는 메시지를 문화 산업의 중심부에서 현대의 대중 참여 이벤트로 바꾸어낸 시도였다. 여기에 참여한 관객들은 이러한 특이한 기회를 갖게 된 것을 기쁘게 생각하는 사람들로서, 자신의 노동력을 아무런 대가 없이 제공한 이들이었다. 착취당하는 자들이 착취를 자청하는 것은 현대의 문화화된 경제의 고유한 기반이다. 삶은 영속적인 오디션이 되었다. 지난해 1,600여 명의 지원자가 암스테르담에 위치한 레이크스뮤지엄(Rijksmuseum)의 휴대품 보관소에서 일하기 위해서

---

35) Gregg Bordowitz, "Operative Assumptions" (1996), in Bordowitz, *The Aids Crisis in Ridiculous and Other Writings, 1986-2003*, Cambridge, MA 2004, pp. 76~77.

지원하였고, 마드리드의 프라도(Prado) 미술관의 경우 19,000여 명의 지원자가 11개 일자리를 두고 경쟁했다.[36] 베를린에서는 도이치 뱅크 미술관(Deutsche Bank Kunsthalle)의 '공모'전에 참가하기 위해 참가자들이 줄을 길게 서기도 했다.

히토 스테이에를(Hito Steyerl)의 강의 퍼포먼스인 「나는 꿈꾼다: 매스 아트 생산 시대의 정치학」(I dreamed a Dream: Politics in the Age of Mass Art Production, 2013)에서 위의 예를 확인할 수 있다. 스테이에를의 퍼포먼스는 수감된 쿠르드인 용사 'X 동지'가 레미제라블의 속편을 쓰는 것을 꿈꾸는 것으로 시작한다. X 동지와는 상반되게 스테이에를은 레미제라블의 유사 혁명적인 콘텐츠를 다루지 않는다. 오히려 레미제라블이 탄생할 수 있었던 생산 논리인 19세기 신문의 연재물 생산 양식과 소비 양식에 집중한다. 신문 문예란에 실린 '실제' 소설 작가와 저자인 위고가 경쟁했던 것처럼, 빅토르 위고는 "소설을 쓰게 된 것을 장황하게 이야기하였다." 그는 독자의 흥미를 유발하기 위해서 온갖 노력을 다 기울였는데, 드라마의 일부분으로 클라이맥스를 강조한 것이 바로 그 예이다. 스테이에를은 영국의 오디션 프로그램에서 수전 보일(Susan Boyle)이 레미제라블의 뮤지컬 버전의 노래인 「나는 꿈꾸어요」(I Dreamed a Dream)를 부르는 영상을 보여준다. 이는 위고의 소설의 배경이 된 1832년의 실패한 혁명에서 2011년의 상황으로 전진시키는 순간이 된다. 스테이에를은 X 동지의 꿈을 바탕으로 「나는 꿈꾸어요」의 가사를 (음악과 함께) 노래방 반주기 화면 앞에서 읽는 것으로 이 프로젝트의 주요 논점을 표현한다. 그녀의 프로젝트에는 19세기 현대 박물관 건축물에 둘러싸인 사람들의 이미지를 담은 초록색 스

---

36) "In het Rijksmuseum werken 'prachtige hertjes'", nrc.nl, 18 May 2013; "Casi 19000 parados se presentan para II plazas de bedel en El Prado", *El Confidencial*, 23 May 2013.

크린의 몽타주 화면이 포함되어 있다. 이 몽타주는 후기 포드주의적 엑스트라들 무리가 바리케이드 앞에서 학살되는 이미지를 나타낸다. 이 이상한 클라이맥스에서 관객은 영속적인 오디션 문화의 공모자임을 느끼게 되면서 유사-심사위원이 된다. 우리는 끊임없이 자신을 홍보해야만 하는 캐스팅 경제 세계에서 살아가고 있다.

　이러한 상황에서 어떤 형태의 예술적 실천이 가능할 것인가? 공동 작업과 자율 조직의 문제가 다시 한 번 중요하지만, 계속되는 구조적 혁명이 가능한 혁명적 주체를 찾는 작업을 어렵게 한다. 스테이에를에 따르면

> 현대 예술의 작업은 끊임없이 노동한다는 사실에도 불구하고 대부분 노동에 대한 전통적인 이미지와는 상반된 사람들로 구성되어 있다. 그들은 계급으로 정의되기 충분한 독립체로 안주하는 것을 완강하게 거부한다. 이들을 다중 혹은 군중으로 구분하는 쉬운 길이 있는 반면에, 이들이 영토를 넘나들고 이데올로기적으로 자유롭게 부유하면서 구글 번역기를 사용하여 상상적 커뮤니케이션을 실행하는 산업예비군으로서의 글로벌 룸펜프리랜서(lumpenfreelancer)인지 아닌지는 현실적인 질문일 것이다. 한나 아렌트(Hannah Arendt)가 주장한 것처럼 이들을 새로운 계급으로 정의하기보다는 모든 계급을 거부하는 것으로 정의할 수 있을 것이다.[37]

　이러한 거부는 반란을 일으키는 다중 중 일부가 되는 것을 거부하는 것을 의미한다. 그렇다면 '거부'하는 다양한 집단 사이의 양립 불가능성은 무엇인가? '조인 어스'(Join Us)라는 제목의 2012년 설치물 작업에서 섀런 헤이스(Sharon Hayes)는 게이와 유색인종의 인권 등의 문제를 다룬 다양한

---

37)　Hito Steyerl, "Politics of Art: Contemporary Art and the Transition to Post-Democracy", *e-flux journal 21*, December 2010.

사회 집회와 의사 표현을 담은 600여 개의 광고물을 조합하였다. 1980년
대 후반에 퍼블릭 에너미와 마이클 클럭 컴퍼니 사이의 공동 작업을 상상
하기 힘들었던 것처럼, 아마 광고물을 만든 여러 집단은 의견을 하나로 모
으는 것이 어려웠을 것이다.

계급은 경제적 이율배반과 투쟁이 계급의식의 형태로 절합된 것처럼 언
제나 상부 혹은 하부구조적이다. 그러나 위기를 맞은 전통적 계급과 새롭
게 등장한 계급 혹은 계급을 **프로젝트**로 만든 것과 같은 미시정치적인 형태
가―아마도 젠더나 인종을 바탕으로 한―역사적 행위주체성을 포함할 수
있을까? 페리 앤더슨(Perry Anderson)은 세 가지 행위주체성을 주장하였
다. 첫째는 순수하게 개인적인 목표를 추구하는 것, 둘째는 개인적이거나
집합적인 공적인 프로젝트인데, 보통 말하는 사회적 관계의 변화 없이 역
사적으로 공적인 행동의 미덕을 포함하는 것, 마지막으로는 "집합적인 프
로젝트로서 전체적인 존재가 집합적인 그리고 사회 전체 구조를 일신하는
것을 목표로 하는 프로그램", 이렇게 세 가지였다.[38]

'월가를 점령하라'(Occupy Wall Street) 운동은 새로운 프로보타리아트
를 의미한다. 그곳에서 많은 예술가와 지식인들은 불안정한 것을 돌연변이
적 퍼포먼스 형태로 바꾸었던 것이다. 상당 기간 스테이에를의 룸펜프리랜
서는 그들 자신의 생존을 넘어서 공유하는 지평선을 발전시켰다. 그러나
이 계급의 기초는 가까스로 살아남았다. 헤이스의 상반된 광고물의 배열
이 암시하는 바를 상기하면, 정말 중요한 문제는 아상블라주 혹은 몽타주
이다. 다양한 하위 계급, 구(舊)계급, 잠재적 계급은 적어도 부분적으로 혹
은 순간적으로 연결되었다. 이것은 간단지도, 그렇다고 불가능하지도 않
다. 그것은 현대 미학과 정치학 활동의 생산적 문제이다. 착각에 빠진 어떤
네덜란드 소설가가 말했던 것처럼 착취의 다양한 형태 사이의 몽타주에서

---

38) Perry Anderson, *Arguments within English Marxism*, London 1980, pp. 19~20.

중요한 것은 '예술가들은 또 다른 망명 신청자'가 아니라는 사실이다. 서구 도시의 맥락에서 후기 노동자의 경향을 비물질적 노동에만 집중시키는 것과 상반되게, 오히려 불일치와 유사성 그리고 혜택을 받지 못하는 사람들 사이에서 엄청난 특권의 차이를 바탕으로 한 연대를 좀 더 명확하게 살펴보아야 한다.

글로벌 축제

경제성장의 이면에는 사회적·환경적 파괴가 존재한다. 이처럼 현대 예술은 과잉되고 다른 한편으로는 혐오스러운 것―즉, 상위 0.1퍼센트의 사람들을 위한 글로벌 선물 파티(potlatch, 인디언들에게서 유래한 선물 분배 행사)―이 되었다. 앤드리어 프레이저(Andrea Fraser)에 따르면 "예술 세계에 좋은 것은 반대로 그 밖의 세계에는 재앙적인 것으로 명백히 판명되었다"고 밝힌다.[39] 프레이저를 비롯하여 다른 예술 세계가 가능하다고 믿는 사람들이 물론 존재한다. 현재의 예술 세계의 다양한 실천과 프로젝트는 이러한 축제의 대안을 찾는 작업을 하고 있다. 좀 더 지속 가능한 형태의 교환과 공동 작업 그리고 문화 영역 밖의 집단과의 연합 등이 그것이다. 예를 들면 2011년에 예술가 집단이 '걸프 노동자'(Gulf Labor)라는 이름으로 아부다비 구겐하임의 건설 현장에서 착취당하는 이주 노동자 문제를 다루는 캠페인을 벌였다. 유럽에서는 가사 도우미나 청소 일을 하는 불법 이주 노동자와 공동 작업을 하는 예술가들이 있었고, 강제 추방 위기에 처해 있는 망명 신청자와의 작업도 시도되었다. 이러한 활동은 비공식적이고 즉흥적인 네트워크의 형태를 취한다. 활동에 참여한 가난한 예술가나 지식노

---

39) Andrea Fraser, "Le 1%, C'est Moi", *Texte zur Kunst*, no. 83, September 2011, p. 122.

동자들은 다른 주제나 활동으로 옮아갈 가능성이 있고, 이 때문에 이러한 활동은 오래 지속되기 어려운 속성이 있다. 그러나 거의 불가능에 가까운 이들의 활동은 연대와 공동 작업의 필요로 인해 의미 있는 것이 되었다.

여기서 제럴드 라우닝(Gerald Raunig)이 포착한 앤드리어 프레이저의 발언을 주목해보자. "우리는 우리의 영역에 갇혀 있다. 예술에서 되풀이하여 발생되는 문제는 일반적인 질문을 특정 영역으로 환원하거나 규정짓는 것이다."[40] 이러한 진단은 간단명료하지만, 만약 중국의 공장에서 생산된 노트북과 스마트폰을 사용하고 있는 현 상황과 최근에 지어진 맥구겐하임이 노예노동과 위태롭게 맞닿아 있음을 볼 때 예술 세계와 같은 사회 영역은 잠정적으로 경계가 없다는 것을 알 수 있다. 시각예술에서 제도적인 비판으로 알려진 문화적 실천들은 독자적이라고 여겨진 예술 영역의 공고함을 무력화한다. 게다가 이러한 실천들은 예술 기관의 정치적·경제적으로 복잡한 관계—예를 들면 한스 하케(Hans Haacke)가 작품 후원사의 신식민주의적 경영 관행을 적나라하게 노출한 것—뿐만 아니라 비판적 주체의 결과이자 재구성의 제도적 구조의 배경이 된다. 후자의 경향성은 최근의 예술 작품, 특히 프레이저의 작품에서 확연하게 드러난다. 인정하건대 제도적인 비판의 몇몇 갈래들은 제도적인 환경에 편안하게 둥지를 틀거나, '비판적으로 성찰하는 것'에 경의를 표하는 데 머물면서 독창성 없음의 임계점을 보여준다. 그러나 좀 더 아이러니한 진전으로, 기관과 예술 작품의 재도구화에 기여하는 뿌리 깊고 관계적인 실천으로서의 제도적인 비판은 없는가? 오늘날의 공동 작업이나 프로젝트는 작으면서도 비공식적인 기관들로 유지되고 있다. 그로 인해 '프로젝트'가 끝나는 장소와 '기관'이 시작되

---

40) Gerald Raunig, "Instituent Practices: Fleeing, Instituting, Transforming", in Raunig and Gene Ray, eds., *Art and Contemporary Critical Practice: Reinventing Institutional Critique*, London 2009, p. 5.

는 지점의 명료한 확인이 어려워졌다. ('걸프 노동자' 같은 집단이나 네트워크가 자율적으로 형성된 실제적인 행동이면서 비공식적인 반反기관인 것은 아닐까?) 게다가 유사-기관에 참여하는 이들은 자기 착취의 강도가 그 누구에 의한 것보다도 크다. 그리고 그들은 '정보' 원시축적의 개척자가 된다. 서구 사회에서 '창조적' 그리고 '정동적' 노동의 증가는, 숫자가 적기는 하지만 임금수준이 높은 엘리트가 아니면 이보다는 훨씬 더 많은 수의 '프레카리아트'(precariat)라는 새로운 노동 수요를 창출하였다. 시간은 턱없이 부족하거나 너무 많다. 주제는 더 이상 구분되지 않고, 예술 작품은, 아니 지적 작업은 더 이상 경계가 없어진다.

폭로와 자율 영향

우리는 이 글을 기 드보르의 문화혁명에 관한 명제로부터 시작하였다. 두 번째 명제에서 밝혔듯이, "예술은 센세이션에 관한 보고서에서 머무는 것이 아니라 좀 더 발전된 센세이션의 직접적 기구가 된다." "여기서 중요한 점은 우리를 노예화하는 것이 아니라 우리 자신을 생산하는 것이다." 이러한 주장은 다음과 같은 본질주의와 이분법적인 사고의 산물이다. "우리 자신을 생산한다고?", "우리를 노예화하는 것들이라고?" 우리는 인간과 비인간적 주체들의 네트워크에 대해 생각하는 것에 익숙해져 있고, 주체와 유사-대상의 특정한 배열이 필요한 것인지 혹은 가능한 것인지에 대해서는 의문을 제기하지 못해왔다. 데이터를 모으는 것과 패턴 인식 작용은 곳곳에서 진행되고 있지만, '고전적인' 비판적 행위로서의 이와 같은 사실을 '드러내는 것'은 점점 더 문제적으로 된 것 같다.

월리드 라드(Walid Radd)의 강의 퍼포먼스인 「단계별 시연」(Walkthrough)에서는 걸프 지역 노동자 뒤에 있는 힘을 다루었다. 이 강의 퍼포먼스에서 집중한 것은 예술가연금신탁(Artist Pension Trust)이라는 제도를 통해 온라인 뉴스 제공 사이트 뮤추얼아트(MutualArt)의 기업가 모티 슈니버그(Moti Shniberg)의 이스라엘 군사 정보원과의 관계를 분석하는 것이었다. 그러나 라드는 그의 조사 마지막에 이르러 "문화적, 금융적 그리고 군사적 영역이 밀접하게 연계되어 있음을 보여주는 또 다른 예술 작품이 진정으로 필요할까(마치 우리가 이런 사실을 모르는 것처럼)? 아니다. 그럴 필요가 없다. 이런 시도는 지적이기는 하지만, 속을 알 수 없는 것이 아니다. 이는 더 이상의 언어로 설명될 가치가 없다"고 주장한다.[41] 라드는 그의 이전 퍼포먼스에서 CIA가 용의자 소환의 패턴을 '폭로'하는 것의 효용성에 의문을 제기한다. 왜냐하면 모든 종류의 폭로는 너무나 쉽게 대수롭지 않은 것으로 취급되기 때문이다.[42] '일반 대중'에게 진실을 폭로하는 것과 같은 계몽주의적 표현을 넘어서는 연속과 연합의 가능성이 존재해야만 한다. 예술 집단인 '걸프 노동자'는 이 논점의 좋은 사례가 된다. 이들의 작업은 정세를 적나라하게 보여주거나 비판하기보다는 이로부터 직접적인 결과들을 산출해낸다.

최근에 가장 눈에 띄는 행동 중 몇몇은 스펙터클한 폭로의 형태를 띤다. 이러한 행동의 강점과 약점 모두 다 폭로라는 형태에서 기인한다. 그들의 가해자는 '비물질 노동'의 예술적 혹은 문화적 영역보다는 기술·과학적 부분에서 나온다. 하지만 이 두 영역이 사실은 점점 더 통합되고 있음을 알아야 한다. 1960~70년대에 예술가들은 새로운 생산수단에 접근하기가 어려웠고 적극적으로 생산수단을 장악하는 것은 더욱 힘들었다. 그러나 해커문화는 항상 캘리포니아의 반문화적 아비투스에서 영향을 받았고, 유럽의

---

41) Walid Raad, "Walkthrough, Part I", *e-flux journal*, 48, October 2013.

42) Walid Raad, "I Feel a Great Desire to Meet the Masses Once Again", lecture/performance, 2008~09.

경우 펑크 DIY 문화의 혜택를 받았다. 1990년대 중반에 이르러서는 미디어 이론가, 활동가 그리고 '네트 예술가' 등이 포함된 해커 문화 자치론자들이 등장했다. 매킨지 와크(McKenzie Wark)는 해커 문화를 러다이트적 시각으로 비판했다기보다는 관념으로 받아들였다. 그는 이러한 맥락에서 해커를 현대의 집단적인 민중 영웅으로 칭했다.

　　누가 기술과 노동과정의 유형성을 만들어내는 새롭게 부상하는 생산 형태에 동조하거나 대항하는가? 답변하자면, 그중 하나는 아마도 노동자일 것이다. 또 하나는 해커이다. 노동자가 생산 체제에 찬성하거나 반대한다면, 해커는 새로운 것을 만들어내는 것에 공헌하거나 소외된 존재를 새로운 개념과 생각으로 만들어내어 이른바 '지적재산'이라는 새로운 소유물의 형태로 만든다. 해커는 노동을 하든지 노동을 하지 않든지 근대성의 가속장치가 된다.[43]

　　그렇다면 해커는 탁월한 새 문화혁명가인가? 혹시 해커가 자본주의의 구조적 혁명의 끝에 서 있기 때문에 그렇지 않을까? 몇 편의 에세이, 설치 프로그램, 영상을 클라우드에 업로드하는 것 그리고 데이터 감시 등과 같은 미학적 액티비즘을 실천하는 디자인 집합체인 메타헤이븐(Metahaven)은 그들의 디자인 작품과 일반적으로 통용되는 문화 실천을 위해서 이러한 문화적 실천의 발전의 결과를 깊게 숙고하였다.[44] 한편 에드워드 스노든 (Edward Snowden)의 행동은 확장된 제도적 비판의 형태라고 할 수 있다. 그의 행동은 '평범한 사람들'의 삶과는 직접적 연관이 없는 잘못된 것을 단

---

43)　Mckenzie Wark, "#Celerity: A Critique of the Manifesto for an Accelerationist Politics", Synthetic Edifice blog 참조.

44)　그 예를 보려면, 3부작 에세이 "Captives of the Cloud", in *e-flux journal*, 37, September 2012; 38, October 2012; 50, December 2013 참조.

순히 관념적으로 폭로한 것이 아니다. 이는 모든 이들과 관련이 있다. 그러나 이러한 사실 자체는 광범위하게 무시되어왔는데, 신문에 실린 시민들의 다음과 같은 다양한 코멘트에서 그 면면을 확인할 수 있다. "이런 사실을 알고 있었거나 대강 짐작하고 있었다." "새로울 것이 없다." "모든 국가가 그렇다." "난 숨길 것이 없으니 걱정할 것이 없다." 액트 업의 활동가와는 다르게, 선진국의 다수 시민들은 테러리즘을 막아낼 수만 있다면 데이터와 메타 데이터가 어떻게 활용되든 상관하지 않는다. 왜냐하면 테러리즘을 막는 것이 글로벌 불평등을 유지하는 것이고 서구 사회의 몰락을 조금이라도 늦추는 것이라고 믿기 때문이다.

자유주의 정치가 주창하는 행복이라는 약속은 소수의 상위 혹은 중상위 계급의 전유물이 되었다. 그들은 타인을 위협하는 방법이 계속적으로 증가하는 편집증적인 감시 사회에 사는 것에 만족하고 있다. 건강하고 부유한 구글의 CEO 래리 페이지(Larry Page)는 의료 기록을 공유하는 것을 왜 반대하는지 이해하지 못하겠다고 말했다. 그는 데이터 축적의 새로운 장을 선언한 것으로 보인다. 이는 생(生)정치적으로 버림받은 자들의 계급을 창출할 가능성을 내포한다.[45] 만약 NSA와 GCHQ의 데이터 축적이 현재 수준으로 용인된다면, 다음 단계의 데이터 축적은 과연 다수의 반대에 맞닥뜨릴 것인가? 이렇게 반대하는 것이 극도로 힘든 극단적인 메커니즘에 대응하여, 현대의 미학적·정치적 행동은 다음의 사실을 강조할 필요가 있다. **우리가 바로 타자이다.** 구조적 혁명은 결국 (대부분) 우리 모두를 송두리째 먹어치울 것이다. 결국에는 정말 많은 사람이 중독되고, 자신의 권리를 박탈당하고, 자신의 권리가 훼손되는 결과에 이르게 될 것이다.

〔김성경 옮김〕

---

45) 구글 I/O 개발사 이벤트에서의 연설문, 15 May 2013, TechHive.com 참조

노벨상이 외면한 지역과 작가들

베네딕트 앤더슨(Benedict Anderson)

중국 소설가 모옌(莫言)이 2012년 노벨 문학상을 수상하자, 전 세계에서 다시 한 번 곤란한 문제가 불거졌다. 그놈의 영예를 나누어주는 양상, 곧 패턴과 관련해서 말이다. 물론 거의 모든 나라가 똑같다. 거개의 문학상이 정치, 문단의 파벌, 종교, 인종 편견, 이중 잣대, 당대의 이데올로기로 오염 돼 있는 상황이니 말이다. 노벨 문학상 수상자가 110년 동안이나 선정 발표돼왔다. 전 세계의 다른 모든 지역이 자기 차례와 기회를 누려왔는데도, 동남아시아는 아직까지 단 한 나라도 수상자를 배출하지 못했다. 앞에서 말한 이유 때문일까?

노벨 문학상의 역사는 세 시기로 나눌 수 있다. 서유럽 열강들이 세계 를 지배하던 시기, 냉전기 그리고 당대의 세계화 시기, 이렇게. 1901년부 터 1939년까지의 제1기에는 거의 모든 상이 서유럽 출신 작가에게 돌아갔다. 등위를 매겨보면 다음 순서다. 프랑스 6명, 독일 5명, 스웨덴, 이탈리아, 노르웨이, 미국이 각각 3명. 영국, 에스파냐, 폴란드, 아일랜드, 덴마크도 각각 2명씩 배출했고, 벨기에, 핀란드, 러시아, 스위스, 인도도 1명씩이다(글 마지막에 나오는 표 1 참조). 당시에는 지역 편애를 아주 내놓고 했다. 스칸디나비아인이 3분의 1을 가져갔으니 말 다했다. 하지만 이 중 세계 수준의 작가는 노르웨이의 크누트 함순(Knut Hamsun)뿐이었다. 식민지 인도의 타고르(Tagore)는 돌출적이어서 흥미롭다. 1913년의 그 수상자는 피식민지인으로는 유일했고, 마침내 1968년 일본의 가와바타 야스나리(川端康成)가 노벨상을 거머쥘 때까지 아시아 지역에서 유일한 수상자로서 별 같은 지위를 누렸다. 미국인이 노벨 문학상을 수상한 것 역시 격변의 1930년대부터였다. 셋 중 둘이 히틀러가 권력을 잡고서였는데, 사실 그들의 역량과 자질은 저급했다. 유럽에서 중요한 나라가 하나 있었음에도 지독할 만큼 차별당했음도 부기해둬야겠다. 빙고, 러시아/소련이다. 레닌이 주도한 혁명 이전에 이루어진 차별은, 스웨덴이 전통적으로 제국 러시아와 경쟁 관계여서 그 나라를 몹시 싫어했기 때문이다. 1919년 이후에는 공산주의가 문제가 됐다. 아니나 다를까 러시아 출신으로 유일한 수상자인 이반 부닌(Ivan Bunin)은 파리로 도망가서 살았다. 차르 체제의 마지막 연간에 활약한 거인 톨스토이가 외면당한 것은, 어쩌면 아나키즘이란 그의 급진적 정치사상 때문이었을 것이다. 체홉과 시인 알렉산드르 블록(Aleksandr Blok)도 그렇게 무시당한 러시아의 거장들이다. 이런 상황은 공산주의 소련에서도 계속됐다. 극작가 불가코프(Bulgakov), 시인 마야콥스키(Mayakovsky)와 만델슈탐(Mandelstam), 소설가 고리키, 안드레예프(Andreev), 자먀틴(Zamyatin)이 모두 대상 명단에서 제외됐다.

노벨상 위원회는 18명 규모의 스웨덴 학술원에서 다섯 명이 나와 구성된다. 왕가가 창설한 스웨덴 학술원 성원은 종신직으로, 이들의 가장 중요한 책무는 스웨덴어의 '순수성과 활력과 위풍당당함'을 향상시키는 것이다. 일단 5인 위원회가 후보자 명단을 마련한다. 전 세계의 관련 학계와 문예 기구가 추천한 작가, 학술원 자신이 지명한 인물, 또 생존해 있는 기(旣) 수상자들이 천거한 사람들이 명단에 오르는데, 그러면 열여덟 명이 전원 출석해 다수결로 정하는 것이다. 그 옛날 학술원의 문예 취향이 보수적이었다는 것은 그리 놀랍지 않다. 학술원 회원들은 초현실주의 시인들이나 위대한 실험에 나선 모더니스트들을 싫어했다. 마르셀 프루스트(Marcel Proust), 제임스 조이스(James Joyce), 로베르트 무질(Robert Musil), 베르톨트 브레히트(Bertolt Brecht), 라이너 마리아 릴케(Rainer Maria Rilke), 콘스탄틴 카바피(Constantin P. Cavafy), 발터 벤야민(Walter Benjamin), 요제프 로트(Joseph Roth), 버지니아 울프(Virginia Woolf), 페데리코 가르시아 로르카(Federico Garcia Lorca)를 떠올려보라. 스웨덴이 배출한 망측한 극작가 요한 아우구스트 스트린드베리(Johan August Strindberg)도 이건 마찬가지였다.[1] 노벨이 '완전무결한' '이상주의적' 작품에 상을 주라고 유언으로 지정했고, 상기한 작품들은 자격이 없었다. 이런 사정은 헨리크 입센(Henrik Ibsen), 에밀 졸라(Emile Zola), 토머스 하디(Thomas Hardy), D. H. 로런스(D. H. Lawrence), 시어도어 드라이저(Theodore Dreiser) 등의 다른 작가들도 마찬가지였다. 이게 다가 아닌 것이, 그놈의 노벨의 유언 때문에, 20세기에 가장 범용한 2류 문학 장르가 만들어졌다. 노벨상 수상작 말이다. 상투적인 문구와 진부한 관념이 거듭 쌓이면서 노벨상의 휴머니즘은 흥미도 없고 지루하기만 했다. 하지만 노벨상이란 광휘

---

1) 스웨덴 대중은 학술원의 결정에 즉각 반발했고, 1912년 스트린드베리는 이른바 안티-노벨상(Anti-Nobel Prize)을 수상한다. 이 극작가를 기리자는 대중의 호소가 발동됐고, 소액 기부가 쌓여 총액 5만 크로나의 상금도 지급되었다. 열정적 아나키스트였던 스트린드베리는 1884년 스웨덴 국왕을 암살할 계획을 세우기도 했다. 스웨덴 사회민주당 지도자 얄마르 브란팅(Hjalmar Branting)이 이 상을 제정했다. 스트린드베리의 예순세 번째 생일을 기념하는 노동자들의 대규모 횃불 시위가 벌어지고서였다. *Strindberg's Letters*, vol. 2, edited and translated by Michael Robinson, London 1992, p. 790 참조.

때문에 전 세계 각지에서 발행되던 신문 문예란의 도저한 시도들은 남세스러워지고 만다. 이 연간에 노벨상 위원회의 언어 능력이 변변찮았고, 비유럽 언어로 쓰인 문학작품의 번역이 거의 이뤄지지 않았다는 사실도 고려해야 한다. 이런 구조적 한계로 인해, 중국(가령 루쉰魯迅이나 루링路翎)과 일본(나쓰메 소세키夏目漱石, 아쿠타가와 류노스케芥川龍之介, 다니자키 준이치로谷崎潤一郎)이 후보자를 배출할 수 없었다.

냉전 때는 양상이 그 전과는 확연히 달랐다. 제2차 세계대전의 결정적 연간이었던 1940년부터 1943년까지는 노벨상이 시상되지 않았다. 그리고 1944년부터는 노벨상 위원회가 불가피하게 영향을 받는다. 뭐의? 유럽의 제국주의 세력이 몰락한 상황과, 소련과 미국의 갈등 및 충돌에 말이다. 두 나라가 우세 경쟁을 벌였고, 유럽은 적대하는 두 진영으로 나뉘었다. 식민지는 무시당했지만, 유엔총회에 의석을 차지한 신흥 독립국은 또 그럴 수가 없었다. 유럽은 '지방적인' 미국에 비해 자신의 문화가 우월하다는 자부심이 대단했지만, 때는 바야흐로 자기네들의 정치와 경제가 쇠락하는 새 시대로 진입 중이었다. 유럽 외 지역에서 생산된 주요 문학 텍스트를 번역 출판해야 한다는 필요와 욕구가 크게 증진된 이유다(대표적으로 런던과 파리에서). 스웨덴의 입장과 관점 역시 전전(前戰) 연간과는 크게 달라졌다. 스웨덴은 제2차 세계대전 때 추축국과 연합국 사이에서 중립을 유지했다. 덴마크와 노르웨이가 나치 군대에 점령당했음을 상기해보라. 1945년 연합국이 승리했고, 그들은 당연히 스웨덴을 경멸했다. 히틀러 정권이 인종주의 및 아리아족의 우월성을 내걸고 참혹한 공포정치를 자행했다. 전 유럽에서 우익 민족주의(와 우파 문학)의 위신이 추락할 수밖에 없었다. 거개의 냉전 연간에 스웨덴이 중립 정책을 새롭게 안출해 추진한 것이 긴요했다. 이 나라가 개발한 세계에서 가장 선진적인 사회민주주의 체제는 스스로를 제3의 대안이자 가능성으로 제시할 수 있는 근거였다. 미국의 자본주의도, 소련의 국가사회주의도 잔혹하고 무정하기는 마찬가지였던 것이다. 스웨덴은 '제3세계' 국가들에 접근해 환심을 샀고, 평화를 사랑하는 온건좌파 국가라는 새로운 평판을 얻을 수 있었다. 유엔에서 일한 스웨덴 출신 고위 관리들이 매우 생산적이었음도 보태야겠다.

1944년부터 1991년 사이에 노벨 문학상이 쉰 차례 수여됐는데, 수상자의 지역 분포가 첫 번째 시기와 크게 달라졌다. 1901년부터 1939년까지는 노벨상을 수상한 나라가 열다섯 국가였다. 그러던 것이 냉전 연간에 스물여덟 나라로 늘어났다. (사르트르가 거부하기는 했지만) 프랑스가 여섯 명으로 여전히 1위였으나, 그 차는 근소했다. 그다음은 미국으로, 다섯 명. 영국과 소련이 각각 네 명. 스웨덴, 독일, 에스파냐가 세 명. 이탈리아, 칠레, 그리스가 두 명. 딱 한 명씩 배출한 국가도 적어본다. 폴란드, 덴마크, 아일랜드, 아이슬란드, 유고슬라비아, 이스라엘, 과테말라, 일본, 호주, 불가리아, 콜롬비아, 체코슬로바키아, 나이지리아, 이집트, 멕시코, 남아프리카공화국. 이 목록을 볼작시면, 전전의 스칸디나비아 블록이 대거 줄었음을 알 수 있다. 스톡홀름의 시선과 관심은 이제 동아시아, 중동, 남미와 중미, 아프리카와 호주로 향했다. (동남아시아는 여전히 그들의 안중에 없었다.) 노벨상 위원회의 정책이 바뀔 필요가 있었다. 주목해야 할 첫 번째 사실은, 그들이 우파 작가들을 배격했다는 것이다. 프랑스의 루이-페르디낭 셀린(Louis-Ferdinand Céline)과 앙드레 말로(André Malraux), 아르헨티나의 호르헤 루이스 보르헤스(Jorge Luis Borges), 그 밖의 인물로 마리오 바르가스 요사(Mario Vargas Llosa, 2010년에야 용서를 받았다), 이블린 워(Evelyn Waugh), 앤서니 파월(Anthony Powell)이 그런 예들이다. 윈스턴 처칠(Winston Churchill)은 웃기는 예외였고. 더불어서, 독자적 행보를 내딛은 좌파, 가령 사르트르, 나아가 공산주의자라 해도 파블로 네루다(Pablo Neruda) 정도면 옳고 권할 만했다. 소련이나 중화인민공화국 출신은 아니잖은가! 미하일 숄로호프(Mikhail Sholokhov)란 예외적 사례는 흐루쇼프 연간의 상대적 해빙기에 벌어진 사태였다. 다른 러시아인 세 명은 반체제 인사이거나 망명자였다.

　노벨상 위원회가 취한 다른 주요한 변화로, 언어들의 지위가 재조정된 걸 들 수 있다. 전전의 세계에서는 실생활과 이른바 '세계문학'에서 독일어와 프랑스어와 영어가 권위(자) 언어였다. 1945년 이후로 상황이 바뀌었다. 독일이 둘로 나뉘었고, 사방에서 독일을 혐오, 배격했다. 프랑스의 언어적 위세가 서서히 하락했다. '영어'가 다양한 양상 속에서 헤게모니 언어의 지위를 차지해갔다. 물론 프랑스가 수상자 배출 면에서 여전히 1위였다. 하지만 프랑스는 과거 해외, 곧 인도차이나, 서아프리카, 마그레브(북아프리카의 알제리, 모로코, 튀니지 지역―옮긴이), 카리브해에서 식민지를 경영했고, 이 지역 출신이 한 명도 없다는 사실은 놀랍기만 하다. 그에 비한다면, 영연방 자치령과 이 나라의 식민지였던 곳들은 성적이 좋다. 면면을 보자. 호주의 패트릭 화이트(Patrick White), 아일랜드의 새뮤얼 베케트(Samuel Beckett)와 세이머스 저스틴 히니(Seamus Justin Heaney), 나이지리아의 월레 소잉카(Wole Soyinka), 남아프리카공화국의 나딘 고디머(Nadine Gordimer)와 존 맥스웰 쿳시(John Maxwell Coetzee), 영국령 서인도제도 세인트루시아(Saint Lucia)의 데릭 월콧(Derek Walcott). 미국과 영국으로 망명하거나 이주한 작가들도 영어로 작품 활동을 했다. 폴란드인 체스와프 미워시(Czesław Miłosz)는 서방으로 망명해 30년을 살고서, 노벨상을 받았다. 조지프 브로드스키(Joseph Brodsky)도 빼놓을 수 없겠다. 엘리아스 카네티(Elias Canetti)는 여섯 살 때 불가리아를 떠나 영국으로 갔다. 하지만 이전 시기와 동일하게 유지되던 연속성이 하나 있었으니, 그것은 바로 수많은 나라의 당대 비평가들이 존숭하는 작가들을 간과 내지 무시한 작태였다. 일본의 아베 코보(安部公房), 러시아의 블라디미르 나보코프(Vladimir Nabokov)와 안나 아흐마토바(Anna Akhmatova), 영국 태생의 미국 시인 위스턴 휴 오든(Wystan Hugh Auden), 영국의 그레이엄 그린(Graham Greene)이 그런 예들이다.

냉전이 끝났고, 사반세기 정도가 경과했다. 새롭고 흥미로운 사실 몇을 확인할 수 있는데, 첫째, 프랑스의 지위(1명), 미국의 헤게모니(1명), 러시아의 권위(0명)가 종말을 고했다. 한 번씩이지만 수상자를 배출한 나라를 보면, 서인도제도(영어를 쓴다), 미국, 일본, 폴란드, 이탈리아, 포르투갈, 헝가리, 남아프리카공화국, 오스트리아, 터키, 아일랜드, 프랑스, 페루 그리고…… 스웨덴이다. 예외가 둘 있는데, 중국과 부활한 독일이다. 독일은 귄터 그라스(Günter Grass)와 헤르타 뮐러(Herta Müller)로 수상자를 두 명 배출했다. 한스 마그누스 엔첸스베르거(Hans Magnus Enzensberger)가 빠진 것은 아쉽다. 중국도 두 명인데, 모옌과 가오싱젠(高行健)이다. 물론 2000년 수상자인 가오싱젠은 1980년대 후반 프랑스에 정착했다. 이 세 번째 시기의 선두는 세 명을 배출한 영국이다. 물론 영국인 수상자들 가운데서 본토인은 해럴드 핀터(Harold Pinter)뿐이다. 비디아다르 수라지프라사드 나이폴(Vidiadhar Surajprasad Naipaul)은 서인도제도 트리니다드토바고에서 태어났고, 도리스 레싱(Doris Lessing)은 로디지아에서 자랐다.

이상하고 튀는 한 가지

그런데 동남아시아는? 이 지역의 구조는 좋게 말해서 총천연색이고, 안 좋게 말해서 잡색으로 얼룩덜룩하다. 지배적인 언어가 없고, 단일한 종교가 있는 것도 아니며, 패권 정치 국가도 없다. 식민지 시절을 떠올려보자. 영국, 프랑스, 네덜란드, 에스파냐, 포르투갈, 미국이 이 지역을 쪼개먹었고, 지배했다. 가브리엘 가르시아 마르케스(Gabriel García Márquez)는 에스파냐어를 사용하고, 가톨릭이 대세인 중미와 남미를 대변할 수 있었다. 월콧은 영국이 떠난 카리브해 지역을, 타고르는 남아시아를, 이집트의 나기브 마푸즈(Naguib Mahfouz)는 이슬람의 중동을, 월레 소잉카는 아프리카(영국 제국주의가 가장 강력했던 곳이다)를 그리고 어쩌면 오르한 파묵(Orhan Pamuk)의 경우는 유럽'형' 터키를 대체로 설파, 옹호할 수 있었다. 하지만 동남아시아 작가 중에는 이 지역 전반을 상징하는 존재로 거명될 수 있는 사람이 한 명도 없었다. 냉전기를 더듬어보자. 동남아시아는 비정상적이라 할 만큼 이데올로기 및 군사적으로 분열했다. 이 지역의 거의 모든 나라에서 공산주의자와 공산주의 반대 세력이 오랜 세월 무장 충돌했다. 그 결과로 필리핀, 태국, 인도네시아, 싱가포르, 버마(미얀마)에서는 우익 내지 군부독재 정권이 들어섰고, 인도차이나 반도의 세 나라는 이른바 공산주의자들이 통치했다.

20세기의 역사 과정을 보건대, 동남아시아에는 버젓한 '큰 언어'(big language)가 없기도 했다. 미국은 확고부동했고, 필리핀에서는 거개의 에스파냐어가 사라졌다. 인도네시아는 독립 후 재빨리 네덜란드어를 배격했다. 버마 군부는 영어를 축출했고, 인도차이나 3국은 두 세대에 걸쳐 프랑스어를 파기했다. 아프리카와 대비되는 이런 현상은 상당히 인상적·충격적이다. 아프리카의 탈식민 국가 거개는 식민지 시절의 언어를 공식어로 유지했다. 각자의 민족주의를 구현하는 수단으로 지역어를 고취할 때조차 그랬다. 동남아시아의 작가들에게 유럽, 서반구, 나아가 이슬람 세계에서 지원 사격을 정력적으로 해주는 응원군이 있을 수 없었던 이유다. 마지막으로 흥미로운 사실 하나를 더 지적해야겠다. 인도네시아는 동남아시아 지역에서 가장 규모가 큰 민족국가이다. 이 나라를, 이 땅을 네덜란드가 식민지로 삼았다. 그런데 네덜란드는 어떤 나라이던가? 네덜란드는 유럽의 제국주의 열강 중에서도 규모가 가장 작고, 또 영향력과 비중이 가장 작은 국가였다. 네덜란드어는 네덜란드 사람만 쓴다. 좋은 건지 나쁜 건지 모르겠지만, 네덜란드는 아직까지 단 한 명의 노벨상 수상자도 배출하지 못했다. 유럽 대륙의 다른 '루저' 국가 알바니아 및 루마니아와 동급인 셈이다(카네티를 불가리아인으로 쳐준다면). 덴하흐(Den Haag, 영어로는 헤이그로, 네덜란드의 행정 수도다—옮긴이)는 인도네시아를 밀고 싶어도 밀어줄 처지가 못 된다.

　열강이면 과거 자기네들 식민지 출신 작가들을 지원해야 하는 거 아니냐고, 생각하는 분이 있을지도 모르겠다. 실상을 보자. 파리는 과거 프랑스령 서아프리카, 마그레브, 여전히 프랑스령인 카리브해 지역에 관심이 더 많았다. 베트남은 너무 멀고, 장기간의 치열한 독립전쟁이 벌어져 쫓겨나기까지 했으니 감정이 상할 만도 했다. 미국의 경우, 유럽을 바라보면서는 항상 문화적으로 열등하다는 콤플렉스에 시달렸다. 그들이 경계가 불분명한 수상자들을 '미국인'으로 그러모으기 좋아한 것은 이 때문이다. 미국 시민권을 취득하거나, 이미 문학적 성가가 드높았던 망명자들을 떠올려보라. 체스와프 미워시가 폴란드 출신이고, 브로드스키는 러시아 태생이다. 하지만 필리핀은 완전히 무시, 경멸당했다. 이곳의 지배 언어가 심지어 '미국어'(미국 영어)였음에도 불구하고 말이다. 런던의 경우는, 제국의 범위가 엄청났고, 그래서 다른 선택지가 많았다. 보자. 일단 자치령이었던 나라가 많다. 호주, 남아프리카공화국, 캐나다, 뉴질랜드. 또 나이지리아, 가나, 인도, 카리브해, 파키스탄 같은 나라는 별도의 부류다. 그러니 말레이시아와 싱가포르는 안중에 없었다. 이들 나라가 영어를 공식어로 유지했음에도 불구하고.

　동남아시아는 이른바 언어를 민족적으로 통일했다. 과연 그 결과는 어땠을까? 이런 국가적 통일의 거개는 목표가 분명했다. 국가적 결속과 연대를 달성해야 한다! 하지만 어떤 언어를 '민족어'로 삼을지 결정하는 과정은 거의 언제나 특정 집단의 권력과 위세를 선호, 편애하는 걸로 귀결됐다. 언어, 인구 집단, 정치 수준에서 말이다. 버마와 베트남의 경우는, 칠 수 있는 패가 많았다. 민족 집단 자체의 숫자, 지리적 구성, 고등교육 수준, 정치권력 따위가 기동의 여지를 제공한 것이다. 버마어와 베트남어가 민족어로 정해졌고, 비록 여러 '소수민족'이 소외되기는 했어도, 이 결정은 '자연스러웠다'고 할 수 있다. 방콕은 이런 '자연적' 우위와 권세를 누릴 수 없었고, '방콕 타이어'는 권위주의적 행정 수단을 통해서만 부과, 강제되었다. 필리핀도 보면, 미국의 식민 지배가 끝날 무렵, 군도에서 가장 큰 언어 집단이 세부아노어의 여러 방언을 사용했음에도 불구하고, 수도와 주변 지역 주민이 쓰던 타갈로그어가 강압적으로 부과되었다. 결과는 혼란스러웠고, 여러 지역에서 저항이 빗발쳤다. 그런 지역들은 공용어로 세부아노어나 미국식 영어를 선호했다. 말레이시아에서도 정치적으로 우세한 말레이족이 말레이어를 강제로 부과했다. 중국인, 인도인, '보르네오 북부인'이 반발했음은 물론이다. 이들은 중국어와 인도어, 또 영어를 사용한다.

국가 공용어를 논란 없이 정한 유일한 나라가 인도네시아이다. 문단의 주요 작가 중에 인도네시아어(bahasa Indonesia)를 쓰지 않는 이는 거의 없다. (물론 이 언어는 지역에 따른 굴절이 많은 편이기는 하다.) 인도네시아어는 어떤 집단도 역성들지 않는다. 이런 이유로 인도네시아 문단의 면면을 보면 민족이 참으로 다양하다. 퀘 티암 징(Kwee Thiam Tjing, 푸젠족), 이완 시마투팡(Iwan Simatupang, 바타크족), 하이릴 안와르(Chairil Anwar, 미낭카바우족), 아미르 함자(Amir Hamzah, 말레이족), 프라무댜 아난타 투르(Pramoedya Ananta Toer, 자바족), 에카 쿠르니아완(Eka Kurniawan, 순다족), 푸투 위자야(Putu Widjaja, 발리족) 등등. 나는, 듣고 본 게 적지만 그래도, 인도네시아 문학이 동남아시아에서 가장 창조적일 거라고 생각한다. 공용어(lingua franca)와 민족 언어, 곧 국어(national language)가 강압 없이 하나로 통합되었기 때문이다. (멍청한 정치인들과 관료들이) 강압을 쓰면, 우둔한 형태의 전통주의가 조장되는가 하면, 사람들은 적의와 반감 속에 도입된 정책을 거부해버린다. 상당수의 소수민족이 차라리 영어를 쓰기로 하는 이유다. 그들은 전통주의를 거부하고, 나아가 관심을 보일지도 모르는 국제사회의 우호적인 청중을 기대하는 것이다.

하지만 어떤 종류든 국어 통일 정책은 일종의 차단, 격리이기도 하다. 동남아시아의 민족 언어 가운데 초국가성을 띠는 언어는 하나도 없다. 세계 체제는 이미 확고하고, 버마어, 베트남어, 라오어, 타이어(샴어), 크메르어, 타갈로그어, 나아가 말레이어조차 해당 지역민들만 사용한다. 인도네시아 어와 말레이어가 아주 가까운 친족어임에도 불구하고, 인도네시아에서 말 레이어로 된 문학작품을 읽는 사람은 거의 없다. 그들은 말레이시아 문학 을 편협한 구식에다가, '민족 정서가 넘치는 것'으로 치부한다. 이런 식의 편견은 말레이시아도 마찬가지다. 말레이시아의 말레이 사람들은 인도네 시아의 인도네시아어를 복수의 언어를 혼란스럽게 짬뽕한 물건으로 간주 한다. 스톡홀름을 목표로 연대할 가능성은 전혀 없는 셈이다. 이런 차단 격 리로 인해, 도대체가 조금이라도 노벨 문학상을 기대해보려면, 스웨덴인들 이 다룰 수 있는 '주요 언어들'로 작품을 번역도 해야 한다. 하지만 지배 엘 리트는 멍청한 국수주의자고, 좋은 문학작품을 읽지 않는 게 보통이며, 우 수한 번역가를 교육 훈련하는 일도 안중에 없다. 그들은 번역을 기예가 아 니라 단순한 테크닉으로 여긴다. 라틴아메리카의 위대한 작가들이 노벨상 을 받는 이유를 하나 대보면, 거기에는 에스파냐어와 영어 모두에 능통한 1급의 2중 언어 사용자 집단이 있기 때문이다. 그들 전문 번역가를 많은 사 람이 존경한다. 지역으로서의 동남아시아, 국가 집단으로서의 동남아시아 는 이런 환경이 전무하다.

어떤 후보들이 있(었)나

동남아시아 작가 중에 마땅히 받아야 했던 노벨상 후보자가 있기는 했던 걸까? 이와 관련해서 단호한 태도를 보일 만큼 내가 잘 아는 것은 아니다. 에스파냐가 필리핀인들의 민족 영웅 호세 리살(José Rizal)을 1896년 처형 했다. 노벨상이 시상되기 5년 전이다. 그가 필리핀이 낳은 위대한 문학가라는 것은 틀림없다. 리살이 예순 살까지 살았다면, 가능성이 있었을까? 나는 아니라고 생각한다. 그가 '주요' 언어 가운데 하나로 썼음에도 불구하고, 식민지 출신으로 제국주의에 진정 반대한 작가 가운데서 제2차 세계대전 전에 인정, 승인받은 사람은 단 한 명도 없기 때문이다. (노벨 문학상은 생존 작가한테만 수여된다.) 말레이인 귀족 아미르 함자가 1930년대에 쏟아낸 이슬람 신비주의 시편은 경이롭지만, 스톡홀름은 단 한 번도 그를 진지하게 고려하지 않았고, 그는 이내 사라졌다. 인도네시아가 독립을 선언하고 1년이 채 되지 않아 '혁명가'라는 흉한들에게 살해당한 것이다. 아미르 함자의 작품은 종교색 때문에 번역하기가 매우 어렵고, 내가 아는 한 전문가가 나서서 번역한 적도 없다. 네덜란드 식민 국가도, 독립 공화국 인도네시아도 나서서 그를 인정하는 데에 인색했다. 하지만 상상해볼 수는 있다. 프랑스어나 영어로 번역만 잘 됐더라도, 냉전 이후라면 그 시들에 힘입어 노벨상 수상자가 되었을 수도 있는 것이다. 물론 아미르 함자가 여전히 살아 있어야겠지만.

마지막으로 가능성 있는 인물을 꼽아보면, 프라무댜 아난타 투르 (1925~2006)가 틀림없다. 유럽의 지지자들이 1980년대부터 계속 그의 이름을 제출했다. 뭘 좀 아는 사람이면 프라무댜가 분명 인도네시아 최고의 산문가란 사실에 토를 달지 않을 것이다. 대략 1948년부터 1988년까지 40년 동안 소설, 단편, 희곡, 문예비평을 써냈으니 정말이지 놀랍다. 스톡홀름 위원회가 거듭해서 프라무댜를 외면한 이유를 대자면, 수도 없다. 우선 첫째로, 그의 정치적 입장이다. 프라무댜는 인도네시아 독립 혁명 과정에 참여한 활동가다. 게다가 이후에는 사회주의 리얼리즘을 고수한 독립 좌파였다. 프라무댜는 1960년대 초에 보수주의 및 자유주의 성향의 동료 작가들과 지식 분자를 줄기차게 비판했다. 그들의 반동적 정치 행태와 서방 유착을 지적한 것이다. 프라무댜의 많은 글과 작품이 비교적 신속하게 번역됐다. 도착어들을 밝히면, 중국어, 러시아어, 동유럽과 소련의 비러시아어권 기타 군소 언어들 따위다. 물론 당시에 그의 작품이 영어로 번역됐다 할지라도, 스톡홀름은 프라무댜를 인정, 추인하지 않았을 것이다. 인도네시아 공산당이 공산 진영 바깥에 존재하는 그런 정당 중에서 최대 규모였다는 사실을 잊지 말자. (실상 프라무댜는 당원이 아니었다.)

1980년이면 프라무댜의 기회와 운이 상승했을 것 아니냐고 생각하는 사람이 있을 수도 있겠다. 독재자 수하르토가 1966년부터 1979년까지 그를 수용소 군도에 수감했는데, 마침내 석방되었기 때문이다. 독자 여러분은 1965~66년의 대규모 공산주의자 도륙 사태도 기억하리라. 프라무댜가 낙도 부루(Buru)의 강제수용소에서 옥살이를 하며 그 유명한 '부루 4부작'을 써냈다는 점에서 더욱더 그랬다. 그의 거의 모든 작품이 수하르토의 32년 철권통치 기간에 금서였다. 심지어 오늘날까지도 형식적으로는 여전히 금서다. 뭐, 그 금제가 발효, 발동되는 것은 매우 드문 일이지만. 아무튼 프라무댜만큼 수감 생활을 그렇게 오래 한 노벨 문학상 수상자는, 내가 아는 한, 없다. (재판을 받지도 않고 말이다.) 친구들이 프라무댜를 신중하고 성실하게 소개하지 않았을 가능성도 많다. '부루 4부작'의 영어판을 졸속으로 내버린 것인데, 물론 거기에는 이유가 없지 않았다. 정치적으로 긴박했고, 인권 문제를 시급하게 제기하고자 했던 것이다. 호주의 활동가는 그 일을 제대로 할 만한 능력이 되지 않았다. 프라무댜의 문체는 인도네시아의 그 어떤 작가와도 다르다. 그의 블랙 유머는 영어로 옮기기가 무척 어렵다. 저술 중 가장 뛰어난 작품이 미번역 상태로 누락 중임도 보태야 할 것이다. 1950년대의 특출한 단편 선집이 대표적이다. 냉전이 끝났고, 프라무댜 아난타 투르도 수상을 했다. 1995년 막사이사이상을, 2000년 후쿠오카상을 받은 것이다. 그러나 인도네시아의 지배계급과, 공산주의를 배격하는 그 나라의 문인과 지식인 다수가 여기에 크게 반발했다. 프라무댜는 2006년 죽고 나서야 비로소 수용되었다. 인도네시아 최고의 현대 작가로 말이다. 스톡홀름행 비행기를 더는 기대할 수 없는 것이다.

표 1. 1901~2012년 노벨 문학상의 지역 분포

1901~39년

국가(횟수)	수상자 이름
프랑스(6)	쉴리 프리돔, 프레데릭 미스트랄, 로맹 롤랑, 아나톨 프랑스, 앙리 베르그송, 로제 마르탱 뒤 가르
독일(5)	테오도르 몸젠, 루돌프 크리스토프 오이켄, 파울 요한 루트비히 폰 하이제, 게르하르트 하우프트만, 토마스 만
스웨덴(3)	셀마 라겔뢰프, 카를 구스타브 베르네르 폰 헤이덴스탐, 에릭 악셀 카를펠트
이탈리아(3)	조수에 카르두치, 그라치아 델레다, 루이지 피란델로
노르웨이(3)	비외른스티에르네 비외른손, 크누트 함순, 시그리드 운세트
미국(3)	싱클레어 루이스, 유진 오닐, 펄 벅
영국(2)	러디어드 키플링, 존 골즈워디
에스파냐(2)	호세 에체가라이, 하신토 베나벤테 이 마르티네스
폴란드(2)	헨리크 솅키에비치, 브와디스와프 레이몬트
아일랜드(2)	윌리엄 버틀러 예이츠, 조지 버나드 쇼
덴마크(2)	카를 겔레루프, 헨리크 폰토피단
벨기에(1)	모리스 메테를링크
핀란드(1)	프란스 에밀 실란페
러시아(1)	이반 알렉세예비치 부닌
스위스(1)	카를 슈피텔러
인도(1)	라빈드라나트 타고르

1944~91년

국가(횟수)	수상자 이름
프랑스(6)	앙드레 지드, 프랑수아 모리아크, 알베르 카뮈, 생 종 페르스, 장 폴 사르트르,[2] 클로드 시몽
미국(5)	윌리엄 포크너, 어니스트 헤밍웨이, 존 스타인벡, 솔 벨로, 아이작 바셰비스 싱어

국가(횟수)	수상자 이름
영국(4)	T. S. 엘리엇, 버트런드 러셀, 윈스턴 처칠, 윌리엄 골딩
소련(4)	보리스 파스테르나크, 미하일 알렉산드로비치 숄로호프, 알렉산드르 솔제니친, 조지프 브로드스키
스웨덴(3)	페르 라게르크비스트, 에위빈드 욘손, 하뤼 마르틴손
독일(3)	헤르만 헤세, 넬리 작스, 하인리히 뵐
에스파냐(3)	후안 라몬 히메네스, 비센테 알레익산드레, 카밀로 호세 셀라
이탈리아(2)	살바토레 콰시모도, 에우제니오 몬탈레
칠레(2)	가브리엘라 미스트랄, 파블로 네루다
그리스(2)	게오르기오스 세페리아데스, 오디세우스 엘리티스
폴란드(1)	체스와프 미워시
덴마크(1)	요하네스 빌헬름 옌센
아일랜드(1)	새뮤얼 베케트
아이슬란드(1)	할도르 락스네스
유고슬라비아(1)	이보 안드리치
이스라엘(1)	슈무엘 요세프 아그논
과테말라(1)	미겔 앙헬 아스투리아스
일본(1)	가와바타 야스나리
호주(1)	패트릭 화이트
불가리아(1)	엘리아스 카네티
콜롬비아(1)	가브리엘 가르시아 마르케스
체코슬로바키아(1)	야로슬라프 세이페르트
나이지리아(1)	윌레 소잉카
이집트(1)	나기브 마푸즈
멕시코(1)	옥타비오 파스
남아프리카공화국(1)	나딘 고디머

2) 사르트르는 1964년 선정되었으나 수상을 거부했다.

1992~2012년[3]

국가(횟수)	수상자 이름
영국(3)	비디아다르 수라지프라사드 나이폴, 해럴드 핀터, 도리스 레싱
독일(2)	귄터 그라스, 헤르타 뮐러
중국(2)	가오싱젠, 모옌
세인트루시아(1)	데릭 월콧
미국(1)	토니 모리슨
일본(1)	오에 겐자부로
아일랜드(1)	셰이머스 히니
폴란드(1)	비스와바 심보르스카
이탈리아(1)	다리오 포
포르투갈(1)	주제 사라마구
헝가리(1)	케르테스 임레
남아프리카공화국(1)	존 맥스웰 쿳시
오스트리아(1)	엘프리데 옐리네크
터키(1)	오르한 파묵
프랑스(1)	장 마리 귀스타브 르 클레지오
페루(1)	마리오 바르가스 요사
스웨덴(1)	토마스 트란스트뢰메르

[정병선 옮김]

──── ──────

3) 〔옮긴이〕 이 글은 2013년 작성되었다. 2013년과 2014년 수상자를 차례로 적어둔다. 앨리스 먼로(캐나다), 파트릭 모디아노(프랑스).

유네스코가 도시를 죽이고 있다

마르코 데라모(Marco d'Eramo)

많은 도시가 최후의 몸부림을 치고 있고, 그 단말마의 고통을 지켜보는 일은 매우 큰 충격이다. 수많은 도시가 역사의 부침(浮沈)을 견디며 살아남았다. 전쟁, 역병, 지진 같은 우여곡절에도 도시는 수백 년, 어떤 경우는 수천 년 동안 찬란하고 풍요로우며 활기를 잃지 않았었다. 하지만 이제는 아니다. 당대의 도시를 보라. 하나둘 시들고 있으며 공동화(空洞化)되는 중이다. 무혈의 무언극이 상연되는 무대 배경 같다고나 할까. 한때 그곳은 삶의 맥박이 고동쳤다. 성질 사나운 사람들은 팔꿈치로 남을 치며 길을 헤쳐 나가기도 했을 정도였다. 요즘은 간이식당과 가판대에서 '토산품'을 팔고 있을 뿐이다. 모슬린(속이 거의 다 비치는 고운 면직물), 바틱(염색이 안 되게 할 부분에 왁스를 발라 무늬를 내는 염색법과 그렇게 염색한 천), 손수건, 비치 랩(해변에서 착용하는 치마 하의), 팔찌 따위를 볼 수 있는데, 취급하는 상점도 대동소이하다. 삶의 야단법석이 이제는 여행안내 책자에 밀봉된 상황이다. 파리에 있는 어느 때깔 나는 건물에서 사형선고가 내려졌다. 파리 제7구 퐁트누아 광장의 그 건물에 입주한 사무소 인간들이 관료 절차를 밟는 데 주구장창 시간을 써댔음은 물론이다. 그 자들의 평결 내용은 영원히 떼낼 수 없는 화인(火印)이다.[1]

UN의 교육 · 과학 · 문화 기구인 유네스코의 '세계 문화유산'(World Heritage) 등재는 죽음의 키스다. 그 라벨이 한번 붙으면, 해당 도시는 명줄을 다하고 만다. 도시는 이제 박제(剝製)가 된다. 참으로 끔찍한 말인 이 '도시 살해'(urbicide)가 고의로 자행되는 것은 아니다. 오히려 그 정반대다. 선의와 충심 속에서 도시 살해가 이루어진다. 인류의 '유산'을 보전하겠다는 것이 그 선의와 충심의 내용이다(함정이 있는데, 바꾸지 않고 고정하겠다는 의도가 가미돼 있다). '보전'의 말뜻을 상기해보자. 방부 처리를 한다는 얘기다. 동결한다는 얘기다. 시간의 부식으로부터 뭔가를 지켜낸다는 말이다. 계속해서 보자. 시간을 멈춰 세운다는 얘기다. 대상을 사진 속의 피사체처럼 고정한다는 얘기다. 보전 대상이 성장하고 변화하는 것을 못하게 막는 것이다. 물론 돌보고 건사해야 하는 기념물들이 있기는 하다. 하지만 한번 생각해보라. 기원전 450년에 아크로폴리스를 보존하라는 명령이 발동됐다면 지금 우리에게 파르테논 신전과 프로필라이움(아테네의 아크로폴리스 입구), 에릭시움(아크로폴리스 북쪽에 있는 고대 그리스의 사원으로, 아테나 여신과 포세이돈을 모셨다―옮긴이) 따위는 없을 것이다. 유네스코 사람들이 16세기와 17세기의 로마를 찾았다면 대경실색했을 것이다. 신고전주의, 매너리즘, 바로크 양식이 감탄스럽게 혼합된 도시임에야!

━━━━━━

1) 이 글은 이탈리아 건축 잡지 『도무스』(Domus) 7~8월호에 축약판으로 실렸다. 엔리코 알레바(Enrico Alleva), 다니엘라 암브로시노(Daniella Ambrosino), 알레산드로 팔라볼리타(Alessandro Fallavollita), 안드레아 포르티(Andrea Forti), 안나 나도티(Anna Nadotti), 암브로스 바이벨(Ambros Waibel)이 여러 가지 비평과 제안을 해주었다. 그분들께 감사드린다.

건설과 보존 사이에서 균형과 조화를 이루는 일이 불가능하지 않다. 마우솔레움(거대한 영묘靈廟 또는 능陵) 때문에 교외로 쫓겨나 잠을 자야 하는 도시가 아니라 시민들이 박물관 및 예술 작품과 공존할 수 있는 도시가 가능하다. 얼마 전 30년 만에 처음으로 산지미냐노(San Gimignano, 이탈리아 중북부 토스카나 지방에 있는 중세의 성곽도시—옮긴이)에 다시 가봤다. 시내에 이렇다 할 빵집, 과일 및 채소 가게, 푸주한이 단 한 곳도 없었다. 밤이 깃들어 술집, 식당, 기념품 가게가 철시하자, 그 옛 도시에서 실재 주민은 단 한 명도 찾을 수 없었다. 산지미냐노 주민은 죄다 성 바깥에 살고 있었던 것이다. 쇼핑센터 인근에 현대식 아파트가 신축된 게 보였다. 산지미냐노의 모든 것이 중세를 코스프레하는 영화의 세트장이 돼 있었다. 여기에는 '억지 고안된 전통'이 상업적으로 전시 판매되는 일이 필수다. 도시가 작을수록 이런 쇠락과 죽음이 더 신속하게 일어난다. 루앙프라방(Luang Prabang, 라오스 중북부의 도시로, 옛 왕국의 수도였다—옮긴이)이라고 라오스 도시가 있다. 라오스의 그 고도(古都)도 똑같은 운명을 겪었다. 이곳의 역사 지구는 이제 관광객을 옭아맨다. 가옥이 호텔과 식당으로 바뀌었다. 전 세계가 공통인데, 그 뻔한 노점상이 판매하는 품목도 똑같다. 목걸이, 직물 가방, 혁대. 어떤 장소의 독특함을 보전하고자 했는데, 그 결과가 의도치 않게 해당 장소를 증발시켜버린다는 사실은 얄궂으면서도 역설적이다. 행성 지구 전역에 산재한 세계 문화유산 지구에서 이런 일이 거듭되는 중이다. 산지미냐노의 진짜 주민을 만나려면 중세의 성곽을 나와야 한다. 마찬가지다. 포티살라트 로드(Phothisalath Road)를 1마일 돌아 푸바오(Phu Vao)를 벗어나야, 라오스 사람들이 사는 곳을 찾을 수 있다. 포르투갈 예도 하나 더 들어본다. 포르투(Porto)는 세계 문화유산 지구를 가르고 나누는 경계다. 이 경계가 보이지 않음에도 불구하고, 걷다 보면 그 경계를 가로질렀음을 당장에 인지할 수 있다. 도시를 수놓던 다채롭고 이질적인 구성원들이 마법처럼 사라지고, 단조롭고 뻔한 숙박업소 운영인, 바

텐더, 급사들이 고객을 상대로 장사에 여념이 없다. 그 고객이란 사람들도 복장으로 단박에 알아볼 수 있다는 사실을 보태야 할 것이다. 짧은 반바지와 장거리 도보용 신발이 도시의 복식으로는 그리 어울리지 않으니까. 영국의 경우 망조가 든 대표 도시로 바스(Bath)와 에든버러 역사 지구만 한 곳도 없다.[2] 바스와 에든버러는 축제로 유명하다. 세계 문화유산으로 지정된 도시라면야 축제를 여는 게 필수다. 베네치아는 영화제와 각종 비엔날레로 유명하다. 아비뇽은 연극제를 열고, 움브리아의 스폴레토(Spoleto)도 페스티벌 데이 두에 몬디(Festival dei Due Mondi, 이 두 세계의 대화〔Festival of the Two Worlds〕는 매년 여름 6월부터 7월 초까지 이탈리아의 스폴레토에서 열리는 음악 및 오페라 축제다. 연주회, 오페라, 춤 공연, 연극, 각종 시각예술, 과학을 주제로 한 원탁 토론 등 레퍼토리가 다양하다—옮긴이)가 있다. 잘츠부르크와 바이로이트는 그 명망 있는 축제가 유네스코 문화유산 등재의 근거였다〔잘츠부르크에서는 모차르트, 바이로이트에서는 바그너 음악제가 각각 열린다—옮긴이〕. 유네스코가 잘츠부르크와 바이로이트에 세계 문화유산의 지위를 부여한 것은, 그 두 도시가 이미 보잘것없는 정물(靜物)로 전락했기 때문이다. 겉꾸밈이 현란할지는 모르지만 고풍스러운 화석이란 말이다. 아무튼 세계 문화유산이라는 라벨 덕택에 두 도시는 연극과 음악 공연을 지속하면서 가짜일 수도 있겠지만 활기와 생명력을 가장할 수 있게 됐다.

하지만 이게 과연 잘한 일일까?

세계 문화유산 등재라는 구조 작전은 질병을 치료한답시고 설치다가 대개는 환자를 죽여버린다. 로도스라는 고대 도시와 린도스의 아크로폴리스

---

2) 유네스코가 영국을 대상으로 해서 세계 문화유산을 지정한 곳은 스물여덟 군데다. 그 지구 가운데 도시가 다섯 군데뿐이라는 사실은 놀랍다. 잉글랜드의 바스, 스코틀랜드의 에든버러, 버뮤다의 세인트조지(St. George), 제국 시절 이후로 상업 활동이 활발했던 그리니치와 리버풀의 항만 지역, 이렇게 다섯 곳이다. 나머지는 성, 자연경관, 석기시대 건조물 등이다.

는 둘 다 로도스 섬에 있는 유적으로, 방금 전의 진단에 꼭 들어맞는 사례다. 돌무더기를 보존한다고 도시와 도시 문화를 지킬 수는 없다. 그걸 생각하면, 문화유산 지구와 자연공원의 유사성을 논급하다가는 개골창에 처박히기 십상이다. 자연유산이자 자연 자원은 기존의 동식물상을 곱집합화해 증폭하면 만들 수 있다. 하지만 세계 문화유산 도시들을 상기해보라. 그곳의 인류(라는 동물상)는 실질적인 일상생활을 영위하는 게 불가능해지면서 탈출을 강제받는다. '독일의 피렌체'라는 드레스덴을 보라. 그곳 시민들이 이런 운명을 받아들이지 않겠다며 최근 반란을 일으켰다. 드레스덴과 주변을 아우르는 엘베 강 유역을, 유네스코께서 2004년 세계 문화유산으로 등재했다. 그런데 뜻하지 않은 문제가 불거졌다. 많은 드레스덴 시민이 교통 혼잡을 원하지 않았고, 그러려면 엘베 강에 새 다리를 놔야 했다. 유네스코가 다리를 놓으면 경관이 망가진다며 반대했다. 해당 안건이 주민 투표에 부쳐졌다. 압도적 다수가 찬성표를 던졌다. 세계 문화유산 도시란 지위를 잃어도 아랑곳하지 않겠다는 태도였다. 유네스코가 2009년 드레스덴의 세계 문화유산 지구 지정을 무효로 되돌렸다. 2013년 8월 신축한 다리가 개통되었고, 드레스덴 시민은 이를 환영하고 경축했다.

이쯤에서 이의 제기와 반대가 나올 법하다. 세계 문화유산이란 표딱지가 문제가 많다는 건 알겠다. 하지만 그렇다고 해서 그 정반대의 문제가 없는 것도 아니다. 혼란스럽고 분주한 도시 생활을 더 심각하게 위협하는 사안이 분명히 존재한다. 무정하고 잔인한 개발업자들의 탐욕이 대표적이다. 그들은 거치적거리는 건 뭐든 짓밟고, 흉측하기 짝이 없는 은행 건물, 아파트, 쇼핑몰을 짓는 데 열중하지 않는가? 맞다. 중국을 가보면 이런 식의 또 다른 재앙을 생생하게 목격할 수 있다. 라틴아메리카에서 아직 이런 식으로 초토화되지 않은 도시들을 꼽아보면, 영락한 아바나―마이애미에서 자본이 유입되었고, 이런 상황이 신속하게 바뀔 수 있었음에도 불구하고―와 키토의 옛 식민지 시대 시가지, 부에노스아이레스의 보 카르티에(beaux quartiers, 프랑스어로 '고급 주택가' 정도의 뜻―옮긴이)뿐이다. 히우지자네이루(Rio de Janeiro)의 경우 이파네마(Ipanema)와 레블롱(Leblon) 지구는 완전히 파괴됐다. 참말이지 박물관에서 살지 아니면 대형 은행 건물의 그늘 아래 묻혀 살지를 고르는 일은 어려운 선택지이다. 그러나 실상을 잘 생각해보면, 관광지와 금융 지구를 놓고 거기서 뭘 반대할지를 고민하는 것은 잘못된 프레임이다. 여행 및 관광업은 마르지 않는 샘과 같은 현금 지급기로, 그 자산은 고속 알고리즘을 통해 끊임없이 빠져나가고 재투자된다. 유리와 철강 소재의 마천루에 똬리를 튼 금융업계가 그 고속 알고리즘을 가동하는 것은 불문가지다. 기업에 봉사하는 엘리트들이 꿈꾸는 유토피아적 환경은 금융 지구와 문화유산이 넘쳐나는 박물관 도시, 이 둘로 구성된다. 『파이낸셜 타임스』나 『솔레 벤티콰트로 오레』(Sole 24 Ore, 이탈리아에서 발행되는 경제 일간지―옮긴이)의 뻐까뻔쩍한 주말 증보판을 보라. 두 지구 모두 해가 지면 사람들이 썰물처럼 빠져나간다. 두 지구 모두 기본적으로 생명력이 없다. 우세하고 지배적인 견해에 따르면, 관광업은 여전히 뭐랄까, 포스트모던한 '가외물'이다. 광산이나 주물공장이나 조선소가 '진짜' 경제 영역이라면, 그와 다른 모종의 상부구조란 말이다. 하지만 관광업과 관련 부문은 21세기로 접어든 현재 가장 중(重)한 산업 분야 가운데 하나다. 돈을 가장 많이 벌어준다는 점을 상기하라. 이 부문의 투입-산출 흐름도를 레온티에프 행렬(Leontief matrix, 글쓴이가 이론물리학자 출신이어서 이런 말을 한 것이다. 투입-산출 모델 방정식이라고 생각하면 된다―옮긴이)로 강구해보는 것도 흥미로울 것이다. 관광업이 없다면 자동차 산업이 대폭 축소되고 말 것이다. 항공 산업(항공기의 대다수가 여객을 운송하기 위해 제작된다), 조선업(유람선), 건설업(호텔, 휴가용 별장, 자동차 전용 도로), 음식 제공 서비스업(catering)도 마찬가지다. 관광업은 세계 금융 수도인 뉴욕한테 가장 중요한 수입원이다.

진정성?

대량 관광(mass tourism, 대중 관광) 사태를 곰곰 생각해보자. 제2차 세계대전 종전 후 경제가 활황을 구가했고, 그 호경기가 가장 끈질기게 지속된 분야가 바로 대량 관광업이자 대량 관광 현상이다. 대중 관광은 1950년대에 시작되었고, 1960년대와 1970년대에 폭증했다. 그리스 사례가 전형적이다. 1951년 그리스를 찾은 관광객은 5만 명에 불과했다. 10년 후 그 숫자가 50만으로 증가했다. 1981년 550만 명, 2007년 1,880만 명을 찍었다. 2007년 방문객 수는 그리스 총인구의 거의 두 배다.[3] 세계 문화유산 표딱지가 1970년대에 만들어진 것도 전혀 놀랄 일이 아니다. 수년간 토론이 거듭됐고, 이윽고 1972년 유네스코 총회가 세계 문화유산 및 자연유산 보호 협약(Convention Concerning the Protection of the World Cultural and Natural Heritage)을 채택했다. 이후로 무려 190개 나라가 그 협정문을 비준했다. 1976년 세계 문화 및 자연유산 위원회(World Heritage Committee)가 설립됐고, 2년 후 문제의 이 위원회가 첫 번째 유산 지구를 선정했다. 다시 말해, 지구 규모에서 관광업 혁명이 단행되던 시점에 이 브랜드가 출범한 것이다. 신규 브랜드 사업이 대박을 터뜨렸고, 이후 지속적으로 승승장구할 수 있는 토대로 작용한 것이 바로 이 혁명적인 대량 관광 사태였다.[4] 관광업계는 유네스코란 브랜드 덕택에 진정성(authenticity, 진짜배기)이란 시장가치를 챙길 수 있었다. 디자이너 패션 라벨이나 프랑스에서 시행하는 원산지 분류 및 명칭의 한 사례인 그랑 크뤼(Grand Cru, 부

---

3)   1951~81년 자료는 Orvar Loefgren, *On Holiday: A History of Vacationing*, Berkeley 1999, p. 179 참조. 2007년 자료는 UNWTO Tourism Factbook 참조.

4)   2014년 현재 유네스코는 문화유산 지구를 779곳 선정했다. 그 가운데 도시가 254곳인데, 상당수가 유럽에 위치한다. 그리고 이 가운데 약 절반이 불과 네 나라에 있다. 보면, 이탈리아 29곳, 에스파냐 17곳, 프랑스와 독일이 각각 11곳이다.

르고뉴와 보르도 지방에서 생산되는 최고급 포도주—옮긴이)를 떠올려보면 쉽게 이해될 것이다. 실제로도 부르고뉴 생산업자들은 자기네들 포도주를 세계 문화유산에 등재하려 하고 있다. 개뿔, "진정성은 허튼소리"(jargon of authenticity)란 말을 맨 처음 한 사람이 테오도르 아도르노(Theodor Adorno)였다. 프랑크푸르트 학파는 관광업을 문화 산업의 한 영역으로 보고 비판을 수행했다. 딘 매캐널(Dean MacCannell)의 관련 논의가 긴요하리라고 본다. 그가 이 책에서 발터 벤야민(Walter Benjamin)의 논지에 의문을 제기한다. 매캐널은 원작 예술품의 아우라(aura)가 복제 전이 아니라 복제 후에야 비로소 발생한다고 주장했다. 기술 복제로 아우라가 생긴다는 것이다.[5] 매캐널의 맥락에서라면 바로 아우라 증명서 교부가 유네스코의 임무인 셈이다.

세계 문화유산 마크는 관광업을 구동하는 기동자가 아니라, 정통이란 적법성을 보증해주는 인장이다. 꼴에 사회를 개량하겠다고 주접떠는 제도로, 관광업계를 이데올로기적으로 포장해주는 것이다. 이쯤에서 중세의 스콜라철학이 펼쳐진다. 보편 존재의 문제, 명목과 사물의 관계 말이다. 이놈의 라벨은 실재하는 사물이 아니다. 하지만 오스틴(J. L. Austin)의 말도 있듯이, 말에는 실행력이 있다. 증명서만으로도 강력한 힘을 발휘할 수 있는 것이다. 세계 문화유산은, 헤겔식으로 말해보면, 관광산업의 아름다운 넋(schöne Seele)이다. 우리는 그 고갱이 때문에 풍치(風致) 보존이란 명목 속에 이루어지는 관광지 말살을 순순히 받아들인다. 문화와 관광, 보존과 돈(자본)은 대립한 적이 한 번도 없다. 우산을 높이 들고 관광객들의 고대 유산 공격을 진두진휘하는 관광업 종사자들과, 과거의 소중한 보물을 지키는 계몽적 영웅들이 대규모로 충돌한 사례는 전혀 존재하지 않는다.

---

5) Dean MacCannell, *The Tourist: A New Theory of the Leisure Class* (1976), Berkeley and Los Angeles 1999, p. 48.

만약 둘 사이에 사소한 충돌이 발생한다 해도, 우리는 다음을 명심해야 한다. 문화 자본이 하위 부문으로서 수행하는 역할을 설명한 피에르 부르디외(Pierre Bourdieu)의 가르침 말이다. 문화 자본을 지배 통어하는 것은 더 크고 강력한 경제 및 금융자본이다. 문화 자본이 투쟁을 통해 더 많은 자율성과 자결권을 득(得)할 때조차 그렇다. 상황이 그렇기는 해도 궁극적으로 보면, 문화 자본이 하위의 제 사회 부문을 상대로 위세를 떨칠 수 있는 것은 결국 경제 자본 때문이다. 지배자들끼리 벌이는 다툼은, 지배에 제한을 둬야 한다든가, 지배권 자체 따위에는 결코 의문을 제기하지 않는다.

아무튼 세계 문화유산 지정 과정에는 피해 막심일 수 있는 두 가지 위험이 도사리고 있다. 그 첫 번째 요소를 연대(年代) 제일주의(chronological fundamentalism)라고 부를 수 있지 않을까 싶다. 뭐가 됐든 오래됐으면 그만큼 더 보존할 가치가 높다고 생각하는 방침이자 주의. 로마 시대 성벽 발굴을 위해서라면 중세의 장려한 수도원쯤이야 대충 허물어도 된다는 논리가 바로 그것이다. 리스본 대성당이 그랬다. 두 번째는 좀 더 철학적인 모순이다. 유네스코가 세계 문화유산 지구를 계속 늘리고 있는데, 우리 인류까지 예술 작품을 끊임없이 보태는 중이다(적어도 그러기를 바란다고 볼 수 있을 것이다). 지구의 여러 장소가 이렇게 쌓인 '유물과 유적'으로 더 이상 옴짝달싹할 수 없는 곳으로 변해버린다면? 지금으로부터 1천 년 후에 행성 지구의 조건과 상황은 과연 어떨까? 우리 모두가 달에 살면서 티켓을 끊어, 세계 문화유산의 행성인 지구를 방문하게 될까? 세계 문화유산이 지정되면서 과거와 현재가 맺게 된 관계가 이런 상황의 밑바탕을 이룬다. 현재가 산출해내는 게 괴물임은 분명하다. 하지만 그런 인식은 언제나 존재했다. 바로크 시대의 로마에서도 똑같은 말을 들을 수 있었다. "쿠오드 논 페케룬트 바르바리, 페케룬트 바르베리니"(Quod non fecerunt barbari, fecerunt Barberini). 미개한 야만인인 바르바리도 하지 않은 일을 [우리 이탈리아의 명문가인] 바르베리니 가문이 한다라는 뜻이다. 더구나 시간도 우리한테

우호적인 적은 없었다. 3류 옛날 문학은 지천인데, 고전기 그리스 회화 일체와 기마(騎馬) 청동상 대다수 등 수많은 걸작이 사라졌다.

17세기에도 고대와 현대는 다투었다. 퐁트넬(Fontenelle)이 『사자(死者)는 말한다』에서 한 얘기를 들어보자. "고대인들도 그들의 시대에는 현대적이었다." "현재를 살아가는 당대인들의 미덕은 시간이 흐른 후에야 비로소 드러난다." 시간이 흐르면서 부식하고 영락하는 사태가 아무리 두렵고 공포스럽다고 해도, 과거 또는 고대에 대한 당대인들의 두려움보다는 그 해악성이 덜하다. 가령 고대 그리스의 사원들도 당대에는 무단으로 지어져 조잡하고 조야해 보였다. 지붕을 목재로 튼튼하게 지어 올렸고, 원주 기둥과 정면 장식이 울긋불긋했으니 말 다했다! 요컨대 천계의 미학을 구현한 우리 시대의 '유적'과는 멀어도 한참 멀었던 것이다. 오늘날 파리가 이고 있는 하늘 윤곽선은 에펠 탑이 없는 모습을 도무지 상상할 수 없다. 하지만 1889년 개최된 만국박람회에 대비해 프랑스산 강철의 우수성을 과시하려고 탑을 세우던 당시, 사람들은 도시 미관을 해치는 혐오스럽고 가증스러운 시설물이라며 비난을 퍼부어댔다. 파리가 그 부상에 신음하다가 죽을 것이라고 탄핵한 것이다. 2000년 후를 한번 떠올려보자. 오늘날의 쇼핑몰 단지가 걸작 건축물로 칭송될지 어떻게 아나? 고대 로마의 항구도시인 오스티아 안티카(Ostia Antica)에 1세기쯤 지어진 항만 창고들이 이미 그런 대접을 받고 있다.

유네스코의 딱지 붙이기로 가장 고통받는 나라는 정말이지 이탈리아다. 세계 문화유산 지구의 밀도가 지구상에서 가장 높기 때문이다. 필리포 톰마소 마리네티(Filippo Tommaso Marinetti)가 1909년 동료들과 의기투합해 미래파 선언(Futurist Manifesto)을 발표했다. 그 이유를 직접 들어본다. "우리는 이탈리아를 구해내고자 한다. 교수, 고고학자, 여행안내원, 골동품 수집가한테서 말이다. 그들은 괴저고 농양이다. 이탈리아는 참으로 오랫동안 중고품 시장일 뿐이었다. 그런 이탈리아를 우리는 해방하고자 한다. 그 수많은 박물관으로부터 말이다. 사는 곳이 공동묘지 천지라면 누구라도 숨이 막혀 질식하고 말 것이다." 마리네티와 달리 나는 박물관을 전혀 반대하지 않는다. 하지만 칸트식으로 표현해 도시와 사회 공동체의 삶 전반을 아우르는, 포괄적 개념으로서의 박물관화(museumification)에는 절대 반대다. 유네스코가 40년 동안 활동했으니 이탈리아의 모든 유산에 지금쯤 그놈의 화인이 찍혔으리라고 생각할지도 모르겠다. 놈들의 활동과 과정이 기하급수적으로 증가해왔음을 알아야 한다. 1970년대에는 한 곳이었다. 1980년대에 다섯 곳이 추가됐고, 1990년대에 스물다섯 곳이 지정되었으며, 새 천년에 접어들고서 다시 스무 곳이 더 선정됐다. 도시와 지자체가 줄을 서서 대기하는 지경이다. 유네스코 관리들에게 사바사바하기 위해서 말이다. 올림픽을 개최하려는 국가들을 떠올려보라. 그들은, 대회가 끝나면 지역사회가 초토화되면서 자기네들이 심연으로 굴러떨어질 것임을 모르는 듯하다. 이탈리아의 시장들, 시의원들, 관광 부서도 마찬가지다. 그들은 세계 문화유산 지위를 획득하겠다고 난리다.

관광 위주의 도시는 더 일반적인 도시의 문제를 극단적인 형태로 보여준다. 포스트모던 자본주의라는 설레발에도 불구하고 20세기의 도시계획을 좌지우지하던 지역 설정(zoning) 개념이 오히려 강화되었다. 합리적 모더니즘 성격의 이 환원주의적 개념은 단일 기능성을 바탕으로 지역을 설정 구획한다. 당신은 일하는 곳에서 잘 수 없고, 잠자는 곳에서 여흥을 즐길 수 없으며, 노는 곳에서 업무를 수행하지 못한다. 도시가 교호하고 겹치지 못하는 지역과 지구들―'관광' 지구, 금융 지구, 상업 지구, 주거 지구, 공업 지구―로 분할된 이유다. (미국에 가보면 교외의 주택 지구에 술집이 하나도 없다는 사실에 놀랄지도 모르겠다.) 지역 설정이 문제인 것은, 도시가 정확히 그 반대의 목적으로 부상해 성장했기 때문이다. 도시가 무엇인가? 다양한 인간 활동이 상호 연결되고 표출되는 곳 아니었던가! 유네스코는 의도야 좋았겠지만 도시를 죽이고 있다. '1지구 1기능' 개념으로 도시가 이미 죽어가고 있는데, 그 방향으로 한 걸음을 더 떼게 한 것이다. 디트로이트가 완전히 망한 것은 그 자동차 도시가 자동차 산업에만 전적으로 의지한 채 직업적 다양성을 구현하지 못했기 때문이다. 바람의 도시 시카고는 확실히 이와 대비된다. 시카고는 농업, 식품 가공, 화학 및 철강업, 금융과 문화, 대학 및 연구 기관을 섞었고, 살아남았다. 단일 산업에 의존하는 도시는, 그게 관광이든 금융이든 필연적으로 죽을 수밖에 없다. (니콜라스 다인스 Nicholas Dines가 이탈리아어를 영어로 옮겼다.)

〔정병선 옮김〕

제5부
서평

일본을 다시 판다

데이비드 필링의 『역경을 이겨낸다』

크리스틴 수락(Kristin Surak)

'일본은 재미가 없다'. 문학을 연구하는 학자인 미요시 마사오(三好將夫)는 자신의 조국에 대해 15년 전에 쓴 한 에세이의 제목을 이렇게 달았지만, 지금 돌이켜보면 아이러니를 느끼지 않을 수 없다. 그 후로 일본을 둘러싸고 펼쳐졌던 여러 드라마들은 미요시의 도발적인 언명이 꼭 맞는 게 아니라는 것을 보여주고 있기 때문이다. 2011년에는 지금까지 기록된 것들 중 다섯 번째로 강력한 지진이 일어나 일본 열도의 여러 부분들을 동쪽으로 4미터 밀어냈고, 이 나라는 다시 여러 매체의 1면을 장식하게 되었다. 이에 수반하여 무려 40미터 높이의 쓰나미가 덮쳐 2만 명의 사상자와 30만 명의 실종자를 낳았을 뿐만 아니라 체르노빌 사태 이래 최악의 핵발전소 참사를 일으키고 말았다. 자본가들은 이 파괴가 새로운 창조를 낳아주리라는 희망을 품기도 했다. 혼란이 가라앉고 나자, 과감한 인플레 조치를 통해 이 나라 경제의 야수 본색을 되살리고 경제를 다시 가동시키겠다는 별 가망 없는 약속을 들고 나온 혁신가와 그가 이끄는 자민당이 다시 권력을 쥐게 되었다. 『이코노미스트』는 잽싸게 슈퍼맨으로 차려입고 하늘로 주먹을 치켜드는 아베 신조의 사진으로 1면을 장식하였다.

지금까지 벌어져온 일본의 경제 위기와 그 예후는 복잡한 사연을 담고 있는 것이라 이 섬나라의 사정을 평가하기 위해 여러 유력 저널리스트들은 신문 지면만이 아니라 여러 권의 책을 저술하기도 했다. 1989년(그 후 1년도 되지 않아 수정판이 출간됨) 빌 에머트(Bill Emmott)는 『태양도 지는 법이다』(*The Sun Also Sets*)―이 제목은 책의 내용과 잘 맞지 않는다―를 저술하여 일본이 계속해서 견고하게 유지되리라고 예언하였다. 하지만 경제 위기의 결과 일본의 정체 상태는 계속되었고, 이번에는 리처드 카츠(Richard Katz)가 분연히 나서서 이 10년째 병상에 누워 있는 환자의 상태를 진단하는 저서 『일본: 맛이 가버린 시스템』(*Japan: The System that Soured*)을 내놓는다. 하지만 오로지 선거 개혁만이 병자를 일으킬 수 있다는 그의 처방 또한 증상을 잘못 짚은 것임이 드러났다. 데이비드 필링(David Pilling)의 저서 『역경을 이겨낸다: 일본과 생존의 기술』(*Bending Adversity: Japan and the Art of Survival*, 2014)도 이러한 일본을 진단하는 저널리스트들의 여러 저서에 들어간다. 10년 넘게 『파이낸셜 타임스』에서 동아시아 담당 기자로 일했던 경력을 가진 저자는 또 하나의 경제적 진단 겸 처방의 이야기로 이 오랜 전통을 새롭게 이어갈 자격이 충분한 이이며, 또 그러한 자신의 소임을 다하고 있다. 필링의 저서는 영어권의 비전문가 독자들을 위해 쓴 책이다. 외국 특파원들이 자신의 주재국을 되돌아보는 저작물들의 장르가 요즘 확대되는 추세이지만, 이 책은 단순히 그뿐만 아니라 신자유주의적인 상상 속에서 일본이 변화해가는 여러 방식을 잘 보여주는 책으로서도 훌륭하다. 이 두 가지 점 모두에서 필링의 어조와 방법은 모두 독특한 특색을 보여주고 있다.

『역경을 이겨낸다』는 쓰나미와 그 뒤의 사태를 생생하게 묘사하는 것을 틀로 삼는다. 필링은 이 참사를 출발점으로 하여 일본의 여러 제도와 일본인들이 이와 비슷한 여러 위기에 지금까지 어떻게 대처해왔는가를 더욱 폭넓게 파고든다. 일본의 근대사에서는 국가 존속에 대한 여러 위협에 대응하면서 경로를 급작스럽게 바꾸었던 적이 여러 번 있다. 1860년대의 메이지 유신이라는 위로부터의 혁명, 1930년대와 1940년대의 전격적인 제국주의 팽창, 이 나라를 세계의 두 번째 경제대국으로 만들었던 1970년대와 1980년대 급속도의 경제성장, 이에 맞먹도록 극적이었던 1989년 이후의 부동산 거품 붕괴는 일본을 좀비가 되어버린 은행들과 디플레이션의 경제 침체에서 세계의 선두 주자로 만들어버렸고, 2008년 이후 미국과 유럽은 '일본 시나리오'의 망령과 싸워야만 했다. 그렇다면 쓰나미와 후쿠시마 핵 용융 사태는 (필링은 여기에 중국의 발흥을 더한다) 일본 지도자들을 정신 차리게 하여 새로운 도약을 가능케 할까? 이후의 여러 장에 걸쳐서 그는 일본의 특수성이라는 이데올로기, 메이지 시절부터 태평양전쟁까지의 역사, 전후 수십 년간의 경제적 기적과 1990년대의 붕괴 등을 검토한다. 그다음으로는 그 후 수십 년간의 저성장이 사회적·문화적으로 가져온 효과들, 저성장에 대처한 방식들, 고이즈미 시절, 일본의 인구학적 전망, 여성과 청소년의 상황, 일본의 외교적 고립 등을 고찰한다. 말미의 후기는 아베가 과연 '역경을 이겨낼' 기회를 잡을 수 있을지 다시 묻는다.

　내용상 이 책은 반복, 교정, 르포라는 세 가지 종류의 글쓰기로 나눌 수 있다. 전후 경제를 다룬 장들의 이야기는 신문을 꼼꼼히 보는 이라면 익숙한 것들이다. 그 뒤에 나오는 부분들은 훨씬 더 큰 강점을 가진 것들로서, 일본은 세계에서 가장 특이한 혹은 동질적인 민족이라는 민족주의적 상상에 대한 이야기를 풀어낸다. 단지 우익 분자들과 일반인들뿐만 아니라 많은 분석가들까지도 이러한 상상에 사로잡혀서 오로지 세계 다른 모든 나라들과 일본이 얼마나 다른가라는 것으로만 일본을 묘사하곤 한다는 것이다.

이러한 일본의 특수성에 대한 주의를 놓치지 않은 덕에 이 책의 르포는 신선함을 유지하고 있으며, 이 장점은 쓰나미를 다루는 부분에서 가장 잘 드러난다. 이 책은 일본 전체가 내용물이 다 빠져나올 정도로 완전히 거꾸로 뒤집혔던 혼란의 이야기로 시작한다. 필링은 리쿠젠타카타(陸前高田)라는 오래된 마을이 어떤 운명을 맞았는지를 박진감 넘치는 문체로 이야기한다. 이 마을의 7만 그루에 달하는 해변 소나무 숲은 일본의 가장 빼어난 경관의 하나로 여겨졌었다. 히로시마 핵폭탄 6억 개의 힘에 맞먹는 9.0의 강진으로 땅 전체가 흐물거릴 때도 이 나무들은 살아남았지만, 그 30분 뒤에 따라온 쓰나미를 막아주지는 못했다. 먼저 먼지바람(무너진 빌딩들의 잔해물)이 유령같이 몰려왔고, 그 뒤로 10야드 이상 치솟은 진흙의 벽이 마을을 덮쳐 순식간에 주택, 배, 학교, 병원, 공장을 모두 휩쓸어 쓰레기 소용돌이를 만들고 말았다. 쓰나미가 해변에 도착하고 4분이 지나자 아무것도 남지 않았으며, 20명 중 1명꼴로 사망하였다. "마치 인간이 만들어낸 세상이 그 내용물과 내장까지 다 토해놓은 것 같았다. 보통 눈에 보이지 않게 숨겨져 있는 것들—파이프, 전선, 매트리스의 솜, 철제 대들보, 속옷, 발전기, 전깃줄 등—이 현대 생활의 창자로부터 밀려 나온 비밀들마냥 갑자기 훤히 드러났다." 파도는 대피소까지 부수었고, 지붕으로 피신했던 피난민들은 지붕 위에서 물에 쓸려가버렸다. 노약자들은 침상에 누운 채 익사하였고, 이들을 건지려고 애쓰던 젊은이들도 함께 익사하였다.

다른 한편 이 책은 후쿠시마의 책임을 맡은 정부와 전력회사가 사후 처리에서 얼마나 어처구니없는 실수를 저질렀고 정보를 은폐하여 그나마 남아 있었던 공공의 신뢰까지 모두 파괴하고 말았는지를 일종의 블랙코미디 액션 영화처럼 보여준다. 도쿄전력의 사장은 자신의 사무실에 숨어 있었고, 총리는 바닷물을 원자로에 부어 발전소를 끄더라도 핵 용융을 막으라고 지시를 내렸으며, 내키지 않아하는 회사 임원들에게 지시를 따르게 한다. 하지만 헬리콥터가 바다에서 물을 떠 원자로에 붓자 강한 바람이 불어

물이 다시 바다로 떨어지고 만다. 감독 기관이었던 일본원자력안보원은 그동안 벌어졌던 여러 사고들을 일상적으로 은폐했으며 안전 점검에서 드러난 여러 경고신호들을 무시하였다. 또 점검을 실시한 노동자들의 노동조건은 실로 끔찍했다. 후쿠시마 제1발전소에서 일했던 노동력의 거의 90퍼센트가 하청 혹은 재하청 노동자였으며, 건강에 가장 위험한 업무들은 일용 노동자들이 수행했다. 정부에서는 3,500만 명이 거주하는 대도시 지역인 도쿄까지 소개(疏開)할 것을 검토하였지만, 누출된 방사능의 양에 대한 보고서는 내놓으려 하지 않았다. 공포에 질린 공공 대중은 이를 그냥 넘어가지 않았고, 수도에서만 10만 명이 넘는 이들이 거리로 나와 계속 시위를 벌였다. 하지만 이러한 이야기는 감시견보다는 애완견에 가까운 것으로 악명 높은 일본의 매체에서는 거의 다루어지지 않았다. 이 재난으로 인해 사람들 사이에는 거대한 연대의 물결도 나타났지만(필링은 감동적인 일화들을 보여준다), 또한 편협한 차별도 함께 나타났다. 교토 주민들은 리쿠젠타카타 사망자들의 영결식을 거부하였다. 검시(檢屍)로 찾아낸 이름들이 적힌 목판을 태웠다가는 오랜 수도였던 자기들 도시가 오염될까 두려워서였다. 하지만 이에 맞닥뜨린 도호쿠(동북) 지방 농촌 지역의 지자체장은 분노나 좌절로 맞받아치는 대신 일본인들의 사회생활에서 흔히 볼 수 있는 존엄과 예의바름을 지켜가며 이에 대응하였다.

이러한 극적인 사건들을 다루면서도 필링은 인류학적 감수성과 공감 및 관찰의 재능을 발휘하여 훌륭한 저널리즘을 보여주고 있다. 카럴 판 볼페런(Karel van Wolferen), 제프 킹스턴(Jeff Kingston), 타가트 머피(R. Taggart Murphy), 개번 매코먹(Gavan McCormack) 같은 학자들이 내놓는 비판적 분석을 그는 대부분 회피한다. 그 대신 그가 선택한 길은, 날카로운 민속학적 시각을 갖춘 채 공감의 자세로 귀를 기울이는 이의 역할이다. 이 책에 보면 그가 일본을 묘사할 때에 "내가 발견한 바로는"이라든가 "가능할 때에는 언제든 일본인들 스스로가 그 다양성과 시끄러운 불일치를 그대로 드러내면서 스스로 말하게 한다"는 것이 목표라는 말이 나오며, 포스트모던 인류학자들은 이를 긍정적으로 볼 것이다. 하지만 이는 일본어를 배워야 하는 어려움을 의미한다. 필링은 자신의 일본어 회화 능력이 대단치 않다고 겸손하게 말하고 있다. 그런데 그가 성공적으로 해낸 일본어 독해는 회화보다 더욱 어렵다. 일본어 철자법은 세 가지 다른 쓰기 체제를 결합한 것일 뿐만 아니라 최소한 2천 자의 한자를 완전히 익힐 것을 요구하는 데에다가 일본어 한자는 각각의 글자마다 읽는 발음이 여러 가지이므로 대부분의 신문기자들에게 겁을 주기에 충분하다. 그가 붙인 이 책의 제목 자체가 일본 속담에서 취한 것으로,[1] 일본 한자어의 다의적 의미를 담고 있다.[2] 두 명사 모두에 전치사가 붙어 있지 않아 의미가 애매하여, 목적어가 행위자가 될 수도 있다는 암시를 담고 있다. 모든 것을 휘어버릴 정도의 역경은 강력한 힘을 암시하기도 하지만, 또 마찬가지로 역경을 만나 휜다는 것이 탄력과 회복력을 보여주는 것이기도 하다.

이 책의 더 많은 부분은 일상적 조건에서의 사회적·경제적 삶을 다루고 있거니와, 그 논의의 결론은 더욱 애매하다. 쓰나미가 남긴 폐허를 보고하는 부분에서는 저자가 전직 기술공, 작은 카페를 운영하는 두 명의 여성, 호텔 종업원 등 평범한 보통 사람들을 만나 직접 대화를 나눈다. 하지만 이 재난 지역을 벗어나게 되면 이 책의 사회적 시야는 좁아들어버린다. 노동자도 농민도 가정주부도 나오지 않는다. 그들은 『파이낸셜 타임스』의 핑크색 종이에 담길 수 있는 범주들이 아니니까. 이 신문사 기자라는 명함을 들고 다니면 아주 많은 이들을 만날 수 있지만, 그렇게 해서 만날 수 있는 이들은 주로 그 신문의 독자들—잘나가는 사업가들, 매체의 칼럼니스트들,

---

1) 〔옮긴이〕 여기에 해당하는 일본어 속담은 아마도 "대나무는 굽히면 부러지지만 버드나무는 휘어진다"로 보인다.

2) 〔옮긴이〕 이 글의 원제는 Bending Adversity이다.

통속 지식인들, 유명 소설가들, 비정부단체 활동가들—과 일치할 때가 많다. 물론 이들도 생생하고 신랄한 의견들을 많이 내놓지만, 이들의 의견이 하나로 합쳐질 때는 거의 없다. 학계와 예술계 인사들도 나을 것이 없다. 비판적 사회학자인 야마다 마사히로(山田昌弘)가 부각되기도 하지만, 일본의 세대 변화에 대한 그의 어두운 관점은 저자인 필링을 불편하게 만든다. 『뉴욕 타임스』의 정기 기고자인 문학비평가 가토 노리히로(加藤水槽)의 제로 성장이 큰 문제가 아니라는 생각은 더욱 묘한 호소력을 가지고 있지만 필링에게 확신을 주지는 못한다. 일본의 청년들에게 지금보다 더 좋은 때는 없었다고 설명하는 박사과정 학생이면서 베스트셀러 작가이기도 한 쾌활한 청년 후루이치 노리토시(古市憲壽) 쪽으로 저자는 더 기우는 것 같다. 무라카미 하루키는 잃어버린 세대로부터 나오는 그의 여러 말들을 쏟아놓고 있지만 이제는 진부해져버린 것들이다. 어느 통속소설가는 여성들의 쓰라린 운명을 설명하고 있다. 계속 펼쳐지는 인터뷰들 중 어떤 것도 지루하거나 새롭지 않은 것은 없다. 하지만 거기에서 나타나는 여러 의견들의 콜라주는 아무런 방향성도 없고, 이 나라를 이해할 수 있는 로드맵의 역할 또한 제대로 하지 못한다. 또 관습적인 일본의 특징들을 넘어서는 의견들은 전혀 설 자리를 찾지 못하고 있으므로, 로드맵으로서도 아주 제한적인 것이라고 할 수밖에 없다. 이럴 바에는 재일교포 사상가 강상중이나 이단적 금융 분석가 미쿠니 아키오(三國陽夫) 같은 이들은 아예 부르지 말았어야 했다. 과도하게 매체에 노출되어버린 무라카미보다는 차라리 애니메이션 감독 미야자키 하야오의 이야기를 듣는 게 더 나을 뻔했다.

물론 여러 인터뷰 묶음이 백과사전도 아니고 한 나라를 완벽하게 대표할 수는 없는 일이다. 문제는 여러 개개인들의 콜라주로 일본의 이미지를 그려내다 보니 제도들은 논의에서 사라져버린다는 것에 있다. 관료제, 대학, 매체, 노동조합, 정당, 사용자단체, 야쿠자 등은 전혀 나오지 않는다. 마치 그의 주제들은 그 개개인들의 여러 견해라는 공간 속에 둥둥 떠 있는 것 같다. 필링은 '옛 친구'이자 『아사히 신문』의 편집장인 후나바시 요이치(船橋洋一)에 대해 길게 이야기하고 있지만 이 신문사가 일본에서 맡고 있는 역할에 대해서는 한마디도 하지 않는다. 부르디외의 용어를 빌리자면 여기에 나오는 인물들은 자신들의 장(場)은 제거당한 채 아비투스만 남겨진 셈이다. 하지만 풍부하게 묘사된 이들의 존재는 모종의 정형화된 공식에 들어맞는 한에서만 인간적으로 그려지고 있다. 필링은 그들의 집을 찾아가서 인터뷰를 하지 않았으며 그들의 사무실에서 인터뷰를 하는 경우도 많지 않다. 그가 선호하는 장소는 카페, 바, 레스토랑, 호텔 로비 등이며, 그 인물들의 옷과 헤어스타일은 마치 토요일 주말판에 나오는 『파이낸셜 타임스』가 만난 사람'처럼 시시콜콜히 묘사된다. 실로 인물들의 외양과 장식은 집착에 가까울 정도로 그의 글에서 중심점을 차지하고 있다.

후지와라 마사히코(藤原正彦)의 경우를 보자. "우리는 도쿄의 무더위와는 완전히 다른 세상으로 좋은 공기와 녹음(綠陰)이 어우러진 어느 계곡에 있는 북유럽 스타일 레스토랑에서 만났다. …… 60대 초반의 여윈 모습을 한 그는 체크무늬 셔츠와 헐렁거리는 캐주얼 바지를 입어 약간 멍해 보였다. 머리가 세기 시작하여 여기저기 새치가 자라나고 있었다." 무라카미의 경우이다. "한번은 도쿄의 아오야마 지구에 있는 다마사카라는 이름의 조용한 레스토랑에서 무라카미와 오후를 보내게 되었다. 이 거리는 은밀한 동네들로 이루어진 이 도시의 여러 거리들처럼 포장되어 있지 않은 채 차선만 흰색 페인트로 칠해져 있었고, 측면에는 부분적으로 크고 울퉁불퉁한 돌벽으로 막혀 있어서 거의 중세 시대 같은 분위기를 풍기고 있었다." "무라카미는 짙은 청색 양복과 칼라 없는 셔츠를 입고 있었다." 가토의 경우이다. "우리는 거품 시기에 지어진 호텔 로비에서 만났고 이는 아주 적절했다. 이곳은 그 자체만으로도 너무 번쩍거리게 화려한 곳이었으며, 조용히 절제하는 것이 다시 훌륭한 풍미의 지표가 된 오늘날 일본의 분위기에서 보면 옛날 티가 났다"―"그는 청바지와 보라색 셔츠를 입고 있었다." 시모쓰보 구미코(下坪久美子)는 고등교육을 받은 여성들의 숙련을 낭비하는 일본 노동시장의 산물로서, 요즘도 『파이낸셜 타임스』가 만난 사람'의 초대 손님으로 나오는 이이다. "우리는 제국호텔의 우아한 다실에서 만났고, 그 한 벽 전체를 프랭크 로이드 라이트의 모자이크가 덮고 있었다." 시모쓰보는 "스웨터 위에 두 줄의 진주 목걸이를 멋지게 차려입은 날씬한 모습이었다." 통속 작가인 기리노 나쓰오(桐野夏生)[3]의 경우이다. "도쿄의 그랜드 하야트 호텔 로비의 이탈리아 카페인 플로렌티나에서는 호화로운 분위기 속에서 멋진 외모의 사람들이 떼로 몰려다니고 있었고, 사방에 놓인 거대한 현대미술 작품들이 눈길을 끌려고 경쟁을 벌이고 있었다." 그녀는 "꽃무늬 상의, 헐렁한 바지, 바닥이 코르크로 된 신발을 신고 있었다" 등등.

이런 묘사가 이 책의 논지에 어떤 결과를 미치는가? '잃어버린 10년'에 대한 필링의 관점이 어떤 것인지는 이 책의 제목에 집약되어 있다. 일본은 단지 역경―경제 침체와 사회적 방향 상실―의 포로이기만 한 것이 아니었으며, 그것에 창조적으로 적응해왔다는 것이다. 그는 1985년 미국 재무부가 '플라자 협정'으로 통화 개입을 행한 후 벌어진 1980년대 말의 거품의 책임이 어디 있는지를 묻지 않으며, 이는 급속한 성장의 '불가피한 결과'로 그려진다. 하지만 그는 1991년 벌어진 거품 붕괴의 충격이 그럼에도 심각하다는 것은 인정한다. 일단 디플레이션이 시작되자 경제는 GDP, 주가, 부동산 가격, 생활비 등이 모두 20년간이나 사실상 정지해버리는 '극저온 상태'를 넘나들었다. 1990년에 음료수 캔 하나 가격이 1파운드였지만 오늘날에도 같은 가격이다. 1991년 GDP는 476조 엔이었지만 20년이 지난 뒤에도 477조 엔에서 도무지 움직이지를 않는다. 필링의 말에 따르면 예금을 은행에 넣느니 냉장고에 넣는 게 더 낫다고 한다. 범죄율도 낮은 데에다가

---

3) 〔옮긴이〕 원문에는 Kirino Katsuo라고 되어 있지만, 책 본문에 나오는 인터뷰 대상은 Kirino Natsuo이다.

이렇게 하면 최소한 은행 수수료는 물지 않아도 되니까. 국제적으로 날카로운 비판이 쏟아졌지만, 서방 국가들도 막상 과도한 민간 부채로 인한 침체와 가계 소비의 감소 상황에 직면하게 되자 일본과 똑같은 처방을 내놓는다. 막대한 양의 '양적 완화', 바닥 수준의 이자율, 공공사업과 조세 감면을 섞은 부양 정책 패키지 등. 1997년 일본 대장성은 은행들을 구제하기 위해 엄청난 돈을 쏟아부었다. 경제 규모로 보자면 일본은 미국의 3분의 1에 불과하지만, 그 쏟아부은 돈은 지금부터 10년 전 미국 정부의 부실자산구제프로그램(TARP)이 부어 넣었던 돈과 같은 크기였다. 하지만 이는 그저 상황을 계속 유동적인 상태로 유지했을 뿐이었다. 지금은 정부가 알뜰한 베이비붐 세대가 저축해놓은 돈에 의존할 수 있지만 이게 영원히 계속될 수는 없다. 현재 30대의 저축 성향은 자기들 봉급의 5퍼센트에 불과하며, 그 부모 세대의 저축률이 4분의 1이었던 것에 비하면 현저히 낮다. 공공 부채는 지금 GDP의 230퍼센트에 달하였고, 의식불명의 환자를 이런 식으로 연명시키는 것이 영원할 수는 없는 일이다.

하지만 일본 국채는 그 10년물 수익률이 1퍼센트보다 낮음에도 불구하고 안전성을 우선시하는 자금들을 여전히 끌어들이고 있다. 1인당 실질소득으로 따져보아도 일본은 2002~12년 기간 영국과 미국보다 약간이지만 더 좋은 성적을 보였다. 비록 부분적으로는 인구 감소가 경제 침체의 충격을 흡수한 것도 있었지만, 그 10년간 각각 0.8퍼센트와 0.7퍼센트의 연간 성장률을 보였던 미국과 영국에 비하여 0.9퍼센트의 성장률을 보여주었으니까. 더욱 놀라운 일은, 다른 많은 자본주의 국가들이 직면하고 있는 사회악들이 일본에서는 그저 소소한 형태로만 나타나고 있다는 점이다. 길거리 치안도 훌륭하고, 사회 서비스는 아직 무너지지 않았으며, 실업률 또한 다시 5퍼센트 아래로 떨어졌다. 청년 실업률이 8퍼센트라는 '높은' 숫자라고 걱정들을 하지만 이 정도 수치라면 대부분의 유럽 나라들에서는 꿈같은 이야기이다. 서양 전체가 성장률이 급격히 떨어진 시기에 들어서고 있다면,

일본이야말로 이러한 상황에 대처하는 능력에서 선구자라는 부러움을 다른 나라로부터 받을 만한 것이 아닐까?

필링은 이러한 판단에 대해서는 조심스럽게 몸을 사린다. 기자들은 "분석가들의 말에 따르면"과 "…한 것으로 보인다"라는 두 문구를 잘 연결하여 평가는 자신들의 몫이 아니라고 회피하는 경우가 대부분이다. 이렇게 저널리즘의 균형이라는 것을 추구하다 보니 한입으로 일본은 "회복력과 적응력이 뛰어나다"고 했다가 바로 "아마도 무언가를 상실한 것으로 보인다"는 말이 섞여 나오기도 한다. 이러한 태도는 일단 사회문제와 인구문제로 주제가 옮아가면 필링이 여러 인터뷰 자료를 사용하는 방법과 너무나 잘 어울린다. 독자들은 어떤 주장이나 처방을 만나게 되는 것이 아니라 무작위의 여러 목소리들이 만들어내는 불협화음과 만나게 된다. 그 결과 분석적으로는 방향이 이랬다저랬다 하고 있으며, 아무런 종합도 없이 여러 표본만 제시되는 게 일반적 경향이다. 한편으로는 노동시장의 탈규제로 인해 종신고용제는 사라지고 있으며 그 대가로 불안정이 증가하고 있다. 청년들의 삶에는 불안정 노동의 '프리타', 어떻게 되든 상관없다는 식의 '유토리 세대', 집 밖으로 절대 나오지 않는 '히키코모리', 서른이 넘도록 집에 눌어붙어 부모 등골을 빼먹는 '기생충 미혼자들' 등이 우글거린다. 하지만 다른 한편으로 보자면, 노동 중독에 걸려 미친 듯이 일만 했던 전후 세대의 뒤에 '느린 삶'의 생활 방식을 즐기는 이들이 나타나는 것도 생각해볼 여지가 많지 않은가? 후루이치 같은 이는 지금을 즐겨라(carpe diem)를 모토로 삼는 '컨서머토리 사회'[4]를 환영하고 있지 않은가? 여성들은 최저 수준의 아동 보육 시설, 남성 임금의 60퍼센트라는 불평등 임금, 필리핀보다도 순위가

---

4) 〔옮긴이〕 이른바 '사토리 세대', 즉 득도 세대(혹은 달관 세대)를 이야기하는 후루이치는 오늘날의 일본 젊은 세대가 욕망과 감각의 확장을 포기하고 현재 상태를 완숙한(consummatory) 상태로 보아 살아가는 '컨서머토리족'이라고 표현하기도 한다.

낮은 작업장 성 평등, 의회나 상층 경영진으로의 진출이 거의 불가능한 상황 등을 견뎌왔지만, 이제 반란의 조짐이 다가오고 있지 않은가? 이혼율은 증가하고 있으며(워낙 바닥 수준이었으니 올라가지 않을 도리도 없다), 만혼 또한 늘어나고 있다. 이는 최근 보건성 장관의 표현으로 '아이 낳는 기계들'이라는 여성의 서비스에 한계가 생겨나고 있음을 보여준다.

인구학적 전망은 좋아 보이지 않지만, 이 책의 다른 것들 대부분이 그러하듯 그렇게까지 나쁘기만 한 것은 아니다. 고령화 사회란 곧 부와 탄탄한 의료의 상징이며, 낮은 출산율은 곧 경제적·교육적 발전의 지표라는 것이다. 젊은이들은 지금 모든 일자리의 30퍼센트를 차지하고 있는 형태인 계약직 일자리를 얻게 될 공산이 크다. 이들은 모종의 새로운 자율성을 즐겨야 하는가 아니면 자신들의 미래를 두려워해야 하는가? 필링은 담벼락 위에 두 다리를 벌리고 앉아서 도저히 피할 수 없는 경우에조차도 어느 쪽으로든 발을 땅에 대지 않으려 든다. 불평등이 증가했는가? 그는 분명히 단언한다. "다른 많은 나라들에서 벌어진 만큼은 아니다"라고. 그런데 실상을 보면 일본은 오늘날 빈부 격차에서 OECD 나라들 중 미국과 멕시코 다음으로 최악의 상태이다. 일본은 한때 인구의 90퍼센트가 중산층이라고 주장할 만큼 환상적인 상태에 있었지만, 오늘날에는 2천만 명이 빈곤선 아래의 삶을 영위하고 있다. 하지만 필링은 이러한 일본의 상태를 전 지구적 추세인 것처럼 다루면서 그 2천만 명이 직면하고 있는 상황의 심각성을 모호하게 만들고 있는 것이다.

그가 정치를 다룬 부분은 또 다른 이야기이다. 필링은 기질적으로 비정치적인 것으로 보인다. 정치적 입장이 없다는 의미에서가 아니라 관습적인 통념을 너무나 그대로 받아들이기 때문에 정치에 별 관심을 두지 않는다는 의미이다. 그의 관심은 다른 데에 있다. 그는 어느 분야에서건 부정적인 비판가들을 무시하고 과감하게 혁신을 이루어 이 나라를 전진시킨다며 허세를 부리는 유형들에 더 매력을 느낀다. 이를테면 메이지 시대의 이토 히로부미나 전후 기간 소니의 모리타 아키오 회장, 21세기에는 라쿠텐의 미키타니 히로시 같은 이들이다. 그래서 그의 정치적 시계는 2001년 '암수(暗數)의 사무라이' 고이즈미 준이치로가 총리로 선출되는 시점에서 시작된다. 총리로 선출된 그는 악성 부채에 고삐를 채우고, 노동시장의 탈규제를 행하고, 공공 지출을 줄이고, 우정국 시스템을 사유화하는 입법을 밀어붙여 이 돼지 저금통마냥 뚱뚱하게 배가 부른 조직을 도끼로 조각내는 전설적인 전투를 벌이는 등의 활약을 보였고, 그의 "특출한 총리로서의 지도력" 아래에서 일본은 "소규모이지만 경제성장과 생산성 호황"을 보게 되었다고 한다. "침착함과 확신의 정치를 결합한 드문 정치인"인 고이즈미는 전후사에서 "가장 뛰어난 총리"일 뿐만 아니라 그 권력의 정점에서 결국 사임했던 것 또한 "영웅적 제스처"였다고 한다. 지금 돌이켜보면 그는 여러 면에서 "일본의 버락 오바마"였다는 것이다.

필링이 도쿄에서 이런 황당한 이야기를 쏟아놓고 있던 무렵, 런던에서는 『파이낸셜 타임스』가 그와 거의 똑같은 방식으로 토니 블레어를 찬양하고 있었다. 하지만 고이즈미는 신자유주의 정치가들 중에서도 가장 과대평가된 이였던 것은 물론이고, 아마도 가장 아무런 결과를 내지 못한 이 중 하나일 것이다. 그는 자기가 읽어보지도 않았던 우정국 사유화 법안을 이 나라의 장래가 달린 열쇠라고 여겨 이를 놓고 선거까지 요구하였지만, 그가 떠난 즉시 그의 계획은 아무도 관심을 갖지 않는 것이 되고 말았다. 필링도 "사람들은 그의 정책들을 그리워하지 않는 듯했다"고 이를 어설프게 인정하지만, 그러면서도 "이 사람에 대한 향수가 존재한다"고 우기고 있다. 사람들의 향수가 얼마나 강했는지는 올해 있었던 지자체 선거에서 도쿄 도지사로 출마하면서 정치 복귀를 꾀했던 고이즈미가 어떤 굴욕적인 참패를 당했는지에서 잘 드러났던 바 있다.

하지만 고이즈미가 남긴 가장 중요한 유산을 이 책은 거의 눈치채지 못하고 있다. 중국 경제가 일본 경제를 따라잡으려고 하자 그는 미국을 추종하기 위해 기를 썼다. 고이즈미는 감상적인 엘비스 프레슬리 흉내에다가 마초 티를 내며 부시 대통령과 혈맹을 과시함과 아울러 이라크 점령을 돕기 위해 일본 군대를 파견했고, 미국이 오랫동안 촉구해왔던 것처럼 이 나라의 자위대를 더욱 공격적인 위치로 전환하였다. 그가 총리로 있던 기간 태평양에 있는 미국의 보호령인 일본은 그 어느 때보다도 워싱턴의 주인들에게 충직하게 순종하였다. 필링은 이러한 사태 전개를 전혀 인식하지 못하고 있다. 이는 일본의 전후사에서 미국의 역할을 전반적으로 최소화하는 그의 분석을 전형적으로 보여주고 있다. 그의 이야기에서 미국은 한국전쟁 이후로는 조용히 사라져버리며, 일본의 국가주권에서 중심적인 두 영역―대외 정책과 안보―을 외국 강대국의 손아귀로 넘겨버린 이 특이한 미-일 관계의 성격에 대해서는 거의 암시조차 나오지 않는다. 그는 '정치적 기능 부전'이 1990년대에 생겨났다고 주장하지만, 이는 이미 1955년 사회당의 승리에 직면한 미국이 농촌 유권자들을(지역구 구획의 잘못으로 도시 지역보다 6배나 의원 수가 많게 책정되어 있었다) 확보하기 위해 CIA 자금을 퍼부어 보수주의의 자유당과 민주당을 하나로 묶어 정치 시스템을 다시 계획하면서 생겨난 민주주의 왜곡의 40년 역사를 지워버리는 꼴이다. 그 결과 다음 반세기 동안 1당 지배 체제가 계속 유지되었던 것이다.

전쟁 기간의 기억이 특히 계속 악화되어 곪아 터지고 있는 지역들이 있다. 존 포스터 덜레스 장관이 작성한 샌프란시스코 조약으로 태평양전쟁이 종결되었지만 일본 제국주의 치하에서 가장 고통을 겪었던 어떤 나라도 여기에 조인하도록 초대되지 않았으며, 이 문서는 여러 결함들 중에서도 특히 댜오위/센카쿠 열도와 독도/다케시마 섬의 지위를 애매하게 만들어 이는 오늘날에도 뜨거운 논쟁거리가 되고 있다. 필링은 '빌리 브란트'가 없다는 것을 한탄하고 있다. 1970년 서독 총리였던 브란트는 바르샤바의 유대인 봉기 희생자 위령탑 앞에서 무릎을 꿇는 볼만한 멜로 연기를 선보인 적이 있었던바, 이러한 극적인 계기가 없다고 한탄하는 것이다. 하지만 이는 천황이 벌인 전쟁들을 반대했던 사회당과 공산당 어느 쪽도 1955년 이후 오래도록 권력을 만져보지도 못했던 나라에서 전혀 놀라운 일이 아니다. 이렇게 50년 동안이나 권력에서 배제되었던 일본 사회당은 결국 권력을 잡아 1994년 총리 명의로 전시의 공격에 대해 최초의 공식 사과문을 발표했지만, 이때는 이미 사회당이 왜소하게 퇴화하여 가까스로 연립정부를 이끌고 있었고 그나마 이 사건은 사회당 연립정부의 무덤을 파는 계기가 되었다. 그 후로 이와 비슷한 성명들이 나오기는 했지만, 그와 똑같이 정기적으로 그 성명들을 잠식하는 선언들도 이어졌다.

이러한 미-일의 '특수 관계'를 지지하면서 생겨난 결과들은, 자민당 내부의 파벌 싸움으로 새로이 형성된 일본 민주당—이 자체도 여러 반대 집단들이 모여든 약체 정당이다—이 2009년 집권하면서 의문에 처하게 되었다. 일본 민주당은 영국 신노동당을 모델로 하여 가족 친화적이며 소비자 친화적인 정책들을 포함한 불투명한 강령을 내놓았지만, 이는 그 당이 권력에서 축출했던 자민당의 강령만큼이나 이념적으로 모호한 것이었다. 필링은 이 당시 유권자들의 선택을 닛산이냐 도요타냐의 선택에 비교했던 어느 정치 전문가의 말을 인용하고 있다. 하지만 일본 민주당 지도자였던 하토야마 유키오—고이즈미와 마찬가지로 권력 정치가였던 아버지의 상속자이다—는 한 가지 문제에서만큼은 스스로 몸을 움직여 분명한 입장을 취했다. 곧 미국과의 관계 문제였다. 그는 세계가 단극 체제가 아니라 다극 체제라고 보았기에 200명의 인사들을 베이징으로 보내 외교정책의 경로를 바꾸었고, 오키나와의 20퍼센트를 덮고 있는 미군 기지에 대해서는 연간 40억 달러의 '주둔국 지원비'를 삭감하고 후텐마의 해병대가 헤노코로 이전하는 것을 막으려고 했다. 이는 일본 역사에서 전환점이 될 수도 있는 사건이었건만, 필링은 이를 딱 네 줄로 처리한다. 그는 워싱턴의 험악했던 반응—합법적으로 선출된 일본 지도자의 정신 상태에 의문을 표하는 날선 외교적 윽박이었다—에 대해서는 한마디도 하지 않는다. 여기에 『아사히 신문』의 가차 없는 캠페인이 겹치면서 하토야마는 궁지에 몰리게 되고 마침내 폐기물 신세가 되고 만다. 하지만 필링은 미-일 관계에 불화가 있었다면 이는 지금은 쫓겨난 총리의 '무모한' 입장에서 비롯된 것이었다고 암시한다.

이와 같은 맥락에서, 인본주의적 임무로 이라크에 갔다가 인질로 잡힌 일본 젊은이 세 사람의 가족이 미국 점령지에서 일본 자위대가 철수할 것을 요구했을 때 일본 여론이 이들에게 적대적이었던 것에 필링은 놀라지 않는다. "이 천진난만한 세 젊은이들은 오늘날 가장 뜨거운 외교정책 문제에 걸려든 것이다." 아주 부드럽게라도 미국의 헤게모니에 의문을 표하는 짓은 자동적으로 풋내기 같은 헛소리가 되는 것이다. 여기서 필링은 지적인 월급쟁이에 불과하다는 것을 스스로 드러낸다. 노래방에서 목청껏 회사의 사가(社歌)를 불러젖히는 이들만큼이나 자신의 고용주의 세계관에 아무 생각 없이 충성을 바치는 것이다. 그의 노래를 들어보자. "『파이낸셜 타임스』에서 나는 우리의 명석하고도 역동적인 편집장 라이오넬 바버(Lionel Barber)에게 특히 감사해야 한다"—"여러 해 동안 이렇게 훌륭한 신문사를 위해 일했던 것은 정말 행운이다."

이 책은 아베의 재림에 대한 후기로 끝을 맺는다. 고이즈미 스스로 후계자로 지명하여 총리 자리에 올랐다가 1년도 채 버티지 못하고 스캔들의 그림자 아래 사임했던 지도자가 새로운 큰 희망의 상징이 될 줄은 아무도 예측하지 못했다. 하지만 이번에는 아베가 '경제 대포'로 무장하고 있다고 필링은 단언한다. 필링으로서는 아베에 대해 고이즈미에 대해서만큼 열성을 갖기는 힘들다. 아베의 일본 민족주의는 더욱 근본적인 것이어서 한국과 긴장을 낳고 있으며, 중국에 맞서 태평양에 일치된 전선을 마련하려는 미국의 노력에 큰 골칫거리가 되고 있기 때문이다. 그리고 아베의 내각은 놀랄 정도로 서투른 모습도 보인다. 부총리인 아소 다로는 나치 제국이 바이마르 헌법을 능숙하게 개혁했던 것에서 배울 점이 많다는 말로 망신살이 뻗치기도 했다. 하지만 온 나라에 현금을 부어 디플레이션에서 끌어내겠다는 아베의 경제계획은 그 대담함에서 "힘이 나게 만든다"고 필링은 말한다. 필링에 따르면, 아베노믹스는 본질적으로 사회구성주의(social constructivism)적 실험이라고 한다. 경제성장이 올 것이라고 믿기만 하면 실제로 성장이 이루어질 것이라는 게 그 내용이다. 일본 경제의 야수 본색을 되살려줄 이 정책은 1100억 엔짜리 정부 지출 패키지와 2퍼센트 인플레를 목표로 한 통화 증발과 탈규제의 결합물이다. 이것들 모두가 그 전에도 시도된 것들이기는 하지만 이 정도 강도로 시행된 적은 결코 없었다. 그중 처음 두 정책의 화살이 활시위를 떠나자 6개월도 되지 않아 달러당 엔화 환율은 77엔에서 100엔으로 올라갔으며 주식시장은 65퍼센트 상승하였다. 디플레이션은 낮은 이자율을 가능케 하였다. 인플레이션이 벌어질 때 임금이 함께 오르지 않으면 노동자들은 빈곤해졌다고 느낄 것이다. 아베는 기업들에 임금 인상 압력을 넣었지만 최저임금 인상을 지시할 정도로까지 가지는 않았다. 도요타 같은 회사에서 임금이 1퍼센트 오른다고 해도, 4월에 두 배가 된 부가세 인상의 충격에는 미치지 못할 것이다.

하지만 정말로 대담한 조치들은 아직 이루어지지 않았다. 이른바 TPP(The Trans-Pacific Partnership)는 벌써 몇 년째 진행 중이지만 이 책에서는 거의 다루어지지 않는다. 아베의 입장에서 보면 이것이 완전히 새로운 것은 아니다. 그의 첫 임기 중에 이미 미국과의 무역협정을 체결하려다가 실패한 적이 있으니까. 하지만 이렇게 확장된 '중국 빼고 다 모여' 클럽은 게이단렌(經團連)과 워싱턴에는 큰 정치적 매력을 갖는다. 중화인민공화국은 지난 10년 이상의 기간 동안 일본의 가장 중요한 무역 상대국이었지만 경제적 상호 의존이 심화되면서 배외주의적 충동 또한 심해져왔다. 아베의 "또 다른 판매 상품"(other selling point)—필링의 표현—은 댜오위/센카쿠 섬에 대한 그의 굳건한 입장이다. 하지만 필링이 논의하지 않고 있는 것이 있으니, 이는 아베 총리의 장기적인 정치 의제이다. 필링은 아베의 야스쿠니 신사 참배와 전쟁 기간의 잔학 행위에 대한 수정주의적 발언 등을 비난하고 있지만(아베는 심지어 1930년대와 1940년대의 식민지 팽창을 '침략'이라고 불러야 하는지조차 의문시한 바 있다), 아베가 공직에 발을 들인 후 계속 추구해왔던 광범위한 헌법 개정에 대해서는 아무 말도 하지 않는다. 그가 주장하는 헌법 개정은 헌법의 거의 모든 조항을 바꾸는 것으로서, 긴급조치의 범위를 확대하는 것, 명목상의 자위대를 명실상부한 상비군으로 전환하는 것, 언론·출판·결사의 자유를 공공질서 유지 목적에 종속시키는 것 등을 포함하고 있다. 과연 걱정할 만한 일일까? 물론 이렇게 급진적인 헌법 개정에 대해 공공의 지지가 있는 것은 아니지만, 이를 우회할 방법 또한 여러 가지이다. 아베 총리는 집단적 자위권을 가능케 하는 헌법 제9조 재해석을 내놓도록 지시한 바 있다. 필링은 일본 관계에 있는 민족주의자들마냥 이를 정상적 국가로 "좀 더 가까워졌다"며 찬사를 보낸다.

필링이 그려내는 일본에는 좌파도 없지만 우파도 없다. 정치사회가 아닌 시민사회가 이 나라의 여러 문제들에 대한 해법이라는 것이다. 그는 후쿠시마 사태에 대한 정부 보고서가 공직자들이나 제도들 어떤 것도 특별히 비난하지 않고 모든 것을 태도의 문제로 본 것을 칭송한다. 일본을 침체 상태에서 끌어내기 위해서는 "개인의 행동과 집단의 행동을 호소"해야 하며 자신의 책을 바로 그러한 호소로서 내놓고 있는 것이다. 1995년에 벌어졌던 고베 대지진과 도쿄 지하철 사린가스 공격의 두 위기가 일본인들의 더욱 능동적인 참여를 촉발한 바 있었다. 그러니 지금의 3중 재난 또한 그렇게 되지 말라는 법이 없다는 것이다. 필링의 책은 대단히 포괄 범위가 넓기에 많은 쟁점들이 빠질 수밖에 없기는 하지만, 일본 시스템에 역사적으로 가해졌던 여러 도전들에 대한 언급은 건조하기 짝이 없는 "노사 분쟁이 무르익었다"는 말 한마디뿐이다. 일본을 미국의 군사 보호령으로 유지해온 안보 조약의 연장에 반대했던 1960년 안보 투쟁 당시 길거리에 쏟아져 나왔던 수백만 명의 시위도, 또 경찰이 이들을 뚫고 심야 국회로 밀고 들어가 반대하는 야당 의원들을 짓밟았던 일들도 나오지 않는다. 그해와 그다음 해에 대규모 광산 파업들이 벌어져 전 경찰 병력의 10분의 1이 동원되어 '자본과 노동의 총력전'을 진압하도록 파견되었던 것에도 단 한마디 말이 없다. 오키나와와 베트남 문제를 놓고 격렬하게 경찰과 충돌했던 학생들도 마찬가지이다. 그런 저자가 비록 옛날보다 훨씬 순화된 현재의 형태이지만 갑자기 시민사회에 매혹되고 있는 것을 어떻게 보아야 할까?

오늘날에 본 앞으로의 전망은 어떠할까? 필링의 보고에 따르면, "사람들의 여론은 핵발전에 급격히 적대적이 되었고", "정부의 정보공개에 대한 압력이 가중되는 가운데" "공공의 알 권리"가 "중대한 진보의 영역"이 되었다고 한다. 아베가 계속 총리 자리에 있는 것을 보면 이러한 주장들에는 큰 흠결이 있다. 이번 겨울 도쿄 도지사 선거에 출마한 반핵 후보는 자민당 후보에게 참패하였고, 언론에 재갈을 채우는 전대미문의 '정부기밀법' 또한 의회에서 멀쩡히 통과되었다. 필링이 일본 문화에 공감을 가지고 있음은 분명하다. 하지만 일본에 지금 필요한 것은 아첨과 아부가 아니다. 그의 아첨과 아부가 한때 일부 지역에서 베스트셀러가 되었던 에즈라 포겔(Ezra Vogel)[5]의 책처럼 노골적이지는 않다고 해도 말이다.

〔홍기빈 옮김〕

<hr />

[5] 〔옮긴이〕 일본 자본주의를 상찬했던 저서 『일본이 1등』(*Japan as Number One*)을 말하는 듯하다.

| 출전 |

제1부 국제 정치경제

볼프강 슈트렉, 「자본주의는 어떻게 종언에 이를까」(How Will Capitalism End?)

    New Left Review 87(2014. 5~6), pp. 35~64.

선 스타즈, 「지구적 수렴이라는 불가능한 상상」(The Chimera Global Convergence)

    New Left Review 87(2014. 5~6), pp. 81~96.

토마 피케티, 「불평등의 동학」(Dynamics of Inequality)

    New Left Review 85(2014. 1~2), pp. 103~16.

제2부 [특집] 현대 프랑스 사상: 어제와 오늘

클로드 레비스트로스, 「저무는 해」(The Setting Sun)

    New Left Review 79(2013. 1~2), pp. 71~83.

크리스토퍼 존슨, 「모두 다 상연되었다?: 레비스트로스의 역사철학」(All Played

    Out?: Lévi-Strauss's Philosophy of History)

    New Left Review 79(2013. 1~2), pp. 55~69.

장-폴 사르트르, 「마르크스주의와 주체성: 1961년 로마 강연」(Marxism and

    Subjectivity: The Rome Lecture, 1961)

    New Left Review 88(2014. 7~8), pp. 89~111.

에티엔 발리바르, 「알튀세르와 윌므가(街)」(Althusser and The Rue d'Ulm)

    New Left Review 58(2019. 7~8), pp. 91~107.

제3부 각 지역의 쟁점들

글렙 파블롭스키, 「푸틴의 세계관: 톰 파핏과의 인터뷰」(Putin's World Outlook:

    Interview by Tom Parfitt)

    New Left Review 88(2014. 7~8), pp. 55~66.

닐 데이비슨, 「스코틀랜드의 분수령」(A Scottish Watershed)

    New Left Review 89(2014. 9~10), pp. 5~26.

에밀리 모리스, 「당신이 모르는 쿠바의 실상」(Unexpected Cuba)

    New Left Review 88(2014. 7~8), pp. 5~45.

제4부 문화와 예술

호세 에밀리오 부루쿠아 & 니콜라스 키아트콥스키, 「이중(二重)의 부재: 실종자를

    표현하는 방식」(The Absent Double: Representations of the Disappeared)

    New Left Review 87(2014. 5~6), pp. 97~113.

스벤 뤼티켄, 「문화혁명: 펑크부터 뉴 프로보타리아트까지」(Cultural Revolution:

From Punk to the New Provotariat)

New Left Review 87(2014. 5~6), pp. 115~31.

베네딕트 앤더슨, 「노벨상이 외면한 지역과 작가들」(The Unrewarded)

New Left Review 80(2013. 3~4), pp. 99~108.

마르코 데라모, 「유네스코가 도시를 죽이고 있다」(Unescocide)

New Left Review 88(2014. 7~8), pp. 47~53.

제5부 서평

크리스틴 수락, 「일본을 다시 판다」(Re-selling Japan)

New Left Review 88(2014. 7~8), pp. 139~49.

| 지은이 소개 | (게재순)

볼프강 슈트렉(Wolfgang Streeck)은 1946년 독일 랭거리히에서 태어나 프랑크푸르트와 뉴욕에서 사회학을 공부한 후, 뮌스터 대학에서 조교수로 일했다. 1980년 프랑크푸르트 대학에서 박사 학위를 받고 빌레펠트 대학에서 사회학 전공으로 하빌리타치온을 취득했다. 학창 시절 사회민주주의 대학생 동맹(Sozialdemokratischen Hochschulbund, SHB)에서 열성적으로 활동했고, 오펜바흐의 '사회주의자 모임'(Sozialistische Büro, SB) 창설에 참여했다. 1980~88년 베를린 사회과학연구소 선임 연구원으로 일한 바 있다. 그 후 1988~95년에는 위스콘신 대학 매디슨 캠퍼스에서 사회학과 산업 관계를 가르쳤으며, 1995년 이후 지금까지 쾰른 소재 막스 플랑크 사회연구소 소장으로 일하고 있다. 또한 1999년부터 쾰른 대학의 경제학 · 사회과학대학에서 사회학을 가르치고 있기도 하다. 1998년 베를린-브란덴부르크 학술 아카데미 회원이 되었다. 경제와 정치 및 그 상호 관계 문제에 몰두하고 있으며, 무엇보다 공공 정책에 대한 역사적 비교 연구에 관심을 두고 있다. 저서로 *Internationale Wirtschaft, nationale Demokratie: Herausforderungen für die Demokratietheorie*(1998), *Governing Interests: Business Associations Facing Internationalization*(2006), *Re-Forming Capitalism: Institutional Change in the German Political Economy*(2009), *Gekaufte*

Zeit: Die vertagte Krise des demokratischen Kapitalismus(2013) 등이 있다.

션 스타즈(Sean Starrs)는 2002년 캐나다 브리티시 컬럼비아 대학 역사학과를 졸업하고, 같은 대학에서 유럽학으로 석사 학위를 받았다. 이후 온타리오 주(州) 요크 대학에서 정치학으로 다시 석사과정을 마친 다음에 2014년 "The Persistence of American Economic Power in Global Capitalism: From the 1960s into the Twenty-First Century"라는 논문으로 정치학 박사 학위를 받았다. 박사과정 수료 후 홍콩 시립대학 국제관계학부에서 조교수로 재직하고 있으며, 미국 MIT 대학의 국제연구센터에서 비상임 연구원으로 등록되어 노엄 촘스키의 연구 지도를 받고 있다. 대표적인 논문으로 2013년에 *International Studies Quarterly*에 수록된 "American Economic Power Hasn't Declined—It Globalized!"를 꼽을 수 있는데, 그해 *Foreign Policy*의 지구정치경제학 부문 최우수 논문상을 수상했다. 이 밖에도 "State and Capital: False Dichotomy, Structural Super-Determinism, and Moving Beyond"가 *The Capitalist Mode of Power: Critical Engagements with the Power Theory of Value*(2014)에 수록되었다.

토마 피케티(Thomas Piketty)는 1971년 프랑스 파리 근교의 클리시에서 태어나 파리고등사범학교에서 수학과 경제학을 전공했다. 그 후 사회과학고등연구원과 런던 정치경제학교에서 로제 게느리(Roger Guesnerie) 교수의 지도 아래 부의 재분배에 대한 논문으로 박사 학위를 받았다. 1993년부터 3년간 미국 MIT 대학에서 조교수로 경제학을 가르쳤으며, 1995년에 다시 파리로 돌아와 프랑스 국립과학연구센터(CNRS) 연구원으로 있었다. 2000년부터 사회과학고등연구원 교수로 있다. 저서로 경제적 불평등에 내재한 자본주의의 동학을 분석하고 글로벌 자본세를 그 대안으로 제시하여 세계적 명성을 가져다준 주저 『21세기 자본』(글항아리, 2014)을 비롯하여 『불평등 경제』(마로니에북스, 2014)가 국내에 번역·출판되었으며, 이 밖에도 *Les hauts revenus en France 20 siècle*(2001), *Peut-on sauver l'Europe?*(2012) 등이 있다.

클로드 레비스트로스(Claude Levi-strauss)는 1908년 벨기에 브뤼셀에서 태어나 파리 대학 법학부와 문학부를 졸업한 후 임상심리학과 정신분석학 등을 공부했다. 철학 교수 자격시험에 최연소로 합격한 그는 1933년 로버트 로위의 『원시사회』를 읽고 인류학에 관심을 갖게 되었다. 이후 브라질 상파울루 대학 등에서 대학교수를 하면서 카두베우족과 보로루족 등을 방문·조사하며 여러 논문을 발표했고 1941년 미국으로 건너가 뉴욕의 신사회조사연구원에서 문화인류학을 연구했다. 인간의 사회와 문화를 이해하는 방법으로서 구조주의를 개척하고, 서구중심주의와 인종주의 그리고 서구의 오만과 편견을 깨는 데도 크게 기여했다. 2009년 100세의 나이로 작고했다. 저서로 국내에 번역·출간된 『야생의 사고』(한길사, 1996), 『슬픈 열대』(한길사, 1998), 『신화학 1: 날것과 익힌 것』(한길사, 2005), 『신화학 2: 꿀에서 재까지』(한길사, 2008), 『보다 듣다 읽다』(이매진, 2008), 『오늘날의 토테미즘』(문학과지성사, 2012), 『달의 이면』(문학과지성사, 2014) 등이 있다.

크리스토퍼 존슨(Christopher Joyhnson)은 영국 노팅엄 대학의 불문과 교수로 재직하고 있으며, 장-폴 사르트르, 클로드 레비스트로스, 자크 데리다를 비롯한 현대 프랑스 사상에 관해 많은 연구를 발표했다. 또한 사이버네틱스, 분자생물학, 생명공학, 기계번역 등과 관련된 기술철학의 문제에도 많은 관심을 갖고 연구하고 있다. 주요 저작으로는 *System and Writing in the Philosophy of Jacques Derrida*(1993), *Claude Lévi-Strauss: The Formative Years*(2003) 등이 있다.

장-폴 사르트르(Jean-Paul Sartre)는 1905년 프랑스 파리에서 태어났다. 모리스 메를로퐁티, 에마뉘엘 무니에, 레몽 아롱 등과 함께 파리 고등사범학교에 다녔으며, 시몬 드 보부아르와도 그때 만났다. 고등학교 철학 교사로 일하다가 1933년 베를린으로 1년간 유학하여 후설과 하이데거를 연구했다. 1938년에 발표한 소설 『구토』로 세상의 이목을 끌며 신진 작가로서의 기반을 확보했다. 1939년에 제2차 세계대전에 참전해 독일군의 포로가 되었으나, 1941년 수용소를 탈출하여 파리로 돌아와서 문필 활동을 계속했다. 1943년 출간한 『존재와 무』를 통해 철학자로서의 지위도 확고하게 다진다. 1960년대 베트남 전쟁에 반대하는 평화운동에 적극 참여하기도 했다. 1964년 노벨 문학상 수상자로 선정되었으나 수상을 거부하기도 했다. 저서로 국내에 번역·출간된 『지식인을 위한 변명』(이학사, 2007), 『실존주의는 휴머니즘이다』(이학사, 2008), 『변증법적 이성 비판』(나남, 2009) 등이 있다.

에티엔 발리바르(Étienne Balibar)는 1942년 프랑스 아발롱(Avallon)에서 태어나 파리고등사범학교에서 루이 알튀세르, 장 이폴리트, 조르주 캉길렘, 자크 데리다를 사사했다. 현재 프랑스 파리 10대학(낭테르) 명예교수이자, 미국 캘리포니아 대학 어바인 캠퍼스의 특훈 교수로 일하고 있다. 카를 마르크스와 바루흐 스피노자 등을 연구하며 마르크스주의 및 근대 정치철학의 주요 범주들을 재구성하고 있다. 저서로 국내에 번역·출판된 『스피노자와 정치』(1985/2005), 『대중들의 공포』(1997/2007), 『정치체에 대한 권리』(1998/2011), 『우리, 유럽의 시민들?』(2001/2010), 『폭력과 시민다움』(2012) 등이 있으며, 그 밖의 주요 저서로 *Lire le Capital*(1965)과 *La proposition de l'egaliberte*(2010) 등이 있다.

글렙 파블롭스키(Gleb Pavlovsky)는 러시아의 정치학자이자 언론인으로 1951년 우크라이나 오데사에서 태어났다. 1968년부터 1973년까지 오데사 대학 역사학부에서 공부했으며, 소련 시기 내내 좌파적 반체제 운동가로 활동했다. 21세 때 정치단체를 조직하고 오데사 내 반체제운동 단체의 연대 활동을 전개하기도 했다. 대학에서 발행하는 신문에 처음으로 기고한 글로 인해 '극좌파-무정부주의적 경향'으로 낙인찍혀 소련 공산당 정치국에 의해 언론 활동이 금지되었다. 1970년대 모스크바로 이주한 후 반체제 인사를 규합하고 반체제 지하신문을 발행하는 등 주도적 역할을 수행했다. 1982년 반(反)소비에트 활동 혐의로 3년 형을 선고받고 러시아연방 내 코미 공화국으로 추방되어 집 수리공으로 일하기도 했다. 소련 붕괴 이후 최근까지 *Kommersant, Russian Journal, Europe* 등 여러 신문과 잡지의 편집장, 출판사 대표 등을 역임했으며 'Foundation of Effective Politics'를 창립했다. 이를 바탕으로 Lenta.ru 등을 비롯한 다양한 인터넷 언론 매체들을 창립하거나 재정 지원하고 있기도 하다. 2005년부터 2009년까지 NTV의 유명한 주말 시사평론 프로그램인 'Real Politics'를 진행하기도 했다.

닐 데이비슨(Neil Davidson)은 글래스고 대학 사회정치학과에서 사회학을 강의하고 있다. 주요 저서로는 *The Origins of Scottish Nationhood*(2000), *Discovering the Scottish Revolution, 1692~1746*(2003), *How Revolutionary Were the Bourgeois Revolutions?*(2012) 등이 있다.

에밀리 모리스(Emily Morris)는 라틴아메리카와 카리브해 지역을 연구하는 발전경제학자이다. 2008년부터 2012년 사이에 런던 메트로폴리탄 대학에서 선임연구원으로, 미주학 연구소(Institute for the Study of the Americas) 회원으로 활동하면서 박사 학위논문을 완성했다. 2012년부터 2014년까지 칼리지 런던 대학(University of College London)에서 선임연구원으로 일하면서 '신자유주의 이후의 라틴아메리카 경제', '쿠바의 이행' 등의 과목을 가르쳤다. 2014년 9월부터는 워싱턴의 미주개발은행에서 벨리즈와 중앙아메리카의 국가 경제 전문가로 일하고 있다. 주요 논문으로 "Cuba's new relationship with foreign capital: economic policymaking since 1990"(2008), "Alternative scenarios for Cuba: Chávez, oil, US sanctions"(2011), "How Will U.S.-Cuban Normalization Affect Economic Policy in Cuba?"(2015) 등이 있다.

호세 에밀리오 부루쿠아(José Emilio Burucúa)는 1946년 아르헨티나의 부에노스아이레스에서 태어나 미술사와 과학사를 공부했다. 부에노스아이레스 대학에서 철학과 문학 박사 학위를 받고 같은 대학교 현대사 전임교수로 임명되었다. 지금은 미술품과 문헌의 보존과 복원에 대한 연구 및 제작 센터의 공동 책임자이자, 제네랄 산마르틴 국립대학의 전임교수로 있다. 유럽의 여러 대학과 파리 사회과학고등연구원의 객원교수이고 아르헨티나 국립 미술 아카데미 회원이 기도 하다. 원근법의 역사 그리고 이미지와 개념의 역사적 관계 등에 관한 책과 글을 발표했다. 르네상스 시대 유럽에서의 웃음의 역사에 대한 연구서인 『어린 양과 코끼리』(*Corderos y elefantes*)가 가장 잘 알려진 저작 가운데 하나다.

스벤 뤼티켄(Sven Lütticken)은 1971년 독일 켐펜(Kempen)에서 태어났다. 암스테르담 자유대학과 베를린 자유대학에서 예술사를 공부했다. 2004년에 암스테르담의 BKVB 재단의 예술비평 부문에서 수상했다. 현재 암스테르담 자유대학에서 예술사와 예술비평을 가르치고 있고, *De Witte Raaf*의 편집자이다. *Jong Holland, Artforum, New Left Review, Afterimage, Texte zur Kunst, Camera Austria* 같은 잡지에 정기적으로 기고하고 있으며, 작가나 초청 큐레이터로서 전시회에도 참여하고 있다. 저서로 *Life, Once More: Forms of Reenactment in Comtemporary Art*(공저, 2005), *Secret Publicity*(2006), *Idols of the Market: Modern Iconoclasm and the Fundamentalist Spectacle*(2009) 등이 있다.

베네딕트 앤더슨(Benedict Anderson)은 1936년 중국 윈난(雲南)성 쿤밍(昆明)에서 영국계 아일랜드인 아버지와 잉글랜드인 어머니 사이에서 태어났다. 어린 시절 대부분을 베트남인 보모의 손에서 자랐으며, 1941년에 가족들이 미국 캘리포니아로 이주했다. 1957년 영국 케임브리지 대학을 졸업했으며, 1967년 미국 코넬 대학에서 인도네시아 역사에 관한 연구로 박사 학위를 받았다. 1967년부터 코넬 대학에서 정치학과 동남아시아학을 가르쳤으며, 2002년 은퇴하여 현재는 코넬 대학 명예교수로 있다. 그와 더불어 세계적인 학자로 잘 알려진 페리 앤더슨(Perry Anderson)은 그의 친동생이기도 하다. 저서로는 '민족주의' 연구에 관해 세계적 명성을 가져다준 책으로 '민족'을 근대 이후의 정치적 필요에 의해 구성된 '상상된 공동체'라고 규정한 대표작 『상상된 공동체』(도서출판 길, 2015)와 『세 깃발 아래에서: 아나키즘과 반식민주의적 상상력』(도서출판 길, 2009)을 비롯해 *Java in a Time of Revolution: Occupation and Resistance 1944-1946*(1972), *Language and Power: Exploring Political Cultures in Indonesia*(1990), *The Spectre of Comparisons: Nationalism, Southeast Asia, and the World*(1998) 등이 있다.

마르코 데라모(Marco d'Eramo)는 1947년 이탈리아 로마에서 태어났다. 로마 대학에서 2년간 이론물리학 연구원으로 일하다가 파리로 가서 피에르 부르디외와 함께 사회학을 연구하고 있다. 『일 메니페스토』(*Il manifesto*)에 정기적으로 글을 기고하고 있기도 하다. 주요 저서로는 마이크 데이비스(Mike Davis)와 함께 쓴 *The Pig and the Skyscraper: Chicago: A History of*

Our Future(2002)가 있다.

크리스틴 수락(Kristin Surak)은 UCLA, 뒤스부르크–에센 대학 등에서 강의를 했으며, 현재 런던 대학 동양 · 아프리카학부의 일본정치학 부교수로 일하고 있다. 이주 체제나 임시 노동 이주 프로그램 면에서 동아시아 내에서의 이주와 세계로의 이주 간에 어떤 차이가 있는지 비교 연구하는 데 주력하고 있으며, 그 밖에도 동아시아의 내셔널리즘, 정치, 문화 등에도 관심을 쏟고 있다. 주요 저서로는 *Making Tea, Making Japan: Cultural Nationalism in Practice*(2012)이 있으며, 이 책으로 2013년 미국사회학회 동아시아학 부문에서 주는 우수 도서상을 받았다.

| 옮긴이 소개 |

김성경은 1977년 서울에서 태어나 경희대 사회학과를 졸업했다. 영국 에식스 대학에서 문화사
회학 석사 학위와 사회학 박사 학위를 취득했다. 박사 논문으로는 지구화 시대의 민족 영화
와 영화 산업을 다루었고, 이후 에식스 대학, 성공회대, 경희대 등에서 강의하고 연구하였다.
2013년에는 싱가포르 국립대학 아시아연구소의 방문연구원으로 초청되었고, 싱가포르 국립
대학 사회학과를 거쳐, 2014년 가을부터 북한대학원대학에서 조교수로 재직 중이다. 영화 산
업과 대중문화 연구를 꾸준히 해오고 있으며, 최근에는 동아시아에서의 다양한 이동과 이주
를 문화사회학적 시각을 활용하여 연구하고 있다. 논문으로는 "'I am well-cooked food':
The Surviving Strategies of North Korean Female Border-crosser and Possibilities of
Empowerment", 「북한이탈주민의 월경과 북중 경계지역: '감각'되는 '장소'와 북한이탈여성
의 '젠더화'된 장소 감각」, "'Defector', 'Refugee', or 'Migrant'?: North Korean Settlers in
South Korea's Changing Social Discourse", 「경험되는 북중 경계지역과 이동경로: 북한이
탈주민의 경계넘기와 초국적 민족 공간의 확장」, 「영화산업의 신자유주의 체제화」 등이 있으
며, 저서로는 『북한의 청년들은 '새 세대'인가?』(공저, 2015), 『탈북의 경험과 영화표상』(공저,
문화과학, 2013), 『독재자의 자식들』(공저, 북오선, 2012) 등이 있다.

김영선은 중앙대 문예창작학과를 졸업하고 홍익대 대학원 미학과를 수료했다. 편집자 생활을 거쳐 기획과 번역 일을 하고 있다. 아이를 낳아 키우면서 사회정의와 도시 공간의 관계, 칸트가 말하는 '근본악'에 대한 제한과 자유주의 이념 사이에 균형잡힌 바람직한 공적 · 사회적 정서의 함양, 하루 24시간 1년 내내 시스템을 풀가동하기 위해 인공 태양을 이용해 우리의 잠 속까지 잠식해 들어오려는 자본주의 팽창 등의 문제를 다루는 책들에 더욱 관심을 갖게 되었다. 역서로 『러브, 섹스, 그리고 비극』(예경, 2006), 『괴짜사회학』(김영사, 2009), 『어느 책 중독자의 고백』(돌베개, 2011), 『왼쪽-오른쪽의 서양미술사』(뿌리와이파리, 2012), 『지능의 사생활』(웅진지식하우스, 2012) 등이 있다.

김영아는 1967년 대전에서 태어나 서울대 영문학과를 졸업했다. 같은 대학교 대학원에서 석사 학위와 「절대군주제의 위기와 폭군살해 논쟁」으로 박사 학위를 받았다. 셰익스피어와 르네상스 영문학에 관한 논문들을 썼고, 주요 논문으로 「칼 슈미트의 정치신학과 『햄릿』」, 「왕의 죽음과 주권의 위기: 셰익스피어의 『리차드 2세』」, 「도시 희극이 재현 혹은 생산하는 채무자 감옥」 등이 있다. 역서로는 『이행의 시대』(공역, 창비, 1999)가 있다. 현재 한성대 교양교육원 교수로 있으며, 『안과밖』(반년간, 창비) 편집주간으로 활동 중이다.

박형준은 1969년 경기도 가평에서 태어나 서울대 토목공학과를 졸업했다. 영국 서식스 대학 사회정치사상 과정에서 카를 마르크스의 소외론으로 석사 학위를 받았고, 캐나다 토론토의 요크 대학에서 조너선 닛잔(Jonathan Nitzan) 교수의 권력자본론을 공부하고, 그를 바탕으로 한국사회의 자본주의적 진화 과정을 다룬 "Dominant Capital and the Transformation of Korean Capitalism: From Cold War to Globalization"이란 논문으로 박사 학위를 받았다. 새로운사회를여는연구원과 진보금융네트워크에서 연구원으로 일했고, 현재는 글로벌정치경제연구소에서 연구원으로 있다. 저서로 『재벌, 한국을 지배하는 초국적 자본』(책갈피, 2013)이 있고, 역서로는 『불경한 삼위일체』(공역, 삼인, 2007), 『스티글리츠 보고서』(동녘, 2010), 『GDP는 틀렸다』(동녘, 2011), 『경제성장과 사회보장 사이에서』(책갈피, 2014) 등이 있다.

변광배는 1959년 전남 함평에서 태어나 한국외국어대 프랑스어과를 졸업했다. 같은 대학교 대학원에서 석사 학위를, 프랑스 몽펠리에 3대학 대학원에서 「장 폴 사르트르의 극작품과 소설에 나타난 폭력」으로 박사 학위를 받았다. 사르트르, 카뮈, 보부아르, 모디아노, 바르트 및 현대 프랑스 문학과 문학 이론에 관한 논문들을 썼고, 주요 논문으로 「서약이란 무엇인가: 사르트르의 사유를 중심으로」, 「저자의 죽음과 귀환: R. 바르트의 사유를 중심으로」, 「기부문화의 이론적 토대: 모스, 바타이유, 데리다, 사르트르의 증여 개념을 중심으로」 등이 있다. 저서로 『존재와

무: 자유를 향한 실존적 탐색』(살림, 2005),『나눔은 어떻게 인간을 행복하게 하는가』(프로네시스, 2011),『카페 사르트르』(공저, 기파랑, 2014),『프랑스철학사』(공저, 창비, 2015) 등이 있다. 역서로는『변증법적 이성비판』(나남, 2009),『폭력에서 전체주의로: 카뮈와 사르트르의 정치사상』(그린비, 2012),『폴 리쾨르, 비판과 확신』(그린비, 2013),『모든 인간은 죽는다』(삼인, 2014),『바르트의 마지막 강의』(민음사, 2015) 등이 있다. 현재 한국외국어대 미네르바 교양대학 교수로 있다.

장진범은 1978년 전남 순천에서 태어나 서울대 국사학과를 졸업했다. 같은 대학교 대학원에서「한국 (반)지하 주거의 사회적 표상과 거주자의 정체성 연구」로 2013년에 사회학 석사 학위를 받았고, 현재 같은 대학원 박사과정에 재학 중이다. 정치철학과 사회학, 특히 시민권(citizenship)과 그 사회적 조건/장애에 관심이 많다. 논문으로「자본주의와 주술(화)의 관계: 막스 베버와 발터 벤야민을 중심으로」가 있으며, 저서로『현대 정치철학의 모험』(공저, 난장, 2010), 역서로는『알튀세르 효과』(공역, 그린비, 2011)가 있다.

정병선은 연세대 신문방송학과를 졸업했으며, 현재 번역과 집필, 다큐멘터리 작업 등을 하고 있다. 편역서로『우리는 어떻게 비행기를 만들었나』(지호, 2003)가 있으며, 역서로『모차르트』(책갈피, 2002),『벽을 그린 남자, 디에고 리베라』(책갈피, 2002),『축구 전쟁의 역사』(이지북, 2002),『렘브란트와 혁명』(책갈피, 2003),『브레인 스토리』(지호, 2004),『전쟁과 우리가 사는 세상』(지호, 2004),『미국의 베트남 전쟁』(책갈피, 2004),『그 많던 지식인들은 다 어디로 갔는가』(청어람미디어, 2005),『전쟁의 얼굴』(지호, 2005),『한 뙈기의 땅』(밝은세상, 2006),『존 리드 평전』(아고라, 2007),『조류독감』(돌베개, 2008),『타고난 반항아』(사이언스북스, 2008),『돼지가 과학에 빠진 날』(김영사, 2008),『자연과 함께한 1년』(한겨레출판, 2009),『미래시민 개념사전』(21세기북스, 2009),『사라진 원고』(난장이, 2009),『참호에 갇힌 제1차 세계대전』(마티, 2009),『현대 과학의 열쇠, 퀀텀 유니버스』(마티, 2009),『레닌 재장전』(공역, 마티, 2010),『여자가 섹스를 하는 237가지 이유』(사이언스북스, 2010),『에너지 위기, 어떻게 해결할 것인가』(도서출판 길, 2010),『게임 체인지』(컬처앤스토리, 2011),『건 셀러』(가우디, 2011),『잡동사니의 역습: 죽어도 못 버리는 사람의 심리학』(월북, 2011),『뇌 속의 신체지도』(이다미디어, 2011),『카 북: 자동차 대백과사전』(공역, 사이언스북스, 2013),『한 혁명가의 회고록』(오월의봄, 2014) 등이 있다.

정재원은 1970년 서울에서 태어나 서울대 노어노문학과를 졸업했다. 같은 대학교 대학원 서양사학과를 잠시 다니다가 중단하고, 서울대 국제지역원(현 국제대학원)에서 석사를 마친 뒤, 러시아 모스크바 국립대학 사회학부에서 박사과정을 수료하고, 2008년 12월 러시아 과학아카데미 사회학연구소에서 「세계화 영향 아래에서의 러시아 노동시장과 노동이주」로 박사 학위를 받았다. 체제 전환기 러시아 사회계층화, 노동, 젠더, 민족, 이주 문제 등에 대한 여러 편의 러시아어 논문을 썼으며, 현재 러시아 노동문제에 관한 저술과 사회운동에 관한 번역을 준비하고 있다. 러시아 여성, 인권운동, 전쟁 전 이라크 현지 반전운동 등에 참여하기도 했다. 현재 국민대 국제학부 교수로 있다. 논문으로는 「세계화 영향 아래 러시아 노동시장에서의 젠더적 측면 연구」, 「세계화 과정 속에서의 러시아 고용구조 변화」, 「새로운 경제체제 아래 러시아 사회구조의 변화」, 「세계화 맥락 속에서의 러시아 노동이주 문제 연구」(이상 러시아어), 「포스트소비에트 러시아 노동시장: 고용구조 변화를 중심으로」(우리말) 등이 있다.

진태원은 1966년 서울에서 태어나 연세대 철학과와 같은 대학교 대학원을 졸업했으며, 서울대 철학과 대학원에서 「스피노자 철학에 대한 관계론적 해석」으로 박사 학위를 받았다. 현재 고려대 민족문화연구원 HK연구교수로 있다. 바루흐 스피노자, 루이 알튀세르 및 현대 프랑스 철학에 관한 논문들을 썼고, 『라캉의 재탄생』(창비, 2002), 『서양 근대철학의 열 가지 쟁점』(창비, 2004), 『팽목항에서 불어오는 바람』(현실문화, 2015) 등을 공동으로 저술했다. 역서로는 『헤겔 또는 스피노자』(이제이북스, 2004), 『법의 힘』(문학과지성사, 2004), 『스피노자와 정치』(이제이북스, 2005), 『마르크스의 유령들』(이제이북스, 2007), 『마르크스주의와 해체: 불가능한 만남?』(공역, 도서출판 길, 2009), 『우리, 유럽의 시민들?: 세계화와 민주주의의 재발명』(후마니타스, 2010), 『정치체에 대한 권리』(후마니타스, 2011), 『폭력과 시민다움』(난장, 2012), 『벤투의 스케치북』(공역, 열화당, 2012) 등이 있다.

홍기빈은 1968년 서울에서 태어나 서울대 경제학과를 졸업했다. 같은 대학교 대학원 외교학과를 거쳐 캐나다 요크 대학 정치학과 박사과정을 수료했다. 현재 글로벌정치경제연구소 소장을 역임하고, 칼 폴라니 사회경제연구소 연구위원장을 맡고 있기도 하다. 또한 『뉴레프트리뷰』 한국어판 편집위원으로도 활동하고 있다. 저서로 『아리스토텔레스 경제를 말하다』(책세상, 2001), 『투자자-국가 직접 소송제: 한미 FTA의 지구정치경제학』(녹색평론사, 2006), 『소유는 춤춘다: 세상을 움직이는 소유 이야기』(책세상, 2007), 『자본주의』(책세상, 2010), 『비그포르스, 복지국가와 잠정적 유토피아』(책세상, 2011) 등이 있고, 역서로는 『전 세계적 자본주의인가 지역적 계획경제인가 외』(책세상, 2002), 『다수 문명에 대한 사유』(책세상, 2005), 『자본의 본성에 관하여 외』(책세상, 2009), 『거대한 전환』(도서출판 길, 2009), 『자본주의: 어디로 와서 어디로 가는가』(미지북스, 2010), 『돈의 본성』(삼천리, 2011), 『자본주의 고쳐쓰기』(한겨레출판, 2012), 『자본주의 특강』(삼천리, 2013), 『북유럽 사회민주주의 모델』(책세상, 2014), 『신자유주의의 좌파적 기원』(글항아리, 2015), 『칼 폴라니, 새로운 문명을 말하다』(착한책가게, 2015), 『다호메이 왕국과 노예무역』(도서출판 길, 2015) 등이 있다. 온라인과 오프라인의 여러 매체에 지구 정치경제 칼럼니스트로 정기 · 비정기 기고를 하고 있다. 주요 연구 분야는 지구정치경제의 구조 변화와 일본 자본주의 구조 변화이며, 서구 정치경제사상사에 대한 연구를 병행하고 있다.